El
corazón
de un
Artista

rory **noland**

prólogo por **BILL HYBELS**

Una **guía que fortalecerá** su
carácter y el de su equipo ministerial

El corazón de un Artista

La misión de Editorial Vida es ser la compañía líder en comunicación cristiana que satisfaga las necesidades de las personas, con recursos cuyo contenido glorifique a Jesucristo y promueva principios bíblicos.

CORAZÓN DE UN ARTISTA
Edición en español publicada por
Editorial Vida – 2005
Miami, Florida

Originally published in the USA under the title:
The Heart of the Artist
©1999 by Rory Noland
Published by permission of Zondervan, Grand Rapids, Michigan 49530

Traducción: *Guillermo Cabrera Leiva*
Edición: *Rojas &Rojas Editores, Inc.*
Diseño de cubierta: *Jim Connelly Studio*
Diseño interior: *Rojas & Rojas Editores, Inc.*

ISBN: 978-0-8297- 4250-3

CATEGORÍA: *Rituales y prácticas cristianas/ Adoración y liturgia*

IMPRESO EN ESTADOS UNIDOS DE AMÉRICA
PRINTED IN THE UNITED STATES OF AMERICA

14 15 16 QG 15 14 13

Contenido

Prólogo

*Y*o nunca he podido hacer chistes de mi suegra, porque mi suegra es una de las mujeres más extraordinarias que conozco. De igual modo, nunca he podido solidarizarme con los líderes de la iglesia cuando se quejan entre sí acerca del caos en el coro o las peleas entre los solistas.

Durante casi todo mi ministerio, Rory Noland ha dirigido el ministerio de la música de Willow Creek. Más que tener que justificar ante el resto de la iglesia una conducta impropia de nuestros músicos, frecuentemente los pongo como ejemplos admirables de servicio, fidelidad y humildad. Ningún grupo de nuestra iglesia trabaja más duro que las personas de nuestro departamento de programación. Ningún grupo toma con tanta seriedad el reto de contar la «vieja historia» de una manera nueva y creativa. Y no hay grupo de nuestra iglesia que se halle tan sujeto a la severa mirada del escrutinio público como el de nuestros artistas. Afortunadamente, nuestros músicos han estado bajo la tutela de Rory. El sacó fuerzas de su humildad, de su espíritu de servicio, y ellos se levantan para realizar el reto inspirador que él les pone delante para darle lo mejor a Dios.

Además del liderazgo y el carácter ejemplar de Rory, él mismo es un músico extraordinario por derecho propio. Ha escrito cantos de alabanza que han elevado la capacidad de nuestra congregación para ver al verdadero Dios como él es realmente. Rory ha compuesto música para orquesta, que ha sacudido las almas de nuestro pueblo de una forma que nunca olvidarán. Pero sobre todo, Rory es un hombre de Dios, un devoto seguidor de Cristo, cuyo impacto en nuestras vidas y nuestra iglesia es incalculable.

A medida que usted lea este libro, tenga la bondad de recordar que «¡Esto puede pasar de verdad!» Los artistas pueden llevar realmente vidas ejemplares a medida que buscan enriquecer el alma de las personas en la iglesia. A través de la influencia de Rory, yo he visto con mis propios ojos que esto ha sucedido en Willow Creek.

Bill Hybels
Pastor principal
Willow Creek Community Church

Prefacio

$\mathcal{E}$goísmo, orgullo, perfeccionismo, posición defensiva, celos, envidia, desequilibrio emocional y falta de disciplina —muchas personas luchan con estos defectos del carácter, pero los cristianos con temperamento artístico enfrentarán todas estas facetas en varios momentos de su vida, si no durante toda ella, por la sencilla razón de que son artistas. Nosotros no nos tropezamos con estos aspectos del carácter por casualidad, sino que forman parte de nuestra naturaleza. Esto es lo que viene por ser artistas. Yo no accedí a escribir este libro por haber realizado mucha investigación sobre la formación del carácter y creer que esto justificaba un libro. Lo escribí porque he luchado con cada obstáculo discutido en este libro. La mayor parte de lo que he aprendido nació de mis momentos devocionales con el Señor. Comencé compartiendo lo que Dios estaba haciendo en mi vida con mis amigos artistas en los ensayos, en grupos pequeños a los que asistía o en los retiros. Sentí un espíritu de afinidad con mis compañeros artistas, la mayoría de los cuales también deseaba crecer en áreas en las que todos estábamos luchando. Después comencé a compartir en conferencias y talleres lo que estaba aprendiendo, y allí también conocí a infinidad de otros que estaban hambrientos de lo que la Palabra de Dios tiene que decir sobre el crecimiento en carácter, siendo artista cristiano. Muchos de ellos me pidieron más tarde que les recomendara más recursos que simplemente hablar directamente con aquellos de nosotros con temperamento artístico, pero desafortunadamente no hay muchas cosas disponibles. Este libro está escrito en respuesta a esa necesidad,

Llevo ya más de veinticinco años trabajando en la iglesia con artistas, y he visto que las iglesias manejan a los artistas de una de dos maneras. Nosotros, o consentimos a los artistas y los aupamos con sus defectos, o usamos y abusamos de ellos.

En la novela biográfica de Irving Stone, *La agonía del éctasis*, sobre la vida de Miguel Ángel, hay un capítulo dedicado a las relaciones de éste con los varios Papas para quienes trabajó. La mayor parte de estas relaciones fueron turbulentas, y la experiencia de Miguel Ángel como artista de la iglesia fue sumamente frustrante. Cuando yo leí sobre el abuso sufrido por uno de mis artistas favoritos, la idea que se me ocurrió fue que esa tensión entre la iglesia y el artista ha tenido lugar durante cientos de años. Sueño con el día en que la iglesia deje de enemistarse con los artistas y comience a formarlos y a darles un lugar seguro para crecer y llegar a ser las personas que Dios quiere que seamos. Quisiera que fuésemos más sensibles hacia las necesidades del artista. Y deseo que todos los artistas amen la iglesia y crezcan en carácter e integridad como Dios manda.

He llegado a creer que la mejor manera de experimentar este asunto es dentro del contexto de un equipo o pequeño grupo. Usted puede seguir este libro por cuenta propia, pero se obtendría mayor beneficio leyéndolo en un pequeño grupo con otros artistas. Se podría estudiar este material con la banda de alabanza, el coro de su iglesia, su grupo de teatro, su elenco de danza. Por eso incluí los mismos temas de discusión en grupo que yo solía usar en mis talleres. Como voy a destacar con frecuencia la importancia de rendirle cuentas a alguien para los cambios que usted desea en su vida, también sería muy valioso seguir este libro como parte de un discipulado o de una relación de mentor a discípulo individualmente, con un amigo u otro artista.

Cada capítulo del libro comienza con una situación hipotética que ilustra el enfoque de cada capítulo. Aunque los nombres y las situaciones son ficticias, están basados en la vida real; se trata de situaciones que he conocido durante mis años en el ministerio.

Actualmente tengo el privilegio de servir como director de música en la iglesia Willow Creek Community Church, de South Barrington, Illinois. Yo era parte del grupo de jóvenes originario que comenzó la iglesia, y fui contratado para mi puesto actual en 1984. De vez en cuando voy a referirme a mi iglesia madre, pero este no es un libro sobre Willow Creek. Este es un libro para artistas cristianos. Espero que se sienta estimulado por él para cumplir el llamado que Dios tiene para usted como artista. Y espero que le motive a convertirse en el artista que Dios quiere que sea,

Estoy en deuda profunda con Bill Hybels, cuyo liderazgo he seguido la mayor parte de mi vida, y cuya enseñanza ha impregnado este libro más de lo que yo probablemente me doy cuenta. Estoy en deuda con mi esposa, Sue, por su estímulo y apoyo. Y estoy en deuda con el grupo de artistas de Willow Creek con quienes colaboro, algunos de los cuales co-

nozco desde hace más de veinte años. A ellos les dedico humildemente
este libro.

Entonces, ningún artista es normal; si lo fuera, no sería artista. Los hombres normales no crean obras de arte, sino que comen, duermen, hacen tareas rutinarias y mueren. Ustedes son hipersensibles a la vida y a la naturaleza; por eso son capaces de interpretar para el resto de nosotros. Pero si no son cuidadosos, esa misma hipersensibilidad los llevará a su destrucción. La tensión que conlleva quebranta a todo artista.

Irving Stone, Lust for Life
(Deseo de vivir)

Introducción

Esos «tipos que pretenden ser artistas»

Hace algún tiempo hablé en la conferencia de una iglesia de Ft. Lauderdale, a la que asistieron mayormente pastores y líderes. Hablé sobre el estado actual de la música y sobre el futuro de las artes en la iglesia. Por supuesto, me apasionan profundamente los artistas cristianos que están viviendo vidas de integridad y carácter cristiano, de modo que solté unas cuantas palabras sobre el carácter y la integridad. Apenas lo mencioné, pero al final hubo una avalancha de preguntas, todas referentes al tema del carácter y la integridad en las vidas de los artistas en la iglesia. El carácter se está convirtiendo rápidamente en el tema candente que hoy día encaran los artistas en la iglesia. En realidad, la mayor parte de las preguntas que se me hacen sobre el ministerio de la música en la iglesia nunca tienen mucho que ver con la música, sino que giran en torno a temas del carácter: ¿Qué puedo hacer para que mi gente sirva con un corazón de siervo? ¿Cómo puedo cultivar la unidad del equipo? ¿Qué puedo hacer para que mis vocalistas o los miembros del grupo de teatro se lleven bien entre si? ¿Qué debo hacer con los problemas de actitud de varios de mis músicos? El departamento de música y otros ministerios relativos a las artes se han convertido en un foco de importantes problemas de carácter en la iglesia. Yo he visto desintegrarse no pocos ministerios de música debido a que sus líderes dejaron de tratar cuestiones del carácter.

Ha habido pastores que me llaman, frustrados ante las cuestiones de carácter que ven en su equipo de música. «Nuestro director de música no hace caso de las sugerencias», dicen. O «No recibe bien la crítica. No es un jugador del equipo; está más interesado en hacer lo que se le antoja».

También he oído a directores de música expresar frustraciones parecidas con respecto a sus voluntarios. «Fulano y Mengano son grandes maestros en las teclas, pero es difícil trabajar con ellos». O «A nuestro cantante principal le da un berrinche una vez al mes y amenaza con renunciar. Estamos asustados, porque en estos momentos no podemos permitirnos perder a ninguno de nuestros mejores vocalistas. ¿Qué debemos hacer?»

Durante mucho tiempo nuestras iglesias han ignorado el problema, dejando pasar las cuestiones del carácter en las vidas de los artistas. Le hemos dado la espalda al problema, esperando que éste desaparezca por sí sólo; pero nunca desaparece. Un pastor se sentó conmigo en el ómnibus, rumbo al hotel, en esta conferencia en Ft. Lauderdale, y me dijo algo muy revelador: «Yo no me preocupo por estos tipos que pretenden ser artistas. Ellos actúan como si lo fueran en su pequeño mundo».

¿Qué quería él decir por «esos tipos que pretenden ser artistas»? ¿Cómo sabe usted si es uno de esos que pretenden ser artistas? Si a usted le gustan la música, el teatro, el arte, el cine, la fotografía, la danza, el sonido o la iluminación, si usted le encanta hacer cosas artísticas —cantar, actuar en escena, protagonizar, escribir, crear o charlar— es posible que tenga alguna clase de vena artística, grande, pequeña o intermedia. Usted podría ser alguien que trata de seguir una carrera artística, o que participa de las artes como un pasatiempo. Quizá su grado de su participación en ellas es cantar en la última fila del coro de la iglesia. Usted puede ser «aficionado» o «profesional». O actor, una persona creativa o ambas cosas. Quizá usted trabaja con artistas o vive con un artista, y quiere entendernos un poco mejor a nosotros, los que pretendemos ser artistas.

Desafortunadamente, hay ciertos estereotipos negativos que se les pegan a las personas con temperamento artístico. Algunas personas dicen que somos temperamentales y excéntricos. Otros piensan que somos difíciles y extraños. Algunos podrían decir que somos inestables y caprichosos. Otros nos consideran independientes, peculiares e indisciplinados. Con frecuencia se ofrecen más excusas ante los defectos del temperamento artístico que ante cualquier otro temperamento. El problema se da cuando nosotros los artistas nos tragamos estas excusas y las usamos para justificar una conducta inaceptable.

Los estereotipos negativos son injustos porque no todas las personas con dones artísticos conforman ese molde. Mi hijo me contó el otro día que en su escuela estaba aprendiendo cuán misteriosos son los artistas. Había estado asistiendo a un curso de apreciación musical, y lo que lo impresionó más fue que Beethoven tenía tan mal temperamento que daba un escándalo en un restaurante si la comida no estaba buena, que las mujeres le tiraban las llaves de su cuarto a Franz Liszt en escena y que

Wagner era un hombre caprichoso con fuertes sentimientos antisemitas. Puesto que muchos de los músicos sobre quienes estaba aprendiendo eran muy extraños, eso me hizo preguntarme ¡qué piensa sobre mí!

El temperamento melancólico

Durante siglos a los eruditos les ha fascinado el temperamento artístico. Comenzó con los antiguos griegos, que dividieron la personalidad humana en cuatro categorías principales: colérica, sanguínea, flemática y melancólica. Aristóteles decía que «todos los hombres extraordinarios distinguidos en filosofía, política, poesía y las artes, son evidentemente melancólicos».[1] Como resultado de eso, las personas con inclinación artística eran catalogadas como melancólicos, lo que resulta algo engañoso, porque no todos los artistas son predominantemente melancólicos. Yo conozco a unos cuantos que tienen sólo poca tendencia a la melancolía, y otros que no tienen nada de melancólicos.

Durante la Edad Media la melancolía era considerada un desorden físico, y la Iglesia la consideraba un pecado similar a la pereza.[2] Sin embargo, durante el Renacimiento la melancolía volvió a hacerse presente y se vio como un don divino. La astrología desempeñó un gran papel en el pensamiento del Renacimiento. La conducta de una persona se determinaba en su nacimiento por la conjunción de su planeta con otros cuerpos celestiales. Saturno era el planeta de la melancolía. Si alguien nacía bajo su signo, sería «sano y capaz de excepcionales logros, o enfermo y condenado a la inercia y la estupidez».[3] La capacidad para «excepcionales logros» puso obviamente de moda el temperamento melancólico durante el Renacimiento. En realidad, se dijo que «una verdadera ola de 'conducta melancólica' barrió por toda Europa» durante el siglo dieciséis.[4] Cuanto más excéntrico era el artista, más «genial» se consideraba.

A pesar de este criterio más bien exaltado, que continuó hasta muy entrado el Romanticismo, el temperamento melancólico ha tenido siempre su parte de mala prensa. Aún en épocas en que estuvo en boga, hubo quienes expresaron su preocupación. En 1586 Timothy Bright describía al melancólico como

frío y seco; de color negro y atezado; de sustancia inclinada a la dureza; escaso de carnes... de memoria razonablemente buena si las tonterías no la alteran; firme en su opinión, y difícilmente cambia cuando toma una resolución; indeciso antes y demorado en la deliberación; suspicaz, laborioso en sus estudios, y circunspecto; dado a sueños espantosos y terribles; en afectos triste y lleno de temor, difícilmente se torna iracundo, pero se mantiene así por largo tiempo, y no le es fácil reconciliarse; envidioso y celoso, dispuesto a meterse en algo en su peor parte y apasionado sin medida. De estas dos disposiciones de la mente y el corazón proceden su soledad, su aflicción, su llanto… sus añoranzas, sus sollozos, sus lamentaciones, su aspecto moribundo y alicaído, su sonrojo y su vergüenza; de paso lento, silencioso, negligente, rehúsa el contacto frecuente con sus semejantes, deleitándose más en la soledad y en el anonimato.[5]

No es un cuadro muy halagador, ¿verdad? Aún hoy hay cierto estigma respecto al temperamento melancólico. Siempre que leo algo sobre los temperamentos me doy cuenta de que el melancólico siempre se enfoca con un alto grado de ambivalencia. Los otros tres parecen el perfume de una rosa, mientras que el temible temperamento melancólico se ve tan horrible. Con frecuencia parecemos exageradamente analíticos, malhumorados, asociables y excesivamente sensibles. Lo que más me molesta es que si a usted lo califican como melancólico, se asume automáticamente que es un inadaptado emocional que no encaja.

Cómo restituir el temperamento artístico para Cristo

Creo que Dios ha redimido el temperamento artístico. Si usted está en Cristo, es una nueva criatura. «Lo viejo ha pasado, lo nuevo ha llegado» (2 Corintios 5:17) En Cristo existen los artistas transformados, bien ajustados, llenos del Espíritu. Imagínese lo que Dios podría hacer con un temperamento artístico completamente rendido a él. Él no nos considera «esos tipos extraños que pretenden ser artistas». Después de todo, él nos hizo. Nos ama y nos entiende.

Yo reconozco que somos un poco diferentes, pero es una buena diferencia. Los artistas ven las cosas de forma diferente a como las ven los que no lo son. Nosotros observamos el detalle; apreciamos los matices y la belleza. Hay personas que miran el cielo nocturno, y lo único que ven es un montón de estrellas. Pero un artista lo mira y ve belleza y significado. Los artistas desean sentarse bajo las estrellas y quedarse absortos ante ellas. Quieren contemplar la luna y deslumbrarse. Ellos quieren pintarla en un cuadro o componer una canción o un poema. A Debussy le conmovió tanto el cielo nocturno que compuso *Claro de luna*. Van Gogh se inspiró y pintó *Noche estrellada*. El rey David era un artista que contempló el cielo de noche y escribió lo siguiente: «Cuando veo tus cielos, obra de tus dedos, la luna y las estrellas que tú formaste, digo: ′¿Qué es el hombre, para que tengas de él memoria, y el hijo del hombre, para que lo visites?′»(Salmo 8:3-4)

Los artistas responden de forma diferente a los no artistas. Por algo tendemos a ser más sensibles. Y eso está bien. Así es como Dios nos hizo. En la Epístola a los efesios, Pablo habla acerca de alumbrar los ojos de nuestro entendimiento (1:18). Las personas sensibles tienen mucho corazón. Nosotros podríamos ver cosas de forma diferente porque sentimos profundamente. En *Windows of the Soul* (Ventanas del alma), Ken Gire escribe: «Nosotros aprendemos de los artistas, de aquellos que trabajan en pintura o en palabras o en notas musicales, de aquellos que tienen ojos que ven y oídos que oyen y corazones que sienten profunda y apasionadamente sobre todo lo que es sagrado y amado de Dios».[6]

Por esta razón, los artistas hablan muy a menudo contra la injusticia, la desigualdad y la hipocresía. Defienden la causa de los que sufren. Nos hacen más sensible ante los perdidos y abandonados y ante la situación del oprimido. A todos los que tienen temperamento artístico se les ha dicho en algún momento de su vida que sean menos sensibles. ¡Eso es una tontería! El mundo no necesita más personas de piel dura. Necesita más personas que sean sensibles y tiernas. ¿Le ha conmovido a usted alguna vez hasta llorar una conmovedora obra musical? ¿Ha quedado hechizado por una hermosa obra de arte? ¿Se ha conmovido ante una escena cinematográfica? Esto es porque un artista sintió profundamente algo y lo comunicó de manera tan vigorosa que tocó su corazón y su alma.

Las artes en la Biblia

Vamos a examinar brevemente lo que dice la Biblia sobre las artes y los artistas. Además de ser la infalible Palabra de Dios y un agente de cambio de vida, la Biblia en sí misma es una obra de arte. A lo largo de la historia se ha estudiado como ejemplo de literatura exquisita. Un erudito como Frank E. Gaebelein escribió: «Es un hecho que por encima y sobre toda otra obra de literatura mundial, desde Homero hasta Virgilio, Dante, Cervantes, Shakespeare, Milton y Goethe, ningún libro ha sido más plenamente reconocido como grande, simplemente como libro, que la Biblia».

La Biblia es rica en el uso artístico de la metáfora. Mi ejemplo favorito es el último capítulo de Eclesiastés, donde se trata metafóricamente el proceso del envejecimiento, comparándolo con una casa: «Cuando temblarán los guardas de la casa, y se encorvarán los hombres fuertes, y cesarán las muelas porque han disminuido, y se oscurecerán los que miran por las ventanas; y las puertas de afuera se cerrarán, por lo bajo del ruido de la muela; cuando se levantará a la voz del ave, y todas las hijas del canto serán abatidas». (12:3-4)

Los temblorosos «guardas de la casa» es una referencia a las manos, que tiemblan cuando uno envejece. Las «muelas» son los dientes y nuestra propensión a perderlos a medida que envejecemos. La pérdida de la vista se describe como mirando a través de la ventana y oscureciéndose la imagen. Otras referencias a la inclinación, a la pérdida del oído y a tener insomnio, todo se incluye en esta inteligente analogía. En lugar de describir el proceso del envejecimiento en términos clínicos, el escritor apela a nuestra imaginación, y al hacerlo nos hace sentir tristeza por ponernos viejos.

La Biblia también contiene poesía escrita con mucha habilidad y sofisticación. Los Salmos, el libro de Job y el Cantar de los Cantares son los ejemplos más prominentes de la poesía bíblica.

La primera mención al drama se da en la Biblia, cuando Ezequiel es instruido a «presentar» un drama sobre el sitio de Jerusalén. El profeta llegó a dibujar el perfil urbano de la ciudad y lo usó como telón de fondo familiar (Ezequiel, 4) Jesús habló con frecuencia en parábolas y contó historias pintorescas e intrigantes que tenían su buena parte dramática en ellas.

Las artes plásticas desempeñaron un papel muy importante en la construcción del tabernáculo (Éxodo 31:1-11) Francis Schaeffer señala que el tabernáculo entrañaba toda forma de arte representativo conocido por el hombre.[8] Las artes plásticas también fueron fundamentales en la construcción del templo. En realidad, el templo fue adornado con las mejores esculturas y grabados (1 Reyes 6:15-36; 7:23-39; 1 2 Crónicas 3:5-7; 4:1-7). 1 Reyes 6:4 (RV) dice que Salomón «hizo ventanas anchas por dentro y estrechas por fuera». Algunas de las obras de arte en el templo, como las columnas que no sostenían nada no tenían significación utilitaria. (2 Crónicas 3:15-17). Era belleza por amor al arte.

La música también se menciona con bastante frecuencia en la Biblia. El canto era un elemento fundamental de la cultura hebrea. El libro de los Salmos es realmente un himnario, y continuamente nos exhorta a cantar al Señor (Salmo 149:1) La nación de Israel no sólo cantaba durante la adoración; se cantaba mientras se trabajaba (Números 21:16-18). David entonó una canción que escribió cuando murieron Saúl y Jonatán (2 Samuel 1:19-27) Y según leemos en las páginas del libro de Apocalipsis, es obvio que vamos a entonar muchos himnos en el cielo (19:1-8).

Asimismo aparecen multitud de instrumentos musicales en la Biblia. La palabra *selah*, que aparece en los Salmos (setenta y una veces para ser exactos) es más probable que se refiera a un interludio instrumental entre versos o secciones de la música vocal. Las trompetas se usaban para convocar a la nación de Israel a las reuniones, como señal de fiestas, en conmemoraciones, durante la adoración, y en conjunción con varias campañas militares (Levítico 23:24; Números 10:1-10; 29:1; Josué 6:20; Jueces 3:27; 6:34; 7:19-22; 1 Samuel 13: 3; 2 Samuel 2:28; 15:10; 18:16; 1 Reyes 1:34; 2 Reyes 9:13; Salmo 150:3) Las trompetas también anunciarán la segunda venida de Cristo y la resurrección de los muertos (Mateo 24:31; 1 Corintios 15:52). Otros instrumentos mencionados son la flauta, la lira, el arpa y varios instrumentos de percusión (1 Samuel 10:5; 1 Reyes 1:40; 1 Crónicas 25:1; Salmos 45:8; 92:1-3; 150:3-5; Mateo 9:23).

La danza también se incluye en la Biblia. El Salmo 149:3 dice: «Alaben su nombre con danzas». El Salmo150:4: «Alabadle con pandero y danza». Miriam dirigió a las mujeres en una danza de alabanza en Éxodo 15:20. Danzar era igualmente una parte de la bienvenida a casa de los soldados que regresaban de la batalla (Jueces 11:34). Hubo cánticos y danzas cuando David derrotó a Goliat (1 Samuel 18:6) y David danzó ante el Señor cuando trajo el arca del pacto a casa (2 Samuel 6:14-15)

Los artistas en la Biblia

Tal vez yo esté parcializado, pero creo que Dios tiene un lugar especial en su corazón para los artistas, puesto que son muchos los mencionados en la Biblia. La de artista fue una de las primeras ocupaciones enumeradas en los primeros días del Antiguo Testamento, junto con la agricultura y la industria (Génesis 4:21). Hay varias referencias a grupos de músicos (Nehemías 10:28-29, Salmo 150:3-5) y a otros artistas (Éxodo 31:2-6; 35:30-35). El grupo de adoración que servía en el templo durante el reinado de David estaba compuesto por doscientos ochenta y ocho cantantes (1 Crónicas 25:7). Uno de los juicios emitidos contra Babilonia en el libro del Apocalipsis fue que la vida estaría vacía de las riquezas que traen los artistas (18:23).

Hay varios artistas mencionados por su nombre a lo largo de las Escrituras. No podemos enumerarlos a todos, de modo que me referiré a unos cuantos. David fue un hábil músico y compositor de canciones (1 Samuel 16:18), alguien a quien Dios describió como un hombre conforme a su propio corazón. Salomón escribió más de mil canciones (1 Reyes 4:32). Quenanías fue un gran vocalista y un líder cantante (1 Crónicas 15:22). Hay un grupo de músicos en 1 Crónicas a quienes yo llamo los cantantes percusionistas. Sus nombres eran Asaph, Heman y Ethan (15:16-10), y ellos eran los vocalistas que marcaban el tiempo para cada uno tocando los címbalos. A Bezalel se le cita como un artista plástico de mucho talento (Éxodo 35:30-33).

El poder de las artes

Las artes pueden ser sumamente poderosas. Nos pueden despertar a la verdad y cambiar nuestras vidas. En 1 Samuel 10 Saúl estuvo expuesto a un grupo de músicos que tenía un poderoso ministerio en la profecía. Su ministerio afectó a Saúl tan profundamente que fue «transformado en una persona diferente» (vers. 6). ¡Ese es el poder de las artes! Cuando el *Mesías* fue estrenado en Londres, Lord Kinnoul felicitó a Haendel por su excelente «entretenimiento». Como muchos de nosotros, a Haendel se le puso la carne de gallina ante la idea de que su música fuera mero entretenimiento. «Dios mío, —dijo— yo me lamentaría si solo los entretuviera. Yo quiero hacerlos mejores».

Las artes pueden tener un impacto poderoso si se producen con el poder de la unción del Espíritu Santo. Dios usó a un músico ungido para abrir el corazón de Eliseo a la profecía de una forma poderosa (2 Reyes 3:15). De la misma manera, una obra de arte inspirada en las manos de un artista ungido puede ser sumamente poderosa. Una canción ungida, cantada por un vocalista lleno del Espíritu, da por resultado un momento santo. Nosotros, los artistas cristianos, no podemos hacer lo que hacemos si estamos apartados del Uno que nos facultó. Nunca olvidemos que nuestro mensaje no está en demostraciones deslumbrantes de nuestro propio talento, sino en «demostración del poder del Espíritu» (1 Corintios 2:4) Un tema que aparece en todo el libro de Esdras es que la mano de Dios estaba sobre este en todo lo que hizo. Necesitamos que la poderosa mano del Señor esté sobre los artistas hoy.

Las artes en la iglesia

¿Qué clase de actitud debemos tener los artistas hacia la iglesia? Necesitamos amar a la iglesia, que es la esposa de Cristo. A pesar de todos sus defectos (sobre todo cuando se trata de las artes y los artistas), la iglesia sigue siendo el vehículo para redimir el mundo perdido. Charlie Peacock, productor y compositor cristiano, dice: «Los verdaderos artistas se proponen amar a la iglesia pese a la indiferencia o la oposición a su trabajo. Aunque la indiferencia es su enemigo, ellos la separan del hermano o la hermana que son seducidos por ella. Están ansiosos de hallar su lugar en el Cuerpo, y no se consideran a sí mismos exentos de la hermandad y de las responsabilidades de mayordomía de la iglesia. Aman a la iglesia y hacen todo lo que pueden para edificarla, pues ¿cómo podrían amar a Cristo y odiar a su iglesia?

Vivimos en una época, sin embargo, en que muchos artistas no piensan seriamente en la iglesia. Aún los artistas cristianos. Cuando pensamos en usar nuestra arte para impactar al mundo, normalmente no pensamos en hacerlo a través de la iglesia local. O si lo hacemos, consideramos la iglesia como un peldaño hacia algo con mayor público.

Por ejemplo, hay una entera generación de jóvenes creciendo ahora con la idea de que el verdadero ministerio de la música no se encuentra en la iglesia, sino en la industria de la música cristiana. En realidad, cuando usted oye la expresión «artista cristiano», la mayoría de las personas piensan que se refiere a algo «en la industria». Sin embargo, la contralto del coro de la iglesia, el actor cristiano involucrado en el teatro de la comunidad, y el profesor de arte nacido de nuevo son tan artistas cristianos como cualquiera de la industria. Esta opinión nunca me hace ganar amigos en la industria de música cristiana, pero ¿se ha preguntado usted si la industria de música cristiana fue la primera selección de Dios para alcanzar al mundo perdido?, ¿o acaso abdicamos en la iglesia ese privilegio por no tener la visión de cuán poderosa podría ser la música *en la iglesia*? No quiero decir que la bendición de Dios no esté con la industria de música cristiana. Esta ha producido mucho fruto y actualmente está tocando vidas. Ese impacto no se perdería si los artistas cristianos se canalizaran dentro de la iglesia y/o el mercado.

A aquellos de ustedes que son músicos, tengo que decirles que si están haciendo música, pero realmente más bien están haciendo algo más (como «haciéndolo» en la industria de música cristiana) no hagan música cristiana. Hagan otra cosa. Esto va para todos nosotros los artistas. No busquen la iglesia como un peldaño para algo más importante.

Quiero ser cuidadoso para que las personas no lleguen a la conclusión de que yo pienso que la iglesia es la única avenida aceptable para que un cristiano use los talentos que le ha dado Dios. Ustedes necesitan encontrar el público ideal para su trabajo, y puede que no siempre sea la iglesia local. No todas las obras de arte encajan apropiadamente con un servicio religioso. Nosotros deberíamos usar nuestros dones en la iglesia y en el mundo. Necesitamos a más artistas cristianos en el mercado. Necesitamos a más músicos, actores, danzantes, escritores, poetas, pintores, intérpretes y directores de cine con talento en el mundo, que impacten nuestra cultura para Cristo. Nosotros somos la sal de la tierra (Mateo 5:13). Nuestra luz necesita brillar de tal manera que la gente vea nuestras buenas obras y siga al Señor (Mateo 5:16). Yo alabo a Dios por el hecho de que algunos de nuestros músicos cristianos estén pasando al mercado secular. Están influyendo en la corriente principal de nuestra cultura. Mi consejo a los artistas jóvenes de hoy es que consideren la iglesia y/o el mundo como canales para su trabajo. No se afinquen en la industria de música cristiana o en ningún otro campo que los confine a ustedes y a su arte a una subcultura cristiana.

Yo llevo ya más de veinticinco años involucrado en el ministerio de la música, y confieso que en algunos de mis momentos más difíciles en el camino, he deseado abandonarlo. Pero cuando le doy vueltas a la idea de hacer algo diferente con mi vida, nada más llega a cautivar mi pasión. Esto es lo que Dios me ha llamado a hacer. Ejecutar música de la iglesia es para lo que Dios me ha puesto aquí. Mi misión en la vida es contribuir al progreso de la música en la iglesia. Usted no tiene que trabajar para una iglesia para amarla. Dios está reconciliando para él a través de la iglesia a un mundo perdido, y nos invita a ti y a mí a ser parte de este «ministerio de reconciliación» (2 Corintios 5:18). La iglesia es la esperanza del mundo. Servir a Dios en la iglesia local es un llamado alto y noble.

En la iglesia de hoy necesitamos artistas apasionados por el poder de las artes. El versículo de mi ministerio personal es 1 Corintios 14:24-25. «Si todos profetizan y entra algún incrédulo o indocto, por todos es convencido, por todos es juzgado; lo oculto de su corazón se hace manifiesto; y así, postrándose sobre su rostro, adorará a Dios, declarando que verdaderamente Dios está entre vosotros!»

Me encanta ese pasaje porque describe una experiencia del ministerio que es tan poderosa que todo el mundo sabe que viene de Dios. Observe cómo esto afecta incluso a los no creyentes: ellos están convictos de pecado, llegan a ser vulnerables y encaran la verdad sobe ellos mismos, son atraídos a Dios; y finalmente se van sacudiendo la cabeza con asombro y exclamando: «¡Dios existe de verdad! ¡El está realmente entre ustedes!» Cuando Dios unge las artes, hay un poder asombroso desatado por él para penetrar los corazones, las mentes y las almas. Nosotros, de todas las personas, nunca debemos perder de vista cuán poderosas pueden ser las artes *en la iglesia*.

Veamos cómo se pueden utilizar las artes en la iglesia local examinando su papel en la adoración, el evangelismo, el estímulo y la celebración.

Adoración

El Nuevo Testamento hace un gran hincapié en la adoración corporativa. En Efesios 5:19 y en Colosenses 3:16 la iglesia primitiva es instruida para cantar «salmos, himnos y canciones espirituales». Leland Ryken señala que «la música en el Nuevo Testamento… ya no es sacerdotal ni profesional. Es sólidamente social, congregacional y 'aficionada'»[11] La tarea de ministrar ya no es realizada por profesionales a tiempo completo. Es responsabilidad de cada cristiano lleno del Espíritu para realizar el trabajo del ministerio (Efesios 4:11-13; 1 Pedro2:5-9). Es un subproducto de la nueva filosofía del pacto de un sacerdocio de creyentes.

En estos días un gran número de iglesias está experimentando la adoración guiada por el Espíritu, y esto ha añadido una profunda riqueza a la vida eclesial. Las artes pueden facilitar poderosamente la adoración. Una obra inspiradora de música de alabanza, un drama conmovedor, una lectura dramática, una danza expresiva, una pieza emocionante de arte plástico pueden crear esos momentos de santidad en que nosotros, como cuerpo de Cristo, experimentamos la presencia de Dios de una manera real.

El resurgir de la adoración ha encendido, desafortunadamente, las controversias que cada agrupación local necesita para trabajar bien. Por ejemplo, la cuestión de adoración espontánea o adoración preparada parece que hace que las personas tomen partido sobre cuál es más espiritual. La Escritura ofrece un ejemplo de cada una. Cuando la nación de Israel cruzó el Mar Rojo, allí mismo en la orilla se manifestaron con adoración espontánea que incluía cantos, diversión y danzas (Éxodo 15), Por otra parte, el tiempo de adoración que acompañó la dedicación del templo fue sumamente organizado y coreografiado (2 Crónicas 5:11-7; 7)

La controversia entre lo tradicional y lo contemporáneo también encara la iglesia que desea crecer en adoración. Yo he visto dos extremos: iglesias que desecharon todos los himnos antiguos a favor de coros de adoración contemporáneos, e iglesias que se mantienen a favor de esos himnos antiguos tan fuertemente que no consideran utilizar los coros nuevos de adoración. La iglesia del Nuevo Testamento fue una saludable mezcla de ambos. 1 Timoteo 3:16 es un ejemplo de uno de esos «nuevos» coros de alabanza en la iglesia primitiva, pero también se instruyo a los creyentes a cantar los salmos «viejos» (Efesios 5:19; Colosenses 3:16).

También he visto iglesias que son de mentalidad algo estrecha respecto de lo que puede ser la alabanza, al insistir en que todas las formas de adoración sean dirigidas a Dios. En otras palabras, cantan solamente himnos a Dios y no sobre él. Yo creo que esto es un intento de personalizar la adoración y enfocarse en Dios, y eso es bueno (Salmo 33:3), pero no creo que debamos ser dogmáticos sobre esto, porque eliminaríamos mucho de los buenos coros de adoración que pueden edificar verdaderamente a la iglesia. Además, lo que muchos creen ser fragmentos de himnos encontrados en las Escrituras (Efesios 5:14; Filipenses 2:6-11; Colosenses 1:15-20) son acerca del Señor y no son todos cantados a El.

Evangelismo

Las artes pueden ser especialmente efectivas en evangelismo porque con frecuencia reflejan el hambre y la búsqueda de Dios por parte del creyente. John Fisher, en su libro *What on Earth Are We Doing? (¿Se puede saber qué estamos haciendo?)* dice que «mucho del arte de los no cristianos que piensan, expresa un anhelo de Dios». Fisher continúa diciendo que cuando

los artistas entran en los colores o en las notas de una obra musical, dentro de la solución del revelado en la bandeja de un cuarto oscuro, o en la corriente de palabras en una página, están actuando en armonía con la eternidad que Dios ha colocado en sus corazones. Están tratando de tener significado en su universo — tratando de significar algo más que una colisión a rumbo de moléculas. Si bien la moderna filosofía les dice que no son nada, sus corazones les dicen algo más. Debido a que sus mentes no pueden desentrañar lo que saben sus corazones, sienten la carga del peso que Dios les ha puesto. El arte a veces parece irracional, porque el corazón está llegando más allá de la mente. Un museo de arte moderno despliega el alcance del corazón más allá de lo que sabe la mente, tratando de encontrar el significado de su existencia».

La verdad es que la gente tiene un anhelo de Dios, y nosotros los artistas podemos ayudar a mostrarles a él a quienes lo buscan. No niego el potencial evangelístico de la adoración guiada por el Espíritu. El Salmo 40:3 dice que cuando nosotros adoramos, esto causa que muchos otros se vuelvan a Cristo. Sin embargo, como quien ha pasado la mayoría de sus años de ministerio en una iglesia encaminada a buscar almas, yo les rogaría a las iglesias que consideren el uso de las artes también como estrategia de evangelismo. Las artes pueden desempeñar un papel importante a la hora de alcanzar a quienes no van a la iglesia. Innumerables personas me han dicho que su primera visita a una iglesia para buscadores fue porque les gustaba la música. Habiendo dicho esto, por supuesto, yo también diría que debe tenerse gran cuidado al seleccionar expresiones artísticas con las que las personas ajenas a la iglesia puedan identificarse. Cuando Pablo deseaba sintonizar con los no cristianos, se salía de su camino para hablarles donde estuvieran. En Atenas usó los escritos de los propios poetas y filósofos seculares del pueblo para presentar el evangelio (Hechos 17:28). Echó mano de su arte, la expresión de su cultura popular, para alcanzarlos. Sin hacer callar a nuestros amigos y vecinos perdidos, debemos aprender a referirnos a una cultura posmoderna y hablarles de forma significativa. Yo evitaría composiciones musicales que tengan mucha jerga cristiana que no pudieran entender las personas que no asisten a la iglesia. Asimismo evitaría música o teatro que traten trivialmente temas serios de la vida. Si usted está interesado en los que no asisten a la iglesia, asegúrese de usar un lenguaje que puedan entender con claridad.

Estímulo y aliento

Las artes pueden estimular y edificar la iglesia. La música, el drama, la danza, la literatura y las artes plásticas pueden estimular a alguien derrumbado, alguien que esté luchando en su camino con Cristo, alguien que esté confrontando dificultades y tentaciones. David ministró a Saúl tocando el arpa, y lo alentó y lo reanimó (1 Samuel 16:23). Tanto Job como David comentaron que Dios ofrecía aliento, *«cantos en la noche»*, en tiempos difíciles (Job 35:10; Salmo 42:8; 77:6). Nunca debemos perder de vista a la gente en sus necesidades. La iglesia puede usarnos para traer estímulo a quienes necesitan un toque de Dios.

Yo me deleito cuando un himno o un coro de alabanza se me queda en la memoria después de oírlo, y la letra es una joya rica de la Palabra de Dios que me ministra durante el día. Esto me recuerda al salmista que afirma: «Cánticos fueron para mí tus estatutos» (119:54). Yo tuve esa experiencia la primera vez que escuché el himno «Vuelve tus ojos a Jesús» y con el coro de alabanza basado en Mateo 6:33, «Busca primero». No me lo podía sacar de mi cabeza, ni tampoco quería. Yo soy una persona diferente con una actitud diferente cuando la Palabra de Dios impregna mi corazón. Las artes pueden lograr que esto ocurra.

Las artes son excelentes para identificarse con el dolor de la gente y ministrar la verdad de la palabra de Dios con sensibilidad. Hay momentos en que quien habla dirá algo que cae en oídos sordos. Tome el mismo mensaje y combínelo con una melodía hermosa o cualquier otra expresión artística sensible, y conmoverá a la gente. Eso es porque las artes hablan al corazón. Las artes nos hacen más sensibles y tiernos a la voz de Dios. Si usted realmente desea estimular a la gente de la iglesia, piense en utilizar las artes para que lo asistan.

Celebración

Así como las artes desempeñaron un importante papel en la nación de Israel en la celebración de eventos especiales como el cruce del Mar Rojo o la dedicación del tabernáculo o el templo, las artes pueden ser fundamentales también al ayudar a la iglesia en las celebraciones. No estoy hablando sólo de la celebración de Navidad y el domingo de Resurrección. En la iglesia local podríamos celebrar mucho más de lo que celebramos. Nosotros, entre toda la gente, tenemos mucho que celebrar. Los bautismos, los aniversarios de la iglesia, la fidelidad de Dios y las respuestas a las oraciones son todas razones buenas para celebrar. No espere hasta la Navidad o el domingo de Resurrección. ¡La iglesia debería celebrar más reuniones, y cuando lo hacemos, deberíamos eliminar todos los obstáculos y celebrar de verdad! ¿Qué mejor manera de celebrar que dejar que las artes se manifiesten libremente con creatividad encaminada a honrar a Dios?

En la víspera de Año Nuevo de 1989 Leonard Bernstein dirigió la Novena Sinfonía de Beethoven en un concierto que se celebraba con motivo de la caída del muro de Berlín. En su libro *Cartas a mi hijo*, Kent Nerburn narra ese espectáculo visto por él en la televisión, y cuán conmovido quedó por la sinfonía.

> Los instrumentos cantaban como si tuvieran voz. La música crecía y se expandía y se convertía en pura emoción.
>
> Me corrían lágrimas por los ojos. Lloraba sin poderlo evitar. Era más de lo que yo era, y más de lo que pudiera ser jamás. Era como sanidad y un testamento para lo mejor de lo que somos y para lo peor de lo que somos. Era una confesión, era una celebración. Éramos nosotros en nuestra mejor humanidad.
>
> Cuando terminó el concierto yo había sido transformado. A mi vida cotidiana había llegado un momento de belleza transparente. Aunque a una distancia electrónica, había estado en presencia de uno de esos momentos que solo el arte puede ofrecer, cuando nosotros los humanos sacamos algo de la nada, y lo invertimos con una majestad y una belleza que parecen rivalizar con visiones de dioses.[13]

Este es el poder del arte, y la persona que no lo ha experimentado está viva a medias.

Días emocionantes para las artes

Estos son días emocionantes para los artistas en la iglesia, porque Dios parece que está despertando la iglesia al ministerio potencial de las artes.

Recientemente han salido unas cuantas revistas dedicadas a las artes desde una perspectiva cristiana. Cuando las leo, siento que las artes están vivas y bien en nuestras iglesias locales. Muchas iglesias hoy tienen un departamento para las artes en su propio departamento de programación. Yo veo buenos cambios en el horizonte. Por ejemplo, el papel de los artistas está cambiando, comenzando por el papel del músico de la iglesia. Hace veinte años si usted les decía a sus amigos que estaba metido en el ministerio musical de su iglesia, ellos presumían que usted cantaba en el coro.

Hace veinte años si yo le decía a la gente que yo trabajaba como director de música en una iglesia, se imaginaban que dirigía un coro. Era común que si usted deseaba usar sus dones musicales en la iglesia, no tenía suerte a menos que pudiera cantar en el coro o tocar el órgano. Pero hoy hay guitarristas, percusionistas, tocadores de saxofón, de sintetizador, de instrumentos de cuerda y vocalistas de todo estilo, dirigiendo o participando en el ministerio musical de la iglesia. El ministerio para buscadores, así como el movimiento de alabanza han traído nueva vida a la música de la iglesia. Dios está llamando a los músicos de estudio, y a los cantantes publicitarios de sus empresas musicales para servir en la iglesia. También llama a los no profesionales para servir, a personas de todas las esferas de la vida, que acostumbraban a tocar un instrumento o a cantar, pero que terminaban en una carrera no musical. Ellos están descubriendo el gozo y la recompensa que se derivan de usar su talento para servir al Señor.

Estos son también días emocionantes para las artes escénicas en la iglesia. Era costumbre que las iglesias organizaran dramas sólo en Navidad y el Domingo de Resurrección. No sólo estaba esto limitado a presentarse sólo dos veces al año, sino confinado exclusivamente a repetir historias bíblicas. La gente acostumbraba a concebir los dramas en la iglesia como actores de pie en batas de baño frente a la escena del pesebre. Pero gracias a Dios, cada vez más iglesias están usando las artes escénicas hasta el punto de convertirlas en parte habitual de su programación. Las obras teatrales se están usando muy efectivamente hoy en muchos servicios de la iglesia. Como resultado de ello, la calidad de la letra y de la actuación sigue mejorando. Las personas que acostumbraban a actuar en obras teatrales en la escuela secundaria y en la universidad, están experimentando gozo y satisfacción en el servicio a Dios en su iglesia local. Otros están descubriendo dones teatrales que nunca habían sospechado tener.

En el área técnica, las iglesias están experimentando cuán importante son el buen sonido y la iluminación en los cultos. Estamos viendo que las iglesias invierten dinero en esta área y en algunos casos incluso llegan a contratar a tiempo completo a profesionales de los campos del sonido y la iluminación.

La danza está experimentando un reavivamiento en la iglesia, especialmente como expresión de adoración. He visto informes de iglesias patrocinando talleres y conferencias dedicadas enteramente a la danza en la iglesia.

Algunas iglesias están mostrando los trabajos de sus artistas de artes plásticas para que la gente los vea cuando vienen al santuario. Otras están patrocinando galerías o ferias de arte.

Yo me emociono ante el progreso que estamos viendo en estas áreas, porque anhelo que la iglesia sea el «sitio del espectáculo» para las artes, como fue en tiempos de Bach, hace 250 años. La costumbre era que cuando uno deseaba escuchar buena música o disfrutar de un gran arte, iba a la iglesia. La costumbre era que cuando uno deseaba ejecutar o cantar gran música, iba a la iglesia. Nos hemos alejado mucho de eso, ¿verdad?

Yo creo que estamos al borde de una era dorada para las artes en la iglesia. Creo que estamos entrando en una era en la historia de la iglesia en la que Dios está llamando a miles de artistas para usar sus dones para él como nunca antes. Creo que Dios está tratando de levantar una comunidad global de artistas cristianos que estén plenamente dedicados al señorío de Jesucristo en sus vidas. Amigo mío, si ese es un deseo de tu corazón, olvídate de todo lo demás y síguelo a él. Él nos está llamando a desempeñar un papel importante en la iglesia. Qué honor. Qué privilegio. ¡Ojalá podamos ser hallados dignos de confianza (1 Corintios 4:2)!

Es hora de que tomemos conciencia de dónde estamos todos espiritualmente y nos aseguremos de que estamos honrando a Dios no solo con nuestros dones sino también con nuestras vidas. Hagamos los ajustes necesarios para llegar a ser todo lo que Dios desea que seamos. Creo que es hora de que tomemos tan en serio el carácter cristiano como tomamos lo relativo a nuestro oficio o a nuestro arte. No podemos preocuparnos por las artes en la iglesia sin estar preocupados por las vidas de los artistas de la iglesia. Nuestro carácter como artistas de la iglesia, nuestro andar con Cristo, nuestro crecimiento espiritual todo es un arte vital para crear la clase de experiencia ministerial en la cual Dios desata el poder de Su Santo Espíritu. Necesitamos artistas en la iglesia que sean conocidos no solo por su talento sino también por su andar con Cristo.

Golpea mi corazón, Dios en tres personas; porque tú hasta ahora solo tocas, respiras, brillas y procuras reformarme; para que pueda levantarme y estar en pie, derríbame e inclina tu fuerza para romper, soplar, quemar y hacerme nuevo. Yo, como una ciudad usurpada, que le pertenece a otro, trabajo para recibirte y admitirte, pero, sin éxito; la razón, que me gobierna como virrey tuyo, debe defenderme pero está cautiva y resulta débil o falsa. mas con profundo amor, te quiero, y querría ser amado por ti, pero estoy comprometido con tu enemigo. Divórciame, desármame o rompe ese nudo de nuevo, tráeme a ti, aprisióname, porque yo, a menos que me cautives, nunca seré libre, ni casto, ni puro, salvo que me lleves por la fuerza.

John Donne, Soneto no. 14

Uno

Carácter probado

Sean y Abigail estaban tanto emocionados como nerviosos. Sean acababa de terminar en la escuela bíblica, y esta era su primera entrevista de trabajo. Siempre había soñado con ser director de música en una iglesia, así que había mandado solicitudes para varios puestos de todo el país, esperando hallar una iglesia que fuera «el sitio perfecto». El pastor Blair, de la Iglesia Rural Comunitaria había respondido de inmediato a la solicitud de Sean. Analizó el curriculum vitae de Sean y llamó a todos sus avales. Habían sostenido varias conversaciones por teléfono y consideraron que había llegado el momento de la entrevista personal. De modo que aquí estaban ellos, Sean y Abigail almorzando con el Pasto Blair en el mejor restaurante del pueblo.

La reunión iba sumamente bien. Sean estaba produciendo una buena impresión. Cuando el pastor Blair le dijo a Sean que creía que él era el mejor hombre para el puesto, Sean y Abigail estuvieron a punto de estallar, pero, por supuesto, tuvieron que permanecer tranquilos, calmados y serenos, porque todos sabemos que los adultos nunca deben de entusiasmarse más de lo debido. Solo faltaba la entrevista con los ancianos, una mera formalidad si el pastor Blair y su esposa daban su aprobación. Sean comenzó a preguntarle al pastor Blair algunas cosas sobre la iglesia y las personas con quienes él había estado trabajando.

—¿Cuál es la moral del departamento de música hoy en día?

—Es buena, —respondió el pastor Blair—, lo que se esperaría de una iglesia.

Sean se estaba preguntando si eso era bueno o malo, cuando el pastor Blair continuó.

—Fíjese, contamos con algunas personas que desean que nosotros tengamos un enfoque más contemporáneo de la música y la adoración, y otras que están combatiendo esto con dientes y uñas».

—¿De qué lado está usted? —le preguntó Sean de forma amistosa.

—A mí me gustaría contentar a ambos lados, —respondió el pastor Blair—. Creo que esa es nuestra función como iglesia. No quiero perder a nadie por causa de esto. Creo que entre ustedes y yo podemos hacerles felices a todos.

—¿Cómo son las personas del coro? —preguntó Sean con mucha curiosidad.

—Muy buena gente, —le aseguró con orgullo el pastor Blair—. Hay sólo unos pocos problemas aquí y allí. Usted sabe, unas cuantas manzanas podridas en el saco, tal como ocurre en cualquier coro de iglesia.

—¿Cómo quien? —preguntó Sean, realmente interesado.

—Bueno, está por ejemplo la Sra. Johnson, que lleva en el coro más de cincuenta años. Va a combatir cualquier cambio que usted quiera hacer, pero después de manifestar su protesta y de irse por quincuagésima vez, regresará a su sitio al frente de la sección de sopranos, toda feliz y orgullosa de estar allí.

—También tenemos a la Sra. Smith, que presume de ser solista, pero que no ha encontrado a nadie que esté de acuerdo, si usted entiende lo que quiero decir, De alguna manera se le ha metido en la cabeza que puede cantar *El Padrenuestro*, así que, una vez al año, normalmente en julio, la dejamos cantar en el servicio vespertino del domingo. Y eso me hace orar de verdad para que la canción termine pronto, —rió el pastor Blair—. Pero es una magnífica persona, y está casada con nuestro mejor tenor, el Sr. Smith, que puede ser de carácter muy fuerte a veces. Se sabe que él maldice hasta por los codos cuando se enoja. Esto le ocurrió con el ex director de música una vez delante de todo el coro. Mi sugerencia sería que lo tuviéramos de vuestro lado desde un principio, pues tiene mucho peso en la iglesia.

—Después está el Sr. Brown, que es uno de los cantantes más nuevos vocalistas, pero no puedo decirle mucho de él, salvo que tiene una gran voz. El acostumbra a cantar profesionalmente, creo, pero no se puede depender mucho de él. No sabemos de una semana a la otra si va a aparecer. No sé si viaja mucho o si simplemente es que no está comprometido con las cosas de Dios.

—Luego tenemos al matrimonio Jones, una joven pareja que se ha mudado aquí, pero me figuro que tienen problemas en su matrimonio».

—¿Están buscando algún consejero? ¿Alguien los está ayudando?, —preguntó Sean.

—Bueno, para ser franco con ustedes, la verdad es que no lo sé, —contestó el pastor Blair—. He estado por llamarlos, pero no lo he hecho aún».

Sean no vio ninguna razón para insistir en el tema en este momento. Por otra parte, recordó algunas cosas prácticas adicionales que deseaba preguntarle.

—¿Tiene la iglesia mucho en materia de equipo de sonido?»

—No, —dijo el pastor Blair, riéndose—. Recuerda, hijo, que no se nos llama iglesia rural sin razón. Aquí no tenemos lo más nuevo ni más grande en artefactos técnicos. Sólo tenemos lo que Dios tiene a bien darnos. Contamos con un sistema de sonidos, por supuesto. Nada elegante, pero sirve.

—¿Alguien sabe cómo operarlo? —Preguntó Sean.

—Oh, sí, se llama Wilbur. Lo llamamos Will para abreviar. Si yo fuera usted, lo llamaría temprano cada domingo por la mañana, pues suele quedarse dormido.

—¿Conoce bien la cuestión del sonido?, —preguntó Sean.

—Claro que sí, —le aseguró el pastor Blair—. Quiero decir, realmente no es tan complicado. Lo único que hay que hacer es entrar y enchufar unos cuantos tomacorrientes y colocar unas cuantas cintas. Yo creo que Will es casi tan buen experto como el que más. Él tiene ese artefacto que le dice a usted cuán elevado es el sonido, como un contador de decibelios. Cuando le digo que las cosas suenan muy alto o muy bajo, él insiste en que todo marcha bien y me muestra el nivel de decibelios en ese pequeño artefacto, y así es, él tiene razón.

Abigail quería preguntar algo sobre representaciones escénicas.

—¿Cree que la congregación estaría abierta a usar dramas durante el servicio?.

—¿Quiere usted decir cada semana?, —preguntó el pastor Blair cautelosamente.

—Bueno, quizá llegáramos a hacerlas todas las semanas, —dijo Abigail con entusiasmo—. Podríamos comenzar con una pieza dramática una vez al mes, que aluda al tema de su sermón».

Eso le pareció bastante inocuo al pastor Blair.

—Yo creo que a la gente le gustaría, —dijo orgullosamente. Entonces comenzó a recordar cosas, divirtiéndose—. Se ríen mucho al verme, con dos diáconos, vestidos de Reyes Magos cada Navidad.

Sean y Abigail se rieron nerviosamente. Sean sabía que estaba presionando demasiado, pero deseaba saber si había artistas plásticos en la iglesia.

—¿Tienen ustedes artistas que dibujen o pinten en la iglesia?

—No muchos, —dijo el pastor Blair pensativamente—. Tenemos un grupo de macramé que lleva años reuniéndose los miércoles por la mañana. Y tenemos una feria de trabajos manuales antes de Navidad.

Abigail quiso aventurar una última pregunta.

—¿Ha visto usted danza usada como adoración?

—No, no la he visto, —respondió cortésmente el pastor Blair—. Pero no creo que llegaríamos a eso. Yo creo que eso queda un poco lejos de nosotros.

De alguna manera eso pareció cerrarle la puerta a más preguntas. Sean y Abigail se sentían un poco confusos.

—Parece que quien obtenga el empleo en su iglesia va a estar más que ocupado, —dijo Sean, casi aturdido.

—Tienes razón en eso, hijo, —dijo para sus adentros el pastor Blair—. Este no es un empleo para el débil de corazón, pero yo creo que ustedes lo harán muy bien.

Preguntas para comentar en grupo

1. Si usted fuera Sean, ¿aceptaría el empleo en la Iglesia Rural Comunitaria? ¿Por qué sí y por qué no?

2. ¿Cómo piensa usted que sería el primer año de Sean en el empleo?

3. ¿Cree usted que Sean y Abigail formarían un buen equipo? ¿Por qué sí y por qué no?

4. El departamento de música de la iglesia del Pastor Blair parece tener ciertas «personas problemáticas. ¿Cómo bregaría usted con algunas de ellas?

5. ¿Cree usted que los problemas del departamento de música de la iglesia del pastor Blair son graves o típicos de muchas iglesias?

6. ¿Tiene la iglesia alguna obligación con aquellos que atraviesan tiempos difíciles, tal como los Jones, con sus problemas matrimoniales?

7.   ¿Qué necesitarían las artes para crecer en una iglesia como la del pastor Blair?

8.   ¿Qué necesitarían los artistas para crecer en una iglesia como la del pastor Blair?

9.   Si los líderes de la iglesia desearan comenzar un ministerio de artes escénicas, un ministerio de danza o un ministerio de artes plásticas, ¿cómo deberían actuar?

10. ¿Tiene usted algún temor en cuanto a que las artes desempeñen un papel más amplio en las iglesias en el futuro?

Carácter

La gente algunas veces me pregunta qué haría yo si tuviera que escoger entre un músico de mucho talento que no sea muy espiritual, o un músico profundamente espiritual que no tenga mucho talento. Pienso que la pregunta capta el dilema que la iglesia tiene con los artistas desde hace mucho tiempo. ¡Mi respuesta es que los quiero a ambos! Yo quiero artistas de mucho talento y de profunda espiritualidad. Hubo un artista en Éxodo 35 llamado Bezalel, que estaba dotado para esculpir en oro, plata, bronce, piedra y madera. Era un artista plástico con creatividad refrescante. Estaba también lleno del Espíritu Santo en sabiduría, entendimiento y conocimiento (vers. 30-31) Este gigante espiritual tenía el don de la enseñanza. Era un artista inteligente y piadoso. ¡Eso es lo que necesitamos proyectar! Esa es la norma bíblica. No podemos esperar ir pasando sólo con el talento. Es imperativo que usted y yo nos mantengamos creciendo espiritual y artísticamente.

El filósofo griego Heráclito enseñó que su carácter es su destino. Ese es un cambio de valor para nosotros, porque tendemos a pensar que nuestro destino está envuelto en nuestro talento. Pero nuestro destino no depende enteramente de lo que hacemos como artistas; depende de quiénes somos como personas. Mi pastor, Bill Hybels, escribió un libro cuyo título ya me convence del todo. *Who are You when no One's looking? (¿Quién es usted cuando nadie le está mirando?)* ¿Quién es usted cuando no está en escena? ¿Quién es usted cuando nadie está mirando a su trabajo? ¿Quién es usted realmente?

Romanos 5 dice que nuestra perseverancia se deriva en «un carácter probado» (vers. 3-4 NASB) Necesitamos ser personas de carácter probado. Formar carácter significa sencillamente que estamos tratando de llegar a ser la persona que Dios quiere que seamos. Para aquellos de nosotros con temperamento artístico, eso quiere decir llegar a ser los artistas que Dios quiere que seamos. No estoy hablando de ser perfectos. Estoy hablando de un carácter que se ha probado con el tiempo, que es fiel a la vida que Dios nos ha llamado a vivir.

¿Cómo sabe usted lo que Dios quiere que sea? Pablo dice que nuestras vidas deberían demostrar «amor, que viene de un corazón puro y una buena conciencia y una fe sincera» (1 Timoteo 1:5) En otras palabras: una persona con carácter es amorosa, tiene una conciencia clara y una auténtica relación con el Señor. Estas son señales reveladoras de alguien con carácter de persona devota.

¿Estamos amando al Señor con todo nuestro corazón, nuestra alma y nuestra mente, o amamos más el canto, el juego, el escenario o la creatividad? ¿Dirían aquellos que le rodean que usted es una persona amorosa?

¿Tenemos una conciencia clara sobre cómo estamos viviendo nuestras vidas? ¿Somos personas honestas? ¿Estamos bregando con el pecado en nuestras vidas o estamos escondiéndolo? ¿Estamos viviendo como aquellos que están muertos al pecado y vivos para Cristo, o estamos entregados a los placeres pasajeros del pecado? ¿Nos rendimos cuentas unos a otros en cuanto a nuestro pecado?

¿Estamos viviendo vidas auténticas como seguidores de Cristo? La Biblia se refiere a la autenticidad como el vivir una vida de verdad en nuestro «ser interior» (Salmo 51:6 NASB) y vivir una vida de «piadosa sinceridad» (2 Corintios 1:12 NASB). Dicho en otras palabras, somos quienes decimos ser. Estamos viviendo lo que decimos en nuestras canciones. Vivimos lo que decimos en nuestros escritos. Las personas no escuchan lo que decimos hasta que han observado lo que hacemos, y hallan consonancia. Algunos de nosotros tratamos de escondernos detrás de nuestros talentos y descuidamos nuestro ser interior, pero lo que somos allá en lo profundo es lo que realmente somos. Por eso Pablo dice que trata de «guardar su conciencia clara ante Dios y los hombres» (Hechos 24:16).

Tampoco queremos ser acusados de no practicar lo que predicamos. Eso es hipocresía, cuando lucimos buenos por fuera en consideración a lucir bien ante los demás, pero esto no es realmente quienes somos por dentro. Nosotros conocemos las palabras correctas para que suenen «cristianas», pero estamos encubriendo la verdad sobre nosotros mismos. Es meramente una «forma de piedad» (2 Timoteo 3:5), pero esto no es lo que realmente somos. Parece espiritual, pero no tiene profundidad o poder. Esto ocurre cuando interpretamos una canción que dice que «estamos dando todo por Jesús», pero nuestras vidas en realidad no se acercan a eso. Dios no aprueba la hipocresía. En Amós 5:23 el Señor está harto de la hipocresía de su pueblo, y especialmente de su música: «Quita de mí la multitud de tus cantares, pues no escucharé las salmodias de tus instrumentos». Dios no va a escuchar canciones vacías de alabanza, no importa cuán creativas o hermosas sean, si nuestros corazones no son rectos delante de él. La Biblia describe al Rey Amasías como un hombre que «hizo lo que era recto ante los ojos del Señor, aunque no de perfecto corazón» (2 Crónicas 25:2). En otras palabras, sus acciones eran buenas pero su actitud era mala. Lucía bueno por fuera, pero su corazón estaba lejos de Dios. Gran parte de lo que estoy diciendo tiene mucho que ver con la condición de tu corazón. ¿Está ardiendo por Cristo últimamente, o solo estás actuando rutinariamente?

La autenticidad es un poderoso testigo ante la presencia de Dios en nuestras vidas. Esto no quiere decir que seamos perfectos. Quiere decir que somos reales. Significa que somos honestos en cuanto a nuestras imperfecciones y nuestras luchas. No las barnizamos y mostramos una cara de cristiano feliz para cubrir nuestro dolor. Admitimos que luchamos. El no cristiano puede detectar si estamos siendo genuinos. La mayor traición se manifiesta cuando aparecemos como si la vida cristiana estuviera libre de preocupaciones, dolores o luchas. Eso simplemente no es verdad. Si tratamos trivialmente las cuestiones serias de la vida, eso les está diciendo a los amigos no cristianos que estamos al margen de la realidad. Ser auténtico incluye ser real con nuestras luchas y limitaciones.

Dios nunca intentó que el crecimiento de nuestro carácter fuese algo de baja prioridad. Se supone que todos nosotros hemos de madurar espiritualmente «a la medida de la estatura de la plenitud de Cristo» (Efesios 4:13) Nosotros vamos a «crecer en todo, esto es, en Cristo» (Efesios 4:15). Crecer en Cristo no significa que vayamos a adquirir un puñado de conocimiento intelectual. Quiere decir que crecemos en áreas tales como excelencia moral, intimidad con Cristo, dominio propio y disciplina, perseverancia, piedad, bondad y amor, «Porque si estas cosas están en vosotros, y abundan, no os dejarán estar ociosos ni sin fruto en cuanto al conocimiento de nuestro Señor Jesucristo» (2 Pedro 1:5-9). Estos son los materiales de los que está formado el carácter.

Algunas de las cosas que nos hacen buenos artistas pueden también traer gran conflicto a nuestras vidas e incluso ir en contra de nosotros a medida que tratamos de crecer espiritualmente y de ministrar en la iglesia. Por ejemplo, está bien que seamos introvertidos, pero no está bien que nos absorbamos a nosotros mismos. Está bien que estemos en contacto con nuestros sentimientos, pero no está bien que ellos nos dominen todo el tiempo. Está bien ser sensibles, pero no está bien que seamos supersensibles o estemos crónicamente a la defensiva. Está bien que hagamos cosas con excelencia, pero no está bien ser súper perfeccionistas.

Todo crecimiento que experimentemos en carácter, será un punto positivo en todo lo que hagamos. Todo tiempo y energía empleado en el crecimiento en el área del carácter bien merece nuestro esfuerzo. El crecimiento en el carácter mejorará nuestra relación con Dios. Mejorará nuestra relación con la familia y con los amigos. Mejorará nuestra relación con las personas con quienes trabajamos. Mejorará nuestro bienestar general. Seremos mejores artistas por haber crecido en carácter. John Wooden, el legendario entrenador del baloncesto universitario, tiene una gran frase sobre el carácter: «Preocúpate más por tu carácter que por tu reputación, porque tu carácter es lo que tú eres realmente, mientras que tu reputación es meramente lo que otros piensan que eres».

Integridad

David afirma en los Salmos: «En la integridad de mi corazón andaré en medio de mi casa» (Salmo 101:2 RV) Nosotros los artistas necesitamos ser capaces de caminar por la antesala de la iglesia con integridad de corazón. Integridad significa sencillamente hacer lo correcto ante los ojos de Dios. El carácter es llegar a ser lo que Dios concibió que fuésemos, y la integridad está haciendo lo que Dios desea que hagamos. Aún si esto es difícil, aún si interrumpe nuestras carreras, aún si nadie más lo está haciendo, necesitamos hacer lo correcto. Eso es integridad. Las personas de integridad quieren conducirse honorablemente en todas las cosas (Hebreos 13:18) Las personas de integridad desean honrar y complacer a

Dios sobre todo lo demás (2 Corintios 8:21) Necesitamos dirigir todos nuestros asuntos con integridad, tratar a todas las personas con amor y respeto, hablar la verdad y ser devotos de la honestidad. Hemos de administrar nuestros ministerios, nuestras carreras, nuestras finanzas y nuestros hogares con integridad. Nuestros pensamientos, nuestras palabras, nuestras acciones deben reflejar un deseo de hacer lo que es correcto ante los ojos de Dios.

Pablo dice que su mayor ambición es complacer a Dios (2 Corintios 5:9). ¿Es esa tu mayor ambición? ¿Estás viviendo para complacer a Dios o para complacerte a ti mismo? ¿Estás tratando de provocar una sonrisa en la cara de Dios con tus talentos, o es tu meta principal gratificarte artísticamente?

Cuando se trata de integridad, hay un camino alto y hay un camino bajo. Necesitamos estar seguros de que siempre tomamos el camino alto. No necesitamos que la congregación nos considere unos artistas extraños, sino personas de integridad que ministran, sirven y guían en el poderoso nombre de Jesús. 1 Timoteo 4:12 dice que hemos ser ejemplos «en palabra, conducta, amor, espíritu, fe y pureza».

Algunos de nosotros hemos crecido con altas normas fijadas para el pastor y los ancianos, pero no para el artista en escena. Esperamos que los pastores sean gente piadosa. Esperamos que caminen íntimamente con Cristo y que tengan carácter piadoso. Esperamos que vivan rectamente y no lleven una doble vida. ¿Por qué no esperar lo mismo de nuestros músicos, nuestros actores y todos los demás artistas? Nosotros no somos solo artistas. Somos ministros también. Nos hallamos en la misma plataforma y nos dirigimos a la congregación con el mismo mensaje. ¿Debemos aspirar a altas normas de integridad exactamente como los pastores? Las calificaciones para ancianos en 1 Timoteo 3 y en Tito 1, pueden aplicarse a *todos* los líderes de la iglesia, y eso incluye a los artistas. Necesitamos ser irreprensibles, leales a nuestras esposas, sobrios, prudentes, decorosos, hospitalarios, aptos para enseñar, no adictos al vino, no pendencieros sino amables, no contenciosos, no codiciosos de ganancias deshonestas, gobernando bien nuestra casa, con buen testimonio de los de fuera (1 Timoteo 3:2-7; Tito 1:7-9).

¿Recuerdan cuáles eran las normas para las personas que servían las mesas en la iglesia primitiva? Eran personas «llenas del Espíritu Santo y de sabiduría» (Hechos 6:3). Dicho En otras palabras, gente con integridad y de elevado carácter. Estas no eran normas únicamente para posiciones de alto nivel; eran normas para todos los que servían en la iglesia. Tenemos que ser personas de integridad y carácter probado. Lewis Smedes dice que «la integridad es algo más que decir la verdad. Es ser cierta clase de persona. Es ser una persona que sabe quienes somos y qué somos, y es ser veraz sobre lo que somos, aún cuando esto pueda costarnos más de lo que nos gustaría pagar».[2]

El Salmo 4:3 (RV) dice: «Sabed, pues, que Jehová ha escogido al piadoso para sí». De modo similar, el Señor ha apartado para sí a los artistas piadosos. Los artistas piadosos han sido apartados con un don especial o un talento único, apartados para experimentar la intimidad con Dios, apartados para ser usados por Dios de tantas maneras significativas. Yo creo que Dios desea levantar artistas en la iglesia que sean apartados para él, que no sean diferentes por ser extraños, como tantos artistas del mundo, sino que sean diferentes porque son artistas con un carácter piadoso. Que sean personas de integridad. No únicamente dotados de gran talento, sino humildes, amorosos y asequibles. Que caminen con Dios. Que estén tan entregados a Jesús que la gente se admire grandemente no por su talento, sino por su Dios (véase Lucas 9:43)

Las pruebas traen crecimiento

Vamos a ser prácticos y hablemos acerca de *cómo* crecer en carácter e integridad. ¿Qué hace uno para crecer en carácter? Dicho de forma simple: crecemos cuando nuestro carácter es probado (1 Pedro 1:7), Romanos 5:3-4 (NASB) dice que «la tribulación produce perseverancia, y la perseverancia, carácter probado». La tribulación, o prueba, produce perseverancia, y la perseverancia moldea nuestro carácter. Cuando encontramos dificultad, se exige una respuesta. Podemos ser llevados por el lado oscuro de nuestra naturaleza humana, o podemos responder con integridad. La manera en que respondamos a ciertos desafíos y aún a ciertas ideas que surgen en nuestra mente, tienen mucho que ver en la formación de nuestro carácter. Debemos escoger si vamos a responder con integridad cuando surja la oportunidad.

En una ocasión un pastor me pidió que me uniera a su personal del departamento de música para almorzar con ellos. Estaban levantando una iglesia nueva, y deseaban sondearme sobre el ministerio musical.

Estos dos músicos eran brillantes, eficaces y comprometidos. Tuvimos una animada discusión y quedé impresionado por la profundidad que revelaba su pensamiento. Al final de nuestro almuerzo, el pastor me preguntó si yo tenía alguna palabra final de sabiduría para estos dos jóvenes novatos, como él los llamaba. Les dije algo que yo le diría a todo el que se embarca en un ministerio de artes. Cuando usted está en un ministerio, su carácter será probado como nunca antes. Su carácter será puesto a prueba hasta el límite. ¡Deje que Dios haga su voluntad con usted! Cuando la cosa se pone recia, crece.

En muchas ocasiones ha habido un problema en mi ministerio, y el problema he sido yo. Ha sido mi testarudez, mi inmadurez y mi egoísmo, mi exagerada sensibilidad, mi enojo y resentimiento, mi celo y envidia: básicamente, mi falta de carácter. No permita que su falta de carácter se interponga en los planes de Dios. No permita que este inhiba su ministerio. Hebreos 6:11 habla de «seguir hasta madurar». Deje que Dios lo moldee y lo transforme en la persona que él quiere que usted sea.

Nuestro carácter es probado cuando se nos pide que desempeñemos un papel detrás del escenario, en lugar de ese papel más prominente que deseamos desempeñar. ¿Que vamos a responder cuando esto ocurre? Nuestro carácter es probado cuando alguien nos hace una crítica constructiva. ¿Cómo vamos a reaccionar? Nuestro carácter se prueba cada vez que nuestros sentimientos son heridos. ¿Vamos a desarrollar un espíritu amargado o un corazón perdonador? Nuestro carácter es probado cuando el perfeccionismo asoma su fea cabeza y somos tentados a portarnos inflexibles respecto de nosotros y de otros por no estar a la altura de nuestras expectativas. ¿Vamos a caer en el perfeccionismo o no? Nuestro carácter es probado cuando una situación nos llama a poner las necesidades de otros antes que las nuestras. ¿Cómo responderemos a eso? Nuestro carácter es probado cuando encaramos la tentación de pecar, cuando tratamos de satisfacer nuestras necesidades apartados de Dios. ¿Vamos a ser fieles o no? Según respondamos a estas pequeñas pruebas, se determinará si llegamos a ser artistas de carácter e integridad.

Hagamos inventario

¿Cómo le va en estos días en cuanto al crecimiento de su carácter? ¿Dónde está fuerte y qué áreas necesitan atención? Uno de los pasos vitales en todo programa de recuperación es hacer un inventario moral de usted mismo. Pablo dice lo mismo en 2 Corintios 13:5, cuando expresa: «Examinaos a vosotros mismos si estáis en la fe; probaos a vosotros mismos» (véase también 1 Corintios 11:28). Su más apasionado ruego sobre el tema viene en 1 Timoteo 4:14-16: «No descuides el don que hay en ti, que te fue dado mediante profecía, con la imposición de las manos del presbiterio. *Ocúpate en estas cosas, permanece en ellas*, para que tu aprovechamiento sea manifiesto a todos. *Ten cuidado de ti mismo y de la doctrina*; persiste en ello. (el subrayado es mío).

Pablo usa un lenguaje muy fuerte de Pablo, lo hace para exhortarnos a crecer y a llegar a ser las personas que Dios desea que seamos. Quizá se sintió compelido a ser tan directo debido a nuestra tendencia a evitar hacer un inventario honesto de nosotros mismos. Nosotros más bien juzgamos a otros en vez de evaluarnos a nosotros mismos.

Para evitar ser demasiado duro o demasiado suave con nosotros mismos, debemos asegurarnos de incluir a Dios en el proceso. Hemos de orar las palabras de David en el Salmo 139:23-24: «Examíname, Oh Dios, y conoce mi corazón; pruébame y conoce mis pensamientos. Y ve si hay en mí camino de perversidad, y guíame en el camino eterno».

Dedica ahora mismo unos cuantos minutos para hacer el inventario de dónde creció en estos días tu carácter. Estaremos bregando con cada una de estas áreas en el resto de este libro, pero por ahora contesta las siguientes preguntas con tanta sinceridad como puedas.

Servicio

1. ¿Con cuánta frecuencia pones las necesidades de otros antes que las propias?

    _____Con mucha frecuencia.

    _____Algunas veces.

    _____Rara vez pienso en eso.

2. ¿Cómo respondiste la última vez que se te pidió que sirvieras sin ser visto y detrás de la escena?

    _____Lo hice con gozo.

    _____No me gustó, pero de todos modos lo hice.

    _____Me enojó.

Trabajo en equipo

1. ¿Está usando sus talentos artísticos en la iglesia y experimentando genuina comunidad con un grupo de artistas cristianos?

    _____Sí.

    _____En general no estoy sirviendo a la iglesia.

    _____No tengo ninguna relación significativa con otros artistas cristianos.

2. ¿Cómo está resolviendo los conflictos relacionales en su vida?

    _____Siempre trato de ir directamente con el individuo y hablar.

    _____Las más de las veces trato de discutirlo con la otra persona.

    _____Yo odio la confrontación, de modo que reprimo mis sentimientos cuando la gente me hiere.

Perfeccionismo

1. ¿Alientas la idea de que no eres muy bueno como artista?

    _____No con mucha frecuencia.

    _____Algunas veces.

    _____Casi siempre.

2. ¿Es usted severo con usted mismo cuando comete un error?

    _____No.

    _____A veces.

    _____Sí, puedo llegar a ser severo conmigo mismo.

Actitud defensiva

1. ¿Le han dicho alguna vez que se sienten incómodos estando con usted?

    _____Nunca.

    _____Algunas veces.

    _____Le oigo decir eso a la gente todo el tiempo.

2. ¿Cómo responde usted a la crítica constructiva?

    _____Me gusta la retroalimentación, y por lo general invito a otros a hacerla.

    _____Es desagradable, pero la suelo aceptar gustosamente.

_____Me siento herido.

Celos y envidia

1. ¿Cómo responde usted a alguien con más talento o éxito que usted?

    _____Le doy gracias a Dios de que haya dotado a esa persona y de que también me haya dotado a mí.

    _____Es desagradable, pero trato de que no me afecte.

    _____Me miro a mí mismo y me siento inadecuado e inferior.

2. Cuando usted se encuentra con otro con más talento y éxito que usted, ¿Le hace a usted renunciar a ser artista?

    _____Nunca.

    _____Algunas veces.

    _____Con frecuencia.

Dominio de las emociones

1. ¿Alguna vez alguien le ha dicho que usted es muy negativo o caprichoso?

    _____Nunca.

    _____Algunas veces.

    _____Oigo eso continuamente.

2. ¿Ha sentido alguna vez que está dominado por sus emociones?

    _____Nunca.

    _____Algunas veces.

    _____Sí, con frecuencia me siento dominado por mis emociones.

Artistas líderes

1. Si usted es líder y a la vez artista, ¿ha sentido usted alguna vez tensión entre los dos?

    _____No, nunca.

    _____Algunas veces.

    _____Si, no sé cómo puedo ser ambos.

2. Si usted dirige un grupo de artistas, ¿lo están siguiendo bien?

    _____Me siento incapaz de dirigir a artistas.

_____Hemos tenido tantos conflictos en el equipo que no sé dónde comenzar a resolverlos.

_____Parece que todos nosotros estamos moviéndonos juntos en la dirección correcta.

Pecado

1. ¿Hay algunos pecados o malos hábitos activos en su vida ahora mismo?

    _____No.

    _____No, pero hay un par de áreas donde tengo que luchar de vez en cuando.

    _____Estoy luchando contra cierto pecado, y no sé qué hacer con él.

2. ¿Hay alguien en su vida a quien usted le rinde cuentas en relación con el pecado?

    _____Sí.

    _____Le rindo cuentas a alguien, pero no de forma constante.

    _____ Ahora mismo no le estoy rindiendo cuentas a nadie.

Disciplinas espirituales

1. ¿Tiene usted regularmente tiempo devocional con el Señor?

    _____Sí.

    _____Trato de hacerlo, pero me es difícil ser constante.

    _____No soy muy disciplinado en esa área.

2. ¿Siente usted que últimamente está en buena relación con el Señor?

    _____Mi relación con el Señor va sumamente bien.

    _____ Estos días estoy sintiéndome seco espiritualmente.

    _____Me siento muy alejado de él en estos momentos.

Comprometido con un proceso

Dios no deja de trabajar en nuestras vidas para conformarnos a la imagen de Cristo (Romanos 8:29). El mayor milagro que realiza es cambiar vidas. Dante dice que somos gusanos destinados a convertirnos en mariposas angelicales. Esta metamorfosis no ocurre de un día para otro, sino que toma tiempo. Me gustaría poder decir que el crecimiento del carácter es rápido y fácil. Pero cuando se trata de la transformación de su carácter, la mayoría de las veces usted va contracorriente de su personalidad natural y de cómo lo educaron, de modo que no es tarea fácil. A nosotros no nos gusta nada que hiera o que exija tiempo. Cada vez que encontramos algo difícil ponemos los ojos en blanco y decimos «Bueno, me imagino que esto edificará el carácter», como si fuera una medicina que es buena pero que sabe mal. Tenemos que cambiar nuestra actitud y abrazar la lucha, e incluso buscarla, porque esto nos hará mejores personas.

Pablo dice que la tribulación conduce a la perseverancia y lleva a un carácter probado (Romanos 5:3-4) El crecimiento del carácter es realmente un premio. Es el resultado de ser fiel. Es el regalo para preservarnos a través de las dificultades. Habrá altas y habrá bajas. Las más de las veces habrá dos pasos adelante y uno atrás. Pablo nunca sintió que había llegado. Dijo, «Olvidando lo que está detrás, y extendiéndome a lo que está delante, prosigo a la meta, al premio del supremo llamamiento de Dios en Cristo Jesús» (Filipenses 3:13-14). Pablo estaba comprometido con el proceso de crecimiento de carácter. Yo los invito a una jornada de por vida para cambiar la vida. Va a exigir un compromiso cotidiano para morir al yo y seguir a Dios (Lucas 9:23, Juan 12:24). Quizá sea humillante la forma en que Dios saca a la luz ciertas cosas de nuestro carácter que necesitan ser cambiadas. Quizá sea dolorosa su cirugía para quitar aquello que nos retrasa para ser todo lo que él desea que seamos. Sin embargo, habrá victorias maravillosas a lo largo del camino. Nuestro Dios es un Dios de victorias (2 Samuel 5:20). Él es quien nos conforma a la imagen de Cristo (Romanos 8:29) Él es el que produce en nosotros «así el querer como el hacer, por su buena voluntad» (Filipenses 2: 12-13). Él es quien comenzó en nosotros una buena obra, y la perfeccionará hasta el día de Jesucristo (Filipenses 1:6) Él puede hacernos lo que desea que seamos. Tenemos que cooperar con él a lo largo del proceso y celebrar todas y cada una de las victorias que experimentemos. De modo que sean pacientes con su progreso y confíen en Dios en cuanto al resultado. Amigos, presentémonos a Dios hoy como artistas que han sido separados para él. Hagamos un pacto hoy de ser artistas de profundo carácter y alta integridad para la causa de Cristo.

Preguntas para comentar en grupo

1. La expresión «temperamento artístico» ¿tiene para usted una connotación negativa? ¿Por qué sí o por qué no?

2. ¿Qué tipo de arte lo motiva más?

3. En su opinión, ¿cuál debe ser la función de las artes en la iglesia?

4. En cuanto al futuro de las artes ¿es usted optimista, pesimista, está entre las dos cosas o es cauto?

5. En su opinión, ¿se utilizan las artes efectivamente en su iglesia?

6. ¿Cómo puede convertirse la iglesia en un lugar más seguro para los artistas?

7. ¿Cuál es la mejor manera de que la iglesia ayude a los artistas a crecer en carácter?

8. Comparta un área de su vida que haya cambiado desde que usted se hizo cristiano. ¿Cómo ocurrió ese cambio?

9. ¿Por qué a la gente le resulta difícil cambiar?

10. ¿Qué clase de cosas nos hacen crecer espiritualmente?

Pasos personales de acción

1. Escoja para usted un versículo personal del ministerio, un versículo bíblico que refleje su pasión y/o generosidad.

2. Basándose en el tiempo y la atención prestada a su crecimiento artístico y espiritual, decida cuál ha sido la mayor prioridad para usted y considere en oración si necesita reorganizar sus prioridades.

3. Pídale a Dios que le revele todas las áreas de su vida que ahora mismo no reflejen un carácter piadoso. (Por ejemplo: relaciones familiares, finanzas, vida intelectual, actitudes, ética del trabajo, etc.)

4. Siga la lista de la sección «Haciendo inventario» de este capítulo y encierre en un círculo la cuestión o tema que revele el área de su ca-

rácter en la que usted desea ver un mayor crecimiento durante el próximo año.

5.   Decida a quién le podría rendir cuentas para crecer en esa área concreta.

Él es capaz

Él es capaz, más que capaz
de lograr lo que a mí me preocupa hoy
Él es capaz, más que capaz
de manejar cualquier cosa que aparezca en mi camino
Él es capaz, más que capaz
de hacer mucho más de lo que jamás pueda soñar
Él es capaz, más que capaz
de convertirme en lo que quiere yo que sea

Rory Noland

Aún ahora esto puede hacerse, pero encabezará la gran unidad de los hombres en el futuro, cuando un hombre no busque servidores para sí, ni desee convertir a sus semejantes en siervos, como hace ahora, sino que por el contrario, ansiará con todo su corazón ser siervo de todos, como enseña el evangelio.

Fyodor Dostoyesky, en Los hermanos Karamazov

Dos

Servidumbre o estrellato

Rita es un nuevo miembro del equipo de alabanza de la Iglesia Main Street Community. Es cantante profesional. Ha sido contratada para cantar en bodas, reuniones, conferencias especiales e incluso para grabar en un gran número de espacios televisivos y en estribillos radiofónicos. Es muy buena persona. Es creyente desde hace mucho tiempo y pensó que sería una gran idea ofrecer sus talentos para usarlos en su iglesia. Al principio fue recibida con mucho entusiasmo. Podría decirse que el director de música se emocionó por tenerla en sus filas. Tener a alguien de tan alto calibre cantando en su iglesia era realmente un triunfo personal. Los otros vocalistas la recibieron muy cordialmente, pero a decir verdad, muchos de ellos se sintieron amenazados por ella. Pronto comprendieron que tenía mucho más talento vocal que la mayoría de ellos y que había probado esto en el negocio musical de una forma que la mayoría de ellos sólo podría soñarlo. Si bien se preguntaban si esta recién llegada sumamente talentosa significaba menos oportunidades de cantar para muchos de ellos, trataron, de recibirla calurosamente. Pero a medida que transcurría el tiempo, fue obvio que Rita comprendió cuán buena era comparada con todos los del equipo. Pronto alcanzó prominencia y llegó a ser lo que todos llamaban «la solista prominente» de la iglesia.

Pero con el tiempo la estrella de Rita comenzó a oscurecerse. Cada vez había más gente que la consideraba arrogante y aunque nadie lo decía en voz alta, algunos llegaron a pensar que era una prima donna. Se mantenía a distancia, rara vez hablaba o socializaba con los otros cantantes. Con frecuencia llegaba tarde a los ensayos, algunas veces hacía esperar a los demás hasta una hora. En algunas ocasiones no se presentaba en el ensayo y no se molestaba en llamar. Sus modales en el escenario durante una verificación del sonido no la congraciaron, precisamente, con ninguna otra persona. Descortésmente exigía más de sí misma en el monitor y llamaba al técnico de sonido para intervenir cada vez que las cosas no funcionaran bien. Llegó a burlarse de otros vocalistas si no estuvieran exactamente «listos» y respondía con cortante sarcasmo a los errores cometidos por los músicos de la banda. A menudo venía a los ensayos sin estar preparada, asumiendo que todos le permitirían ese descanso porque era una profesional reconocida. No esperaba a que el pastor terminara su mensaje y raramente asistía a ninguna actividad de la iglesia a la que no fuera llamada para cantar. Los miembros de la congregación sabían que Rita tenía una gran voz. Eso era evidente, pero no decían que fuera su cantante favorita. Ella se mantenía muy alejada, muy deslumbrante. A la gente de la congregación le resultaba muy difícil relacionarse con ella.

El pastor de la iglesia invitó a Rita varias veces a acompañarlo durante sus visitas semanales al hospital, pero ella siempre declinaba, diciendo que no deseaba realizar más actividades pequeñas. El pastor percibió la actitud de prima dona de Rita y trató de llamarla aparte y le enseñó gentilmente acerca de la servidumbre en el ministerio, pero ella se sintió ofendida. No entendía por qué el pastor se lo decía concretamente a ella. «¿No nos enseña la Biblia a no juzgar?», respondía enojada. Estaba herida. Se sentía incomprendida. *Esta gente no me aprecia*, pensó, así que abandonó la iglesia y nunca regresó. La iglesia, dicho sea de paso, se recuperó bien y prosiguió hasta tener un dinámico ministerio musical sin Rita.

Cuestionario para comentar en grupo

1. Rita nunca se llamó a sí misma prima dona, sin embargo, se comportaba como tal. ¿Qué conducta específica de su parte comunicaba una actitud de sentirse mayor que usted?

2. ¿Cree usted que el pastor hizo lo correcto al enfrentarse a Rita con respecto a su actitud? ¿Por qué sí o por qué no?

3. ¿Cree usted que Rita respondió de forma apropiada a su confrontación con el pastor? En caso negativo, ¿cómo debió haber respondido?

4. ¿Las personas como Rita deben ser objeto de confrontación, o debemos tolerarlas en la iglesia?

5. ¿Qué hace difícil confrontar a personas como Rita?

6. ¿Cómo se sentiría usted si fuera uno de los vocalistas a quienes Rita reprendió? ¿O uno de los músicos a quienes menospreció? ¿O el técnico de sonido al que ofendió?

7. ¿Qué tienen el escenario y el ministerio público que hacen difícil que un artista tenga un corazón dispuesto a servir?

8. En su opinión, ¿hoy día qué porcentaje de artistas de la iglesia entienden lo que es ser siervo?

9. ¿Cómo van a aprender acerca de la servidumbre los artistas de la iglesia?

10. De acuerdo con su criterio, ¿qué caracteriza a un verdadero servidor de Cristo?

¿Siervos o estrellas?

Yo compartí la situación precedente con alguien de fuera del ministerio musical, y su respuesta fue la siguiente: «¿No es esto un caso extremo? Por supuesto, seguramente no hay de verdad personas como Rita». Pero si se supiera la verdad, todos probablemente admitiríamos que hemos conocido a una Rita o dos varias veces a lo largo de nuestra vida. Y si bien puede ser obvio que Rita necesita crecer en el área del servicio, puede no ser tan obvio que haya un poco de Rita en todos nosotros. El deseo de ser servidos nos viene más fácilmente que el deseo de servir. Nosotros, los artistas, podemos ser muy egoístas y concentrarnos en nosotros mismos a veces. Nos gusta la atención que nos reporta nuestro talento.. Nos gusta sentirnos un poco más especiales que la mayoría de la gente que no puede actuar o crear de la forma que nosotros podemos. Nuestra sociedad tiende a colocar en un pedestal a cualquiera que tenga talento. Nosotros convertimos a los más exitosos artistas en súper-estrellas. Las súper-estrellas son consentidas y mimadas. Llegan a ser ricas y famosas. De modo que la servidumbre y el pensar en otros no nos vienen de forma natural a ninguno de nosotros.

Reconozcámoslo: la servidumbre es una idea contracultural; va en contra de la naturaleza humana. Todos nosotros preferiríamos ser servidos. Si nos dan a escoger, todos escogeríamos notoriedad sobre anonimato. Todos nosotros deseamos estar en primer plano en lugar de estar detrás de bastidores. Una vez alguien le preguntó a Leonard Bernstein cuál era el instrumento más difícil de tocar en la orquesta. El director meditó por un segundo antes de responder: «el segundo violín».

Las barreras para la verdadera servidumbre

La Palabra de Dios tiene una norma diferente para quienes ministramos en su nombre. 1 Corintios 4:1 dice: «Que todos nos consideren servidores de Cristo». ¿Nos ven nuestros hermanos de la iglesia como siervos o como estrellas? ¿Nos ven como ministros o como artistas del espectáculo? Creo que hay tres cosas que estorban en el camino de la verdadera servidumbre.

1. Actitud de superioridad

La primera de estas barreras es una actitud de superioridad. Muy pocos de nosotros, los cristianos, diríamos en voz alta que pensamos que somos mejores que alguna otra persona, pero podemos comunicar una actitud de superioridad de muchas otras maneras, algunas de ellas sutiles, y otras no tanto. Por ejemplo, nuestra forma de tratar a otros revela si creemos que somos mejores que ellos. En nuestro ejemplo anterior, Rita nunca afirmó ser superior a los demás. No hacía falta que lo dijera. Era distante, introvertida, no trataba de llegarse a otros, siempre llegaba tarde, dejaba de acudir a los ensayos sin avisar, siempre era impaciente con el técnico del sonido y con otros cantantes, sarcástica hacia la banda, venía a los ensayos sin estar preparada, no se quedaba en su sitio hasta que terminara el sermón, no venía a la iglesia a menos que cantara y tenía un espíritu rebelde a la enseñanza. Las acciones hablan más alto que las palabras, ¿verdad?

Detrás de esta actitud de superioridad hay un orgullo mal orientado. El orgullo es un deseo oculto de ser exaltado, Es un pecado horrible que nosotros los artistas necesitamos vigilar. El orgullo, desafortunadamente, es también uno de esos pecados que es tan fácil de notar en otros pero no en nosotros. Ahora mismo, de inmediato, probablemente cada uno de nosotros podría nombrar a cinco personas que creemos que tienen un problema de orgullo. Pero la verdadera cuestión es: ¿Dónde está el pecado de orgullo en cada uno de nuestros corazones? La Biblia dice que si vas a gloriarte acerca de alguien, glóriate acerca de Dios (2 Corintios 10:17). Si deseas gloriarte acerca de algo, glóriate acerca de tu debilidad y de la suficiencia de Dios (2 Corintios 12:9) La jactancia es la manera en que algunas personas bregan con su inseguridad. Muchos artistas nos morimos por sentirnos satisfechos de nosotros mismos, pero elevarnos orgullosamente no es la manera correcta de hacerlo.

2. Motivos egoístas ocultos

La segunda barrera a la verdadera servidumbre son los motivos egoístas ocultos. Necesitamos mirar profundamente y mantener un ojo avizor sobre nuestros motivos, porque la Biblia dice que el corazón humano es «engañoso» y «sin remedio» (Jeremías 17:9). Podemos llegar a ser muy egoístas. En Hechos 8:17-24 encontramos la historia de un hombre llamado Simón que tenía motivos ocultos. Simón vio a Pedro y a Juan imponiendo las manos sobre la personas y contempló las gloriosas manifestaciones del Espíritu Santo, y deseó ese poder para sus propias razones egoístas. Les ofreció a Pedro y a Juan dinero por su poder del Espíritu Santo, pero Pedro lo rechazó severamente y le ordenó arrepentirse de sus intenciones egoístas. Nosotros también hemos de arrepentirnos de motivos egoístas ocultos. Si no lo hacemos, podríamos pensar que estamos sirviendo a Dios, cuando en realidad estamos sirviéndonos a nosotros mismos. Algunas veces, allá adentro, nuestro verdadero motivo es ganar atención o hacernos notar. Queremos ser aplaudidos. Queremos ser reconocidos. Cuando nuestra agenda es «yo, yo, yo», estamos teniendo motivos egoístas. Esto ocurre cuando citamos nombres famosos para parecer importantes. Esto ocurre cuando hablamos sobre nuestros logros para probar nuestros propios méritos. Lo que nos lleva a esos momentos son los motivos ocultos de egoísmo.

3. Confiar solamente en nuestro talento

La tercera barrera a la verdadera servidumbre tiene lugar cuando ponemos toda nuestra confianza en nuestro talento natural. En Filipenses 3:3 Pablo dice que no pongamos «nuestra confianza en la carne» Sin embargo, nosotros nos presentamos en el escenario algunas veces y actuamos con una confianza hecha por el hombre, en lugar de una confianza dependiente de Dios. Una de las cosas que nos impide experimentar la plena bendición de Dios en nuestras vidas es nuestra autosuficiencia. Si pensamos que podemos hacerlo por nosotros mismos porque somos lo suficientemente inteligentes o tenemos talento, estamos tristemente equivocados. Algunas veces un cantante aparece en escena y no se siente completamente bien porque le parece que le va a venir catarro. En momentos como este nuestra confianza no debe estar en nuestro talento, sino en que Dios en su poder.

nos use en nuestra debilidad. Cuando los artistas tienen más confianza en su talento que en el Señor, abandonan el escenario más preocupados sobre cómo se veían y sonaban que sobre cómo los usó Dios. Están más preocupados por la técnica que por la sustancia.

El ejemplo de servidumbre de Cristo

Jesús, por supuesto, es el máximo ejemplo de servidumbre. Marcos 10:45 dice que «el Hijo del Hombre no vino para ser servido, sino para servir y dar su vida en rescate por muchos». En Filipenses 2 Pablo describe cómo Jesús «se despojó a sí mismo tomando forma de siervo» (vers. 7), y «se humilló a sí mismo haciéndose obediente» (vers.8). El Hijo de Dios dejó la gloria y el privilegio del cielo para nacer en un establo en un país remoto, atrasado y pequeño en una época tecnológicamente primitiva. Después de dos mil años el cuadro de Jesús lavando los pies de sus discípulos está grabado en nuestras mentes. Sin embargo, dejamos de captar la profundidad de todo lo que esto significa. El modelo de servidumbre de Jesús fue una desviación radical de los fríos, distantes y egocéntricos dioses griegos y romanos que precedieron a Cristo. Su modelo de servidumbre va contra la esencia de la historia humana, en la que los líderes siempre han gobernado mediante el dominio. Ser un líder que sirve va contra la naturaleza humana. ¿Se imagina usted lo que sería tener a Jesús en su ministerio musical? ¿Cómo sería tener a Jesús en el elenco teatral? ¿O en el ministerio de danza, en el equipo de artes plásticas o en el equipo de producción de la iglesia? Lo que todo eso viene a decir a fin de cuentas es que Jesús sería un artista siervo. Él dijo de sí mismo: «El mayor entre ustedes debe ser vuestro servidor» (Mateo 23:11) Si usted necesita una ayuda visual que lo inspire a ser un siervo, imagínese a Jesús lavando los pies de sus discípulos (Juan 13:2-15). Hay una belleza desagradable en esa escena, ¿verdad? En un mundo donde el poder es lo correcto, Jesús, el Hijo de Dios, estuvo dispuesto a lavar pies sucios. Eso sí que es servidumbre. ¿Se imagina usted tener al Dios del universo lavándole los pies? ¿Le ha lavado usted los pies a alguien? Es una experiencia muy humillante. Cuando mis dos hijos eran más jóvenes, cada año yo les lavaba los pies durante la Semana Santa, para acordarme de ser un amante padre, siervo y recordarles que se sirvan el uno al otro. Cada año lo hacía. Me sorprendía con solo saber cuán desagradable es servir a alguien, realizando una tarea doméstica. Este es un concepto realmente revolucionario para líderes y personas en posiciones altas: servir en lugar de ser servidos.

El artista humilde

La servidumbre comienza con humildad. Humildad quiere decir pasar del egocentrismo a poner a Dios como centro. Pero antes de hablar sobre lo que es la humildad, hablemos sobre lo que no es. La verdadera humildad no es rebajarse uno mismo o dejar que la gente nos pase por encima. Eso es falsa humildad. Romanos 12:3 dice que no tengamos más alto concepto de nosotros que el que debemos tener, «sino que piense de sí con cordura». No piense de sí más elevadamente de lo que debe, y no piense de usted mas bajo de lo que debe. Algunas veces una mala autoestima se toma equivocadamente por humildad. La verdadera humildad no es pensar tan pobremente de usted mismo que pierda confianza, arrojo o agresividad. Ser humilde no quiere decir que usted se deje humillar. Por ejemplo, usted puede pensar que es de buen tono o incluso espiritual rebajarse o reducir al mínimo sus dones o mantenerse quieto porque no piensa que sus ideas son dignas de compartir, pero eso es una humildad falsificada. Y es incorrecto porque niega el hecho de que usted le importa a Dios. Esto contradice las Escrituras y viola el carácter de Dios. No se rebaje y llame a esto humildad.

En el clásico libro de C. S. Lewis, *Cartas del Diablo a su sobrino* hay una conversación entre dos demonios, Screwtape y Wormwood, que están discutiendo una estrategia para seducir a los seres humanos por medio de este falso tipo de humildad. Screwtape le dice a su colega demonio:

> Tú debes, por consiguiente, esconder del paciente el verdadero fin de la humildad. Déjale creer que no se trata de pensar menos en uno mismo, sino en tener cierta clase de opinión (es decir, una opinión baja) de sus propios talentos y carácter. Reconozco que sí tiene ciertos talentos. Fija en su mente la idea de que la humildad consiste en tratar de creer que esos talentos sean menos valiosos de lo que él cree que son... La gran cosa es hacer que él valore una opinión por alguna cualidad que no sea la verdad, introduciendo así un elemento de deshonestidad y fingimiento dentro del corazón de lo que, de otra manera, amenaza con llegar a ser

una virtud. Con este método, miles de seres humanos han sido llevados a pensar que la humildad quiere decir mujeres bonitas que tratan de creer que son feas, y hombres inteligentes que tratan de creer que son tontos. Y puesto que lo que ellos están tratando de creer puede, en algunos casos, ser una manifiesta tontería, no pueden tener éxito en creerlo, y nosotros tenemos la oportunidad de mantener sus mentes dando vueltas sin fin dentro de ellos, en un esfuerzo por lograr lo imposible.

Necesitamos vernos a nosotros mismos con un juicio sano. La verdadera humildad significa tener una visión correcta de nosotros mismos, pensando que no somos más o menos lo que somos. Debemos conocer nuestras fuerzas. Debemos conocer nuestras debilidades. Debemos conocer en qué somos buenos y aceptar aquello en lo que no lo somos. ¿Cómo puede usted abrazar la verdadera humildad como artista?

Humíllese ante Dios

Ante todo, humíllate ante Dios. Jesús dijo que «todo el que se exalta será humillado, y el que se humilla será exaltado» (Lucas 18:14). Santiago 4:10 nos exhorta a humillarnos ante Dios. En realidad, Dios tiene un lugar especial en su corazón para el humilde. Las Escrituras dicen que él habita con «el quebrantado y humilde de espíritu (Isaías 57:15) y que él «atiende al humilde» (Salmo 138:6; véase también Isaías 55:2). El orgullo, por otra parte, es abominación al Señor (Proverbios 15:5), La Biblia dice que Dios se opone al orgullo (1 Pedro 5:5). Él resiste a la persona que piensa que es mejor que los demás (Santiago 4:6). Considere lo serio que es esto. Usted realmente no quiere que Dios esté opuesto a usted y a su ministerio, ¿verdad?. El Salmo 138:6 dice que Dios mira de lejos al altivo. Qué idea tan terrible: que Dios no sólo se oponga al orgullo, sino que mire de lejos a los orgullosos. Usted realmente no desea que Dios esté distante y lejano, ¿verdad?. El orgullo, colocándonos en primer lugar, y la falta de humildad, no son agradables a Dios. Es imperativo que nos humillemos ante Dios, porque fuera de él no podemos hacer nada (Juan 15:4-5).

Recuerde que su talento viene de Dios. Usted lo está desarrollando, pero él es quien se lo dio en primer lugar. Si usted posee un don artístico, es porque Dios se lo dio. Antes de entrar en la tierra prometida, Moisés advirtió al pueblo de Israel que no olvidara que todas sus bendiciones fueron regalo de Dios. Parafraseando Deuteronomio 8:17-18, esto es lo que Moisés podría decirnos a nosotros los artistas hoy: «Sé humilde respecto de tu talento. De otra suerte podrías decir en tu corazón que hiciste todo por ti mismo. Pero debes recordar al Señor tu Dios, porque él es quien te dio la capacidad para hacer lo que haces».

Si usted y yo logramos algo artísticamente, es porque en primer lugar tenemos un don o talento que vino de Dios. «Por la gracia de Dios soy lo que soy», dice Pablo (1 Corintios 15:10) Nosotros, de entre todas las personas, tenemos toda la razón para ser humildes ante Dios y los demás. Por eso Pablo nos advierte en Filipenses 3:3 que no pongamos nuestra confianza en la carne, porque nuestra confianza está en Dios. La humildad le viene de forma natural a la persona que coloca toda su confianza en Dios. No es como el necio en Eclesiastés que dice, «Mi corazón gozó de todo mi trabajo, y esta fue mi parte de toda *mi* faena» (2:10, el subrayado es mío). La persona orgullosa dice: «Mira lo que he hecho». La persona humilde dice, «Mira lo que Dios hizo a través de mí».

Humíllese ante otros

1 Pedro 5:5 nos dice que nos revistamos de humildad los unos hacia los otros. Vamos a abandonar toda idea de superioridad que nos motive a pensar que merecemos un trato especial sobre los otros. La arrogancia no tiene lugar en el corazón del artista cristiano.

David alcanzó tanta celebridad en el pueblo de Israel como usted podría alcanzar. Tuvo éxito, fama y fortuna, pero no se le subió a la cabeza. La Biblia dice que «todo Israel y Judá amaban a David, y que él salía y entraba delante de ellos» (1 Samuel 18:16 RV). *The Living Bible* dice que «él era como uno de ellos». En otras palabras: aun cuando era rico y famoso, también era asequible. Era uno de ellos; era sencillamente uno más. No era arrogante, sino humilde.

Algunas veces en el proceso de usar nuestros talentos, nosotros los artistas nos elevamos más alto de lo que debemos. El elogio para el artista puede ser efusivo por muchas razones: la gloria de la popularidad, el impacto de las artes, la rareza de los dones. La gente dice cosas como éstas: «De todo lo que he oído, tu voz es lo que más me gusta», o «No sé cómo lo haces, pero eres absolutamente asombroso». ¿Cómo respondes a esa clase de adulación? Yo he oído a personas (yo mismo) repetir un montón de frases manidas en un esfuerzo por parecer espirituales. El resultado suena algo así como: «La verdad es que no fui yo. No tuve nada que ver con eso. Fue todo Dios. Loado sea el Señor. Yo solo abro la boca y él saca algo de allí». Esto termina sonando a petulancia. También existe la persona que no sabe cómo responder al elogio sin rebajarse. Ellos se figuran que la falsa humildad es mejor que la ausencia total de humildad. Su respuesta es más o menos como esta: «Yo soy apenas un gusano pecador que hago esto hasta que Dios encuentre a alguien mejor para realizar la tarea».

Algunas veces la mejor respuesta es un sencillo y humilde «Gracias». La Biblia dice que la manera en que respondemos al elogio es una señal de nuestro carácter (Proverbios 27:21). ¿Permitimos que el elogio que se nos prodiga nos haga pensar que somos mejores que otros? ¿Le damos realmente a Dios la gloria, o simplemente decimos la manida frase cristiana, de modo que parezca que estamos dando la gloria a Dios? Jesús nos recuerda en Lucas 17:10 que cuando usamos nuestros dones para él, «hemos cumplido solamente con nuestro deber». En la economía de Dios no hay jerarquía de dones y talentos (1 Corintios 12:22-23). Solo porque actuemos en el escenario, no somos mejores que ningún otro que esté usando fielmente sus dones en cualquier parte de la iglesia. Estamos haciendo únicamente lo que debemos hacer.

Este versículo no dice que sea incorrecto sentirse bien con respecto a nosotros mismos o a algo que hemos hecho. Es correcto gozarse en agradar a Dios con nuestro talento. En realidad, esa debe ser una de nuestras ambiciones en la vida (2 Corintios 5:9) Sin embargo, algunos de nosotros nos sentimos muy incómodos cuando alguien aplaude nuestros esfuerzos o nos dedica un elogio. No hemos aprendido a recibir un elogio con gracia. No sabemos cómo manejar esto, porque no pensamos que sea correcto que la gente nos dé las gracias o nos diga cosas buenas sobre lo que hacemos. Lucas 17:10 nos muestra que Jesús da por sentado que la gente nos elogiará si actuamos bien, de modo que eso es correcto. Por esa razón él nos ofrece enseñanzas sobre el tema. El espíritu de este versículo es de humildad. No estoy sugiriendo que usemos este versículo como una respuesta estereotipada cuando alguien nos dedique un elogio. Lo que sugiero es que recordemos que cuando usamos nuestros dones y talentos para el Señor, estamos haciendo solamente lo que debemos hacer. Entonces podemos reconocerlo y agradecerles con gracia a todos los que nos estimulan, teniendo en mente que no somos de ninguna manera el principal objeto de atención (no importa cuán alto sea el pedestal en que las personas pudieran colocarnos).

El gran compositor Franz Joseph Haydn tenía fama de ser un hombre muy humilde. Una vez un fanático excesivamente elogioso estaba dedicándole frases de adulonería, a lo cual respondió diciéndole, «No me elogies tanto. Tú solo ves a un hombre a quien Dios le ha concedido talento y un buen corazón». Haydn respondió con la clase de agradable humildad que orienta a las personas hacia Dios. Así que vamos a cultivar la humildad en nuestros corazones, y seremos artistas humildes.

Muera a su deseo de ser el mayor

Debemos morir al deseo de ser el más grande. ¿Cómo saber si tenemos un corazón de siervo? Se dice que podemos saber cuánto tenemos de corazón de siervo, según respondamos al ser tratados como tales. Nuestra tendencia es venirnos abajo si no nos tratan como a dioses. C. S. Lewis dice: «El orgullo no se satisface con tener algo, sino solo con tener más que otra persona. Decimos que las personas se sienten orgullosas de ser más ricas, o talentosas, o bien parecidas que otras. Si todos los demás llegasen a ser igualmente ricos, o talentosos o bien parecidos, no habría nada de qué sentirse orgulloso. Es la comparación la que lo hace a usted orgulloso: el placer de estar por encima de los demás».

Para muchos de nosotros, no basta con ser talentoso. Queremos ser los más talentosos. Había un hombre llamado Diotrefes que trajo la desgracia sobre sí mismo y sobre la iglesia porque tenía tantos deseos de sobresalir que anhelaba «ser el primero» (3 Juan 9). En lo profundo de muchos de nosotros se esconde el mismo deseo de ser el primero. Los discípulos bregaron con esto también, y con frecuencia terminaban argumentando quién entre ellos sería el más grande (Lucas 9:46-48; 22-24-30) Podemos reírnos de ellos ahora, pero dentro de muchos de nosotros los artistas existe un fuerte deseo de ser el número uno. En lugar de ser lo mejor que podamos, queremos ser lo mejor que hay o que hubo jamás. Vivimos en un mundo en el cual ser persona promedio no es suficiente. No hay gloria en ser simplemente bueno. Hemos sido hechos para sentir que si no estamos compuestos del material de que están hechas las leyendas, no damos la talla. Pero esto no debe ser así en la iglesia. El ministerio no es un concurso de popularidad, y aspirar a la posición por medio de competiciones es incorrecto entre los seguidores de Cristo.

Jesús es la cabeza de la iglesia y Él es quien tiene el primer lugar en todo (Colosenses 1:18). Cuando usted y yo muramos a la necesidad de ser notorios, llenaremos una necesidad aún mayor: la necesidad de significación ante los ojos de Dios. Cambie la auto-importancia por una vida de verdadera significación.

El artista siervo

En los días de Nehemías los músicos estaban encargados del mantenimiento de la casa de Dios (Nehemías 11:22-23) Estos conserjes de día/artistas de noche tenían una rutina cotidiana estricta y disciplinada, que incluía realizar la tarea de custodia necesaria para el mantenimiento de la casa de Dios. Eran artistas siervos, y eso es lo que hemos de ser nosotros. Si usted quiere crecer en humildad, lo mejor que puede hacer es servir a otros. Servir a otros edifica el carácter. Richard Foster escribe: «No hay nada que *discipline* los deseos desordenados de la carne como el servicio, y no hay nada que *transforme* los deseos de la carne como servir en oculto. La carne gime contra el servicio, pero grita contra el servicio oculto. Se esfuerza y lucha por obtener honor y reconocimiento. Concibe medios sutiles, religiosamente aceptables, para llamar la atención del servicio rendido. Si rehusamos resueltamente acceder a esta avidez de la carne, la crucificamos. Cada vez que crucificamos la carne, crucificamos nuestro orgullo y arrogancia». (lo subrayado está en el original)[4]

Hablemos claro: servir a otros puede ser un gran reto para nosotros. Los artistas tendemos a ser narcisistas y muy egocéntricos . Somos personas sensibles, pero cuando esa sensibilidad vuelve hacia adentro, hacia nosotros mismos, podemos ser insensibles a las necesidades de otros. Somos muy conscientes de nuestros propios sentimientos, pero ¿qué tal acerca de los sentimientos de otros? No es fácil que las personas con temperamento artístico se orienten hacia otros. Necesitamos olvidarnos de nosotros y lanzarnos a servir a otros. ¿Cómo hacemos esto?

Enfoquémonos en la gente

Antes que nada, manténgase enfocado en ministrarle a la gente, que es lo opuesto a gratificarse a sí mismo artísticamente. Ministrar no tiene que ver con nosotros y nuestros maravillosos talentos. Tiene que ver con la gente. Todo tiene que ver con servir a otros. 1 Pedro 4:10 dice: «Cada uno según el don que ha recibido, minístrelo a los otros». Use sus dones para servir a otros. Si usted trata de gratificarse a sí mismo artísticamente, y se olvida totalmente de ministrar a la gente, será una experiencia muy vacía. Nosotros los artistas gastamos mucho tiempo en técnica y estilo y con frecuencia perdemos de vista a las personas a quienes estamos tratando de enseñar. Cuando Jesús se fijó en las multitudes que tenía delante, su corazón sintió compasión (Mateo 9:36). Fue sensible a sus necesidades porque estaba enfocándose en la gente. La próxima vez que usted esté en escena o actuando para un grupo de personas, trate de fijarse en la gente, como hizo Jesús, con un corazón lleno de compasión para todos y cada uno.

Pablo definió la servidumbre según esta afecta a los que nos rodean. Dijo que «el siervo del Señor no debe ser contencioso, sino amable para con todos, apto para enseñar, sufrido; que con mansedumbre corrija a los que se oponen» (2 Timoteo 2:24-25).

Un buen lugar para comenzar a servir es con las personas con quienes servimos, nuestros colegas artistas. Gálatas 5:13 nos dice: «servíos los unos a los otros» y Romanos 12:10 dice: «prefiriéndoos los unos a los otros». Necesitamos asistir a las reuniones, a un ensayo o a unos servicios listos y dispuestos a servir. En lugar de preguntar como siempre: «¿Qué hay para mí?» o «¿qué puedo sacar de esto?», tenemos que preguntarnos «¿Cómo puedo servir? ¿Qué puedo ofrecer?»

Recuerde que el mensaje es lo más importante

Mantenga en su mente que el mensaje es más importante que el mensajero. Pablo habla acerca de esto en 1 Corintios 2:4-5: «Ni mi palabra ni mi predicación fue con palabras persuasivas de humana sabiduría, sino con demostración del Espíritu y de poder, para que vuestra fe no esté fundada en la sabiduría de los hombres, sino en el poder de Dios». En otras palabras, el propósito de mi ministerio no es impresionar a la gente con mi arte, sino mostrar el poder y el amor de Dios. Todos nos damos cuenta, por ejemplo, cuando un cantante se está concentrando más en su técnica vocal que en lo que la canción significa. Si no usar esa filigrana —que hace que su voz se muestre en todo su esplendor— haría que el significado de la letra se entendiera con mayor claridad, no la utilice. Si usted toca algún instrumento, esto quiere decir que debe tocar con habilidad y con la expresión apropiada, pero no ponga su atención en usted mismo. El escenario de su iglesia no existe únicamente para su plataforma personal. Necesitamos servir al mensaje, no a nosotros mismos.

A propósito, si usted toca algún instrumento, le vendría bien leer el Salmo 68:25. En el servicio de adoración descrito aquí, el artista entra en el santuario en un orden determinado. Primero aparecen los cantores, seguidos de los músicos y después por los danzantes con panderetas. Charles Spurgeon señala que este orden no es casualidad, sino que fue diseñado. Representa la primacía de la música vocal, así como la necesidad de cantores que se oigan por encima de los instrumentos. Esto no es decir que la música instrumental no sea importante. Sencillamente sirve para recordarnos lo que todo gran músico ya sabe: que no debe distraerse o separarse de la letra.[5] Quienes tocan instrumentos no deben competir con los vocalistas para ser oídos. Tenemos que trabajar juntos en servicio del mensaje del himno.

Cuando actúes, no hagas lo que hizo Ezequías (2 Reyes 20). Cuando el rey Ezequías se enfermó de muerte, Dios no solo le prometió que lo sanaría, sino que haría que el sol retrocediera seis horas, desde el mediodía hasta el amanecer, como señal de que Ezequías iba a sanar. Los emisarios de la vecina Babilonia vinieron a ver a Ezequías porque vieron que el sol retrocedía y habían oído lo que Dios había hecho en su favor. Los babilonios adoraban el sol, de modo que esa fue una gran oportunidad de dar testimonio del único Dios verdadero. Pero en lugar de ello, Ezequías llevó a sus huéspedes a la sala de los tesoros y orgullosamente les mostró todo el oro, la plata, las especias, el aceite y las armaduras. Dios había realizado esta obra milagrosa, y Ezequías estaba mostrando su cuarto de trofeos personales. Dios está haciendo grandes cosas alrededor de nosotros todo el tiempo. No nos quedemos en cuán grande somos, porque esto no puede compararse con la grandeza de Dios.

Examine su motivación

Compañero artista, ¿cuál es tu motivación para crear o para desempeñar un papel? ¿Es para glorificar a Dios o a ti mismo? Las palabras de Jeremías son tan pertinentes para nosotros los artistas de hoy como lo eran para el pueblo de Israel. «¿Y tú buscas para ti grandezas? No las busques» (Jeremías 45:5) Si estamos realmente ministrando en el nombre de Jesús, nuestra motivación —lo que buscamos— debe ser Jesucristo y Su gloria, no la nuestra. Jesús nos dijo que buscáramos primero el reino de Dios, no nuestro reino o el reino del arte (Mateo 6:33) Cristo ha de tener el primer lugar en todo lo que hagamos (Colosenses 1:18). ¿Recuerdas lo que dijo Juan el Bautista? «Es necesario que él crezca; pero que yo mengüe» (Juan 3:30) Esa es la clase de actitud que necesitamos tener en el escenario en todo momento. No se trata de nosotros, ni de cómo se nos oye o se nos ve. No podemos ministrar para glorificarnos a nosotros mismos. Pablo dice: «Hacedlo todo para la gloria de Dios» (1 Corintios 10:31; véase además Colosenses 3:17, 1 Pedro 4:11). El verdadero ministerio tiene que ver con Jesús y con ver si Su mensaje está circulando. Esa ha de ser nuestra motivación.

Cuando iniciamos el coro de alabanza aquí en Willow Creek, alguien me preguntó si este coro iba a cantar de fondo todo el tiempo o si el grupo iba a cantar números especiales. Lo que se me ocurrió contestar fue que cuando lo principal es la adoración, todos estamos de trasfondo. Jesucristo es el centro de la escena, no nosotros. Él debe crecer y nosotros menguar. La adoración tiene que ser lo más desprendido que hagamos siempre los humanos.

Me gustaría advertir algo aquí. He visto a artistas ser tan vigilantes en cuanto a sus motivaciones que llegan a obsesionarse por si están o no sirviendo al Señor con un corazón de siervo. Un amigo mío, músico, me confesó recientemente que la realidad era que no gozaba tocando en la iglesia porque estaba constantemente preocupado pensando que sus motivos no son correctos. Aunque trata de hacer lo mejor para vivir en una relación auténtica con Jesucristo, llega a obsesionarse fácilmente con los motivos ocultos, que teme que estén tan bien escondidos que nunca podría verlos. Eso me suena a la tarea del Acusador, el Malvado. La Biblia dice que Satán constantemente trata de acusarnos (Apocalipsis 12:10). A él le gusta acusarnos de motivos erróneos, incluso cuando estamos en escena, para apartar nuestro enfoque de Jesús y ponerlo en nosotros. Cuando Satanás acusa, hay confusión. Nos preguntamos: *¿Esto viene de Dios o no?* Pero cuando Dios desea bregar con nuestros motivos, siempre lo hace de manera amorosa (Isaías 42:3). Él no es la voz de una acusación áspera. Él es esa vocecita como de «silbo apacible y delicado» (1 Reyes 19:12) que tiernamente nos convence de nuestro pecado y de nuestra necesidad de él. Cuando Dios habla, no hay confusión. Hay una genuina convicción. Él nos guía amablemente y nos invita a seguirlo.

De la misma forma, alguna que otra vez alguien me preguntará si está bien sentirse confiado en escena. «¿Me hace eso menos humilde?, me preguntan. Una pregunta como esa normalmente viene de alguien que iguala la humildad con ser sumiso y falto de carácter o amigo de disculparse. Dios no nos ha dado «espíritu de timidez, sino espíritu de poder, de amor y de autodisciplina» (2 Timoteo 1:7) Eso no me suena a sumisión. Si bien es inapropiado para nosotros ser jactanciosos con respecto a nuestros talentos, es correcto que un cristiano esté confiado durante una representación. Si usted reconoce que su talento viene de Dios y le da a él la gloria, es correcto ir a escena y estar confiado en que puede hacer lo que él le pide que haga. Es correcto estar confiado si su confianza está en él.

Muramos al egoísmo

Filipenses 2:3-4 es un versículo que yo creo que todo artista debería memorizar. Dice: «Nada hagáis por contienda o por vanagloria; antes bien con humildad, estimando cada uno a los demás como superiores a sí mismo; no mirando cada uno por lo suyo propio, sino cada cual también por lo de otros».

Yo no sé cómo alguien puede ser una prima dona y tener este versículo en la Biblia. Necesitamos morir al egoísmo y a la presunción vacía y dejar de estar tan absortos en nosotros mismos. No hay sitio para las prima donas en el ministerio. De modo semejante, 1 Corintios 10:24 dice «Ninguno busque su propio bien, sino el del otro». El verdadero amor no busca lo suyo propio. (1 Corintios 13:5). Romanos 12:10 dice: «en cuanto a honra, prefiriéndoos los unos a los otros». Tenemos que considerar a los otros más importantes que nosotros mismos. Con eso me refiero a otros cantantes del equipo, a otros músicos de la banda, a otras personas de la actividad teatral, a otros artistas. Me refiero a la persona que opera el sistema de sonido por el que usted canta o actúa, la persona que hay tras el tablero del sonido, incluso la mismísima persona que se sienta en la congregación en el último banco. Considéralos a todos ellos más importantes que a ti mismo. Eso nos es muy difícil a los artistas porque podemos llegar a preocuparnos mucho de nosotros mismos.

En las páginas de este libro mencionaré varias veces lo que yo llamo mis peligrosas oraciones diarias. Se trata de pensamientos o versículos de las Escrituras que están tan lejos de mi forma natural de pensar, que necesito repetirlas cada día en mi corazón y en mi alma. Son oraciones peligrosas porque tienen el potencial de cambiar radicalmente mi vida. Uno de tales versículos es Juan 12:24:

«Si el grano de trigo no cae en la tierra y muere, queda solo; pero si muere, lleva mucho fruto». Ahora bien, morir al ego no es mi forma normal de actuar, así que durante año y medio oré cada día: «Señor, ayúdame a morir a mí mismo hoy. Muéstrame cómo aplicar este versículo a mi vida hoy». Orar algo así cada día me hizo comprender cuán egocéntrico soy realmente. Por ejemplo, cuando llego a casa del trabajo, sólo deseo «vegetar» porque estoy cansado. Pero en lugar de ello estaba condenado a morir a mí mismo y a pasar un rato con mi esposa, Sue, o a jugar con mis hijos. También, en varios conflictos de relaciones, recuerdo ser alertado por el Espíritu Santo a morir con el fin de andar correctamente todo el tiempo. Y fui retado una y otra vez a morir al deseo de ser aprobado por otros. Yo les invito a cada uno de ustedes a repetir en oración Juan 12:24 cada día durante un año y díganme si esto no cambia su vida.

Este morir a uno mismo no debe llevarse al otro extremo, en el cual lleguemos a ser víctimas sin protestar. Morir a sí mismo no significa que usted abuse de su persona. Eso, obviamente, tampoco es saludable, y muchos que aguantan todo pueden estar tan ensimismados consigo mismos como la persona de al lado. Según 1 Corintios 12:20-25, nadie es más importante que otro. Por eso hemos de preocuparnos por los intereses de otros en lugar de tratar de poner los nuestros en el primer lugar de la agenda. Esta es la clave para llegar a ser un artista humilde.

Cuando Tomás Kempis escribió sobre la clave de una paz interior, me parece que está describiendo lo que significa morir a sí mismo.

> Esfuérzate, hijo mío, más bien en hacer la voluntad
> de otro que la tuya propia.
> Escoge siempre tener menos que más.
> Busca siempre el lugar más bajo, y ser
> inferior a los demás.
> Desea siempre, y ora, porque la voluntad
> de Dios se cumpla plenamente en ti.[6]

Recuerde que el ministerio es un privilegio

Aquellos de nosotros que usan sus dones en la iglesia necesitan recordar que el ministerio es un privilegio. Dios está en la empresa de traer personas perdidas a la salvación. Él podría haber enviado ángeles a realizar la tarea, pero en lugar de ello, nos ha confiado a nosotros la divulgación de la Palabra y el «hacer discípulos de todas las naciones» (Mateo 28:19) con la ayuda del Espíritu Santo.

Pablo se refería con frecuencia al ministerio como a un privilegio y a un alto llamado. No lo daba por sentado. Le parecía que ser «útil al Maestro» era la cosa más importante que podía hacer con su vida (2 Timoteo 2:21, 4:11). Para Pablo, estar en el ministerio era un gran honor y privilegio. Servir a Dios es una manera de honrarlo. Es nuestro sacrificio de alabanza. Qué testimonio es que un músico, un actor, un danzante o artista de talento usen sus dones para servir al Señor. Qué maravilloso ejemplo es para nuestros niños ver a su mamá o a su papá sirviendo al Señor en algún ministerio. Ese padre o esa madre están sirviendo de ejemplo de lo que significa servir a Dios con los talentos que él nos da —Dios trabajando *por medio* de nosotros-. Ese es el gozo y el gran premio de la vida cristiana. Ese es el gran privilegio del ministerio. Proverbios 3:9 habla de «honrar al Señor con tu riqueza». A algunos de ustedes se les ha dado una riqueza en forma de talento. «A quien mucho se le ha dado, mucho le será demandado»(Lucas 12:48). Honra al Señor sirviéndole en algún ministerio.

Muchos de nosotros tenemos un fuerte deseo de hacer algo significativo con nuestra vida y nuestro talento. Fuimos creados para hacer buenas obras para la gloria de Dios (Efesios 2:10). En el Salmo 90:17 Moisés le pide a Dios que confirme la obra de sus manos. En el margen de mi Biblia hay una notita donde pone que una traducción más literal sería «dar permanencia» (NASB). En otras palabras, «Señor, dale permanencia a la obra de mis manos». Ayúdame a hacer algo con mi vida que tenga sentido y significación. Ayúdame a hacer algo con mi talento, que permanezca. Todos nosotros anhelamos tener significación. La única cosa que puede satisfacer este anhelo es servir a Dios.

Ser usado de alguna forma por Dios puede ser sumamente gratificante. Somos meramente «vasos de barro» (2 Corintios 4:7), sin embargo, llevamos con nosotros un tesoro de buenas nuevas, el evangelio, el plan de salvación de Dios, la esperanza del mundo. Es un privilegio absoluto ser usado por Dios. Dios no solo nos rescató de la condenación eterna. Nos ha bendecido y continúa bendiciéndonos abundantemente más allá de lo que merecemos. La mayoría de nosotros siente que lo menos que podemos hacer, después de todo lo que él ha hecho por nosotros, es servirle con todo nuestro corazón. David dijo, «¿Qué pagaré a Jehová por todos sus beneficios para conmigo?» (Salmo 116:12). Isaías tuvo un encuentro con Dios que transformó su vida, y surgió de allí diciendo. «Señor, heme aquí, envíame a mí» (Isaías 6:8). Realmente, ¿qué otra respuesta existe después de haber probado su gracia? Necesitamos recordar que no es Dios quien es dichoso de tenerte a ti y a mí en su servicio; somos nosotros los privilegiados de tener una función, grande o pequeña, en la proclamación de su reino.

La diferencia entre ser voluntario y ser llamado por Dios

A principios de mi ministerio comencé a notar una diferencia clara entre los que se ofrecían voluntariamente sin obligación y los que se sentían llamados por Dios para servir. No es que ser voluntario sea malo; es sencillamente que hay un nivel más profundo de compromiso, gozo y recompensa con aquellos que saben que su llamado es de Dios. En este punto deseo ser cauteloso porque algunos podrían asociar un llamado de Dios con algo tan alto y dominante que se convierte en una cosa del otro mundo. Hemos hecho que el llamado al ministerio suene tan esotérico, como si fuera únicamente para las personas que oyen a Dios llamándolos a las junglas del África. Estoy hablando de algo más cercano a la tierra, más obvio que eso. Dios llamándonos a usted y a mí a usar nuestros dones en nuestra iglesia local. En 1 Crónicas 15:16-19 el Rey David nombró a los músicos para dirigir a la nación de Israel en la adoración. Ese fue su llamado de Dios. Colosenses 4:17 dice, «mira que cumplas el ministerio *que recibiste en el Señor*» (el subrayado es mío). En 1 Timoteo 1:12 Pablo dice, «Doy gracias al que me fortaleció, a Cristo Jesús nuestro Señor, porque me tuvo por fiel, poniéndome en el ministerio». El ministerio de Pablo no fue ningún acto de rutina de buena voluntad que él realizó por culpa u obligación. Fue un llamado especial de Dios. Frederick Buechner dijo: «El lugar al que Dios te llama es el lugar donde se tocan tu alegría más profunda y el hambre más intensa del mundo».[7] Conozco a muchas personas que en estos días están experimentando un gozo profundo y una recompensa por seguir un llamado que Dios ha puesto en sus corazones para servir en la iglesia local. Sienten que están haciendo lo que Dios desea que hagan, y sus vidas han tomado un sentido y una significación más profundos. Ahora sigue una lista de algunas de las diferencias que he notado entre las personas que están meramente dispuestas y aquellas que son llamadas por Dios. Me extenderé sobre la mayoría de estos puntos a lo largo de este libro.

1. *Los voluntarios consideran su participación en la iglesia como un servicio comunitario, pero las personas llamadas por Dios lo ven como un ministerio.* Para las personas llamadas por Dios, el ministerio no se toma a la ligera. Es un trabajo importante con ramificaciones eternas. Es un honor y un privilegio de Dios. Es algo que ninguno de nosotros merece.

2. *Los voluntarios gimen por lo que va a costar el servicio, pero las personas que son llamadas están comprometidas a servir.* Las personas llamadas por Dios se ven a sí mismas como mayordomos de los dones que Dios les ha otorgado. Servir llega a ser una prioridad de sus vidas; esto los energiza. Usted no oye a estas personas quejándose, «Oh, no. Tengo que levantarme temprano los domingos e ir a la iglesia». Calculan el costo, pero pueden también ver el beneficio. Razonablemente, tratan de programar sus compromisos de servicio en lugar de tratar de combinar sus oportunidades de servicio dentro de su ocupada agenda.

3. *Los voluntarios se abstienen de resolver conflictos de relaciones, pero las personas llamadas por Dios buscan resolver conflictos en aras de la unidad en la iglesia.* Las personas llamadas por Dios saben que vivir en conflicto con otro hermano o hermana sería desobedecer, o zafarse del llamado de Dios debido a conflicto de relaciones. Así, pues, en lugar de tratar de resolver el conflicto de relaciones de forma piadosa, como señaló Jesús en Mateo 18, yendo primero a los individuos con quienes están en conflicto y hablando con ellos.

4. *Los voluntarios consideran los ensayos como otro compromiso que están obligados a cumplir, pero las personas llamadas por Dios ven con interés los ensayos como otra oportunidad de ser usados por Dios.* Los voluntarios se quejan de tener que salir otra noche, pero las personas llamadas por Dios dicen: «Magnífico. Tengo que salir a ensayar esta noche. Quizá pueda llevar una palabra de estímulo a alguno de mis colegas artistas, o vea lo que Dios está haciendo en la vida de esa persona, o tenga oportunidad de preguntar si hay algo que pueda orar por esa persona». Reuniones, ensayos, montar o desmontar el escenario pueden ser oportunidades de servicio significativas para las personas que son llamadas por Dios.

5. *Los voluntarios no realizan prácticas ni se preparan, pero las personas llamadas por Dios vienen a los ensayos y a la actuación tan preparadas como sea posible.*

Hay quien hará solamente lo suficiente para salir del paso. Estas personas harán estrictamente lo mínimo porque, después de todo, son nada más que voluntarios. Por otra parte, las personas llamadas por Dios desean glorificar al Señor con los talentos que él les ha otorgado, de modo que van a actuar con lo mejor de su capacidad. Ellos quieren darle a Dios lo mejor que tienen.

6. *Los voluntarios no están abiertos a la crítica constructiva; están a la defensiva. Pero las personas llamadas por Dios están agradecidas por los comentarios, porque desean ser lo mejor que puedan.* En lugar de decir «¿Cómo se atreve a comentar algo negativo sobre mis talentos otorgados por Dios?», las personas llamadas por Dios dicen: «Señor, quiero ser lo mejor que pueda para ti». Como resultado de eso están abiertas a sugerencias y a dirección sobre su trabajo.

7. *Los voluntarios se sienten amenazados por el talento de otros, pero las personas llamadas por Dios lo alaban por distribuir dones y talentos como él escoge.* En lugar de sentirse amenazados por cada nueva adición al equipo, las personas llamadas por Dios ven a los recién llegados como amigos, ministradores conjuntos y compañeros de trabajo. Tratan el celo y la envidia de una forma piadosa.

8. *Los voluntarios desean zafarse a la primera señal de adversidad o desaliento, pero las personas llamadas por Dios profundizan y perseveran.* Ninguna iglesia es perfecta, pero de igual modo, ninguno de nosotros es el miembro perfecto de la iglesia. Cuando existe un problema, las personas llamadas por Dios no se sientan y se quejan o culpan de todo al director y dicen: «Si usted no arregla esto, yo me marcho». No salen corriendo cuando las cosas se ponen difíciles. Oran. Escogen convertirse en parte de la solución en lugar de en parte del problema. Comprenden que cuando Dios nos llama a servir, nunca nos abandona, que siempre está allí para dirigirnos a lo largo de cualquier dificultad que podamos encarar.

9. *Los voluntarios encuentran su principal fuente de satisfacción en su talento y habilidades, pero las personas llamadas por Dios saben que ser usadas por Dios es lo más satisfactorio que se puede hacer con la vida.* Las personas llamadas por Dios salen del escenario y están más preocupadas de que Dios sea glorificado que de exhibir su talento. Se preocupan de que se haga la voluntad de Dios, no la de ellos.

10. *Los voluntarios no soportan ser puestos en una situación en la que vayan a sentirse incómodos, pero las personas llamadas por Dios responden a su*

llamado con humilde dependencia de él. Las personas llamadas por Dios saben que si él los ha llamado al ministerio, también los equipará para hacer el trabajo de este, aun cuando pueda significar un llamado a crecer como personas o como artistas. En cierta ocasión me encontraba en un ensayo con un percusionista nuevo a quien acabábamos de incorporar al equipo. Su nombre era Tony. En el proceso de preparar la banda con arreglo a nuevas normas, me hallé deteniéndome con bastante frecuencia para corregir a Tony o darle algunas instrucciones. Al final del ensayo deseaba verificarlo con él, porque no quería que se sintiera como que lo había tomado con él. Así, pues, mientras retiraba el equipo, le pregunté a Tony cómo le iba. Me echó una mirada al principio y entonces me dijo: «He pensado en tomar unas cuantas clases, porque hay muchos estilos nuevos y no estoy precisamente al día en estos momentos. Pero no me rindo porque esto es lo que Dios me ha ordenado hacer». Sacudí mi cabeza asombrado. He aquí un hombre que ha entendido lo que significa ser llamado por Dios. Tocar tambores en la iglesia era algo que Dios le había llamado a hacer. Ese llamado era la motivación que había detrás de su servicio. Ese llamado le permitió dar frutos, aun en situaciones que presionaban sus capacidades.

Involucrado en el ministerio

Si tuviera que resumir la diferencia entre ser voluntario y ser llamado por Dios, diría que alguien que tiene ese sentido de llamamiento de Dios está más involucrado en el ministerio. Dios nunca tuvo intención de que el ministerio fuese responsabilidad única de los pocos escogidos que hacen «labor cristiana a tiempo completo». Dios nos ha equipado a todos los creyentes para realizar el trabajo del ministerio (Efesios 4:11-12)

Un amigo mío llamado Tim Kuntz lleva muchos años sirviendo aquí en Willow Creek, y ambos formamos parte también de un mismo grupo pequeño. La vocación de Tim es el campo de la computación, pero su ministerio es tocar la trompeta en una de nuestras bandas y dirigir un grupo pequeño. No hace mucho, Tim recibió una jugosa oferta de trabajo. Eso significaba más responsabilidad y más dinero con una buena compañía, pero también significaba un viaje largo al centro de la ciudad cada día. Él me pidió consejo y hablamos sobre cómo afectaría a su familia y a su futuro, pero de una cosa estaba realmente preocupado Tim, de cómo iba a afectar su ministerio. Quería saber si podía desplazarse cada día al centro y seguir haciendo las cosas que Dios le había encomendado hacer en la iglesia. Mi amigo Tim conoce la diferencia entre ser voluntario y ser llamado por Dios. Él no iba a recibir un sueldo por involucrarse en el ministerio, sin embargo su trabajo en la iglesia había llegado a ser de tan alta prioridad que estaba preocupado por cómo le afectaría un cambio de trabajo. Dios le ha llamado, le ha dado una función que desempeñar en el trabajo del reino, un sentido de propósito, y él se lo toma seriamente.

Límites saludables

Ahora, permítame preguntarle: ¿Es posible servir demasiado? ¿Puede uno servir más de la cuenta? La respuesta es sí. Usted puede emplear mucho tiempo en la iglesia y descuidar su familia, su salud y aun su relación con el Señor. Eso es una verdadera pena porque quemarse en el ministerio no glorifica a Dios. Usted tiene que establecer límites saludables. Mantener límites saludables involucra tener sus prioridades en su lugar, con libertad para decir sí, pero sin temor de decir no. Si usted espera servir al Señor durante cierto período de tiempo, tiene que desarrollar límites saludables. Todos tenemos que saber cómo y cuándo decir que no, mucho antes de que tengamos una crisis personal. La iglesia ha sido culpable con frecuencia de usar y abusar de los artistas. Por otra parte, los artistas algunas veces han desempeñado el papel de mártires y se han dejado usar y abusar.

Como director de música de una iglesia, realmente lucho con esto porque no quiero que las personas se quemen, sino que quiero facilitar oportunidades significativas y satisfactorias para el ministerio. De modo que existe una tensión aquí, una línea estrecha por la que yo trato de caminar. Durante años me equivoqué con respecto a ambas cosas. He pedido demasiado y he llevado a algunos a sus límites. Por otra parte, hay veces que he tratado de proteger el horario de alguien no pidiéndole a esa persona que cantara o tocara, y veo que dicha persona se sintió herida porque no le pedí que actuara. Si todos pudiéramos cooperar estableciendo límites saludables, los líderes no necesitarían inventar explicaciones justificativas ni coaccionar a nadie, y los artistas podrían sentirse con libertad de decir sí o no. Cuando yo me acerco a alguien que tiene límites saludables con una oportunidad saludable y me dice: «Gracias por pedírmelo, pero no puedo hacerlo esta semana», yo no me siento mal por pedírselo y ellos no se sienten mal por decirme que no.

Hay temporadas en el trabajo de la iglesia que son lógicamente más estresantes que otras. Las temporadas de mucha actividad vienen y van, y aun cuando tendemos a ponernos nerviosos en mitad de esas temporadas activas, la verdad es que duran poco tiempo. Mi familia sabe que la Navidad y la Semana Santa son épocas muy activas para mí. Es parte del trabajo de la iglesia. Pero si estoy comprometido a tener límites saludables y no sobrecargados el resto del año, Navidad y Semana Santa o cualquier otra época de intenso ministerio llegan a ser miel sobre hojuelas, excepciones a la regla en lugar de la norma. Las Escrituras nos alientan a ser sobrios y a no cansarnos (1 Corintios 15:58, Gálatas 6:9-10). Somos estimulados también a ofrendar con una actitud alegre, y no por obligación (2 Corintios 9:7). Eso no va a suceder si tenemos límites saludables. Los límites saludables son un deber si vamos a servir al Señor con gozo y alegría (Salmo 100:2)

Servimos a un público de Uno

La prueba definitiva de servidumbre es si usted puede sentir contentamiento al servir a un público de uno, si acepta servir en el anonimato, si es capaz de darse plenamente en un papel pequeño, si ya no vive para la aprobación de otros, si ya no importa el tamaño del público, y si el tamaño de su papel es menos importante que ser fiel y obediente. Nos resulta difícil porque con frecuencia nos gusta más la aprobación de otros que la aprobación de Dios (Juan 12:43). Buscamos el favor de los que nos rodean en lugar de el favor de Dios (Gálatas 1:10). Queremos hacernos notar. Jesús dijo que nos cuidemos de esa clase de motivación (Mateo 6:1) Cuando usted ya no busque el relumbrón, cuando ya no necesite hacerse notar o ser reconocido y cuando no esté por encima de hacer un trabajo vulgar como arreglar las sillas, estás en camino de ser la clase de siervo sin egoísmo que Dios realmente usa. Uno de los trabajos más duros de toda la programación es desarmar y retirar un equipo, limpiar después de un servicio, poner en orden las cosas. ¿Podría usted tener contentamiento sirviendo en esto sin ser visto? ¿Podría hacer esa clase de servicio «como trabajando para el Señor, no para los hombres»? (Colosenses 3:23; Efesios 6:7). Usted puede hacerlo si está sirviendo a un público de Uno.

Philip Yancey compara el servir a un público de Uno con ser un espejo o una vidriera de colores.

Tensiones y ansiedades arden dentro de mí si me olvido de que estoy viviendo mi vida para el público de una persona, que es Cristo, y me deslizo a vivir mi vida para afirmarme en un mundo competitivo. Previamente, la principal motivación de mi vida era hacer un cuadro de mí mismo, lleno de colores brillantes y de profunda agudeza de ingenio, para impresionar a todo el que me mirara. Ahora, sin embargo, encuentro que mi papel es ser un espejo, para reflejar claramente la imagen de Dios a través de mí. O quizá la metáfora del cristal empañado sirva mejor porque, después de todo, Dios es quien ilumina mi personalidad y mi cuerpo.[8]

Muchos de nosotros nos resistimos a servir cuando tenemos que laborar anónimamente. Yo he tenido que luchar contra esto también. Ha habido veces que he sentido que no se me valoraba. Ha habido veces que me he sentido olvidado e ignorado. Ha habido veces que me he sentido como el Hombre Invisible, cuando el talento de otros es reconocidos y el mío no. Pero he llegado a la conclusión de que es preferible laborar de forma anónima para Dios, que ser famoso por hacer algo insignificante con mi vida. Además, Dios ve en secreto (Mateo 6:4, 6, 18). Nosotros no trabajamos anónimamente cuando trabajamos para Dios. Él ve. Él toma nota y él premiará,

Hace algún tiempo un miembro de nuestra congregación escribió una carta muy elogiosa a Lynn Siewert, una de nuestras cantantes, y me envió una copia. Lynn lleva mucho tiempo en nuestro conjunto vocal, y es un ejemplo de lo que es el corazón de un verdadero siervo. La carta dice así:

Quiero darle las gracias… por proporcionar su voz para la alabanza en Willow Creek. Cada vez que yo la oigo, no puedo dejar de reconocer qué regalo tan maravilloso le ha hecho el Señor, y para nuestro beneficio. Hay algo más que surge cada vez que usted canta… Hay humildad, pureza, reverencia, y esto se nota de verdad. Otros con quienes me he sentado dicen lo mismo, que usted evidentemente no está en escena para sus propios fines, sino para los de Cristo. Creo que si yo tuviera su voz, cantaría para el Señor, pero me temo que también me gozaría en mí misma también. Así, pues, él en su sabiduría la escogió a usted.

Los miembros de la congregación pueden decir si estamos en escena para servir al Señor o meramente para servirnos a nosotros mismos.

Quisiera concluir hablándoles acerca de una persona de mi vida que es un epítome del servicio. Cuando yo estaba apenas comenzando el ministerio, fui disciplinado por un hombre que llegó a convertirse en un tremendo amigo. Se llama John Allen. De John aprendí todo lo relativo a la servidumbre, no porque jamás hiciéramos un estudio bíblico sobre el tema, sino porque él vivía con un corazón de siervo hacia todas las personas. John es un verdadero hombre que sabe hacer de todo (y yo no lo soy en absoluto). Sabía arreglar calentadores de agua rotos, cañerías con goteras y paredes dilapidadas. Ayudaba en la jardinería, porque para John esta era una oportunidad de servir y de emplear tiempo conmigo hablándome del Señor. Cuando le hice frente a importantes decisiones en mi vida, él se ofreció no sólo a orar por mí, sino a ayunar en tanto yo estuviera ayunando, para ver si Dios confirmaría su voluntad a través de ambos. Ese es un verdadero siervo. John ganaba un modesto sueldo como maestro de música, sin embargo, compartía sus recursos financieros libre y alegremente dondequiera que un hermano estuviera en necesidad. Él estaba disponible siempre que yo lo necesitaba, siempre preguntando «¿En qué puedo ayudar?» Más tarde me fui a vivir bastante lejos de mi amigo, pero nunca olvidaré el impacto de observar a alguien que vivía con un corazón de siervo. John me mostró lo que es la verdadera servidumbre. Me mostró lo que es estar colmado de gozo al servir a un público de Uno.

Cuestionario para comentar en grupo

1.   ¿Cómo piensa usted que sería Jesús en un ensayo?

2.   ¿Cómo piensa usted que sería Jesús en escena?

3.   ¿Se acuerda de alguien que haya sido para usted un ejemplo positivo de servidumbre?

4.   ¿Dónde se colocaría usted en un plano de humildad continua? Con orgullo vano de una parte y falsa humildad de la otra, ¿a qué extremo del espectro se inclinaría usted?

5.   ¿Cuál de las diez diferencias entre ser voluntario y ser llamado por Dios cree usted que es más importante para establecer un ministerio de arte perdurable?

6. ¿Cuál de las diez diferencias entre ser voluntario y ser llamado por Dios es la que menos lo describe a usted?

7. ¿Qué clase de cosas les impiden a los artistas ser capaces de servir a un público de Uno?

8. ¿Por qué, en su opinión, es tan difícil que los artistas tengan límites saludables cuando se refiere a su trabajo?

9. ¿Un artista puede ser persona de confianza y al mismo tiempo tener un corazón de siervo?

10. ¿Qué consejo sobre servicio le daría usted a un compañero artista que acaba de entrar en el ministerio?

Pasos de acción personal

1. Ofrézcale sus dones a Dios. Si nunca le ha dado las gracias al Señor por los dones y talentos que él le ha dado, hágalo ahora y dígale a que usted se ha comprometido a usar sus dones no como a usted le plazca sino cómo El quiere. Si usted realmente quiere hacer su compromiso especial, expréselo artísticamente de alguna forma.

2. Ofrézcale sus dones a la iglesia. Pablo se consideraba a sí mismo siervo de la iglesia de Jesucristo (2 Corintios 4:5) Escriba una carta a su director de música, a su director de teatro, o al pastor, y ofrezca sus dones y talentos para servir al cuerpo de Cristo en cualquier capacidad que esa persona estime apropiada.

3. Si usted ha ofendido a alguien por falta de humildad verdadera, reconozca su pecado y pídale perdón a esa persona.

4. Determine si usted tiene límites saludables cuando se trata de servir. Si no, decida qué tendría que hacer usted para tenerlos, y comience a llevar a cabo esos cambios. Escoja a alguien a quien usted pueda rendirle cuentas con respecto a esto.

5. Gálatas 5:13 nos exhorta a servirnos mutuamente en amor. Trate de servir a alguien esta semana de una forma personal.

Público de Uno

Hay una fuerte tentación de vivir para el aplauso del hombre
pero yo no quiero creer esa mentira
porque sé que esa no es una causa digna,
así que, para mantener las cosas en perspectiva, he colgado un
*   letrero en la pared.*

El letrero no es nada especial, pero realmente lo dice todo
Dice así:

Me alegraré de servir a un público de Uno
sólo cuenta Su aprobación cuando todo está dicho y hecho
y ésta es mi oración, cuando la carrera haya terminado,
que llegue a oír «Bien hecho»
del público de Uno

Cuando el impulso al reconocimiento comience a tener
lo mejor de mí
todo lo que tengo que hacer es mirar a mi alrededor a la gente
que sirve sin egoísmo
y no sirve para tener gloria, y no está
anotando los puntos
Hay un letrero escrito en sus corazones
un letrero que ya he visto

Me alegraré de servir a un público de Uno
sólo cuenta Su aprobación cuando todo está dicho y hecho
y ésta es mi oración, cuando la carrera haya terminado,
que llegue a oír «Bien hecho»
del público de Uno

En el no muy distante futuro
cuando las multitudes se esfumen
estaré de pie ante el Señor
y esto es lo que anhelo decir:

Estoy rebosante de gozo al servir a un público de Uno
para esto he sido creado eternamente desde el primer día
y esta es mi canción, al inclinarme ante Tu trono
me encanta oír: «Bien hecho»,
del público de Uno

Así que esta será mi oración, hasta que la carrera termine
que llegue a oír «Bien hecho», yo anhelo oír «Bien hecho»
que llegue a oír «Bien hecho»
del público de Uno[9]

Greg Ferguson

Somos los ejecutores de la música
        y somos los soñadores de sueños,
peregrinando por solitarios rompeolas,
        y sentados junto a corrientes desoladas;
perdidos del mundo y olvidados del mundo,
        sobre quienes la pálida luna brilla:
sin embargo, somos los que movemos y sacudimos
        al mundo para siempre, así parece.
con maravillosos sonsonetes imperecederos
construimos las grandes ciudades del mundo,
        y de una historia fabulosa
        formamos una gloria imperial:
un hombre con un sueño, a voluntad,
        irá hacia adelante y conquistará una corona;
y tres con una nueva métrica del canto
        pueden echar abajo un imperio.
Nosotros, postrados en las edades,
        en el ayer sepultado de la tierra,
construimos Nínive con nuestro suspiro,
        y Babel misma con nuestra alegría,
y las echamos abajo profetizando
        a lo antiguo del mérito del nuevo mundo,
Porque cada edad es un sueño que está muriendo
        O uno que va a nacer.
                «Oda», Arthur O'Shaughnerry

Tres

El artista en comunidad

*L*a escena: *Después de un ensayo largo y agotador en la iglesia, Marlene acaba de entrar por la puerta de su casa. Es tarde. Suena el teléfono. Ella corre a levantarlo. Ya lleva casi cinco años como directora de grupo dramático de la Iglesia Countryside Community, y ha levantado un fuerte ministerio en la iglesia. La gente de Counryside realmente aprecia el teatro en la iglesia y se interesa por las escenas que protagonizan los actores, y por los eventos especiales que incluyen piezas dramáticas. Durante varias semanas Marlene se ha entregado a los ensayos para la función de teatro del Domingo de Resurrección, que tendrá lugar dentro de una semana. Tomó el teléfono, presumiendo que, como todo lo demás en su vida en estos días, tendría algo que ver con el ensayo de ese día. Al otro lado de la línea está Al, del equipo de teatro.*

AL (denotando urgencia): ¿Eres tú, Marlene? Detesto tener que llamarte a tu casa en esta forma, y siento llamarte tan tarde, ¿estás ocupada?

MARLENE (sonriendo): Bueno, puedo hablar. Pareces preocupado. ¿Te sientes bien?

AL: Bueno…um … no…detesto molestarte y hablarte de esto. Yo sé lo ocupada que estás, pero creo que muchas personas del grupo de teatro están realmente disgustadas ahora. Creo que tenemos importantes problemas de comunicación en el grupo. No sé si sabes lo malo que es este asunto. Acabo de hablar por teléfono con Stewart, y está realmente enojado.

MARLENE: ¿Es cierto? Lamento saberlo. ¿Por qué está enojado?

AL: Le parece que si se marchara del grupo a nadie le importaría. Y algunos de nosotros hemos conversado, y muchos opinamos lo mismo.

MARLENE: ¿Quieres decir que si tú dejas el grupo, nadie se dará cuenta ni lo sentirá?

AL: Sí. Muchos llevamos bastante tiempo sintiendo que es así. Nadie parece realmente estar vinculado a los otros.

MARLENE: ¿Qué tiempo hace que Stewart está enojado? Recién hablé con él esta noche y no me mencionó nada acerca de esto.

AL: Bueno, no me sorprende. Ahora mismo está bastante confuso. No cree que usted lo estime.

MARLENE: ¿De verdad? Lamento saberlo. Yo quiero mucho a Stewart.

AL: Bueno, él está pensando en abandonar el grupo de teatro e incluso irse a otra iglesia. Está bastante enojado.

MARLENE: ¿Está enojado conmigo?

AL: Bueno, sí. El no tuvo el papel que quería para el espectáculo de Semana Santa. Creo que él deseaba representar a Jesús. Yo comprendo por qué usted le dio ese papel a Frank. Frank acaba de llegar y es más joven, pero la verdad es que Stewart tiene mucha más experiencia.

MARLENE: Ahora que lo mencionas, ya me pareció raro que Stewart se marchara de pronto saliera de la sala cuando los actores ovacionaron a Frank esa noche después de la escena de Getsemaní.

AL: Bueno, sí, yo creo que Stewart se sintió herido por eso. Después de todo, el elenco nunca se ha puesto en pie para aplaudirle a él.

MARLENE: Eso explicaría la tensión que percibo entre esos dos.

AL: Oh, sí, ellos no se hablan. Stewart evita a Frank como si tuviera una plaga. No está celoso ni nada. Stewart dice que simplemente le resulta doloroso estar cerca de Frank porque le recuerda lo mal que hace su papel en el drama y que no es suficientemente bueno para estar en el elenco.

MARLENE: Caramba, estoy sorprendida. Stewart es un actor muy competente. Por eso le asigné un papel tan difícil.

AL: Sí, pero el papel de Judas no es un papel que se hace de corazón. De todos modos, eso no es todo. Probablemente debo recordarle que a Stewart no se le ha pedido que participe en una obra en todo un mes, y que lleva dos meses sin un papel importante en nada, y todos hemos notado que usted les ha dado la mayoría de los papeles buenos a los recién llegados al grupo. No creo que se nos deba descartar a aquellos de nosotros que llevamos aquí bastante tiempo y hemos ayudado a levantar la iglesia.

MARLENE: Bueno, la verdad es que yo no estoy tratando de descartar a nadie...

AL: (interrumpiendo airado): Usted sabe, esta iglesia insiste mucho en que nos involucremos en ella y usemos nuestros dones, pero creo que todo es pura palabrería. Me siento muy mal por Stewart. Está pensando en irse de verdad.

MARLENE: Me molesta esto...

AL (interrumpiendo otra vez): Y otra cosa, usted sabe que nos pasamos el rato hablando sobre fraternidad y comunidad, pero son sólo palabras. No somos un grupo en absoluto. Lo que le ocurre a Stewart pasa a cada rato. ¡Uno espera ver estas cosas en el mundo, pero desde luego no en la iglesia! ¿No se supone que hemos de amarnos y preocuparnos por todos los miembros de la iglesia? No es en balde que Stewart se siente herido. ¡Yo también me sentiría!

MARLENE: Al, ¿le has dicho a Stewart que viniera a hablar conmigo?

AL: Oh, no, él no puede hacer eso. Muchas personas se sienten intimidadas por usted, y además, todos sabemos lo ocupada que está.

MARLENE: Pero Al, te estás interponiendo en algo que realmente parece ser entre Stewart y yo.

AL: Yo realmente he estado oyendo más que otra cosa, y he sido muy cuidadoso de no divulgar esto. Eso sería chismear. Pero me enoja que uno de nuestros miembros más fieles, que lleva mucho tiempo con nosotros, no sea utilizado más.

MARLENE: Bueno, no estoy precisamente de acuerdo en que él ya no sea utilizado más. La verdad es que creo que Stewart debería hablar conmigo. Esto suena como si él se sintiera inseguro y deseara saber cómo están sus relaciones conmigo. ¿Le has dicho que todas las veces que lo he llamado para participar en una obra él ha estado fuera de la ciudad esos precisos fines de semana?

AL: No, pero creo que el problema es más profundo que eso.

MARLENE: Estoy de acuerdo. Stewart tiene que venir directamente a mí si tiene algún problema conmigo. A mí no me parece bien que la gente hable a mis espaldas, y no le viene bien a nuestro elenco que no resolvamos los conflictos relacionales de forma piadosa. ¿Tú crees que si no hubieras hablado conmigo, Stewart se habría acercado a mí con esto? Tú sabes, las Escrituras son bien claras en cuanto a cómo debemos resolver los conflictos...

AL (interrumpiendo): Marlene, me está entrando otra llamada. Lo siento. Tengo que correr. Te volveré a llamar.

MARLENE: Está bien, Al. Por favor, mantente en contacto conmigo.

Cuestionario para comentar en grupo

1. ¿Qué aprecia usted más sobre el equipo en que usted está sirviendo en la iglesia? (Por ejemplo, el coro, el grupo de adoración, el equipo vocal, la banda u orquesta, el grupo teatral, el grupo de danza, el equipo de sonido y luz, el grupo de artes plásticas, etc. etc.)

2. En nuestra escena inicial, Al usa frases como «*Todo el mundo* piensa de esta manera» y «*nadie* se siente conectado con los demás». ¿Cree

usted que expresiones como ésas están fuera de proporción, o pueden reflejar la verdad?

3. En su opinión, ¿qué ventajas tiene hacer ministerio en grupos?

4. ¿Cuáles son algunos de los desafíos de hacer ministerios en grupos?

5. Nombre algunas de las causas de los conflictos relacionales en los grupos.

6. ¿Cree usted que la mayoría de los cristianos saben cómo resolver los conflictos de relaciones?

7. ¿Cómo se resolvió el conflicto de relaciones en el hogar donde se formó usted?

8. ¿Por qué cree usted que es importante que los artistas aprendan a llevarse bien con otros?

9. Si Satanás deseara socavar la efectividad de su grupo, ¿cómo lo haría?

10. ¿Ha estado alguna vez en un grupo que ha tenido éxito? (Por ejemplo, un grupo de atletas, de trabajadores, de músicos, actores o danzantes, etc.) ¿Qué hizo que ese grupo tuviera éxito?

La iglesia como colonia de artistas

Siempre me han fascinado las colonias de artistas que surgen de importantes movimientos artísticos. Mi ejemplo favorito es París en los primeros años de 1900, un lugar donde los artistas se congregaban y fraternizaban entre sí, y una época en que tenían lugar en las artes grandes innovaciones. Compositores, artistas plásticos, danzantes, coreógrafos, autores y poetas, todos mezclados y fusionados, se convirtieron en una colmena virtual de actividad artística. Mi compositor favorito, Igor Stravinsky, formaba parte de esta bulliciosa colonia de artistas, y en su círculo de amigos se contaban los colegas compositores Claude Debussy, Maurice Ravel, Erik Satie y Manuel de Falla. Fue una época en que las artes sobresalían de una forma emocionante, cuando Stravinsky participaba hombro con hombro con artistas como Pablo Picasso, Henri Matisse y Jean Cocteau. Este grupo no carecía de desacuerdos ni celos, pero los artistas eran amigos. Iban juntos a los conciertos y a las galerías de arte. Iban juntos a los hogares de los otros artistas y conversaban hasta altas horas de la noche sobre música, arte y literatura. En una ocasión Stravinsky se sentó con Debussy al piano y tocaron juntos la trascripción de una obra para orquesta que Stravinsky estaba componiendo. ¡Era nada menos que *La consagración de la primavera*, una de las obras cumbres del siglo veinte! Me habría gustado haber sido una mosca de la pared, oyendo su conversación. Estos artistas cambiaron el mundo con su arte. Toda gran obra de arte de esa época venía de París, y los artistas de todo el mundo acudían allí a estudiar. París a principios de 1900 era, sin duda, un lugar emocionante. ¡Las artes vibraban y los artistas florecían!

¿No le encantaría a usted estar en un lugar como ese? Muchos de nosotros los artistas anhelamos un sitio al que sintamos pertenecer, un lugar donde estén floreciendo las artes, donde Dios las use poderosamente, un lugar en que los artistas experimenten una fraternidad significativa con otros artistas cristianos, donde podamos aprender de los otros y alegrarnos cada uno con nuestro prójimo. Yo creo que eso es parte de lo que Dios quiere que sean nuestras iglesias: un lugar que estimule las artes para Su gloria y para el crecimiento de los artistas.

El sentido de trabajar en equipo y la camaradería de los artistas de París a principios de 1900 siempre me ha intrigado, porque los artistas no siempre trabajan bien juntos ni se llevan bien unos con otros. Muchos de nosotros somos más introvertidos por naturaleza, somos rancheros solitarios. En un libro titulado *The Musical Temperament*, su autor, Anthony E. Kemp expresa que si bien «los músicos son claramente introvertidos, hay también un «atrevimiento» que surge no sólo de su considerable fuerza interior sino también de su sentido de independencia. Los músicos tienden a compartir estas cualidades con varios otros tipos creativos»[1]

Hacer que los artistas que son básicamente introvertidos e independientes funcionen como equipo no es tarea fácil. Como muchos artistas que se reúnen con otros en un grupo, Igor Stravinsky tuvo que aprender a funcionar como jugador de equipo. Howard Gardner en su libro *Mentes Creativas* señala que cuando a Stravinsky se le pidió que se uniera a los ballet rusos, eso cambió su vida instantáneamente. «Stravinsky llegó a ser un valioso miembro de lo que fue posiblemente el grupo artístico más innovador del mundo… Ahora, en lugar de trabajar mayormente solo, Stravinsky conversaba casi diariamente con el cuerpo de danza… diseñadores, danzantes, coreógrafos, e incluso con los responsables de los fines mercantiles de la empresa».[2]

Las relaciones importan

Parte de lo que nosotros hacemos como artistas lo hacemos solos. Podemos practicar o crear por nosotros mismos, pero en cierto momento terminamos con frecuencia trabajando con otros artistas. Incluso si usted no se considera muy dado a las relaciones humanas, tiene que aprender a relacionarse y a llevarse bien con otros artistas. Aun si usted es extremadamente introvertido, se engaña si piensa que puede llevar una existencia significativa aislada de otros o vivir la vida cristiana apartado de otros creyentes. Necesitamos compañerismo. No podemos ser rancheros solitarios. Nos necesitamos los unos a los otros. Conocer y ser conocido es una necesidad básica humana.

Hace muchos años tuve un incidente que cambió para siempre mi criterio sobre la importancia de las relaciones en mi vida. Sufrí una apendicetomía que trajo consigo algunas complicaciones y la necesidad de dos operaciones quirúrgicas. Me pasé dos semanas entrando y saliendo del hospital, y la recuperación final me tomó tres meses. Esa fue una época realmente oscura para mí. Recuerdo sentirme tan solitario en mi cuarto del hospital que lloraba a cada momento. Sue y los niños (muy pequeños en esa época) se fueron. Me veía esperando ansiosamente visitas de amigos, de familiares, de cualquiera. Me imagino cuán solitario debe ser para las personas que están constantemente encerradas o afincadas en su hogar. Mi larga convalecencia me hizo comprender que había dado por descontadas muchas relaciones. Uno no sabe realmente lo que tiene hasta que lo pierde. Comprendí que las relaciones no eran tanto una prioridad para mí como deberían haberlo sido. Yo estaba muy ocupado como para tratar a la gente. No estaba haciendo nada para iniciar nuevas amistades o fortalecer las que ya tenía. Cuando salí del hospital, decidí cambiar todo eso, y adopté un nuevo lema: Las relaciones importan. En lugar de trabajar mientras almorzaba, trataba de comer con alguien. Dispuse de más tiempo para permitir más citas personales. En lugar de esperar a que la gente me llamara, comencé a llamarla yo, y llegué a tomar más iniciativa en cuanto a pasar tiempo con la gente.

Las relaciones significan mucho trabajo. No se dan de un día para otro; necesitan cultivarse. Incluso aquellas amistades que parecen surgir accidentalmente, cuando las personas se juntan por circunstancias, implican trabajo. Algunas de las personas que más se quejan de que no tienen amigos, son las mismas personas que no hacen nada por tener relaciones significativas. Creen que las relaciones aparecen por sí mismas. Pero no es así. Si usted quiere tener relaciones de calidad, tiene que hacer un esfuerzo. Mi mejor amigo vive a mil millas de distancia. Nos conocemos desde hace mucho tiempo y tenemos mucha historia juntos. La nuestra es esa clase de amistad en la cual, aunque no hayamos hablado por un buen tiempo, es fácil reanudar la conversación. Él es alguien a quien puedo confiarle mis secretos más oscuros. Sería una pena dejar morir esa amistad, pero exige mucho trabajo, sobre todo por lo lejos que vivimos. Tratamos de llamarnos uno al otro regularmente, o escribirnos cartas o comunicarnos por correo electrónico, algo que podemos hacer para conservar fuerte la comunicación (y la amistad). Estoy ahora convencido que el tiempo invertido en esta y en todas mis otras amistades es tiempo bien invertido, porque las relaciones importan. Han pasado muchos años desde mi larga estadía en el hospital, pero aquella prueba me convenció de la importancia de las relaciones personales. Estoy muy complacido por la calidad y la profundidad del mundo de mis relaciones en estos días. Mis amistades y mi familia son muy satisfactorias para mí.

El trabajo en equipo

Lo que más me intriga del poema de O'Shaughnessy que hay al comienzo de este capítulo es su énfasis en la palabra *nosotros*. Algo que yo aprendí muy rápido en Willow Creek es que el ministerio se hace mejor en grupo. La belleza de trabajar en grupo es que juntos podemos realizar cosas más grandes para Dios que si dependiéramos de nosotros mismos. En Willow Creek tenemos un dicho que reza así: Venimos juntos a hacer lo que ninguno de nosotros podría hacer solo. Con todos nosotros empujando y tirando en la misma dirección hacia la meta, recogeremos amplios dividendos de nuestras inversiones individuales. Si tratamos de hacer solos todo lo que es mejor hacer en grupo, el resultado será limitado, confinamiento solitario, podríamos decir.

¿Qué significa ser parte de un equipo? Significa que usted pertenece. Usted pertenece al equipo por dos razones.

1. Sus dones y habilidades han creado un nicho para usted en el equipo. Proverbios 22:29 dice que una persona que tiene talento y trabaja duro irá lejos. Como usted tiene talento y trabaja duro, ha sido invitado a participar en el ministerio. Sus dones y habilidades le han dado cabida en el equipo. Usted comparte el mismo llamado que otros que han sido dotados de un talento artístico. ¡Como resultado de ello, usted desempeña un papel importante no sólo como miembro de nuestro equipo ministerial, sino también como parte de una comunidad mundial de artistas cristianos!

2. Su personalidad ha creado un lugar para usted en el equipo. 1 Corintios 12:18 dice que Dios «ha colocado los miembros, *cada uno de ellos* en el cuerpo, como él quiso» (el subrayado es mío). Cuando Dios lo llama a usted a formar parte del equipo, él tiene en cuenta quién es usted y lo que sabe hacer. ¿No es grande eso? Usted es bienvenido al equipo no sólo por lo que sabe hacer, sino también por ser quien es. Nadie va a contribuir a la causa y a la comunidad del equipo exactamente igual que usted. Incluso alguien con sus mismos talentos y dones no contribuye exactamente como usted, porque son dos personas diferentes con dos personalidades diferentes. Usted no es indispensable, pero sí irremplazable,

Lo que mata el trabajo en equipo

Pese a lo poderoso e importante que pueda ser el ministerio en equipo, la tarea de reunir a un grupo de personas para actuar entre ellas y actuar como equipo es algo difícil. Además del hecho de que los artistas son propensos a huir de los grupos y comunidades, el maligno hace todo lo que puede para desbaratar el equipo. Tratará de sembrar desunión, tratará de socavar la moral, tratará ,de sabotear la causa, tratará de frustrar los planes. Créame, hará todo lo que pueda para derrotar a todos y cada uno de los equipos que tratan de adelantar el reino de Dios. De modo que comencemos nuestro estudio de los equipos señalando cuatro cosas que pueden matarlos.

1. Egoísmo

El egoísmo es el mayor obstáculo que tiene un equipo para vencer. No hay manera de que ningún equipo pueda funcionar si los miembros del equipo están constantemente fijándose en ellos mismos. Las personas que se fijan sólo en ellas mismas pierden de vista el panorama. Este era el problema del hermano del hijo pródigo (Lucas 15:11-32). En lugar de

celebrar el regreso del hermano vagabundo al hogar con el resto de la familia, el egocentrismo de este hombre le causó resentimiento. Por eso no
entendió lo más importante: que su hermano perdido había sido salvado. Algunas veces podemos estar tan concentrados en nosotros mismos
que omitimos lo que realmente es importante. Ese es el modo de pensar
«primero yo». Cuando estamos enojados porque no nos tocó cantar todos los solos que creímos merecer, ese es el pensar «primero yo». Cuando
manipulamos la conversación para destacar algo acerca de nosotros, ese
es el pensar «primero yo». Cuando el equipo está celebrando un éxito reciente y nosotros estamos preocupados porque no nos tocó el papel que
deseábamos desempeñar, eso es pensar «primero yo».

2. Refunfuños y quejas

Refunfuñar y quejarse suelen ser resultado del egoísmo. ¿Ha observado usted cuánto nos quejamos? Nos quejamos del tiempo. Nos quejamos de nuestros empleos. Nos quejamos del gobierno. Nos quejamos de
nuestros equipos deportivos. Parece que quejarnos forma parte de la naturaleza humana. El pueblo de Israel se quejó contra Moisés todo el
tiempo (Éxodo 15:24; Números 16:41, 17:5) Y muchos de nosotros con
temperamentos artísticos tenemos tendencia a quejarnos y a refunfuñar
cuando las cosas no marchan a nuestro gusto.

El otro día recibí un correo electrónico de un director de música de
una iglesia, que renunció a su empleo porque no pudo soportar más «todos los quejidos y la apatía». Satán ha saboteado con éxito el ministerio
musical de la iglesia, haciendo que todos los músicos sean negativos. Filipenses 2:14 nos instruye a todos a «hacer todo sin murmuraciones ni
contiendas» porque el refunfuño y la disputa son como cánceres que crecen y se expanden y al final matan al equipo o aun a toda la iglesia.

3. Espíritu competitivo

Una competencia sana tiene el potencial de manifestar lo mejor de nosotros. Lo mejor de la competencia en las artes, como en el atletismo, es
que puede motivarnos a crecer como artistas. Lo peor es que ser demasiado
competitivo puede arruinar la moral del equipo. Cuando las personas no
están arraigadas entre ellas ni se vitorean entre sí porque están compitien-
do todo el tiempo, nunca funcionarán como equipo. En lugar de competir
entre nosotros, tenemos que aprender a cooperar entre nosotros.

4. Conflictos relacionales sin resolver

La falta de unidad puede dañar realmente un equipo. Nunca debemos olvidar que la unidad es sumamente importante para Dios. Juan 17 registra una de las últimas oraciones de Jesús antes de su dolorosa muerte en la cruz. De todas las cosas por las que pudo haber orado, lo principal en su mente fue la unidad de sus discípulos. Oró para que fuesen uno (vers. 21-22) y fuesen «perfectos en unidad» (vers. 23), ¿Por qué señaló Pablo a dos mujeres en la iglesia de Filipos que estaban en pugna una con otra y les rogó que pusieran fin a sus diferencias y que fueran «de un mismo sentir» (Filipenses 4:2)? Porque la unidad es vital para Dios. Es un testigo —algunas veces el más poderoso— de su obra en nuestros corazones. El Salmo 133:1 dice: «¡Mirad cuán bueno y cuán delicioso es habitar los hermanos juntos en armonía!»

Sin embargo, seamos sinceros: no es fácil que la gente se lleve bien, ¿verdad? No es fácil que un equipo de artistas logre la unidad, por el constante choque de egos y personalidades. Si un equipo de artistas puede convivir en unidad, eso es un logro de gran importancia. Recientemente recibí una carta de un director de música, que me dijo que el pastor disolvió el coro porque continuamente había mucha contienda. En otro ejemplo, un joven director de música una vez estuvo de acuerdo conmigo en que no había un ensayo sin que alguien explotara contra alguien. Altercar y criticar por la espalda se habían convertido en algo normal para ellos. Esto no debería ocurrir en la iglesia. Tenemos que aprender a resolver conflictos de relaciones.

Un código de ética para el equipo

Cada equipo tiene un código de ética, escrito o no escrito, hablado o no hablado. Este establece la norma de conducta para dicho equipo. Define lo que es aceptable y lo que no es aceptable. Dice: «Así es como hacemos las cosas en este equipo». Cuando yo me incorporé al personal de Willow Creek, aprendí muy rápidamente cuál era el código de ética para cada miembro del personal. Un día estaba trabajando febrilmente en alguna melodía en mi despacho. Trabajaba en los ensayos, y estos duraban mucho. Cuando todo terminaba, tenía música esparcida por toda mi oficina y una mesa llena de papeles, carpetas y correspondencia sin abrir. Pensé limpiarlo todo antes de irme, pero era tarde y estaba exhausto. Además, podía hacerlo por la mañana antes que otra cosa. La mañana siguiente una persona de los servicios del edificio me saludó en la puerta de mi despacho. Fue muy fino, pero firme. «He notado que anoche usted dejó su despacho como un reguero», comenzó diciendo. «Yo sé que usted es nuevo, pero solo quiero que sepa que aquí no hacemos las cosas así. Tratamos de mantener nuestros despachos ordenados y limpios». No hace falta que diga que desde entonces he tratado de mantener mi despacho en orden, porque esa es la norma que todo el equipo de Willow Creek seguía en esa época.

El código de ética de un equipo refleja los valores medulares de un equipo. Si el ensayo es un valor importante, llegar a tiempo será importante para todos. La puntualidad viene entonces a ser la declaración de un valor que dice tangiblemente: «Yo valoro mucho los ensayos, de modo que para mí es importante llegar a tiempo». Si el respeto a otros es un alto valor para los miembros del equipo, la puntualidad sería también considerada una cortesía. Es fundamental decir. «Yo no quiero llegar tarde, porque no deseo malgastar el tiempo de otros por tener que esperarme a mí».

Un código de ética del equipo también establece el nivel de compromiso necesario para todos los miembros del equipo. Este fija las normas con arreglo a las cuales funciona en equipo. De esta manera se convierte en cierto modo en un agente de cambio. Si usted no tiene por norma seguir el modelo del código de ética del equipo, tendrá que cambiar su conducta si desea ser parte del equipo. Usando la puntualidad como ejemplo otra vez, yo conozco a alguien que habitualmente llegaba tarde a las reuniones y ensayos (tenía el mismo problema en el trabajo). Como formaba parte de un equipo que valoraba la puntualidad, decidió que si entraba y la reunión o el ensayo ya habían empezado, daría excusas a todos los que había hecho esperar. No tengo que decir que pronto rompió con este mal hábito.

Un amigo mío que es director de una banda de secundaria me envió una lista titulada «Las señas del profesionalismo». Las enumeró para su banda y yo puedo garantizar su sentido de equipo; es una banda que suena muy bien. Si usted fuera a tocar en la banda de secundaria de mi amigo, esto es lo que se esperaría de usted.

Las marcas de la profesionalidad

1.   Llegue a tiempo a los ensayos.

2. Esté listo para tocar en todos los aspectos, con los instrumentos mecánicamente listos y todo el equipo disponible.
3. Cuide sus instrumentos.
4. Traiga un lápiz a los ensayos.
5. Atienda al director.
6. Marque su música; no confíe en la memoria para saber cuando hay que repetir o saltarse los finales, etc.
7. Atienda constantemente y ajuste el tono y el volumen mientras toca.
8. Esté listo para las entradas.
9. Trate sinceramente de tocar correctamente su parte correspondiente.
10. Toque la segunda o tercera parte con tanto entusiasmo como la primera.
11. Practique entre ensayos y esfuércese continuamente por mejorar.
12. Interprete como lo desea el director.
13. No falte a los ensayos.

Creo que es importante que cada equipo tenga un código de ética en que todos puedan estar de acuerdo. ¿Tiene su equipo un código de ética o unas «señas de profesionalidad»? ¿Sabe usted lo que son y está siguiendo su modelo?

¿Qué significa ser jugador de equipo?

Un código de ética es muy específico para ese equipo, pero hay algunas responsabilidades generales que se aplican a cualquier equipo de artistas de la iglesia. Me refiero a lo que significa ser jugador de equipo. Lo más que sé sobre ser jugador de equipo lo aprendí a través de la música o el atletismo. En el deporte hay ciertas cosas que usted hace por el bien del equipo. Por ejemplo, el entrenador de la Liga Menor donde juega mi hijo, les dijo a los muchachos que lanzaran y corrieran cada día porque eso era bueno para ellos y para el equipo. De modo que mi hijo practicaba aquellas disciplinas, sabiendo que eso era parte de su responsabilidad para con el equipo.

De igual manera, si usted forma parte de un equipo de artistas, hay ciertas cosas que tiene que hacer por el bien del equipo. El éxito de su ministerio depende de cómo hace usted las cosas relativas a lo que es un equipo, de modo que vamos a hablar sobre lo que quiere decir ser jugador de equipo.

1. Un jugador del equipo está comprometido con la causa del equipo

En un ministerio comprometido con la causa del equipo, nosotros ponemos la misión de la iglesia por encima de nuestros intereses personales. De vez en cuando oigo historias de ministerios de arte en los que los miembros del equipo no están todos en un mismo sentir. El resultado es que los músicos, los actores, los danzantes, etc. hacen su propia actuación en lugar de actuar conjuntamente por el bien común. Por ejemplo, un músico que no está comprometido favorece un estilo favorito de música, aun cuando no encaje en la ocasión; está poniendo su propio interés por encima del interés del equipo.

Filipenses 2:2 nos dice que «sintamos lo mismo, teniendo el mismo amor, unánimes, sintiendo una misma cosa». Cuando cada uno de los miembros de un equipo va tras el mismo propósito, el equipo hará grandes cosas para Dios. Usted debe estar en el equipo porque cree en su causa.

Aquí en Chicago tenemos la suerte de contar con el jugador más destacado de toda la historia del baloncesto, del equipo de los Bulls. Creo que lo más impresionante de Michael Jordan fue el ejemplo que dio de un jugador de equipo. El 17 de diciembre de 1996 los Bulls de Chicago estaban jugando contra los Lakers, de Los Ángeles, y Jordan tenía lo que para él era una noche libre (nos enteramos de que durante el partido estaba pasando la gripe).. El entrenador, Phil Jackson, le pidió a Michael que hiciera de señuelo. «Vimos que Michael estaba luchando en el tercer cuarto del partido, y le dije que hiciera de señuelo y se pegara a los otros muchachos», les explico Jackson a los reporteros después del partido. Imagínese eso: pedirle al jugador más grande de todos los tiempos que haga de señuelo, que ponga al equipo por encima de su propio ego e interés. ¿Lo hizo Michael? Sí. Después del partido, el entrenador Jackson dijo: «Michael realizó un trabajo excelente al desempeñar su papel y pegarse a los jugadores escapados». ¿Funcionó esto? Sí Los Bulls ganaron 129-123 en el tiempo extra. Michael Jordan fue un gran jugador de equipo porque antepuso la causa del equipo.

Algunas veces los cambios de último minuto se sugieren para un culto. A veces una canción en la que alguien invirtió mucho tiempo queda cortada completamente. ¿Es usted flexible cuando ocurre eso, o le causa resentimiento? ¿Está usted más comprometido con su propia agenda que con la causa? Ahora, como líder, usted evidentemente no desea formar el hábito de cortar canciones en el último minuto, porque eso puede frustrar a sus voluntarios, pero si esto sucede, es una buena prueba de carácter.

Amasai era un soldado que estaba comprometido con la causa. En 1 Crónicas 12:18 habla a favor de sus hombres y le dice al Rey David: «Somos tuyos, oh David! Estamos contigo, Oh hijo de Isaí, éxito para ti y éxito para aquellos que te ayudan, porque tu Dios te ayudará». En otras palabras, le está diciendo a David que él está respaldándolo totalmente. Él cree en la causa. Está comprometido con el equipo. Esto es música para los oídos de un líder. ¿Sabe el líder de tu ministerio que estás comprometido con el equipo? ¿Cuándo le dijiste eso a tu líder por última vez? ¿Estás detrás de tu equipo, de tu líder y su causa? ¿Estás poniendo la misión del equipo por encima de tu propia agenda?

2. Un jugador del equipo está comprometido a resolver conflictos relacionales.

Resolver bíblicamente conflictos de relaciones es la clave de la unidad del equipo. Si cada miembro del equipo se hace responsable de la unidad de este, estará «sintiendo lo mismo, teniendo el mismo amor, unánimes, sintiendo una misma cosa» (Filipenses 2:2).

La unidad es importante para Dios, y es algo que no puede tomarse a la ligera. Tenemos que «hacer todo esfuerzo para mantener la unidad del Espíritu a través de los lazos de paz» (Efesios 4:3). Esto no sucede sin que las personas resuelvan sus diferencias. Esto no ocurre sin que nuestro pueblo ponga a un lado sus egos y sientan deferencia constante los unos por los otros. Cuando Salomón dedicó el templo, los sacerdotes y los músicos avanzaron «pese a no guardar sus turnos» (2 Crónicas 5:11). Todos ellos dejaron sus egos en la puerta y estuvieron de pie ante Dios, no según su estatus o rango, sino unificados como pueblo de Dios. Tuvieron un tiempo de adoración poderoso en esa ceremonia, y las artes desempeñaban una función importante (vers. 12-13). Este pasaje también nos muestra que la unidad es un poderoso testimonio de la presencia de Dios. En realidad, la presencia de Dios entra tan fuerte en esta dedicación, que el pueblo se derrumbó literalmente. Y todo comenzó con la unificación del pueblo. No piense nunca que la unidad es algo opcional. Es necesaria si vamos a hacer algo juntos en el nombre de Dios. La unidad es también un testigo poderoso para quien no asiste a la iglesia normalmente. «¡Cuán bueno y cuán delicioso es habitar los hermanos juntos en armonía! (Salmo 133:1) Si hubiera una colonia de artistas que honraran a Cristo, que se llevaran bien unos con otros, el mundo se daría cuenta y tomaría nota, porque esa clase de cosas no ocurren en el mundo. Yo le digo a la orquesta de nuestra iglesia que somos los testigos más visibles de la unidad de equipo que tiene la iglesia. Somos un grupo realmente diverso en cuanto a edad, grupo étnico, capacidades y antecedentes, y tenemos que tocar juntos y llevarnos bien unos con otros. Si nosotros podemos llevarnos bien, cualquiera puede. Nuestra unidad es con frecuencia un testimonio más poderoso que nuestra música.

El conflicto, sin embargo, es inevitable donde hay personas. El conflicto no me molesta. En la mayoría de los casos es un indicativo de que la gente se une en comunión y profundiza sus relaciones. Cuando esto ocurre, la fricción también suele darse. Lo que a mí me preocupa, sin embargo, es que resolvamos o no los conflictos relacionales de un modo bíblico. En Mateo 18 Jesús bosqueja un procedimiento para resolver conflictos de este tipo. El primer paso es siempre ir directamente a la persona con quien usted está en conflicto y hablarle (vers. 15) Yo sé que eso no es siempre fácil. La mayoría de nosotros no quiere colocarse en esa posición vulnerable de decirle a alguien que nos ha herido. Muchos de nosotros nos volvemos atrás porque eso suena demasiado a confrontarse. Seamos francos: muchos de nosotros crecimos sin aprender a resolver con madurez conflictos de relaciones. Pero cuando esto se hace correctamente, las relaciones no sólo se restauran, sino que también se hacen más profundas. Puede que solo haga falta reunirse una vez, pero con frecuencia son necesarias varias reuniones. Si eso no resuelve la cuestión, reúnanse de nuevo, pero incluyendo a algunos hermanos y/o hermanas maduros que puedan ayudar en la mediación (vers. 16). Si esto no da resultado, tráigase a los ancianos o a otros miembros de la plantilla de la iglesia para ayudar a las partes involucradas a resolver su conflicto (v. 17).

Si un miembro de un equipo resulta ofendido y no va directamente al miembro que causó la ofensa, está haciendo caer realmente al equipo, y eso no es correcto. Repito: no es correcto que vayamos a alguien más, sino solo a la persona con quien estamos en conflicto. Muchos de nosotros, por alguna razón, pensamos que estamos exentos del proceso para resolución de conflictos establecidos en Mateo 18, Creemos que esto se aplica a cualquiera menos a nosotros. Creemos que es mejor no confrontar a las personas con quienes estamos en conflicto, y toda esta amargura y resentimiento van creciendo dentro de nosotros. Pensamos que está bien que hablemos a otros acerca del problema que estamos teniendo con Fulano y Mengano, pero nunca vamos directamente a la raíz. Somos culpables de calumnia y chisme. Aun si es verdad lo que decimos, sigue siendo chisme. Y si es falso, es calumnia. Si no hemos ido directamente a la persona con quien estamos en conflicto, no nos corresponde ir a alguien más y envenenar su opinión. Proverbios 17:9 dice que alguien que chismea o calumnia o trata de hacer de intermediario puede arruinar aun las mejores amistades. Esto también se aplica a los conflictos que los miembros del equipo tienen con líderes del equipo. Si usted tiene un problema con el director de su ministerio, o no se siente feliz de cómo van las cosas con respecto a usted en el equipo, vaya directamente a ese líder en lugar de hablar a sus espaldas.

En nuestro bosquejo inicial la primera pregunta de Al cuando habló con Stewart debió haber sido: «¿No has hablado con Marlene todavía?» Si la respuesta fuera no, Al tenía que haberle dicho: «Stewart, tendré mucho gusto en hablar contigo sobre este asunto después de que hables con Marlene. Tienes que ir directamente a ella y hablarle. En realidad, te hago responsable de esto al verificar contigo dentro de unos días, para ver si has hablado con Marlene». Al creyó que sus intenciones eran buenas, pero permitiéndose intermediar en este conflicto hizo más daño que bien. Ahora, yo sé que todo esto es más fácil decirlo que hacerlo. No es fácil confrontar a alguien que nos ha herido. No es fácil decir. «A mí me ha herido tal cosa. ¿Podemos hablar de ello?» No es sencillo reconocer que nuestros sentimientos han sido heridos. La mayoría de las veces en que esto me ha ocurrido, mi primera respuesta es decirme a mí mismo: *sé una persona madura. Deja de ser un bebé.* Mientras tanto puedo decir que mi relación con la persona que me ha ofendido se ha visto afectada. La confrontación no es fácil. Podemos dilatar, podemos negar que hayamos sido realmente ofendidos, podemos retractarnos, podemos incluso tratar de actuar como buenos cristianitos y pretender que no ha pasado nada, pero esas cosas no sanan ni las resquebrajaduras más pequeñas de una relación rota. Si todos nos comprometiéramos a resolver los conflictos relacionales como Jesús ordenó, nuestros equipos no se empantanarían en el chisme, la calumnia y la contienda.

A principios de mi ministerio tuve una experiencia que me cimentó en mí la importancia de la unidad del equipo. Teníamos en esta a un par de personas que estaban en pugna entre sí. No se llevaban bien en absoluto, y como se sentaban cerca el uno del oro en los ensayos, el aire estaba todo el tiempo saturado de tensión. Yo observé esto durante varias semanas y comprendí que la profunda hostilidad entre ellos no iba a desaparecer por sí sola. Mientras tanto, era algo que todos los demás notaban claramente. Y ello estaba afectando la moral del grupo. Coloqué a ambos miembros separadamente y los animé a resolver sus problemas de la manera establecida en Mateo 18, entonces esperé y los observé por un par de semanas más. Pero no hubo iniciativa alguna por parte de ellos, de modo que tuve que hacer algo. Me acerqué a ambos individualmente y les pedí que se reunieran conmigo en mi oficina después del servicio dominical. Usted puede imaginar su sorpresa cuando ellos comprendieron que se estaban reuniendo no solo conmigo sino también con el otro. Y esto se hizo aún más incómodo desde allí porque yo dije: «Amigos, llevo varias semanas detrás de ustedes para resolver su evidente conflicto de acuerdo con Mateo 18 y no he visto esfuerzo alguno de su parte. Voy a retirarme ahora mismo, y no me importa si hacen falta varias reuniones como esta, pero ustedes van a hablar sobre este asunto». Y me fui. No sé cuánto tiempo les tomó comenzar. Pero cuando regresé estaban conversando. Ambos expresaron su rencor, y luego se excusaron entre ambos. Se separaron con un mejor entendimiento entre ambos. En resumen, resolvieron su conflicto. Ambos admitieron ante mí, más tarde, que se habían criado en hogares donde el conflicto de relaciones se manejaba con gritería, voceríos, tirones de puertas, dando la espalda y aplicando actitudes parecidas. Esta fue la primera vez que habían aceptado el reto de resolver el conflicto de una manera sana.

Si vamos a ser una colonia saludable de artistas, tenemos que aprender a resolver los conflictos de una manera bíblica. En su vida, ahora mismo, ¿existe alguna relación rota que necesita enmendar? ¿Hay alguien con quien tiene algún problema que necesita ventilar? ¿Existen ciertos conflictos que usted necesita resolver?

3. Un jugador del equipo estimula y apoya a sus compañeros

Cuando se trata de las artes en la iglesia, necesitamos cultivar un ambiente que sea estimulante, renovador y que brinde apoyo. Esto es parte de lo que significa alimentar a los artistas, específicamente los artistas con quienes servimos. La mayoría de nosotros no tiene dificultad en estimular a alguien cuyos dones no amenazan nuestra posición en el ministerio. Nuestro carácter es realmente sometido a prueba cuando podemos patrocinar a aquellos que tienen los mismos dones que nosotros. ¿Puede usted estimular y respaldar sinceramente a alguien que tiene sus mismos dones? Otra prueba del carácter viene cuando alguien aprovecha las oportunidades que quisiéramos tener nosotros. Quizá es el solo que deseábamos cantar, el papel que queríamos representar, o esa oportunidad de grabar que queríamos. 1 Corintios 12:26 dice que «si un miembro recibe honra, todos los miembros con él se gozan». ¿Puede usted regocijarse porque alguien tomó las oportunidades que usted deseaba?

En Willow Creek me encanta ver a algunas personas de nuestro grupo teatral que no participan en la obra en ese servicio en particular, estimular a sus compañeros de equipo que van a entrar en escena. Me encanta ver a alguno de nuestros cantantes más reconocidos o de mayor experiencia, esperar tras el escenario para felicitar al nuevo vocalista en su primer solo. O a un pianista aplaudir los esfuerzos de otro pianista. ¿Comprende usted cuán raro es eso en el mundo? En el mundo no se ha oído que los artistas se estimulen unos a otros. Esto es un campo muy competitivo y muy sin cuartel. Alguien con talento que le hace sombra a usted se considera como una amenaza. Esto no debe ser así en la iglesia. En lugar de competir entre nosotros, necesitamos cooperar «para animarnos unos a otros y edificarnos unos a otros» (1 Tesalonicenses 5:11). Necesitamos animarnos unos a otros, incluso a aquellos con quienes compartimos dones.

Yo acostumbraba a jugar al frontenis tres veces a la semana, y era sumamente competitivo. En realidad, era tan competitivo que me sentí en situaciones embarazosas en muchas ocasiones. Odiaba perder y me ponía furioso si jugaba mal. Me ponía de mal humor si perdía y me enojaba con el contrario. No hace falta que diga que no era muy agradable jugar conmigo, y yo, realmente, no disfrutaba el deporte después de un rato. Tuve que dejar de jugar porque no podía controlar mi genio. Entonces Dios me mostró que detrás de mi competitividad había un oscuro y or-

gulloso deseo de dominar, y eso no estaba limitado al campo del frontenis. El deseo de control salpicaba mi ministerio y todas mis otras
relaciones. Le rogué a Dios que me cambiara porque estaba repleto de
orgullo. Bueno, después de varios años estoy jugando otra vez al frontenis. Estos días juego de vez en cuando con un amigo llamado Terry.
Terry no es tan buen jugador como los tipos con quienes yo solía jugar,
pero disfruto el juego con él mucho más. Él lo toma más suave. Él disfruta más la vida. Él es exactamente lo que yo necesito. Nosotros incluso
nos estimulamos el uno al otro cuando jugamos: «Buen tiro» o «Buen
servicio». Eso es algo raro en alguien tan competitivo como yo. Pero
Dios ha estado usando a Terry para trabajar ese fallo de mi carácter. En
estos días me estoy concentrando más en ganar que en competir. Y no
quiero decir exactamente ganar más puntos que mi oponente. Estoy para
ganar mi batalla personal contra el orgullo. Todavía me gusta jugar
duro, pero sin ese margen de competencia. Aparte de eso debo agregar
que desde que juego con esta actitud nueva, mi amor por el frontenis está
regresando. Gane o pierda, estoy disfrutando el juego otra vez.

En la iglesia nosotros los artistas necesitamos estimularnos unos a
otros. En lugar de esperar que otros artistas caigan de cabeza y fallen, debemos animarnos los unos a los otros. Proverbios 3:27 nos dice: «No te
niegues a hacer el bien a quien es debido, cuando tuvieres poder para hacerlo». Todos los artistas necesitan un estímulo y, sea cual sea la razón, es
un error nuestro negarnos apoyo mutuamente. En tu vida actualmente,
¿hay alguien a quien debas alentar?

4. Un jugador de equipo se aferra ligeramente a sus dones

En nuestra primera historia Stewart está aferrado a su talento con demasiada rigidez. Tiene en mente una idea exacta de cómo debe usarse
este. Cuando las cosas no marchan a su manera, se enfurruña, se contra-
ría en vez de someterse. De vez en cuando me encuentro con un artista
como Stewart. Lo que en realidad vienen a decir: «No voy a dar de mi
tiempo y talento a menos que mis talentos sean usados exactamente
como yo pienso que deben usarse».

El entrenador de la NBA, Pat Riley, dice: «Dar de sí lo más para el equipo siempre le reportará algo bueno a usted. Esto significa creer que todo lo
que usted merece vendrá más adelante por su propio peso. No hace falta que

lo atrape. No hace falta que lo fuerce, pues le caerá en las manos, arrastrado por la corriente, por el movimiento hacia adelante de su esfuerzo. [3]

Sobre todo si Dios figura en el cuadro, creo que podemos decir con confianza que las cosas buenas nos vendrán si trabajamos duro y no tratamos de forzarlas. Si nuestros talentos y habilidades vienen de Dios, ¿de quién son realmente? Él es su dueño. Los tenemos en calidad de préstamo y tenemos que administrarlos fielmente. De modo que podemos relajar nuestro férreo dominio sobre nuestros dones y ponerlos a los pies de Jesús para que él los use para edificar su iglesia como crea conveniente.

En el Salmo 123:2 se refleja una actitud de sumisión que me mueve profundamente cada vez que lo leo: «Como los ojos de los siervos miran a la mano de sus señores, y como los ojos de la sierva a la mano de su señora, así nuestros ojos miran a Jehová nuestro Dios, hasta que tenga misericordia de nosotros».

Pinte al artista siervo diciendo, «Señor, estoy mirándote para que me muestres lo que quieres que haga con mi talento». Tenemos que depositar sobre el altar los dones y talentos otorgados por Dios en absoluta sumisión a su voluntad. Cuando ponemos nuestros dones completamente en manos de Dios y confiamos en él en cuanto a su uso, podemos estar en paz y servirle con un corazón alegre. Solo entonces podemos ser verdaderamente jugadores de equipo, si no nos aferramos a nuestros dones y a nuestras aspiraciones. ¿Has sometido totalmente tus dones y talentos al Señor? ¿Te has desaferrado de ellos?

5. Un jugador de equipo trata de traer un yo saludable al equipo

Una de las mejores cosas que usted puede hacer por su equipo es sacar un yo saludable en todo lo que haga el equipo. ¿Qué significa traer un yo saludable al equipo? Primeramente, significa tratar de estar saludable físicamente. En algunos círculos cristianos está de moda trabajar demasiado y quemarse; esta es una clase de medalla de honor. Pero lo que realmente pasa aquí las más de las veces es que estamos tratando de impresionar a los otros con cuán duro estamos trabajando o cuán importante creemos que somos. Eclesiastés 4:6 (RV) dice: «Más vale un puño lleno con descanso, que ambos puños llenos con trabajo y aflicción de espíritu». El descanso es importante. Está bien tener el descanso que su cuerpo necesita. La mayoría de las personas dejan de tener el descanso que necesitan, no porque se levanten demasiado temprano, sino porque se acuestan demasiado tarde. Necesitamos trabajar duro para el Señor y no quemarnos. La mayoría de nosotros estamos de lo mejor cuando hemos descansado bien. Con los años he aprendido a no programar mi actividad hasta tarde en la noche anterior a un gran culto en la iglesia, porque sé que mi equipo me necesita claro y alerta. Esta es sólo una de las varias maneras que tengo para traer un yo saludable y descansado al equipo. El ejercicio regular y comer razonablemente también contribuyen a nuestro bienestar físico. Tendemos a subestimar la suma de energía que exige vivir una vida cristiana activa y celosa, o ser un esposo atento o un padre dedicado. Entonces nos preguntamos por qué estamos cansados todo el tiempo. El ejercicio y una dieta saludable crean la energía que todos necesitamos para vivir la vida con plenitud. ¿Está usted comiendo adecuadamente, haciendo ejercicio de forma regular y descansando lo suficiente?

Traer un yo saludable al equipo también significa tratar de ser saludable espiritualmente. Durante el primer siglo hubo una hambruna terrible que barrió el continente europeo. Escribiendo a los corintios, Pablo habló ardientemente sobre las iglesias de Macedonia y el esfuerzo de su equipo por ayudar a sus hermanos creyentes que estaban en necesidad. Aunque eran pobres, contribuyeron abundantemente al esfuerzo mundial de alivio para la iglesia. Pablo dice en 2 Corintios 8:5 que ellos fueron capaces de dar tanto porque «se dieron primeramente al Señor». Eran tan espirituales que darles resultó fácil a pesar de su pobreza. Cuando usted camina con el Señor, el ministerio brota automáticamente. Usted no puede servir de una copa vacía, así que esté seguro gozar de buena salud espiritual. No sea el que impide la unción del Espíritu por ser holgazán espiritualmente. Esté seguro de tener regularmente sus devocionales, de orar, de confesar y renuncia al pecado, de estar en hermandad y sujeto a las enseñanzas bíblicas.

Traer un yo saludable al equipo también significa tratar de ser saludable emocionalmente. No podemos controlar las circunstancias que afectan nuestras emociones, pero sí podemos hacer maravillas por nuestro bienestar emocional mediante relaciones significativas y bregando con el dolor y el conflicto de una forma saludable, ¿Tiene usted relaciones significativas? ¿Les presta usted atención a sus emociones y batalla con ellas, o está usted suprimiéndolas? ¿Está usted bregando con el dolor y el conflicto en su vida, o está usted negándolos o escapando de la realidad?

Muchos artistas no tienen buenos hábitos en cuanto al cuidado de sus personas. Aun si somos saludables en un área, podemos ser miserablemente deficientes en otros. No tenemos el descanso que necesitamos, no comemos ni hacemos ejercicio adecuado, nuestro mundo emocional es un desastre, o tendemos a ser espiritualmente holgazanes. Los atletas se cuidan muy bien fuera del campo, de modo que puedan desempeñarse bien. Así ocurre con nosotros. No piense que su vida fuera del ministerio no tiene efecto sobre su ministerio. Cuando usted y yo tratamos de descansar, hacer ejercicio y tener devociones regulares, estamos haciendo algo que no sólo es bueno para nosotros mismos, sino también bueno para el equipo y estupendo para nuestro ministerio. Una persona que es saludable física, espiritual y emocionalmente maneja mejor la presión. Son más aptos para bregar mejor con el desencanto y el fracaso. Son menos inclinados a gruñir y a quejarse y a ser demasiado competitivos. Un yo saludable siempre contribuye a un equipo saludable.

6. Un jugador de equipo no se preocupa por quién obtiene el crédito o la gloria

Si usted realmente cree en la causa de su equipo, ¿importa algo quien obtuvo el crédito o la gloria? ¿Qué es más importante: que usted obtenga el crédito o que se realice la obra? Es típico de nosotros desear recibir todo el crédito y la gloria por algo que hemos hecho, pero si usted mira debajo de la superficie, casi siempre hay una motivación poco saludable y egocéntrica detrás de este deseo. En muchos casos existe una ansiedad de atención que nos mueve a buscar notoriedad. Y en ninguna otra parte es más prevaleciente que en el mundo de las artes.

A los artistas no nos gusta que otro reciba el crédito por nuestras obras o ideas. Queremos que todo el mundo sepa que merecemos tener notoriedad. Una vez Miguel Ángel alcanzó a oír a unos turistas en la Catedral de San Pedro observando su famosa *Piedad*, la escultura de mármol de María sosteniendo a Cristo crucificado sobre su regazo. Estaban tratando de averiguar quién era el artista. Después de oírlos atribuir su obra a otros artistas, Miguel Ángel vino en medio de la noche y sobre la banda que cubría la figura de María, con grandes letras esculpió: «Michelangelo Buonarroti de Florencia lo hizo». Esta es la única obra que llegó a firmar.

El Rey David anhelaba construir el templo de Dios. Se lo imaginaba. En realidad, era idea suya. Pero no era la voluntad de Dios que David lo construyera. Él deseaba que el hijo de David, Salomón, construyera el templo. No sólo no tuvo David la oportunidad de construir el templo; es más: ni siquiera vivió para verlo construido. Otro lo construiría. Otro recibiría el crédito y toda la gloria. ¿Y cómo respondió David? ¿Se enojó y maldijo a Dios? ¿Se enfurruñó y se amargó? ¿Se enojó con su hijo y socavó sus esfuerzos por construir el templo? No. De hecho, ayudó a Salomón a obtener los materiales necesarios para construir el templo (1 Crónicas 22). ¿Hizo esto con poco entusiasmo? No, lo hizo lo mejor que pudo. Le dio todo lo que tenía. En cuestión de finanzas, dio por encima y más allá de lo que ya había dado (1 Crónicas 29: 2-3). ¿Dio con acritud? De ninguna manera. Se deleitó en hacer estas cosas debido a su devoción (vers. 3). Contribuyó a la obra e hizo todo lo que pudo, porque construir el templo era más importante que quién lo hiciera. Ese es un jugador de equipo.

Algunas veces nos enojamos mucho cuando alguien obtiene todo el crédito que merecemos o toda la gloria que codiciamos. Un hombre sabio dijo una vez: «Es asombroso cuánto puede lograrse si nadie se preocupa por quién recibe el crédito.»[4] Siempre es emocionante desempeñar algún papel, grande o pequeño, en cualquier equipo que está haciendo algo grande para Dios. No importa realmente quién recibe el crédito y la gloria. ¿verdad?

Ahora tengo una palabrita para aquellos de nosotros que somos líderes. Realmente necesitamos fiscalizar esto, no sea que se agrave. Si el crédito es constantemente atribuido erróneamente, puede ser muy desmoralizador. Es verdad que Dios ve en secreto, pero el líder sabio y sensible asegura que el crédito le sea dado a la persona apropiada Algunas veces, la persona no está buscando un gran despliegue de reconocimiento público, sino que solo desea recibir las gracias y el aprecio por su contribución, de modo que seamos sensibles a eso en nuestros equipos.

7. Un jugador de equipo trae todos sus dones espirituales al equipo

He visto a muchos artistas descuidar sus otros dones espirituales. Actúan y eso es todo. ¿Qué tal un artista que también posee el don de la misericordia o el estímulo, o el de prestar ayuda o el de pastorear o evangelizar? El equipo está incompleto sin esos dones. 1 Corintios 14:26 pinta un hermoso cuadro de estos dones en plena acción: «Cuando os reunís, cada uno de vosotros tiene salmo, tiene doctrina, tiene lengua, tiene Apocalipsis, tiene interpretación. Hágase todo para edificación». Existe una amplia variedad de dones espirituales, y hemos de buscar oportunidades para usar esos dones siempre que se reúna el equipo. Por ejemplo, el ensayo es algo más que una mera práctica. Es otra oportunidad para usar nuestros dones y edificar a nuestros compañeros artistas. Aun si usted piensa que no necesita ensayar, siempre necesita el compañerismo y los compañeros lo necesitan a usted. Si usted tiene el don de prestar ayuda, podría rebuscar a alguien a quien prestarle este servicio, alguien que quizá esté sentado junto a usted en el ensayo. En lugar de preguntarle «¿Cuándo acabará esto?», deberíamos preguntar «¿En que puedo servir?»

Hebreos 10:24 nos dice «y considerémonos unos a oros para estimularnos al amor y a las buenas obras». Esa es parte de mi labor como miembro contribuyente de una comunidad de artistas funcionando bíblicamente. Se supone que yo he de estimular a mis compañeros artistas a nuevas alturas espirituales. La próxima vez que esté usted manejando rumbo al ensayo, pregúntese *¿Cómo puedo usar hoy mis dones espirituales para estimular espiritualmente a mis compañeros artistas?* o *¿Hay algo que puedo hacer o decir que beneficie a alguien más en el equipo?*

8. Un jugador de equipo estima valioso su papel, no importa cuán pequeño sea

Todo gran equipo tiene miembros que conocen su papel en el quipo y lo desempeñan bien. Les alegra desempeñar su papel, porque saben que si no lo hacen el grupo no funcionará como equipo. Los mejores líderes del equipo son los que ayudan a sus miembros a identificar sus papeles y a realizarlos para tener éxito en los mismos. Algunos papeles son menos llamativos que otros. Algunos son más prominentes que otros. Pero el jugador maduro del equipo sabe que un equipo no puede funcionar sin que todos los miembros hagan su parte, sin que todos ellos desempeñen sus papeles lo mejor que su capacidad les permita. Ser digno de confianza —la gente sabe que se puede contar con nosotros— es un signo de carácter. El jugador de fútbol que marca los goles recibe todo el elogio de la prensa, pero él sabe, como todo el que entiende el trabajo en equipo, que eso no sería posible sin los jugadores de la línea ofensiva que bloquean, tiran y despejan para él. En eso consiste el trabajo en equipo. En la iglesia no existe un común denominador más bajo. No hay perdedores. No hay papel que no sea importante ni tarea que sea trivial. Cada uno de nosotros tiene un papel vital, sin el cual el equipo no podría funcionar con éxito. 1 Corintios

12:22-25 dice que «los miembros del cuerpo que parecen más débiles, son los más necesarios; y aquellos del cuerpo que nos parecen menos dignos, a éstos vestimos más dignamente; y los que en nosotros son menos decorosos, se tratan con más decoro. Porque los que en nosotros son más decorosos, no tienen necesidad; pero Dios ordenó el cuerpo, dando más abundante honor al que le faltaba, para que no haya desavenencia en el cuerpo, sino que los miembros todos se preocupen los unos por los otros».

Esto significa que no debemos estar tan ocupados en un papel que no estemos dispuestos a ayudar con algo que quede fuera de nuestra área. Cuando alguna persona del equipo necesita nuestra ayuda, no podemos decir: «Esa no es mi tarea» o «Ese no es mi don». Necesitamos aportar de nosotros, se halle o no en la lista de nuestras tareas.

Yo he estado en las primeras etapas de dos comienzos de iglesia, y recuerdo con mucho agrado el sentido de trabajo en equipo que la mayoría de las iglesias conocieron en sus etapas formativas. En los primeros días de cualquier nuevo ministerio todo el mundo se ofrece y ayuda y hace cualquier cosa necesaria. Yo aun llegué a colgar materiales de construcción para las primeras oficinas de Willow Creek. No soy hábil en absoluto y no se me puede tener confianza con un martillo y clavos, de modo que todo lo que me dejaron hacer fue ayudar a sostener dichos materiales. Yo estaba fuera de mi zona de comodidad, pero me hice presente para ayudar. Desempeñé una parte fuera de mi papel musical, y aunque éste era muy pequeño, me necesitaron. Yo era parte del equipo e hice mi tarea. Estoy hablando sobre los músicos que ayudan al equipo de producción a desmontar el escenario, o al cantante trasladando un foco, o a un miembro del equipo de drama moviendo puntales, o al danzante metiéndose a arreglar las sillas. Esto es lo que quiere decir trabajar en equipo.

Ahora, ¿qué debe hacer usted si no se siente feliz con el papel que le corresponde o no tiene muy claro cuál es en realidad su papel en el equipo? Le sugeriría que ahora mismo hablase con el líder de su equipo sobre esto. Si no lo hace, terminará frustrado, amargado y resentido. No deje que esto le ocurra, Si está confundido o desencantado sobre su papel en el equipo, por favor, hable con su líder.

9. Un jugador de equipo se somete a la autoridad

Someterse a la autoridad puede ser difícil para algunos de nosotros. A nosotros los artistas no nos gusta que nadie nos diga lo que tenemos que hacer. Pero asumiendo que su líder nunca le pide a usted que haga algo contrario a la voluntad de Dios, usted tiene una responsabilidad de someterse a su liderazgo. Hebreos 13:17 dice: «Obedeced a vuestros pastores, y sujetaos a ellos; porque ellos velan por vuestras almas, como quienes han de dar cuenta; para que lo hagan con alegría y no quejándose, porque esto no es provechoso». Someterse a la autoridad de la iglesia es signo de carácter. Quizá usted piense que su líder está equivocado o es incapaz o incluso incompetente para ser líder, pero no añada al problema actuando con inmadurez. Yo he visto a la gente enojarse por cosas pequeñas y he visto a personas abandonar la iglesia por cuestiones relativamente baladíes. La terquedad no es una virtud y la mezquindad no sienta bien. No sea una espina en el costado de un líder. Si discrepa de su líder o no le gusta algo que hace, vaya y hable con tal persona. Si aun así no está de acuerdo, ore para que Dios cambie la mente de su líder o la suya. Pero si nada cambia, usted sigue teniendo que someterse y cooperar con quien lidera a las personas. Cuando un líder le pide a usted que haga algo, no mueva sus ojos con disgusto. Eso es sencillamente inmadurez. Cuando un líder le pide a usted que cambie algo relativo a su arte o que baje el tono de algo o que se vista de forma más conservadora, no lo rechace a brazo partido. Tenemos que actuar con más altura y someternos amablemente.

10. Un jugador de equipo no pierde su autoridad o su identidad artística

Esto puede parecer una contradicción a todo lo que he venido diciendo, pero no lo es. Es importante que el artista no sea absorbido completamente por el equipo. Cuando perdemos autonomía, dejamos de hablar con responsabilidad por nosotros mismos. He visto a muchos artistas tratar de perderse en la multitud y no tomar responsabilidad personal en cuanto al desarrollo de sus dones y el alimento de su alma. He visto también a muchos artistas esconderse detrás de la reputación espiritual del líder y no asumir su responsabilidad personal de su andar con el Señor o del pecado en sus vidas. Estoy hablando por ejemplo de los miembros del coro, que no toman el desarrollo de su don o su vida espiritual seriamente, pensando que esas cosas no se notan cuando se forma parte de un grupo grande. ¿Saben esas personas que cualquier equipo es solo tan fuerte como su eslabón más débil? Existe un aspecto del artista que es solitario. Necesitamos practicar sin compañía, escribir en soledad, o encontrar la inspiración para crear por nuestra propia cuenta. Tenemos devocionales y combatimos la tentación por nuestra cuenta propia. Aun así estoy tratando de elevar el valor del trabajo en equipo en el ministerio de las artes, pues estas no son exclusivamente un esfuerzo de equipo. Es responsabilidad nuestra hacer la parte solitaria por nosotros mismos.

Cuando perdemos autonomía individual, también comenzamos a vivir para la aprobación del equipo en lugar de la aprobación del Señor. Se establece entonces una mentalidad de grupo que puede ser muy peligrosa para un equipo de artistas. Cuando eso ocurre, nos llevamos bien con el grupo sin cuestionarlo. Ya no asumimos riesgos creativos por temor a perder nuestro estatus con el grupo. Nos convertimos en complacientes del hombre en lugar de complacientes con Dios. ¿Qué estaba pensando Aarón cuando usó mal sus capacidades artísticas e hizo un becerro de oro? (Éxodo 32: 21-24). El creó un ídolo para que el pueblo lo adorara. Perdió su sentido de responsabilidad personal y escuchó al grupo en lugar de escuchar a Dios. Se entregó a la presión de sus iguales y traicionó su fe. Para cualquier artista es peligroso vivir para la aprobación de otros y dejar de escuchar a Dios.

Pagar o no pagar

Un tema que debo tratar, porque surge en casi todos mis seminarios, es la política que algunas iglesias tienen de pagar regularmente a sus músicos voluntarios. Trataré la cuestión como si correspondiera a los músicos, porque eso concuerda con mi experiencia y ustedes pueden aplicarlo a otras áreas de las artes.

Si su iglesia está tratando de construir un equipo de artistas comprometidos, yo recomendaría fuertemente que no incurrieran en el hábito de pagarles regularmente a los músicos por sus servicios. Esto socava todo esfuerzo de construir un equipo. Ante todo, si usted está enseñando que cada papel del equipo es importante y que todos los miembros necesitan hacer cada uno su parte por el bien común, y sin embargo les está pagando a ciertas personas pero no a todas, eso es una contradicción. En segundo lugar, esto oculta la motivación. ¿Estoy sirviendo en este equipo porque aquí es donde Dios me llama y desea usarme o porque me están pagando bien? En tercer lugar, esto daña la moral del equipo. Para los miembros del equipo puede resultar desmoralizador hacer el sacrificio necesario para este equipo solo para enterarse de que alguien más está recibiendo un pago por hacer la misma clase de sacrificio. Si bien existe un precedente en las Escrituras en cuanto al pago al personal de música eclesiástica (1 Crónicas 9:33), no hay precedentes de pagos a voluntarios. Además, en el nuevo sacerdocio de creyentes cada uno hace el trabajo del ministerio, no unos cuantos escogidos.

Yo quisiera poder compartir con ustedes el ejemplo de una iglesia que paga secularmente a los voluntarios y está edificando con éxito un equipo de artistas comprometidos, pero no puedo, porque las dos cosas trabajan una en contra de la otra. Todavía no he conocido a ningún director de música de iglesia que esté pagando a sus voluntarios y se sienta bien respecto de esto. En lugar de ello, lo que recibo con mayor frecuencia son llamadas telefónicas de directores de música que han heredado ministerios en los cuales la práctica de pagar voluntarios regularmente lleva años establecida, y ahora están experimentando toda suerte de conflictos a medida que tratan de expandir sus ministerios y llevar a sus músicos al siguiente nivel de compromiso. Pagar a las personas no aumenta el compromiso. Saber que Dios está llamando a uno a ministrar lo hace a uno más comprometido. Los días de los músicos ambulantes en la iglesia ya pasaron. Puede que haya habido buen dinero como entrada adicional, pero eso no beneficia al músico en absoluto. Impide que la persona participe plenamente en cualquier otra iglesia, porque estará esparcido entre varias. No se puede servir a dos señores (Mateo 6: 24) Usted no puede cosechar los beneficios plenos de servir en comunidad si no está comprometido con una iglesia madre.

En Willow Creek contratamos de vez en cuando a algunos músicos de cuerda extra para los cultos de Navidad y de Semana Santa, y yo mismo le he enviado dinero para gasolina o para que alguien cuide de su bebé a alguien que está dedicando más tiempo del esperado, pero nunca entraré en el hábito de pagar a voluntarios para que toquen. Además, mi visión para nuestro ministerio es que haya cientos más de artistas sirviendo al Señor con sus dones. Sería demasiado costoso pagar a todos los músicos que creo que Dios desea traer a nuestro equipo. En otras palabras, Willow Creek no puede darse el lujo de pagar por la clase de ministerio musical que pienso que Dios desea tener. Si usted paga a los músicos, su ministerio musical solo crecerá hasta la medida en que usted se lo pueda pagar. No quiero que el número de músicos involucrados en nuestro ministerio se vea limitado por cuestiones de dinero. Yo deseo que el Señor se sienta libre para traer a nuestro ministerio el número de músicos que él quiera.

Historia de un equipo exitoso de artistas

Quiero terminar contándoles una historia de la Biblia sobre un grupo de artistas que hizo algo grande para Dios. En Éxodo 35 Moisés llamó al pueblo de Israel para construir el tabernáculo. El pueblo se entusiasmó tanto ante la oportunidad de hacer algo grande para Dios y de donar tanto dinero y material que Moisés tuvo que decirles que ya bastaba. Después de eso, Moisés convocó a los artistas de talento, los dividió en equipos y les asignó su tarea. Hubo gran atención a los detalles; la Biblia dedica cuatro capítulos a describir el arte con que se llevó a cabo la construcción del tabernáculo. Cuando todo quedó hecho, reposó sobre ellos una nube que representaba la majestad de Dios, y Su gloria llenó el tabernáculo (Éxodo 40:34). ¿Se imagina cómo se sintieron estos artistas? Habían trabajado juntos como equipo y habían logrado algo grande para Dios, y él había bendecido su labor. La gloria de Dios resplandeció a través de su arte. Dios ungió sus esfuerzos. ¿Qué más podría pedir usted como artista? ¡Ellos se juntaron como artistas para hacer lo que ninguno de ellos podía hacer por sí solo, y Dios lo bendijo!

Preguntas para comentar en grupo

1. Redacten en grupo una declaración de propósitos para su equipo.

2. En grupo, escriban el código de ética o las pruebas de profesionalidad de su equipo. En la parte superior de un cuaderno rayado, escriba lo siguiente: «Esta es la manera de hacer las cosas en el equipo (insertar el nombre)» y reúna ideas de todo el equipo.

3. ¿Recuerda algo que su equipo haya hecho recientemente que haya sido un ejemplo de realización conjunta de lo que nadie puede hacer por sí solo?

4. ¿Sienten ustedes, como equipo, que se alientan y estimulan entre sí lo suficiente?

5. ¿Como recibe usted ese aliento? (por ejemplo, de palabra, escrito, cuán a menudo, etc.)

6. ¿Por qué a la mayoría de la gente le resulta difícil traer un yo saludable al equipo?

7. ¿Cómo pueden rendirse cuentas mutuamente en cuanto a estar saludables física, espiritual y emocionalmente?

8. Además de sus habilidades artísticas, ¿qué otros talentos aportan al equipo los demás miembros?

9. Se ha dicho que la hermandad, o comunidad, es el arte de conocer y ser conocido. ¿Es usted mejor en algunas de estas categorías o se siente bien en ambas?

10. ¿Cómo puede su equipo llegar a ser aún más efectivo en el ministerio el próximo año?

Pasos de acción personales

1. Defina su papel dentro del equipo. Determine qué trae usted al equipo que sólo usted puede traer, con qué contribuye usted al equipo.

2. Si hay alguien ahora en el equipo con quien usted esté en conflicto, vaya a esa persona y dé los pasos para resolver el asunto.

3. Si hay algunos conflictos o persisten los malos sentimientos en sus relaciones con su director de ministerio, acuda a él o a ella y dé los pasos necesarios para esclarecer las cosas.

4. Ofrézcale palabras de apoyo a alguien de su equipo que hoy necesite aliento.

5. Determine si usted está saludable física, emocional, espiritualmente y en sus relaciones. Si usted tiene que hallarse en mejor condición en una o más de estas áreas, decida qué pasos tomar para estar más saludable, y escoja a alguien a quien usted pueda rendirle cuentas en cuanto a esto.

Contrólame, Espíritu Santo
Contrólame, Espíritu Santo.
Toma mi cuerpo, mente y alma
Pon un dedo en todo lo que no te agrade
Cualquier cosa que yo haga que te ofenda
Contrólame, Espíritu Santo

Rory Noland

Sé un gran pintor.... Esa será la única justificación de todo el dolor que causará tu arte

Chaim Potok, Mi nombre es Asher Lev

Cuatro
Excelencia o perfeccionismo

llen es una violinista de gran talento. Comenzó a tocar cuando solo tenía cuatro años y durante su juventud mostró ser una gran promesa. Ellen manifestó su excelencia a paso rápido porque le gustaba mucho practicar. Cuando otras niñas de su edad jugaban a disfrazarse, ella tocaba a Mozart. Uno de sus primeros —y favoritos recuerdos de la niñez fue el día que sus padres la llevaron a oír un concierto local de la Novena Sinfonía de Beethoven. Tan pronto como la orquesta comenzó a tocar ella se echó a llorar. Estaba hipnotizada por los diferentes sonidos de la orquesta y se mantuvo hechizada esperando la sección de violín. Aquella Navidad pidió una grabación de la Novena Sinfonía de Beethoven y prácticamente la gastó oyéndola una y otra vez. A Ellen le encantaban el violín y la música.

A Ellen también le gustaba la iglesia. Sus padres eran cristianos y estaban muy metidos en el ministerio de la iglesia. Cuando tenía ocho años aceptó a Jesucristo como Salvador. Incluso tocó unos cuantos solos de violín en la iglesia, y disfrutó mucho haciéndolo. Pero su gran sueño era actuar como solista en todas las principales orquestas del mundo y grabar todos los conciertos importantes de violín. Sentía que eso era lo que Dios deseaba que ella hiciera con su vida. Con el tiempo ganó una beca para asistir a un conservatorio de música de gran reputación. La competencia en el conservatorio era feroz y aunque al principio fue desalentador, Ellen comprendió que ella no era suficientemente capaz para proseguir una carrera de solista. Así, pues, justo antes de la graduación, Ellen abandonó sus planes para hacer una carrera de solista y puso su mira en actuar como miembro de una orquesta importante. Se graduó y fue de audición en audición, tratando de conseguir un trabajo en la sección de instrumentos de cuerda de una orquesta de importancia. No lo consiguió, y se desalentó más y más. Pensó que quizás no estaba hecha para actuar pro-

fesionalmente, así que decidió dar clases de violín. Comenzó dando clases privadas, yendo a la casa de los estudiantes y al principio le fue difícil
llegar a formarse una clientela, pero al cabo de unos pocos años tenía un
floreciente negocio de enseñanza.

Ellen conoció a Tom y se casó con él, un valioso hombre cristiano, y
ambos compraron una casa y allí se estableció como maestra. Durante
esta época también empezaron a asistir a una iglesia cercana, y Ellen comenzó a tocar en la orquesta de la iglesia. Cuando llegaron los hijos,
Ellen tuvo que dejar de enseñar, pero fue muy consecuente en tocar para
la iglesia. Al principio esto fue un gran desfogue para ella. Un refrescante
cambio de la enseñanza. A ella le gustaba la iglesia, incluso le gustaba la
gente, y le llegaron a pedir que ejecutara un par de solos, cosa que ella
realmente disfrutó haciéndolo. Pero con el paso del tiempo llegó a sentirse más y más intranquila tocando en la iglesia. A ella aún le gustaba la
iglesia, aún le gustaba la gente y aún le gustaba la música, pero no se sentía feliz con su ejecución, pues no estaba a la altura de sus normas, que
solían ser muy altas. Ellen sabía lo que era capaz de hacer y sentía que estaba lejos de ello. Si alguien la veía en el vestíbulo de la iglesia y le decía
cuán conmovido se sintió por su ejecución, en el fondo de su mente
Ellen pensaba *Bueno, sí, pero ¿qué tal aquellas notas altas que toqué fuera
de tono al final?* Pasó una época difícil tratando de olvidar cosas como
esta.

Comenzó a quejarse de que no tenía suficiente tiempo para practicar.
Se unió a una orquesta de la comunidad para tratar de suplementar y
mejorar su ejecución, pero aquí le ocurrió lo mismo. Nunca recibió ninguna queja del director. En realidad, éste se emocionaba con su ejecución y la ascendió de inmediato a la primera sección. La gente le decía lo
bien que tocaba, pero ella invariablemente respondía rebajándose con
humor. Siempre se sintió frustrada con su ejecución. Venía al ensayo
descorazonada y salía derrotada. Se sentía decepcionada porque no sonaba como en la universidad, cuando practicaba ocho horas al día. Sin embargo ella no había vuelto a practicar ocho horas al día. Quizá podía
cuando más dedicar una hora al día, pero no más.

La frustración de Ellen creció tanto en intensidad que finalmente
dejó de tocar. Dejó de tocar en la orquesta de la comunidad y dejó de tocar solos en la iglesia. Ni siquiera quería tocar para la familia y los amigos. Extrañaba tocar, pero no extrañaba cómo se sentía al tocar. Decía

que si no tenía tiempo de practicar, ni su música sonaba como ella sabía que podía, no quería tocar más. En realidad, tocar se había convertido en una fuente de irritación para ella. Se sentía siempre decaída porque en su mente no sonaba bien. Estaba convencida de que todo el mundo era mucho mejor que ella y de que ella no daba la talla. Tenía altas normas y grandes expectativas, y no podía soportar la idea de quedarse corta. Mucha gente a su alrededor no tenía idea de que Ellen estaba luchando profundamente en su interior. En realidad, muchos de ellos la envidiaban por lo bien que tocaba. Pero Ellen se sentía confusa. La música había sido una fuente de gozo para ella, que amaba la música y le gustaba tocar. Pero ahora la odiaba, y el gozo de la música se le había ido.

Ellen sintió que Dios también debía estar desencantado con ella. Se sintió culpable de no estar usando su talento, pero con toda honestidad estaba enojada con Dios. ¿Por qué no le dio una carrera de solista o un empleo en una orquesta? ¿Por qué las cosas nunca le salieron bien? Si Dios quería que tocara el violín, ¿por qué su experiencia musical fue tan frustrante? Dondequiera que había tocado, se había imaginado a Dios frunciendo el ceño en desaprobación.

Ellen continuó enseñando, pero algunos dicen que aun su enseñanza sufrió, porque Ellen no era la misma. Parecía tener los nervios de punta. Estaba irritable. Difícilmente se reía o sonreía, y ya no lloraba cuando oía a Beethoven, Parecía sacada de quicio, desdichada y frustrada.

Preguntas para comentar en grupo

1. ¿Por qué ha terminado Ellen sintiéndose tan miserable?

2. ¿Qué cosas nos indican que Ellen es una perfeccionista?

3. ¿No es bueno para los artistas ser perfeccionistas? ¿Por qué sí o no?

4. Si Ellen le pidiera consejo, ¿qué le diría usted?

5. ¿Habría podido evitarse el perfeccionismo de Ellen?

6. ¿Qué haría falta para restaurar el amor de Ellen por la música?

7. ¿Qué clase de frustración les espera a quienes conocen o viven con un perfeccionista?

8. ¿Qué cree usted que Dios siente por el perfeccionista?

9. ¿Se ha separado usted alguna vez de una conversación reprochándose algo que dijo? ¿Ha sucedido esto recientemente?

10. ¿Ha cometido usted alguna vez una equivocación en una actuación y se lo ha repetido en su mente una y otra vez? ¿Recientemente?

Síntomas de perfeccionismo

Ellen padece de súper perfeccionismo, El perfeccionismo es una de las mayores batallas del artista. He visto a muchos artistas talentosos como Ellen perder la joya de su arte y renunciar a él. ¿Qué puede hacerse por aquellos de nosotros que sufrimos de perfeccionismo? ¿Hay alguna esperanza para todas las Ellens cuyo perfeccionismo saca la joya de su arte y su ministerio? Mucho de lo que yo he aprendido sobre perfeccionismo vino de un libro que desafortunadamente está agotado. Se trata de *Viviendo con un perfeccionista*, de David Seamands. A principios del libro el autor bosqueja algunas de las señales del perfeccionismo que voy a compartir con ustedes, y yo podría ver cada una de esas tendencias en mi propia vida. Personalmente le digo que el perfeccionismo ha sido para mí una batalla de toda la vida. Con la ayuda de Dios ha habido progreso, pero este ha sido lento y a menudo doloroso. Si usted no se considera perfeccionista, quizá conozca a alguien que lo sea, o quizá usted viva con alguien que lo es. De cualquier manera, puesto que tantos artistas sufren con esto, podemos hablar acerca de nutrir el alma artística sin discutir el perfeccionismo. De modo que, ¿cuáles son las señales del perfeccionismo? ¿Cómo puede usted saber si es excesivamente perfeccionista?

Acrecentar al máximo lo negativo, reducir al mínimo lo positivo

Ante todo, el perfeccionista tiende a acrecentar al máximo lo negativo y a reducir el mínimo lo positivo. Yo hago esto muchas veces. Puedo recibir diez cartas de aliento y una de alguien que no está feliz con mi trabajo y... ¿sabe cuál ocupa toda mi atención? La negativa. Me irrita el comentario negativo, y lo exagero fuera de proporción. Pienso una y otra vez en esos comentarios negativos. Olvido el hecho de que diez personas se sintieron tan bien sobre algo que yo hice que encontraron tiempo para escribirme. Y yo me detengo a pensar en el hecho de que a una persona no le gustó lo que hice. No debemos ignorar la reacción negativa, pero sacarla de proporciones tampoco es correcto.

¿Ha oído usted alguna vez del síndrome del punto? Fíjese en una foto del periódico y observe que está hecha de muchos puntos de tinta. Enfóquese luego solamente en uno de esos pequeños puntos. ¿Se da cuenta de que pierde de vista el cuadro completo? El síndrome del punto es exactamente igual. Usted comete una pequeña equivocación y sigue pensando en ella, crucificándose una y otra vez por eso. Es una falta de perspectiva. En lugar de mirar el cuadro completo, usted está obsesionado con el punto pequeño. Para el perfeccionista, una cosa equivocada quiere decir que todo está equivocado.

Hace varios años hice los arreglos de un himno antiguo para un culto de Acción de Gracias en Willow Creek. Lo combiné en una variedad de estilos y se suponía que era divertido, para celebrar y adorar. Bueno, había una sección que marchaba a un ritmo que era demasiado lento y la banda se estancaba en ese tramo, y no pude sacarlos de allí. El arreglo sonó con un ritmo equivocado. No sé cuánto tiempo duró de verdad, pero me pareció una eternidad. Como resultado de mi pequeño error, el síndrome del punto me persiguió durante meses. El resto del culto fue muy bueno, pero yo llegué a casa deprimido a causa de esa corta sección (irónicamente, el himno era «Cuenta tus bendiciones»). Estaba seguro que todo el culto quedó arruinado y de que lo había arruinado para miles de personas. Y estaba seguro de que había gente que iría al infierno a causa de mi fracaso. Estaba sufriendo del síndrome del punto. Este problema también se manifiesta cuando tratan de alentarme. Algunas veces alguien me dedica un elogio, pero lo que yo estaré pensando para mí es: *Sí, pero esto estuvo malo o esto quedó fuera de tono o algo más no estuvo bien.* Nosotros los perfeccionistas nunca estamos felices con nuestro trabajo, porque tendemos a exagerar lo negativo y a reducir al mínimo lo positivo.

Lo que está pasando con el síndrome del punto y lo que nos pasa a muchos perfeccionistas es que tendemos a interiorizar el desencanto y el fracaso en forma poco saludable. Otras personas puede cometer un error y eso no tiene mucha importancia, pero no el perfeccionista. Algunos de nosotros cometemos una equivocación y nos sentimos totalmente destruidos. No podemos soportar la idea de habernos equivocado o de haber hundido a alguien. Nos reprochamos por cosas que lamentamos salvar, o cosas que deseamos haber dicho. Parece que no podemos perdonarnos a nosotros mismos por cometer el más mínimo error.

Pensar en blanco-y-negro

El perfeccionista es culpable de pensar en blanco y negro. Algo es o bueno del todo o malo del todo. Mi actuación fue o mala del todo o buena del todo. O soy un buen artista o no merezco ni llamarme tal cosa. No hay nada intermedio.

Los perfeccionistas tienden a ser muy críticos y pueden ser muy severos con ellos mismos cuando fallan. Como resultado de ello, se envuelven en muchos soliloquios negativos. Por ejemplo, «Yo no sé cantar. Ni siquiera debería estar en un equipo de adoración. No soy bueno». O «Ya sabía que iba a fallar. Siempre fallo. No soy el artista que creía ser. Cualquier otro es mejor que yo. Soy despreciable». ¿Conoce usted algún artista que, como Ellen, haya renunciado a actuar o escribir porque no podía vivir a la altura de sus propias normas? Por mucho que practiquen o ensayen no pueden estar contentos con sus habilidades, porque ellos mismos son sus críticos más feroces. Como resultado, se sienten presionados todo el tiempo. Y se preguntan por qué escribir o actuar ya no es algo agradable.

En su libro *El hijo de Abba*, Brennan Manning dice:

Yo nunca me solía sentir seguro de mí mismo a menos que estuviera actuando impecablemente. Mi deseo de ser perfecto había trascendido mi deseo de Dios. Tiranizado por una mentalidad del todo-o-nada, interpretaba la debilidad como mediocridad y la inconsecuencia como falta de valor. Descartaba la compasión y la auto-aceptación, por considerarlas reacciones inapropiadas. Mi agobiadora percepción de fracaso personal e insuficiencia me llevó a una pérdida de autoestima, motivó episodios de ligera depresión y fuerte ansiedad. Inconscientemente había proyectado ante Dios mis sentimientos sobre mí mismo. Me sentía seguro con Él solo cuando me veía noble, generoso y amoroso sin cicatrices, temores o lágrimas. ¡Perfecto! (itálicas en el original)[1]

Autoestima basada en la actuación en lugar de la identidad

Vivimos en una época en la cual tener una autoestima saludable es una prioridad muy alta. En realidad, en algunos círculos esto es la razón de ser de todo. En ninguna otra era de la historia hemos tenido la plétora de libros de autoayuda, que prometen hacernos sentir bien con nosotros mismos. Sin embargo, sigue habiendo mucha gente que se siente inferior y no se aprecia a sí misma. Manning afirma: «Una de las contradicciones más horribles de la iglesia de los Estados Unidos es la intensa aversión que muchos discípulos de Jesús se tienen a ellos mismos. Están más disgustados con sus propios defectos que lo que nunca imaginaron estar con los de los demás. Están asqueados de su propia mediocridad y disgustados por su propia inconsecuencia».[2]

Muchos artistas se sienten extremadamente inseguros porque son sumamente perfeccionistas. Como se critican a sí mismos por las más pequeñas equivocaciones, los perfeccionistas luchan con su autoestima. Cuando esta alcanza el punto donde su talento les hace sentirse mal o indignos como personas, su autoestima está demasiado enredada en lo que usted hace en lugar de en quien es usted. El perfeccionismo puede ser asimismo un recurso de los artistas para gustar a la gente. *Si la gente cree que soy perfecto o mejor de lo que realmente soy, todos me querrán y yo llegaré a ser importante.* Así piensa el perfeccionista.

Expectativas altas y no realistas

El perfeccionista establece a menudo expectativas altas y no realistas. Yo noto con frecuencia esto en mí mismo. Suele darse con un himno o una melodía que he compuesto. Cuanta más labor he invertido en algo, más altas van mis expectativas de que resultará no bien, sino *perfectamente.* Así pues, entro en el ensayo esperando perfección, y quedo desalentado. Esto es diferente a establecer metas. Establecer metas puede ser motivador a la vez que trae un crecimiento significativo. Aun si no logramos todos nuestros objetivos, casi siempre nos sentimos mejor por haberlo intentado. Contraste eso ahora con el constante amilanarnos a nosotros mismos y a otros por no haber vivido a la altura de la perfección.

Nosotros, los artistas que sufrimos de perfeccionismo, también tenemos expectativas no realistas para otras áreas de nuestras vidas. Tenemos grandes expectativas para nuestras carreras, nuestros ministerios, nuestros matrimonios, nuestros amigos y nuestros hijos. Y nos desalentamos y desilusionamos cuando estas expectativas no se cumplen. Llegamos a la conclusión de que escogimos la carrera equivocada o la iglesia equivocada. O de que nos casamos con la persona equivocada. O de que no debimos tener hijos. O no tenemos ningún amigo. Conozco a unos pocos artistas cuyas expectativas hacia una pareja son tan altas que probablemente nunca se casen.

Si usted y yo establecemos expectativas no realistas, estamos preparándonos cada vez para la frustración y el desencanto. Esta es la razón por la que el perfeccionista vive con mucho de «si» condicional. Si hubiera dicho esto o hubiera hecho aquello. Si hubiera ido a esa universidad. Si hubiera estudiado con ese maestro. Si hubiera ido a esa audición. Si me hubiera casado con esa persona en lugar de con quien me casé. De alguna forma sentimos que todas nuestras expectativas se habrían hecho realidad «si».

Las personas con expectativas no realistas terminan a menudo saboteándose a sí mismas. Muchos artistas como Ellen terminan apartándose de todo porque no pueden vivir a la altura de sus propias normas de perfección. Vemos también esto en la persona que trata de tener devociones regulares, deja de tenerlos algunos días y después se siente tan culpable de esto que se aparta completamente.

Necesitamos trabajar duro y tener objetivos altos, pero una actuación perfecta o una vida perfecta son metas poco realistas que están centradas en el hombre y no en Dios. Creo que la *perfección* debería deletrearse con una *i* en medio en vez de una *e*, porque la perfección realmente es «perficción». Imaginar que somos perfectos es pura fantasía. Dios es el único perfecto. El perfeccionismo es una forma de pecado muy sutil. Adán y Eva fueron culpables en el Jardín: deseaban ser como Dios. Para aquellos de nosotros que esperan que la vida sea fácil en todo tiempo, el perfeccionismo es también una forma de controlar las cosas; si puedo controlar mi medio ambiente, puedo protegerme del dolor y la desilusión.

Sugerencias para el perfeccionista

Aun cuando los perfeccionistas tienen mucho en su contra, es posible cambiar. Yo tengo unas cuantas sugerencias basadas en lo que he aprendido en mi propia batalla contra el perfeccionismo.

Saborear lo positivo

Ante todo, saboree lo positivo. Debido a que tendemos a elevar al máximo lo negativo, nosotros los perfeccionistas necesitamos celebrar todo lo positivo que se aparezca en nuestro camino. Eso significa que no ignoremos las diez cartas de aliento que vengan junto con una carta negativa. Las debemos leer una y otra vez, tanto como leeríamos la carta negativa. Es bueno saborear las notas de aliento y guardarlas en vez de tirarlas a la basura. Si Dios nos utiliza de alguna forma especial, o si sucede algo emocionante con respecto a nuestros dones artísticos, está bien celebrar lo que Dios hace por medio de nosotros. Algunos nos sentimos incómodos con eso, porque parece como si estuviéramos dándonos palmaditas, nosotros mismos, en los hombros. Saborear no es darse palmaditas en la espalda por una obra bien hecha. Es dejar que Dios le dé a usted palmaditas en la espalda por hacer lo que Él ha ordenado que haga y para lo que lo ha equipado. Así pues, esto se convierte en una experiencia de adoración. Es dar gracias a Dios y adorarlo por usarnos, porque separados de Él no podemos hacer nada (Juan 15:5)

En 2 Samuel 6, David había derrotado a los filisteos y devuelto el arca del pacto a Jerusalén. Toda la nación lo celebró, y David estaba tan sumamente gozoso que danzó «con toda su fuerza» (vers. 14). ¿Y por qué no? Estaba saboreando una gran obra de Dios en la que había tenido participación. David danzó delante de Dios con humildad y gozo. No estaba tomando la gloria para sí. Estaba adorando a Dios. La esposa de David, Mical, por otra parte, no estaba disfrutando y criticó ásperamente a su esposo por su extravagante celebración. Pero a Dios no le agradó su negativa actitud, y la maldijo con esterilidad (vers. 23). De modo que usted ve, a Dios no le gusta que omitamos oportunidades de disfrutarlo a él. El Señor se deleita en una celebración de adoración plena.

Aumentar hasta el máximo lo negativo es centrarse en uno mismo, porque nos enfocamos en nuestros defectos. Disfrutar es concentrarse en Dios porque alabamos a Dios por sus dádivas y por usarnos. Para aquellos de nosotros que tenemos muchas dificultades para celebrar cosas que hacemos, este parece ser un paso difícil. Pero si vamos a ser artistas saludables es siempre de suma importancia que glorifiquemos a Dios. Tenemos que dejar de subestimar las buenas cosas que ocurren cuando Dios nos utiliza. Tenemos que aprender a saborear, para la gloria de Dios, las buenas cosas que Dios hace en nosotros y por medio de nosotros.

Mi esposa me contó una vez algo muy interesante sobre el arte de los amish. Los amish, cada vez que fabrican sus artefactos, dejan a propósito algún defecto en su trabajo. Puede que sea una hebra que está fuera de línea o una parte del edredón que se aparta ligeramente del centro, pero está allí para recordar que sólo Dios es perfecto, Cuando hace años yo le di estas enseñanzas sobre el perfeccionismo a nuestro equipo vocal, quería darles un recordatorio visual para saborear las cosas buenas que Dios hace en nosotros y a través de nosotros, para dejar de reducir al mínimo lo positivo. Mi esforzada asistente durante muchos años, Lisa Mertens, se ofreció graciosamente de voluntaria para bordar la frase «Saboréalo» para cada miembro del equipo y colocarla en un marco adecuado. Pero siguiendo la tradición amish que nos recuerda nuestra imperfección, cometió un pequeño error en cada bordado. A propósito, no puso el punto sobre la *i* en *it* para recordarnos que solo Dios es perfecto. (N. de Carolina: Yo aquí añadiría una nota al pie que leyera algo así como: En el original inglés «Savor it»)

Dejemos que Dios sea Dios. Solo él es perfecto. Esta es una de las razones por las que nosotros lo adoramos a Él y no a nosotros mismos. Los artistas que se esfuerzan por la perfección están persiguiendo el viento. Esto es absurdo. No somos perfectos; nunca lo hemos sido y nunca lo seremos. Pablo dice: «No es que lo haya alcanzado ya, ni que ya sea perfecto, sino que prosigo, por ver si logro asir aquello para lo cual fui también asido por Cristo Jesús (Filipenses 3:12). En otras palabras, él está diciendo: «Caballeros, yo no soy perfecto. No he llegado». Y tiene razón. Sólo Dios es perfecto. Nosotros somos frágiles criaturas humanas. No somos más que polvo (Salmo 103:14) Cometemos errores y eso está bien. Dios quiere que dejemos de esforzarnos por la perfección y que sepamos que solo él es Dios (Salmo 46:10).

Después de que Dios me hiciera darme cuenta de mi necesidad de saborear los comentarios positivos, comencé a atesorar las notas significativas de aliento en lugar de tirarlas a la basura. Las coloqué en una carpeta encima de la mesa, a mi alcance. Algunas veces saco esa carpeta y leo unas cuantas notas. Me he dado cuenta de que me ayudan a poner lo negativo en perspectiva con lo positivo. Estos días estoy tratando también de desechar o menospreciar los halagos de las personas. En lugar de ignorar lo que están diciendo, he decidido escucharlas y creer en ellas. En resumen, estoy tratando de aprender a saborear lo positivo. Como familia, hemos adquirido la costumbre de salir a cenar como excusa para celebrar cumpleaños, logros especiales, el fin del año escolar o una bendición inesperada. Esta es nuestra forma de saborear las buenas cosas que Dios ha hecho.

Sea amable con el artista que hay en usted

Ya sea que actuemos o creemos, hay un artista dentro de nosotros que desea desarrollarse y florecer, ser capaz de crecer y tener la oportunidad de expresarse. La manera en que nos tratamos unos a otros tiene mucho que ver con que eso llegue a ser posible, pero nuestra forma de tratarnos a nosotros mismos es igualmente importante. Algunos de nosotros nos encontramos en una situación en la que al artista le resulta difícil florecer —una situación desalentadora en la iglesia o muy poco estímulo o apoyo en el hogar-. Algunos de nosotros tenemos costumbres que aprendimos en la niñez, y según eso nos ponemos por el suelo cuando sentimos que no damos la medida. Efesios 4:32 nos dice «sed benignos unos con otros, misericordiosos, perdonándonos, como Dios nos perdonó en Cristo". Ese es un gran versículo. ¿Ha pensado alguna vez aplicárselo a usted y al artista que hay en usted? El perfeccionista no es amable con el artista que tiene dentro. Como hemos visto, el perfeccionista critica constantemente al artista de su interior, con poco realismo se fija expectativas altas y ve solo lo negativo. Pero Dios nos hizo para ser artistas. Cuando maltratamos al artista que hay en nosotros, disminuimos a alguien a quien Dios creó y ama. Algunos de nosotros ni siquiera soñaríamos con tratar a otros tan mal como tratamos al artista que hay en nuestro interior.

Una compañera artista que también lucha con el perfeccionismo una vez compartió conmigo una idea nueva que estaba aprendiendo. «Yo no me confundo a propósito», me dijo, «de modo que solo necesito relajarme y no rebajarme tanto todo el tiempo». Es más fácil decir que hacer, por supuesto, pero aprecio el hecho de que ella vea cuán equivocado resulta que nos crucifiquemos por algo que nunca quisimos decir o hacer. La amabilidad llega muy lejos a la hora de sanar cualquiera de las heridas del alma. Sean amables entre sí y sean amables con el artista que está en ustedes. La vida del artista ya es difícil. No tenemos por qué empeorarla más, convirtiéndonos en nuestro peor enemigo La próxima vez que se vea tentado a rebajarse por no dar la medida, recuerde que ninguna persona por quien Cristo murió merece ser maltratada, ni aun usted.

¿Dios me quiere realmente?

El mundo no siempre es un lugar placentero para vivir. Usted puede comenzar el día sintiéndose bastante bien acerca de usted mismo, hasta que encuentra una expresión cortante que lo hace volver atrás. Usted puede encontrarse en una situación que expone su debilidad en lugar de su fortaleza. Puede allegarse a personas que lo hacen sentirse inferior por la actitud que percibe en ellas. Usted puede experimentar un golpe aplastante tras otro. Algunos intencionales, otros no. Algunos de broma, otros no. Es difícil tener una imagen propia saludable en este sitio indiferente que llamamos planeta Tierra.

Aun los homenajes y los aplausos que recibe un artista son agradables, pero usted no puede basar su autoestima en ellos. Si usted la basa en lo que hace en lugar de en quién es usted, su imagen propia subirá o bajará, dependiendo de su última consideración. Construir el concepto de uno mismo únicamente basándonos en nuestros dones y talentos es como construir una casa sobre arena movediza. En lugar de ello, construya su autoestima en quién es usted como hijo de Dios. Yo conozco a artistas que han llegado a involucrarse en el ministerio para satisfacer su necesidad de aprobación. El problema reside en que ellos solo se sienten a gusto acerca de ellos mismos si actúan bien. La clave de una autoestima saludable no es lo que usted hace. Es lo que usted es: un amado hijo de Dios.

He luchado con sentirme amado por Dios. Yo sé que Él ama al mundo, pero ¿me ama a mí? De acuerdo, he oído que me ama, pero ¿le gusto yo? La Biblia entera nos habla de un Dios que nos conoce íntimamente y nos ama personalmente. Él demuestra su amor por nosotros diariamente en el contexto de nuestra relación personal con Él. Se hizo hombre y caminó entre nosotros. Miraba a las personas individualmente —a una cada vez- con amor en los ojos. Después dio su vida por nosotros. Por amor. Lo que la gente vio en Jesús fue a un Dios que estaba verdaderamente interesado en sus vidas y que realmente se compadecía de ellos. Dios nos ama a usted y a mí personalmente. Yo sé que si entendiera tan solo una fracción de todo lo que esto significa, mi vida cambiaría dramáticamente.

Muchos de nosotros los artistas somos sentimentales. Sintonizamos con el mundo que nos rodea basándonos en nuestros sentimientos, pero eso es peligroso porque nuestros sentimientos cambian. Sin embargo, lo peor que usted podría hacernos a quienes tenemos temperamentos artísticos es decirnos que ignoremos nuestros sentimientos. No podemos ignorarlos. En muchos de nosotros nuestros sentimientos son demasiado fuertes, demasiado reales como para ignorarlos. Lo que más influye en nuestros sentimientos, sin embargo, es lo que creemos en nuestra mente. Si llenamos nuestra mente de la verdad acerca del amor de Dios, sentiremos más de Su amor, pero hacer la conexión entre el cerebro y el corazón no es siempre fácil. Conozco a alguien que se embarcó en un estudio bíblico exhaustivo acerca del amor de Dios, enumerando todos los versículos que nos dicen que Él nos ama -y son muchos-. Es sencillamente abrumador enfrentarse cara a cara al hecho de que el Dios del universo lo ama a usted. Y a mí. Ya sienta Su amor o no, no puedo argumentar con la verdad de la Palabra de Dios.

Un versículo que me ayuda a sentir el amor de Dios es el 19 del Salmo 18, porque dice que Dios se deleita en mí. Esto se afirma asimismo en otros lugares de las Escrituras (Salmo 37:23; 41:11) ¿Sabe que Dios se deleita en usted? Él lo creó y se goza estando con usted. Goza viéndolo crecer. Se goza viendo que usted es lo que quiso que fuera al crearlo. Goza observándolo usar su talento cada vez que usted actúa o crea. Él se deleita en usted.

Otro versículo que me pone en contacto con Dios es Romanos 8:38-39. «Por lo cual estoy seguro de que ni la muerte, ni la vida, ni ángeles, ni principados, ni potestades, ni lo presente, ni lo por venir, ni lo alto, ni lo profundo, ni ninguna otra cosa creada nos podrá separar del amor de Dios, que es en Cristo Jesús Señor nuestro». Este versículo ha llegado a ser especialmente significativo para mí porque me recuerda que nada —absolutamente nada— puede separarme del amor de Dios. Aun si me está costando trabajo sentir su amor, este está allí. Nada puede quitármelo. Memorizar este versículo me ha ayudado a sentir más profundamente el amor de Dios. Cada vez que digo esto, mi corazón se siente lleno. Es como alimento para mi alma. Me ayuda a vivir en la realidad de que Dios me ama personalmente.

La única esperanza que los no cristianos tienen para obtener una autoestima saludable radica en su habilidad para pensar positivamente y enfocarse solo en sentimientos positivos acerca de ellos. La única esperanza que los creyentes tenemos para obtener una autoestima saludable radica en nuestro concepto de Dios. Esa es la clave. Nuestro concepto de Dios es más importante que el concepto que tengamos de nosotros mismos. Es una paradoja. Usted encuentra su vida perdiéndola (Mateo 10:39). Usted encuentra su dignidad y su valor perdiéndose en Dios.

Deje que Dios lo ame

Ahora, permítame advertirle que no basta con memorizar versículos acerca del amor de Dios. En algún momento usted tiene que permitirle que Él lo ame. Algunos de nosotros somos realmente buenos en tomar la Biblia literalmente en todos los puntos menos en éste. ¿Ha estado alguna vez sentado en la iglesia durante el culto y se ha sentido abrumado por la idea de que Dios lo ama? ¿Cuál fue su respuesta? ¿Ha sentido usted alguna vez que Dios trataba de decirle que está complacido con usted? ¿Lo ignoró cuando sucedió esto? He tenido muchas experiencias como esta, y cada vez mi reacción instintiva es pensar: No, eso no es de Dios. Debo estar inventándomelo. Dios envió a un ángel a decirle a Daniel que lo amaba (Daniel 10:11, 19) ¿Por qué no trataría de llegarse a nosotros para decirnos que nos ama?

Una vez, cuando trabajaba en el gimnasio de nuestro vecindario, inesperadamente sentí que Dios estaba tratando de decirme: «Estoy complacido contigo» (Espero que esto no parezca sobrenatural. No escuché una voz ni nada, solo tuve ese pensamiento de forma tranquila pero con fuerza entrándome en la mente). Mi respuesta inicial fue pensar: *No, eso no es de Dios. Él no está tratando de decirme que está complacido conmigo. Yo estaré inventándolo.* Pero entonces comprendí que no podía inventarlo, porque en esa época yo había estado luchando fuertemente con sentimientos de insuficiencia y de dudas en cuanto a mí mismo. De modo que me vino a la mente la siguiente idea: *Quizá Dios está tratando de decirme que me ama.* Así, pues, presté oídos (a medida que continuaba mi ensayo) y sentí que Dios me decía, «Y me gusta tu música». Bueno eso casi me mueve a llorar porque yo había estado luchando con desilusiones sobre mis composiciones. *Señor, ¿estás seguro de que te gusta mi música?,* le pregunté en la mente. *Sabes que a veces he compuesto verdaderos fracasos.* «No me importa», sentí que me decía. «Me gustan porque los escribiste tú, y tú eres mi hijo amado». Tuve que salir del gimnasio inmediatamente porque no podía controlar mis emociones. Me senté en mi automóvil y lloré. Había tenido un encuentro con el amor de Dios que fue profundo, real y personal. Temblé al pensar que casi me lo pierdo. Casi lo deseché y lo ignoré completamente. Necesitamos escuchar la verdad de Dios sobre quiénes somos en Él. No obstante, alguna vez en ese sentido tenemos que dejar que nos toque profundamente. Tenemos que permitirle que nos ame.

Mi esposa ha luchado con una autoestima baja. La letra que hay al final de este capítulo es de una canción que escribí para ella. Cuando nos casamos, pensé que podía curarla de su baja autoestima sencillamente amándola incondicionalmente. Eso me ayudó ciertamente, pero yo no podría hacer por ella lo que solo Dios puede hacer de verdad. Aun cuando ella no ha llegado todavía, reconoce que ve cierto progreso. También diría que eso toma tiempo. Uno no puede deshacer de un día para otro años de oír (y creer) cosas negativas sobre sí mismo.

No haga de la autoestima su Dios

Hay algo que me gustaría advertir aquí. No haga de la autoestima su dios. Conozco a algunas personas que están obsesionadas con tener una buena auto-estima. Piensan que nunca serán felices hasta que puedan amarse plenamente a sí mismos. Su nivel de regocijo está determinado por cuán bien se sienten acerca de ellos mismos. Cuando era un cristiano joven recuerdo haber oído que si usted no se ama a sí mismo, no puede amar a otros y nunca podrá amar verdaderamente a Dios. Nunca he conseguido que nadie me explique la lógica de eso. Pareciera como si la obsesión del mundo con la autoestima se hubiera infiltrado en la iglesia. La Biblia no enseña nada de eso. Nosotros tenemos que amar a Dios sobre todas las cosas y sobre todas las personas, aun sobre nosotros. Jesús dijo que amáramos a Dios con todo nuestro corazón, con toda nuestra alma y con toda nuestra mente, Este es el mandamiento más grande (Mateo 22: 37-38). Amar a otros y después a nosotros es el segundo mandamiento más grande (Mateo 22: 39). Nunca debemos romper ese orden. Amar a Jesús es más importante que amarte a ti mismo. Amar a otros es más importante que amarte a ti mismo. Si bien Dios desea que nosotros sepamos cuán preciosos somos para Él, amarnos a nosotros mismos nunca significa que eso tome el lugar de amarlo a él. En realidad, cuando amamos primero a Dios, es cuando podemos amar a otros y a nosotros mismos verdaderamente. Así, pues, tenga cuidado de no hacer de la autoestima su dios. Busque primero el reino de Dios, y cosas como tener una autoestima saludable le serán concedidas (Mateo 6:33).

Establezca expectativas realistas

Con la ayuda de Dios establezca expectativas realistas. Dios merece nuestros mejores esfuerzos, pero ¿espera Dios que actuemos a la perfección? Por supuesto que no.

¿Puede usar Dios algo de alguien que es imperfecto? ¿Puede usar una canción que se canta o se toca imperfectamente? ¡Por supuesto! La fuente de frustración más importante de mi vida brota de caer en situaciones con expectativas que son irrazonables y demasiado altas. El Salmo 62:5 nos dice: «Alma mía. En Dios solamente reposa, porque de él es mi esperanza» Nuestras expectativas tienen que venir de Dios. Necesitamos entregárselas y cambiarlas por lo que Él espera, no por lo que nosotros esperamos. Si bien podríamos esperar perfección artística, eso podría ser lo más lejano en la mente de Dios. Trate de mantener en la mente todo el cuadro. Dios toma cuidado de todos los detalles de nuestros esfuerzos artísticos, pero también está en la empresa de salvar almas. ¿Qué es más importante? ¿Que nuestros esfuerzos logren perfectamente sus fines, o que el nombre de Dios sea alabado y que las almas perdidas lleguen a conocerlo a través de nuestro ministerio? Trate de mantener las cosas en Su perspectiva.

Si Dios no demanda perfección, ¿qué es lo que espera? Espera que hagamos justicia, que amemos misericordia y que nos humillemos delante de Dios (Miqueas 6:8). Dios espera que crezcamos espiritualmente. El resultado final es responsabilidad suya. Nuestra tarea es cooperar con el proceso. Ponemos mucha presión en llegar a ser perfectos (el producto final), cuando Dios está más preocupado con el proceso (que caminemos humildemente con Él).

Así, pues, ¿qué esperar con realismo cuando ministramos para Dios? Cada vez que usamos nuestros dones para Él, hemos de desear hacer lo mejor que podamos pero confiando en que se haga la voluntad de Dios, no que se cumplan nuestras altas expectativas centradas en nosotros. La gente mira lo externo y espera que todo parezca perfecto, pero Dios mira nuestros corazones (1 Samuel 16:7). Mira lo interior, nuestros motivos e intenciones. No podemos controlar lo bien que actuamos o cómo va a responder la gente, pero podemos controlar nuestros motivos y cuán preparados estamos para ministrar nuestros talentos. Simplemente tenemos que hacer lo mejor que podamos y confiar en Dios para los resultados que Él desea.

Mientras escribo esto, he estado luchando con las expectativas que tenía para un culto de fin de semana en el que acabo de involucrarme aquí en Willow Creek. Hice los arreglos para lo que yo pensé que iba a ser una gran orquesta, pero las enfermedades y las emergencias inesperadas diezmaron ciertas secciones claves, de modo que terminé con una orquesta más pequeña. Contaba con varios músicos buenos, no tantos como pensaba. Nadie se me había ido por falta de compromiso, Todos los que no pudieron estar tenían una excusa muy válida. Hice todo lo que pude para conseguir reemplazos, llamando a todos y a cada uno de quienes me debían favores, pero sin resultado. Así que arreglé de nuevo algunas partes y nos presentamos con una orquesta pequeña. Cuando todo quedó dicho y hecho, terminamos sin omisiones en los arreglos, ni en la melodía, pero no sonó tan bien como yo lo había estado oyendo en mi cabeza. En el pasado esto me habría provocado un par de días de ligera depresión, pero esta vez decidí practicar lo que predico y le dejé mis expectativas a Dios. Crecer en esta área ha sido lento y doloroso, y aún me queda aún un largo camino que recorrer, pero esta vez —alabado sea Dios— manejé esto de forma diferente. (Quizá todavía hay esperanza para mí). Le dije al Señor que esta batalla era suya y que yo iba a confiar en Él para los resultados. Me recordó que Su gracia es suficiente, que Su poder se perfecciona en mi debilidad y que el gran cuadro no era cuán bien sonaban mis arreglos, sino si las personas estaban llegando a conocerle. (2 Corintios 12:9). Dios también usó a algunos amigos cercanos para ayudarme a bregar con la frustración creada por mis expectativas incumplidas. En lugar de tratar de esconder mi inseguridad, les confié a aquellos cercanos a mí que estaba luchando con el perfeccionismo. (A los perfeccionistas les cuesta mucho trabajo reconocer que son débiles). Las personas en cuya opinión confié dijeron que no habían notado ningún declive en la música y que yo era el único que jamás sabría que faltaban unos cuantos músicos. Cuando oí eso de personas que sabía que eran sinceras conmigo, comprendí que me había inquietado por expectativas poco realistas. El tamaño de la orquesta había cambiado, y yo no había ajustado mis expectativas. Estas estaban muy lejos de la situación.

En busca de la excelencia

Por ahora algunos de ustedes estarían diciendo «Espere un momento. ¿No tuvieron los maestros y los grandes artistas de la historia una fibra perfeccionista que impulsó su arte a la grandeza? ¿No fue el perfeccionismo una parte de su genio?» Según lo que yo he observado, la búsqueda del perfeccionismo es destructiva para el artista y para su arte. El perfeccionismo no es saludable. Inhibe la actuación y ahoga la creatividad. Pienso que los mejores artistas procuran la excelencia, no la perfección. En realidad, me gustaría proponer que el perfeccionismo es más o menos el gemelo malvado de la excelencia. Si bien el perfeccionismo es destructivo y está centrado en el hombre, la búsqueda de la excelencia es constructiva y honra a Dios. En lugar de buscar la perfección, necesitamos buscar la excelencia.

Nancy Beach, nuestra directora de programación aquí en Willow Creek, define la excelencia como «hacer lo mejor que usted puede con lo que tiene». No importa cuánto talento se nos haya dado, todos podemos tratar de hacer lo mejor. Para todos ustedes los perfeccionistas, dense cuenta de la palabra *tratar*. Dios sabe que no somos perfectos. Todo lo que Él pide es que lo intentemos. No importa dónde se encuentre usted en su desarrollo como artista, pues todos podemos tratar de hacer cosas con excelencia. Usted no tiene por qué ser profesional para hacer lo mejor que puede hacer con lo que tiene. Tampoco tiene por qué ser un artista consumado. Solo tiene que estar dispuesto a tratar de hacer lo mejor.

La búsqueda de la excelencia significa que hacemos lo mejor con lo que tenemos, para la gloria de Dios. Él es digno de lo mejor que tenemos. En última instancia, servimos a un Dios creativo. Cuando él creó el mundo, lo dotó de belleza insuperable y de inspiradora majestad. Dios no tiró, simplemente, las cosas cuando creó el universo. Modeló una excelencia creativa para nosotros. Siete veces durante la descripción de la creación en Génesis, Dios se detiene y observa lo que ha creado, y dice: «Es bueno». Es evidente que servimos a un Dios que se deleita en la creatividad y valora que las cosas se hagan con excelencia.

La excelencia es también un poderoso testigo para Cristo. La mayoría de los no cristianos que se presentan en alguna iglesia se imaginan que la música será despreciable y anticuada. No esperan conmoverse ante el drama, la danza o las artes plásticas. ¿No sería genial que vinieran esperando lo peor pero en su lugar se encontraran con artes producidas con creatividad y excelencia? ¿No sería maravilloso que la iglesia local encabezara el camino en excelencia artística para nuestra cultura? Proverbios 22:29 dice: «¿Has visto hombre solícito en su trabajo? Delante de los reyes estará; no estará delante de los de baja condición». Cuando hacemos cosas con excelencia, el mundo se detendrá y tomará nota, y podremos señalarles al Dios que nos creó, nos dotó y nos ama.

Integridad artística. Destreza en desarrollo

Cuando hablamos sobre la excelencia en las artes, nos referimos a menudo a la integridad artística. Tener integridad artística quiere decir sencillamente que un artista protagoniza o crea con destreza. El Salmo 33:3 nos dice: «cantadle cántico nuevo, hacedlo bien, tañendo con júbilo». No se esfuerce por ser perfecto; en lugar de eso trate de actuar o crear con destreza. En otras palabras, haga lo mejor que pueda con el talento que le ha sido dado. A Dios no le glorifica la mediocridad. Él es el Dios que exhibió la máxima destreza y creatividad al formar el universo. El Señor se deleita en la creatividad y valora las cosas producidas con destreza artística. En el Antiguo Testamento había un vocalista llamado Quenanías que tenía reputación de ser «entendido en el canto» (1 Crónicas 15:22). Debido a su talento se le otorgaron la dirección y la responsabilidad. Tenía integridad artística. Necesitamos volar alto artísticamente. Necesitamos buscar la calidad antes que la cantidad, y la sustancia antes que el espectáculo.

Necesitamos tomarnos muy seriamente el desarrollo de nuestra habilidad artística. 1 de Crónicas 35:7 nos dice que los artistas del Antiguo Testamento estaban todos adiestrados. Los artistas necesitamos adiestramiento y desarrollo progresivo. Necesitamos tomar clases y lecciones y tener buen entrenamiento. Necesitamos leer libros y revistas que nos ayuden a mejorar nuestro arte. Después de todo, ¿cómo puede usted desarrollar su canto, su actuación en escena, su danza, su pintura, su dibujo sin algún tipo de adiestramiento progresivo? Muchos directores de música que llevan mucho tiempo en el ministerio no se sienten ya motivados musicalmente. ¿Qué puede hacer usted para estimularse artísticamente?

También debemos exponernos a arte bueno y aprender del mismo. ¿Cómo puede usted ser un gran artista sin estudiar el buen arte? No se aparte de este solo porque no sea «cristiano». Franky Schaeffer señala que hay solo «dos clases de arte, arte bueno y arte malo. Hay buen arte secular y mal arte secular. Hay buen arte hecho por cristianos y arte malo hecho por cristianos (y todos los matices entre ellos)». Podemos aprender mucho y mejorar nuestras habilidades exponiéndonos a arte de calidad dentro y fuera de la iglesia. Filipenses 4:8 nos instruye a dejar que nuestras mentes se ocupen de cosas que exhiban excelencia. Debemos asistir a exposiciones artísticas, conciertos, obras de teatro, cine y revistas musicales para ampliar nuestros horizontes artísticos. Eso forma parte de nuestro desarrollo progresivo como artistas. La idea aquí es exponerse a la excelencia, lo que desafortunadamente excluiría mucho de lo que aparece en la televisión. No se someta usted a la basura entumecedora del cerebro que ofrece la TV cuando podría estar leyendo un buen libro, escuchando un CD o yendo al teatro o a una galería de arte. Esta es la clase de entretenimiento que enriquece nuestras vidas. ¿Por que conformarse con menos?

La integridad artística implica trabajar duro. Hay que pagar un precio por la excelencia. No se engañe y piense de otra manera. Si usted quiere buscar excelencia en las disciplinas artísticas, eso exige trabajar duro. Los artistas de la iglesia no tenemos tiempo para ser holgazanes. Dios está a punto de usar las artes de una forma poderosa. Ya pasó el tiempo para nosotros en la iglesia de producir un arte mediocre. Ser holgazanes con nuestro talento es más una señal de sentirse cómodos que de estar comprometidos. Schaeffer nos habla a usted y a mí cuando dice: «De todas las personas, los cristianos deben ser *adictos a la calidad y la integridad* en cada área, no estar buscando excusas para un segundo lugar. Debemos resistir este ataque. Debemos exigir normas más elevadas. Debemos buscar personas con verdadera integridad creativa y talento, o de lo contrario no debemos meternos en absoluto en esos campos creativos. Todo esto no significa que no haya espacio para esos primeros pasos inseguros, para la experimentación, para los errores y para el desarrollo. Pero sí significa que no hay espacio para la mediocridad establecida año tras año, atrincherada holgazanamente, sin cambio ni variación» (itálicas en el original).[4]

Durante largo tiempo la creación artística en la iglesia ha sido considerada en su conjunto, sin prestarle mucha atención a la calidad. Durante mucho tiempo hemos dicho en voz baja: «Esto es lo suficientemente bueno para la iglesia», y el resultado es que el arte de la iglesia (especialmente la música) ha venido a estar asociado con mediocridad insípida. Algunos de nosotros solo hacemos lo suficiente para salir del paso. Dios merece mucho más que eso. Él merece lo mejor de lo mejor nuestro. Un amigo mío una vez notó que yo no estaba utilizando mis dones de escritor, que actuaba por inercia. Me lo dijo frente a frente: «Tú has aprendido cómo hacer lo suficiente para salir del paso. Deberías avergonzarte». Me dijo que daría la vida por ser capaz de hacer lo que yo puedo hacer. Esas palabras, dichas con amor, me transformaron. Él tenía razón. Yo estaba holgazaneando. Comprendí que yo estaba tomando mis dones como algo natural. Recuerden que Dios nos ha confiado a cada uno de nosotros un talento, y que somos responsables del manejo de ese don (Mateo 25:14-30). A él le debe apesadumbrar de verdad cuando no nos tomamos en serio nuestro talento. Seguro que le entristece ver a personas con talento que no hacen ningún esfuerzo. Buscar la excelencia implica un trabajo duro. Recuerde que no estamos hablando sobre perfeccionismo; estamos hablando sobre hacer lo mejor que usted pueda con lo que tiene, y eso exige esfuerzo. Quiere decir que si usted es actor y hay un pequeño punto en el libreto con el que tiene dificultad, trate de solucionarlo. Si usted danza, no siga repitiendo los mismos errores una y otra vez. Usted debe trabajar duro por corregirlos. Si usted es escritor, ha de escribir y escribir hasta que salga bien. Si es cantante, debe practicar regularmente y mantener su voz en forma. Si usted es músico, debe procurar mantener su instrumento en buen estado. Usted practica. Usted toma tiempo y pone esfuerzo para arreglar las notas equivocadas o aprender esos ritmos difíciles. Tener una ética de trabajar duro es un signo de carácter, y las personas con talento nunca deben conformarse con menos que lo mejor. El otro día vi a alguien que llevaba una camiseta donde ponía: «Éxito viene antes de trabajo solo en el diccionario». Qué apropiado.

Me gusta lo que dijo el famoso director de orquesta Sir George Solti, cerca del fin de su vida, sobre la necesidad de que los artistas trabajen duro. «Yo me siento más fuerte que nunca porque tengo infinita cantidad de estudios e ideas que realizar, a fin de llegar a ser el músico que quisiera ser».[5] Esto fue dicho por un hombre que ya era un éxito internacional y que tenía más de ochenta años.

Démosle a Dios lo mejor de nosotros

El Rey David, un diestro músico según 1 Samuel 16:18, dijo algo que siempre me ha tocado profundamente en relación con esta materia. El Señor le pidió a David que construyera un altar, y un hombre llamado Arauca ofreció darle a David todo lo que necesitara para construir el altar. Sin embargo, David rehusó, diciendo que no quería ofrecerle al Señor lo que «no le costara nada» (2 Samuel 24:24). David no quería ofrecer al Señor aquello que no le costara ningún esfuerzo. No quería ofrecerle al Señor nada a medio sentir. Qué gran ejemplo para que lo sigamos. Nosotros no podemos estar ofreciendo al Señor aquello que no nos cuesta nada. Necesitamos ofrecer a Dios lo mejor de lo mejor que tenemos, porque Él se lo merece.

Los artistas que trabajaban en el templo usaban el mejor oro que encontraron para su obra, porque deseaban darle a Dios lo mejor de ellos. 2 Crónicas 3:6 dice: «Cubrió también la casa de piedras preciosas para ornamento y el oro era oro de Parvaim» (RV) La arcilla para su trabajo en bronce venía del valle del Jordán, y esto también fue lo mejor que encontraron (2 Crónicas 4:17). En Malaquías 1 el Señor reprobó a la nación de Israel porque no estaban llevando al altar su mejor sacrificio. En lugar de ofrecerle al Señor su mejor ganado, ovejas o chivos, la gente ofrecía animales dañados —enfermos, viejos o cojos-. No honramos a Dios cuando le ofrecemos menos de lo mejor que tenemos. Él merece mucho más. Colosenses 3:23 dice: «Y todo lo que hagáis, hacedlo de corazón, como para el Señor y no para los hombres». Compañeros artistas, Dios es merecedor de nuestros mejores esfuerzos, honrémosle trayéndole lo mejor de lo mejor que tenemos.

Como estoy dirigiéndome a artistas que luchan en esta área, necesito enfatizar una vez más que no estoy hablando sobre perfección. Estoy hablando sobre hacer lo mejor que podamos con lo que tenemos. La excelencia es un blanco móvil, y espero que cada año nuestras normas alcancen un nivel un poco más alto que el año anterior. Si resistimos la tendencia humana de hacer las cosas solo para salir del paso, creceremos en excelencia. Cuando miro atrás y veo lo que hice hace cinco años, comprendo que no es tan bueno como lo que estoy haciendo ahora, pero que era lo mejor que pude hacer en esa ocasión.

Ser creativo y original

Buscar la excelencia también significa ser creativo y original. Francis Schaeffer señala algo muy interesante sobre la cuestión artística ligada a la construcción del tabernáculo. Cuando se hicieron los ropajes de los sacerdotes, a los artistas se les pidió que hicieran granadas azules, púrpuras y escarlatas (Éxodo 28:33). Schaeffer llama la atención sobre el hecho de que las granadas pueden ser púrpuras y escarlatas durante varias etapas de su crecimiento, pero nunca azules. Imagíneselo: una granada azul. En otras palabras, los artistas no tenían que hacer copias exactas de la naturaleza, sino traer a su obra algo nuevo, refrescante y diferente. La implicación de Schaeffer es que existe libertad en la economía de Dios para que los artistas sean creativos y originales.[6]

Por eso la Palabra de Dios nos alienta a cantar al Señor un «nuevo cántico» (Salmo 33:3) Yo siento muy firmemente que cada iglesia necesita estimular la composición de música original. La música original es una expresión de la vida de la iglesia. Es una buena manera de documentar lo que Dios está haciendo en tu iglesia. Si Dios está haciendo algo único en tu iglesia, vamos a tener un cántico sobre esto como testimonio a la comunidad. Si hay una enseñanza de que Dios ha estado presionando sobre la congregación, tengamos un cántico sobre esto, como señal que nos permite recordar la enseñanza cada vez que lo cantamos. Si hay algo que tu iglesia esté celebrando, tengamos un cántico que lo conmemore. Este principio del «nuevo cántico» se aplica no sólo a la música sino a todas las artes. Estimulemos la creación de arte nuevo para reflejar lo que Dios está haciendo hoy en cada una de nuestras iglesias.

Comunicación efectiva

Necesitamos buscar excelencia en nuestra capacidad para comunicar con efectividad. El arte bueno comunica un mensaje, una idea, un pensamiento, un sentimiento o una emoción. El arte en su mejor expresión estimula la mente y mueve el alma. Si nosotros en la iglesia local nos tomamos con seriedad el hecho de comunicarnos efectivamente, nuestro arte no conmoverá a nadie. No importa cuán logrado o sofisticado seamos, si la idea no se trasmite claramente en la comunicación, ¿cómo vamos a llegar con nuestro arte? Pablo tiene un punto interesante en 1

Corintios 14:7-9: «Ciertamente las cosas inanimadas que producen sonidos, como la flauta o la cítara, si no dieren distinción de voces, ¿cómo
se sabrá lo que se toca con la flauta o con la cítara? Y si la trompeta diere
sonido incierto, ¿quién se preparará para la batalla? Así también vosotros, si por la lengua no diereis palabra bien comprensible, ¿cómo se en-
tenderá lo que decís? porque hablaréis al aire».

¿No es cierto que si nuestro mensaje carece de claridad, también podríamos estarle hablando al aire? Necesitamos estar seguros de que la
producción de arte para la iglesia dice algo y lo dice claramente. Todos
los artistas necesitan saber que la comunicación es tan importante como
la técnica. Yo me he sentido grandemente conmovido a veces por cantantes cuya técnica no estaba muy desarrollada pero cuyas capacidades
de comunicación eran fuertes. Por otra parte, un artista que tiene gran
técnica pero no le presta atención a la comunicación clara y efectiva, no
conmoverá a nadie. El arte cristiano nunca se convertirá en una fuerza
digna de reconocimiento si ignoramos lo que se necesita para una
comunicación significativa.

La gente de teatro suele conocer mejor esto. Ellos saben cuán importante es dedicarle un pensamiento a cada línea. «¿Cómo voy a decir
esto?», se preguntan. «¿Cómo debo sentirme y cuál es la mejor forma de
expresarlo?» Los danzantes no tienen líneas escritas. Los mejores danzantes saben que tienen que usar sus movimientos físicos y sus caras para decirnos lo que están tratando de decir. Los artistas plásticos no tienen la
palabra hablada ni expresiones faciales. La mayoría de las veces no están
ni siquiera presentes cuando la gente observa su arte, de modo que tienen
que llenar su lienzo o sus páginas con una emoción o un significado que
comuniquen con efectividad.

Los artistas que yo considero más olvidadizos de la buena comunicación son desafortunadamente los músicos, especialmente los cantantes.
Existe un sentimiento muy extendido en la iglesia de que los cantantes
que actúan sin ninguna expresión o emoción facial son de cierto modo
menos distraídos y más espirituales. En las iglesias donde yo crecí, los vocalistas cantaban sin mover los brazos, y mirando directamente su parti-
tura. No ofrecían ningún contacto visual, ni gestos significativos, ni
expresiones faciales en absoluto. La ironía radica aquí en lo poco natural
que es eso. Cuando estamos hablando de algo que es importante para
nosotros, no nos ponemos como robots. Movemos los brazos para recal-

car nuestro punto. Nuestras caras registran una emoción que armoniza con nuestras palabras. Miramos a la gente cuando le hablamos. Amigos cantantes, cuando ustedes ensayan, ¿ponen mucha atención en cómo van a comunicar una canción, igual que hacen con su técnica? ¿Cantan simplemente las notas o se entregan a comunicar un mensaje? A diferencia del bailarín, ustedes cuentan con el lujo de las palabras. ¿Están ustedes enunciando su mensaje claramente? ¿Hay algún fallo vocal que interrumpe el mensaje? ¿Saben ustedes cuál es la letra importante, la que no quieren que nadie pase por alto? A diferencia del artista plástico, ustedes tienen el lujo de ser capaces de usar su cuerpo y especialmente su cara. ¿Refleja su cara lo que usted está cantando? ¿Está usted usando gestos que le resultan significativos y naturales?

Algunos de nosotros somos rígidos y reservados en escena porque estamos más preocupados por cómo se nos ve que por lo que estamos comunicando. Somos demasiado conscientes de nosotros mismos. Me gusta el consejo que da Peggy Noonan sobre esto: «Cuando usted se olvida de sí mismo y de su temor, cuando usted rebasa la conciencia de usted mismo porque su mente está pensando en lo que está tratando de comunicar, entonces usted se convierte en un comunicador mejor».[7]

El danzante y coreógrafo profesional Mark Morris dijo algo sobre cómo entregarnos efectivamente a la comunicación: «Como intérprete, lo mejor son los momentos en que uno siente que tiene la opción —dentro de un texto determinado— de hacer exactamente lo que quiere, sin preocuparse de cómo se ve o de si uno está lo suficientemente preparado. Solo parece estar envuelto en una pura expresión que es totalmente apropiada».[8]

No quiero decir que escojamos a los cantantes. Todos nosotros debemos someternos a lo que la forma artística necesita para comunicarse claramente. Por ejemplo, si usted es músico no debe sobrecargar la letra con notas o con un volumen exageradamente alto. Si usted es compositor, sus canciones necesitan tener un enfoque claro y una progresión lógica de ideas. Los miembros de la iglesia necesitamos tomarnos en serio la comunicación, porque se nos ha dado el encargo de comunicar las Buenas Nuevas de Dios. Tenemos el mensaje más importante que existe, así, pues, vamos a comunicarlo atrevidamente y claramente. La comunicación efectiva es parte vital de la búsqueda de la excelencia.

Preparación espiritual

Voy a incluir la preparación espiritual aquí en nuestra discusión sobre la excelencia porque he descubierto con los años lo vital que es que los artistas cristianos preparen sus corazones y mentes espiritualmente antes de crear o representar. El apóstol Pablo sabía de la importancia de la preparación espiritual antes del ministerio. Después de su dramática conversión no comenzó de inmediato su etapa como conferenciante. Pasó tres años en relativa oscuridad, preparándose espiritualmente. Ya tenía dones para la oratoria y la enseñanza, pero necesitaba prepararse espiritualmente para el ministerio que le aguardaba (Gálatas 1:15; 2:1) En realidad, pasó catorce años de preparación espiritual antes de echar a andar su ministerio. Y fue uno de los eruditos más grandes de todos los tiempos. Tenemos que tomar la preparación espiritual con tanta seriedad como el ensayo. Forma parte de la búsqueda de la excelencia tanto como la práctica.

En Willow Creek tenemos la bendición de contar con Corinne Ferguson como directora y entrenadora de los cantantes. Ella entiende cuán importante es la preparación espiritual para un ministerio vocal fructífero. Ensayar con Corinne es algo más que practicar las notas. Hay mucho trabajo espiritual también. Algunas veces ella modera comentarios en grupo sobre la letra, formulando preguntas para probarnos. O el grupo ora por la letra o para que la congregación reciba esa letra con el corazón abierto. Muchos de nosotros consideramos a Corinne nuestra arma secreta, porque literalmente trabaja entre bastidores impacta en gran manera nuestro ministerio, inspirando a los cantantes a que cada himno que canten refleje sus almas. Ella hace que personalicen cada letra del himno, que se adueñen de lo que dice cada himno, y que comuniquen el mensaje de la forma más efectiva. Si un himno no ministra primero a quien lo canta, no ministrará a nadie más.

He aprendido también mucho sobre preparación espiritual observando a algunos de nuestros cantantes más veteranos aquí en Willow Creek. Los he visto tomar la letra para un himno en el que trabajan, y escribir apuntes sobre esta. Durante su tiempo devocional hacen un estudio bíblico sobre el mismo tema del himno o meditan sobre las Escrituras que se refieran a la letra. Los he oído compartir ideas que han recogido de la aplicación a sus propias vidas de la verdad de un himno en particular. Durante los días previos al culto, muchos de ellos oran fervientemente para que Dios los use al máximo. Esto es todo parte de lo que significa prepararse espiritualmente para ministrar en las artes.

El ingrediente más importante para una comunicación efectiva es la sinceridad. Si usted puede comunicar lo que cree con sinceridad, la gente se sentará y tomará nota. La sinceridad era un sello de fábrica del ministerio de Pablo, y le confirió poder e integridad a este (2 Corintios 1:12; 1 Timoteo 1:5). Más que ninguna otra cosa, el mundo se pregunta si nosotros los cristianos realmente creemos lo que cantamos. La gente se pregunta hasta qué punto somos sinceros, hasta qué punto Jesús es real para nosotros. Y uno no puede fingir la sinceridad. No es algo que usted puede falsificar o manufacturar. O usted lo es o no lo es. Pero usted puede cultivar un corazón sincero. Allí es donde entra la preparación espiritual. Las Escrituras pueden renovar nuestra pasión por las cosas de Dios y fortalecer nuestras convicciones. Ellas me retan constantemente a saber en qué creo y a vivir eso que creo. Sature su mente con la Palabra de Dios de modo que cuando usted cante un himno o actúe en un drama o danza sobre la gracia de Dios, por ejemplo, sienta la convicción hasta lo profundo de su alma de cuán maravillosa es esa gracia y de como nadie debería vivir sin ella. No impida que el potencial de la Palabra de Dios profundice en la sinceridad de su alma. Si su corazón se apasiona por las cosas de Dios, usted se comunicará con sinceridad.

La otra cosa que necesitamos hacer en obsequio de la integridad espiritual como artistas es vivir una vida llena del Espíritu. Hechos 1:8 dice que cuando estamos llenos del Espíritu Santo, llegamos a ser poderosos testigos de Jesucristo. Si deseamos tener integridad espiritual, tenemos que caminar en el Espíritu (Gálatas 5:16; Efesios 5:15) Esto implica una decisión de cada día y cada momento de caminar íntimamente con Dios, de buscarlo a Él primero y seguirle de todo corazón (Mateo 6:33; Lucas 9:23) Si caminamos en el Espíritu, el Señor ungirá nuestra obra como artistas, y nosotros ministraremos poderosamente en su nombre.

Venid a mí

¿Que le diría Jesús al perfeccionista? Creo que le miraría directamente a sus ojos, levantarían la mano y le diría, «Venid a mí, todos los que estén trabajados y cargados, y yo os haré descansar. Tomad mi yugo y aprended de mí, que soy manso y humilde de corazón, y hallaréis reposo para vuestras almas. Porque mi yugo es fácil y ligera mi carga» (Mateo 11:28-30)

Este es un gran pasaje para los artistas que están luchando con el perfeccionismo, que han llegado a cansarse por tratar de vivir al nivel de sus propias expectativas, de quienes están cargados de monólogos negativos. Jesús dice: «Ven a mí tal como eres, con arrugas y todo. Ven a mí y libérate, libérate de la presión de tu perfeccionismo autoimpuesto». Nótese que Jesús no nos trata como esclavos, a quienes le es imposible agradar al Dios que nosotros nos hemos forjado. Él es manso y humilde.

Parece una invitación, ¿verdad? Comparada con las exigencias que nosotros los perfeccionistas nos imponemos, su yugo es fácil y su carga ligera. Allí está él, listo y dispuesto a meter el hombro en nuestra carga. De modo que ponga todo esto al pie de la cruz y halle su descanso en Él.

Preguntas para comentar en grupo

1. ¿Ve usted síntomas de perfeccionismo en su vida? Siga esta lista y ponga una marca en cualquiera de las tendencias que vea en usted mismo.

_____Reducir al mínimo lo positivo, destacar al máximo lo negativo.

_____El síndrome del punto (fijarse en los fallos pequeños e ignorar lo bueno en conjunto)

_____Pensar en blanco y negro (Soy todo malo o todo bueno)

_____Autoestima basada más en la actuación que en la identidad

_____Establecer expectativas elevadas y poco realistas

_____Monólogo negativo

2. ¿Cree usted que su equipo realiza un buen trabajo de celebración cuando Dios utiliza el equipo de alguna manera especial?

3. ¿Cómo puede usted saborear algo que haya hecho artísticamente, que Dios haya bendecido, sin llegar a enorgullecerse de ello?

4. ¿Cuándo fue la última vez que usted asistió a un evento artístico -un concierto, una película, una obra de teatro o visitó un museo de arte? ¿Cuál fue la experiencia?

5. ¿Cuál sería un ejemplo hipotético de un artista ofreciendo un «cordero defectuoso» como culto en la iglesia?

6. ¿Está usted convencido de que para el arte en la Iglesia es importante comunicarse claramente? ¿Qué le parece el arte por amor al arte?

7. En su mente, ¿cuál es la diferencia entre la búsqueda de la perfección y la búsqueda de la excelencia?

8. ¿Cómo sabe usted si sus esfuerzos artísticos están ungidos por el Espíritu Santo?

9. ¿Qué supone que los artistas de su ministerio estén preparados espiritualmente para ministrar en la iglesia?

10. ¿Por qué cree usted que a algunas personas les atemoriza hablar sobre excelencia en la iglesia?

Pasos de acción personal

1. Organice un paseo artístico, tal como ir a un concierto o a una representación teatral

2. Encuentre un versículo de la Biblia que le hable con más convicción acerca del amor de Dios para usted personalmente. Medite en ese versículo y memorícelo.

3. Desarrolle y ponga en marcha un plan activo que le ayude a desarrollar más sus capacidades artísticas. Decida a quién le puede rendir cuentas en cuanto a esto.

4. Dé los pasos necesarios para mejorar la capacidad de su arte para comunicarse claramente.

5. Decida qué puede hacer para prepararse mejor espiritualmente a fin de ministrar como artista cristiano

Deja que el Señor te ame

Me humillo cada vez que te rebajas
Escondes tu dolor como si no existiera
De modo que cuando te oigo reír estás llorando bien adentro
Porque en tu mente caes por debajo de las normas,
Aunque nunca negarías que nuestro Dios es un Dios amoroso
Sientes que se aparta cuando cometes errores
Pero nuestro Padre celestial nutre su propio yo
Para Él tú vales más de lo que jamás sabrás

Así, pues, deja que el Señor te ame
Deja que su voz se haga oír por encima del resto
Mantente firme en lo que sabes que es verdad
Y deja que el Señor te ame.

Puede que busquemos la verdad, pero escuchamos más las
  mentiras
Las repetimos una y otra vez en nuestra mente
Hasta que nos quedamos con algún punto de vista distorsiona-
  do
Que deforma lo que somos y todo lo que hacemos
Hay veces que has tenido que pelear por todo lo que vales
Ponte en pie ante las voces del pasado
Y a medida que te acercas a Él tendrás más momentos
Cuando Su amor te colma y sabes que es verdad

Que el Señor, Él te ama
Deja, pues, que su voz se oiga sobre el resto
Mantente en lo que sabes que es verdad
Y deja que el Señor te ame
Vas a dejar que el Señor te ame.[9]

Rory Noland

El crecimiento artístico es, más que nada,
una depuración del sentido de la veracidad. El estúpido
cree que ser veraz es fácil; sólo el artista, el gran
artista, sabe lo difícil que es.

Willa Cather, El Cantar del Señor

Cinco
Cómo bregar con la crítica

ustin es el técnico de sonido en Southport Community Church. Dedica muchas horas de trabajo voluntario en la iglesia. En la mayoría de los cultos o eventos importantes, él es el primero en presentarse allí y el último en salir. Justin coloca el equipo de sonido para el culto, combina el drama, la banda y los vocales, y atiende las luces. Durante la semana se ocupa del mantenimiento del equipo del sonido y de la iluminación de la iglesia. Justin lleva diez años haciendo esto. La iglesia no le paga, y para él eso está bien, aun cuando quizá pase más de cuarenta horas semanales allí. Él sabe cuán raro es que una iglesia contrate a un director técnico. Así, pues, él enseña cada día educación física en la escuela primaria y acude a la iglesia a última hora de la tarde. Disfruta lo que hace en la iglesia, pero últimamente ha estado en pugna con Sam, el nuevo director de programación. Sam tiene nuevas ideas que pone a Justin en ascuas cada vez que hablan.

Cuando se reunieron por primera vez, Sam le dio a Justin una extensa lista de cambios que quería introducir. En primer lugar, deseaba prolongar el tiempo del ensayo, lo que significaba que Justin tendría que estar en la iglesia más temprano. Justin estaba ya cansado de todas las horas que estaba dedicando a la iglesia. No tuvo otro remedio que pensar: *¿Qué hay de malo en la forma en que estábamos haciendo las cosas antes?* Sam deseaba nuevos monitores, deseaba cambiar de sitio los altavoces del santuario, deseaba ponerle micrófonos a la batería de una forma diferente, y deseaba que todos los teclados salieran en estéreo. Justin se decía: *¿Quién se cree este tipo que cree que puede llegar aquí y cambiarlo todo?*

Uno de los cambios especialmente difíciles para Justin ha sido la reunión evaluativa a la que se ve ahora forzado a asistir cada lunes por la mañana temprano. Los líderes claves que se ocupan de la organización del culto se reúnen con el pastor en un restaurante local y comentan el culto del día anterior. Esto es duro para Justin. Cada vez que surge algo negativo sobre el sonido o las luces, se pone muy a la defensiva. Una vez el pastor le preguntó por qué su micrófono de solapa sonaba como si estuviera a punto de hacer ruido durante el sermón, y Justin le respondió bruscamente diciendo: «Bueno, si yo tuviera un buen equipo decente para trabajar, no tendríamos este problema». Nadie supo qué decir. La conversación continuó, pero Justin no estaba realmente atendiendo durante el resto de la reunión. Estaba perdido en una serie de pensamientos negativos y defensivos: *No tienen idea de cuán duro trabajo... Estoy haciendo las cosas lo mejor que puedo... Son afortunados en tenerme a mí... Nadie más podría bregar con todo esto... Yo no recibo pago por hacer esto...*

Sam había planteado varias sugerencias sobre la combinación de la banda y el sonido vocal, que Justin no había hecho realmente bien. En una ocasión Sam estaba actuando y pidió menos control de sonido sobre el grupo de cantantes y más «calor». Esto puso furioso a Justin. *Yo sé lo que estoy haciendo* —pensó— *y no necesito que nadie me diga cómo manejar el sonido.* Pero acató lo pedido, tuvo que reconocer que menos eco le daba más claridad al sonido general. Para añadir el insulto al daño, al salir de la iglesia esa mañana varias personas elogiaron a Justin por la mezcla de sonidos. Muchos le dijeron que se oía mejor la letra. Justin agradeció su inocente estímulo, pero seguía sin gustarle la idea de que ese nuevo tipo, Sam, le dijera cómo hacer su trabajo.

La comunicación entre los dos hombres ha sido como una competencia entre dos fuerzas opuestas. Cada vez que Sam hace una sugerencia, Justin pregunta por qué y la acata a regañadientes. Como resultado de ello, existe una tensión en todo chequeo del sonido, en toda reunión y en todos los cultos. La gente siente como si caminara sobre cáscaras de huevo cuando está cerca de Justin, porque él se toma muy personalmente la menor crítica, Parece enojado todo el tiempo.

Para empeorar las cosas, los dos hombres chocaron por una cuestión moral que se puso de relieve en la vida de Justin. Justin y su novia, que no era creyente, llevaban varios meses viviendo juntos por varios meses. Cuando Sam le habló cara a cara de este asunto, Justin lo negó al principio. Sam persistió, y Justin lo acusó de estar juzgándolo, señalando que la decisión de vivir juntos era de carácter financiero.

La gota que colmó el vaso, sin embargo, quizá ocurrió la semana anterior. Durante el culto iban a actuar más cantantes que los usuales. Diez minutos antes del comienzo del culto, cuando iban a usarse los micrófonos, alguien descubrió dos cordones en mal estado, y no había cordones de repuesto. Justin había hablado de comprar cordones nuevos, pero no había insistido en ello. Se había desentendido del asunto. Cuando Sam ansiosamente le preguntó sobre el asunto, Justin se puso a la defensiva y furiosamente le dijo a Sam: «Si usted quiere cordones para el micrófono, cómprelos».

Durante el culto Justin apenas podía concentrarse. Estaba agitado interiormente. Estaba enojado con Sam, enojado con todo el mundo que participaba, y bravo con la iglesia. Sus pensamientos sobrepasaban sus emociones. *¿Qué derecho tiene este recién llegado a hacer tales demandas excesivas todo el tiempo? ¿Y cuándo cesará de decirme cómo hacer mi trabajo? ¿No piensa que yo sé lo que estoy haciendo? Si no fuera por mí, este culto no estaría celebrándose. Yo merezco que me traten mejor que esto.* El enojo se fue encendiendo hasta que Justin no pudo resistirlo más. Se levantó y se fue, precisamente en medio del himno inicial. Apagó el equipo de sonido y todo se apagó. Se produjo un ruidoso estampido en todo el auditorio y toda la congregación se volvió y vio a Justin salir tempestuosamente de la cabina, bajar al salón y atravesar la puerta de salida.

Después del culto Sam trató varias veces de llamar a Justin a su casa, pero Justin obvió sus llamadas y nunca levantó el teléfono. A su manera, estaba tratando de castigar a Sam. Él era ahora objeto de la atención de todo el mundo y deseaba hacer notar su punto de vista. Estaba en su hogar solo, resentido, sentado en frente de la televisión.

Preguntas para comentar en grupo

1. ¿Por qué piensa usted que Justin reaccionó negativamente a cada sugerencia que le hacía Sam?

2. ¿Por qué cree usted que Justin se tomaba todo tan personalmente?

3. ¿Qué sugeriría usted que hiciera Justin para restablecer su relación con Sam?

4. ¿Qué debería hacer Sam para tratar de reconciliarse con Justin?

5. ¿Cree usted que Sam tuvo razón al confrontar a Justin sobre su concubinato con su novia?

6. ¿Existe alguna forma de que se hubiera evitado la tensión entre Justin y Sam? ¿Qué podrían haber hecho ellos de otra forma que los hubiera capacitado para trabajar juntos y armoniosamente?

7. ¿Cómo afecta a los ensayos un espíritu a la defensiva?

8. ¿Cómo cree usted que deben manejar la crítica los artistas?

9. ¿Qué les pasa a los artistas cuando no están abiertos a la crítica constructiva?

10. ¿Cuál es la mejor manera de ofrecerle retroalimentación a un artista?

Peligros de estar a la defensiva

Algunas veces aquellos de nosotros con temperamento artístico nos ponemos a la defensiva cuando somos criticados. Podemos ser hipersensibles, y dejamos que nos hieran las cosas pequeñas. Algunas veces nos sentimos ofendidos aun cuando no existió la intención de ofendernos, y nos tomamos las cosas más personalmente de lo que estas merecen ser tomadas. Puede que tengamos un espíritu a la defensiva debido al orgullo, temor o inseguridad, o a una crianza disfuncional, pero sea cual sea la razón, puede llegar a ahogar a alguien espiritualmente y en sus relaciones. Y puede tener efectos devastadores en su ministerio o en el equipo en el cual usted sirve. Muy a menudo la persona que es súper-defensiva no comprende esto. Usted puede pensar que no tiene problemas con esto, pero créame, si usted es un artista sensible, el potencial está siempre allí para que usted tome algo más personalmente de lo que se suponía que lo debía tomar. Los artistas pueden ser también las personas más obstinadas de todas. Queremos hacer las cosas a nuestra manera, y cuando alguien pone alguna objeción, nos enojamos.

Situaciones como la que he descrito con Justin y Sam son muy comunes, especialmente entre los artistas. Yo he visto a músicos ponerse a la defensiva acerca de la entonación: «*Yo* desde luego no estoy fuera de tono. Mi instrumento fue marcado a 440 en la fábrica, y nunca está fuera de tono». Yo he sido testigo de cantantes poniéndose a la defensiva cuando tienen dificultad para aprender cierta parte de la canción. También he observado una actitud defensiva en el actor o actriz que responden a una sugerencia bien intencionada con la respuesta sarcástica de «Lo único que estaba haciendo es lo que mi director me dijo que hiciera». He visto a escritores y a otras personas creadoras ir a la defensiva acerca de su trabajo, diciendo: «¿Cómo se atreve a criticar lo que escribí? Esto vino de Dios. No voy a cambiar nada. ¡Esto está bien como está! Algunos de nosotros, los artistas, decimos: «¡Usted puede criticar lo que quiera, pero no se atreva a criticar mi obra!»

Un espíritu defensivo puede herirlo a usted y a su arte. No podemos crecer como artistas hasta que dominemos esta cuestión del carácter, que puede ser un punto débil para nosotros los artistas. Comencemos analizando algunos de los peligros de la actitud defensiva.

La actitud defensiva nos separa de otros

Estar a la defensiva lo separa a usted de otras personas. Conduce a la amargura y al resentimiento. Ahoga la comunicación. Separa. Las personas que están siempre prestas a defenderse no son muy accesibles. Cuando otros sienten como si tuvieran que caminar sobre cáscaras de huevo a tu alrededor, terminas distanciándote de otros, y eso puede ser muy triste. He visto con frecuencia situaciones en las cuales todos sienten que tienen que ser extra sensibles alrededor de cierto individuo, y comienzan evitando a esa persona porque puede ser muy agotador tener que tratar con un espíritu a la defensiva. Si usted siempre siente que está hiriendo a alguien, tiende a evitar a esa persona después de cierto tiempo. Algunas veces asumimos una actitud defensiva para evitar ser heridos. No podemos soportar ser rechazados o la idea de que alguien no nos quiera. Sin embargo, inevitablemente, sucede justamente eso mismo que estamos tratando de evitar. La gente rechaza a quien esté crónicamente a la defensiva. La ironía en este caso es que el hipersensible llega a ser insensible a otros, por lo absorto que está en sí mismo. Lo que comienza como un mecanismo de defensa contra la ofensa, se convierte en un daño mayor: soledad y separación. Esto no es bueno para el artista que trata de experimentar comunidad o trata de construir relaciones significativas en su vida.

La actitud defensiva nos aleja de la verdad

La honestidad es una señal de integridad. La persona que reconoce la verdad y habla honestamente es una persona de alto carácter moral. Estar a la defensiva, por otra parte, es una falta grave de carácter. Esto lo mantiene a usted y al mundo que lo rodea alejados de la verdad. Las personas tienden a evitar ser honestas con personas hipersensibles, porque no quieren herirlas. Yo me he alejado, acusándome a mí mismo muchas veces, después de hablar con alguien que se ha mostrado a la defensiva conmigo porque he dicho más de la cuenta o menos de lo debido. He estirado la verdad un poco para hacer que la persona se sienta mejor, o he dejado de decir algo porque tuve temor de herir a la persona. Lo que debí haber dicho era sin duda más necesario para dicha persona, pero la hipersensibilidad de esa persona me impidió ser totalmente honesto.

Como yo dirijo un equipo de artistas, asumo con toda seriedad mi responsabilidad de guiarlos. Hay veces que necesito hablar honestamente con alguien sobre su trabajo o sobre ciertos aspectos de su carácter en su vida. Siempre que tengo algo especialmente difícil para compartir con alguien, hablo del asunto con la actitud de que la verdad nos ayuda a ser mejores personas. La mayoría de la gente desea que yo sea honesto con ellas, pero ocasionalmente me topo con artistas que no pueden resistir la crítica constructiva de ninguna clase. No quieren oír la verdad. Qué triste; no comprenden cuán liberalizadora puede ser esta.

Escogemos ponernos a la defensiva para protegernos de las dudas sobre nosotros mismos. Sin embargo, sucede justamente eso mismo que estamos tratando de evitar. La gente que levanta murallas para protegerse de la verdad encuentra más dudas sobre sí mismos que aquellos que encaran sus debilidades de frente y crecen con ellas. En un esfuerzo por proteger nuestra autoestima, nos abrimos a algo más dañino que un ego magullado y eso es decepción. Créanme, ser engañado en cuanto a nuestras habilidades es mucho peor que conocer y aceptar nuestros puntos fuertes y débiles.

La actitud defensiva nos impide ser todo lo que podemos ser

Estar a la defensiva nos impide ser los artistas que podemos llegar a ser. Esto nos ahoga artística y creativamente porque escuchar el comentario, la crítica o las sugerencias es una de las maneras de mejorar. Podemos aprender mucho estando abiertos a los comentarios. Como director de música en una iglesia, he sido «quemado» en numerosas ocasiones por compositores que me piden un comentario honesto sobre canciones que han escrito Por alguna razón me llegan cintas de compositores de todo el país. En ocasiones, después de tratar de ser sensible y afirmativo, hago algunas sugerencias, y algún que otro compositor se pone enojado y a la defensiva. El compositor no quiere mi comentario. Lo que realmente quiere es que yo le diga que vamos a usar su música en nuestra iglesia. Esto definitivamente me hace cauteloso a la hora de hacer comentarios al próximo compositor que se aparezca.

Cuando nos permitimos asumir esa actitud defensiva, dejamos de crecer como personas y como artistas. Algunas veces estamos a la defensiva porque nos sentimos amenazados. Pensamos que tenemos que protegernos a nosotros y a nuestro arte. Pero lo que realmente estamos tratando de proteger sufre al máximo por nuestra actitud defensiva. Eso es porque nos desligamos de aquello que puede ayudarnos a florecer como artistas: el comentario constructivo.

Ofendidos

Debido a que muchos artistas son personas sensibles, nuestro ego se acalora fácilmente. Somos buenos para captar las señales de la gente, cosas que otros no podrían ni aun notar. Debido a que vamos a recoger muchas cosas como estas, necesitamos ser cuidadosos de no recoger algo que no está allí realmente. Nuestra intuición no es infalible. No se deje provocar fácilmente (1 Corintios 13:5). Proverbios 3:20 nos advierte que no nos sintamos ofendidos cuando no hubo intención de ofendernos. Proverbios 11:27 dice: «El que procura el bien buscará favor; mas el que busca el mal, éste le vendrá». No busque problemas. No ande por ahí provocando contienda. Eclesiastés nos advierte de no tomar de forma personal todo lo que dice la gente, de modo que nos sintamos fácilmente ofendidos (7:21). No reciba como una ofensa grave un simple comentario que no tuvo intención de ofender. No exagere fuera de proporción los comentarios de nadie.

Cuando los ancianos de Israel se acercaron a Samuel y le pidieron que les designase un rey, este se sintió ofendido. Lo tomó como una acusación contra su liderazgo. Lo consideró como un bofetón en la cara, porque era viejo y sus hijos estaban desempeñando un papel muy malo como dirigentes de la nación. El Señor, sin embargo, le dijo a Samuel que no lo tomara personalmente: «Oye la voz del pueblo en todo lo que te dicen; porque no te han desechado a ti, sino a mi me han desechado, para que no reine sobre ellos» (1 Samuel 8:7). En otras palabras, Dios le dijo. «No hagas una montaña de un grano de arena, Samuel. Esto no es contigo, así que no lo tomes como algo personal».

Nosotros los artistas no tenemos el monopolio de llegar a sentirnos ofendidos fácilmente, pero estén seguros de que tenemos una importante franquicia en el negocio. Con frecuencia, sin amplia evidencia, podemos llegar a estar convencidos de que alguien está tratando de socavarnos. Esto no es siempre verdad. El problema podría ser una simple mala interpretación o quizá somos hipersensibles. La nación de Israel estuvo a puno de caer en una guerra civil debido a una simple interpretación errónea (Josué 22). A la postre las cabezas frías prevalecieron, y cuando se sentaron y hablaron, comprendieron que hubo mucho ruido y pocas nueces.

Cuando estemos en duda, verifiquemos. Si usted se siente ofendido por algo que oyó de segunda mano, vaya a la persona y pregúntele sobre lo dicho. Si usted está tomando algo personalmente, pero no está seguro de que esa fuera la intención, verifíquelo. No sé cuán a menudo he sido ofendido y he ido a la persona solo para enterarme de que tomé lo que se dijo más personalmente de lo que tuvo la intención de serlo, que yo interpreté mal lo que se dijo, o que interpreté mal algo que hizo la persona. De modo pues, que hay que tener cuidado de no sentirse ofendido si no ha habido intención de ofender.

Mantener en alto la fachada

La mayoría de nosotros trabaja duro para mantener la impresión de que todo está bajo control. Esta es una trampa en la que caen muchos protagonistas porque siempre tenemos que poner la mejor cara cuando estamos en escena. Cuando actuamos en una audición, tenemos que lucir lo mejor y hacer lo mejor. Cuando actuamos, deseamos estar en forma y montar el mejor espectáculo que podamos. Tenemos que parecer confiados, aun si no lo estamos. Así pues, aprendemos a poner en alto una fachada para vendernos. Esta fachada, esta confianza autogenerada, nos hace entonces asumir una actitud defensiva contra cualquiera que venga con una crítica constructiva.

Igualmente, si cualquiera trata de señalar uno de nuestros fallos de carácter, no importa cuán amorosa trate de ser la persona, nos armamos para defendernos. Debemos aparentar que tenemos todo controlado. «¡Con cuánto atrevimiento sugiere que yo tengo un problema en esa área!», decimos echando candela. Llegamos a esos extremos para mantener la fachada que nos separa de lo único que nos ayudará a crecer espiritualmente: la humildad.

Entre paréntesis, esta es una de las mayores diferencias entre actuar y ministrar. He visto a muchos actores profesionales tratar de enfocar el ministerio de la misma manera que enfocan la actuación artística. La actuación es entretenimiento. Usted tiene que dominar el escenario. Tiene que aparecer confiado en sí mismo y entusiasta. No importa que esté pasando por una profunda crisis personal. El espectáculo debe continuar. Usted tiene que dejar todo detrás y entrar en el escenario y conquistar a todo el mundo una vez más. El ministerio, por otra parte, no es entretenimiento. En lugar de pretensión, hay autenticidad; necesitamos estar en el verdadero escenario. En lugar de trabajar duro para un instante de confianza, necesitamos ser humildes. El ministerio exige que le permitamos al Espíritu Santo dominar el escenario.

Cómo responder a los comentarios

Yo entiendo de dónde viene la actitud defensiva. Un artista puede ser sumamente vulnerable. Si usted es actor, está en la escena (algunas veces solo) actuando de todo corazón y ofreciéndoles a personas extrañas una vislumbre de su alma. Ser vulnerable es un precio que todo actor paga. Si usted es una persona creativa, usted también es vulnerable. Usted vuelca su corazón y su alma en la creación de algo y lo sostiene en las manos para protegerlo. Cuando llega el momento de mostrarlo al mundo, abre las manos despacio, esperando que nadie mate su creación antes de tener la oportunidad de llegar a ser algo. Puesto que el arte es una cosa tan personal, nos resulta difícil separarnos de nuestra obra.

Otra razón por la que nos sentimos vulnerables es que constantemente estamos siendo evaluados. Nosotros nos evaluamos a nosotros mismos, preguntándonos cómo le gustó a nuestro público lo que hicimos.

Como resultado de ello, ya sea que creemos o que actuemos, a menudo podemos sentir como si nuestra obra estuviera siempre «ahí puesta» para que la gente la evalúe. Algunas veces parece que estar dotados dependiera de cómo responde la gente a nuestro último esfuerzo. La expresión «usted es sólo tan bueno como su última actuación» no es cierta, pero algunas veces así es como nos sentimos. Los artistas sienten a menudo que su validez está en juego siempre que salen a escena. Y eso no ayuda a que la crítica del arte sea, más que otra cosa, muy subjetiva. A una persona muy respetable le puede encantar algo que hacemos, y otra muy respetable puede odiarlo. Así pues, ¿cómo supera usted todo esto y responde al comentario sin asumir una actitud defensiva? ¿Cómo puede usted ser sensible pero no hipersensible?

Salude al comentario como si fuera un amigo

(Considere el comentario como un amigo)

En primer lugar, considere que a la larga la crítica constructiva siempre es algo favorable para usted. La Biblia dice que es insensato no estar abierto al comentario (Proverbios 1:7). David era un artista que comprendía el valor de la crítica constructiva. En el Salmo 141:5 dice: «Que un justo me castigue, será un honor; y que me reprenda será un excelente bálsamo, que no me herirá la cabeza». Salude al comentario como si fuera su amigo. Tenga un espíritu que acepte la enseñanza. Esté abierto a la crítica. Comprenda que puede ser un agente de Dios para dar crecimiento a su vida, tanto espiritual como artístico.

Alguien que sea honesto con nosotros de veras nos ama. En Proverbios 27:5-6 se lee: «Mejor es represión manifiesta que amor oculto. Fieles son las heridas del que ama, pero importunos los besos del que aborrece». Conozco a un músico que está siempre a la defensiva. Todos caminan sobre cáscaras de huevo alrededor de su persona y son muy cuidadosos sobre lo que dicen. Es como el elefante en el cuarto. Allí está, creando un gran problema, pero nadie quiere hablar de eso. Todo el mundo sabe que hay un problema salvo la persona con el problema. ¿No amamos lo suficiente a otros como para decirles que con su constante actitud defensiva lo único que están haciendo es dañándose a sí mismos? Con frecuencia, detrás de la mayoría de la crítica constructiva se halla cierta dosis de amor y preocupación genuinos. Por esa razón el comentario puede considerarse como un amigo, no como enemigo.

Hay un personaje en la Biblia que ha sido un ejemplo callado permanente de esto para mí. Su nombre es Apolos, y su historia aparece en Hechos 18:24-28. Parece que Apolos fue un maestro y líder de talento, pero su teología era un poco deficiente. Dos personas, Priscila y Aquila (uno de los grandes equipos de marido y mujer de las Escrituras), llamaron aparte a Apolos y le hablaron directamente sobre su teología. No sabemos exactamente de qué hablaron, pero sí que Apolos se enfrentó al dilema. O escuchaba la verdad y sacaba provecho de ella, o se daba por ofendido e ignoraba la verdad. Es obvio que Apolos se abrió a la verdad y recibió el comentario como algo beneficioso, porque después de escuchar a Priscila y Aquila su ministerio floreció. «Fue de gran provecho para aquellos que por gracia habían creído porque con gran vehemencia refutaba públicamente a los judíos, demostrando por las Escrituras que Jesús era el Cristo (vers. 27-28). Apolos siguió haciendo grandes cosas para Dios, porque estaba abierto a la crítica constructiva.

Apolos sabía que era mejor escuchar la verdad, aún si ésta pudiera ser dura de oír, que ser halagado por una mentira que nos hace sentir bien. Yo tiemblo de pensar qué gran impacto se hubiese perdido para el Reino si Apolos hubiese asumido una actitud defensiva y rehusado escuchar el comentario sincero. También me encojo al pensar en el retraso que habría significado esto para la iglesia primitiva si no hubiera existido por allí gente como Priscila y Aquila. Ellos dos amaban a la esposa de Cristo, y a Apolos, tanto que estuvieron dispuestos a arriesgar una confrontación por el supremo bien de todos los involucrados.

Compañeros artistas, no tenemos que asumir una actitud defensiva cuando alguien nos hace sugerencias acerca de nuestro trabajo. Si usted es actor, esté abierto a sugerencias que puedan hacer de usted un protagonista mejor. Si es una persona creativa, no tenga mentalidad estrecha sobre la crítica constructiva. No vacile en solicitar la evaluación honesta de amigos. «En la multitud de consejeros hay seguridad» (Proverbios 11:14 RV). Reciba el comentario como un amigo, no un enemigo. El verdadero enemigo es nuestra propia actitud defensiva.

Responda con gracia

Aun si estamos convencidos de que la crítica constructiva es buena para nosotros, puede ser aún difícil saber cómo responder con gracia en vez de enfado a las sugerencias o a la crítica . Santiago 1:19 nos muestra cómo hacer eso: «Todo hombre sea pronto para oír, tardo para hablar, tardo para airarse».

Sea pronto para oír. En lugar de ser rápido en justificarse a sí mismo, escuche primero. Escuche sin estar amenazado. Escuche como un amado hijo de Dios, seguro de su amor, alguien a quien Dios ama intensamente. Usted es una persona por quien Dios se preocupa profundamente, no alguien que tiene que validar sus dones o su dignidad cada vez que se presume algo negativo. Escuche lo que se ha dicho, sin inflarlo a cosa más de lo que es. Algunas veces estamos demasiado ocupados asumiendo la defensiva para poder oír. Los comentarios negativos alimentan toda suerte de monólogos. Eso fue lo que le pasó a Justin en nuestra situación inicial. No podía escuchar con precisión a causa de todas esas voces defensivas que tenía en la cabeza.

Sea lento para hablar. No sea tan rápido en defenderse. Cuando alguien nos hace un comentario, nuestra primera reacción no debe ser una defensiva. Nuestra primera respuesta debería ser preguntarnos a nosotros mismos: *¿Es verdad algo de esto?* Proverbios 18:17 dice: «Justo parece el primero que aboga por su causa; pero viene su adversario y le descubre». No debemos ser rápidos para defendernos, porque alguien puede venir y corroborar la critica. Cuando alguien ofrezca crítica constructiva de una forma amable, necesitamos expresar aprecio por su valor, preocupación y amor. No es fácil hablar la verdad. Incluso si usted duda del cuidado y la preocupación, no suele estar en la mejor posición para juzgar los motivos de la persona.

Quien cultiva un ambiente de honestidad en torno a todo lo que hace es una persona muy sabia. Odio llegar al fin de mi vida sabiendo que fui engañado acerca de ciertas cosas sobre mí mismo, sencillamente porque no estuve abierto a la verdad, porque estuve muy presto a asumir la defensiva. Neil T. Anderson dice que «si estás en el error, no *tienes* defensa... si estás en lo cierto, no *necesitas* defensa» (itálicas en el original).[1]

Sea lento para enojarse. Dé un paso atrás. Cálmese. Algunas veces nos enojamos y en actitud defensiva tomamos las cosas de una forma en que nunca debieron ser tomadas. Si usted ha sido herido por alguien, su responsabilidad es confrontar a dicha persona sobre el asunto, como instruye Mateo 18. Dejar que el enojo se encone y supure no es nunca una forma de glorificar a Dios. Es probable que si usted está presto para oír y es lento para hablar, también sea lento para el enojo.

Sea juicioso

Cuando invite a la crítica constructiva, puede que oiga opiniones encontradas que le confundan. ¿Cómo sabrá qué viene de Dios y qué no? En Proverbios 15:31 aprendemos que «El oído que escucha las amonestaciones de la vida, entre los sabios morará». Si usted está abierto a la crítica constructiva, eso le hará más sabio. Crecerá en su capacidad para entender qué viene de Dios y qué no.

Usted debe escuchar los comentarios, pero no tiene que tomar todo lo que oye como la verdad absoluta. «El simple todo lo cree, mas el avisado mira bien sus pasos» (Proverbios 14:15). Esto es especialmente importante para aquellos artistas que se hallan en una situación en la cual quieren opinar muchas personas (algunas veces demasiadas. En el cine, por ejemplo, un libreto podía ser editado y re-escrito por docenas de personas, hasta el punto en que la película terminada solo se parece vagamente al argumento original. Para aquellos de nosotros que estamos bajo el microscopio de muchos que nos ofrecen constantemente comentarios, es esencial que sepamos discernir. No todo comentario es dicho con sensibilidad, pero aun así podemos aprender del mismo. Esto es importante porque usted va a estar entre individuos indiscretos que hablan sin pensar. Hemos de aprender a escuchar lo que están diciendo aquellas personas y observar cómo lo están diciendo. No todo el comentario es dado con buenas intenciones, pero usted puede tomar lo que es provechoso y dejar el resto. Aun si la crítica no fuera ofrecida con amor, usted puede convertirla en algo beneficioso preguntándose *¿Qué puedo aprender de esta crítica que pueda hacerme un artista mejor?* Esta es una manera segura de hacer crítica constructiva para usted en lugar de crítica contra usted.

Algunas veces las personas creativas se casan con una idea o una línea y no pueden salirse de allí, aunque esto dañe la pieza entera. Por ejemplo, nosotros los compositores podemos llegar a apegarnos demasiado a una línea de la letra. Esta puede ser nuestra línea favorita en la canción, pero si alguien señala que la línea no funciona, nuestra inflexibilidad puede causar que perdamos nuestra objetividad. Un amigo mío, Judson Poling, es escritor, y sobre el tema de recibir comentarios una vez le oí decir: «Todos mis pequeños favoritos deberían morirse». No sea tan obsesionado con una idea o una línea que no pueda oír la crítica constructiva.

Tenga un espíritu dócil al aprendizaje

Cuando usted comenzó a estar abierto al comentario ocurrió otra cosa muy saludable: usted se tragó su orgullo y comprendió que no importa la edad, pues siempre tiene algo que aprender. Usted comprende que siempre puede mejorar. Toda crítica tiene algún grano de verdad. Tome lo que sea verdad y deje que el resto caiga a la orilla del camino. Cuando usted tenga problemas para identificar la verdad o la validez del comentario de alguien, acuda a alguna persona que lo conozca a usted bien. Vea qué piensa él o ella sobre la crítica. Pregunte qué partes de ella son verdad. Pregunte cómo puede crecer en el área que la crítica constructiva puede revelarle como una debilidad. Al hacerlo, aprenderá qué comentario tomar seriamente y qué puede usted ignorar básicamente. Usted estará lo suficientemente seguro como para decirse a sí mismo: *Sí, es cierto. La verdad es que podría crecer en esa área.* O *Estoy agradecido por el comentario, pero no pienso que esto concuerde con lo que me han dicho otros sobre mi trabajo.* El resultado puede ser una respuesta muy saludable al comentario. Aunque no todos los comentarios vienen de Dios, Él puede hablarnos definitivamente por medio de otros. Nunca sabemos cuándo puede ser Dios el que está tratando de hablarnos y ayudándonos a crecer.

Por alguna razón me acostumbré a pensar que si alguien tiene que hacerme una crítica constructiva, yo no debo ser muy bueno en lo que hago. Alguien me señalaba algo que no le gustó en una de mis canciones, y yo solía pensar: *¡Oh, no!, Hay algo equivocado en mi canción, no debo ser un buen compositor.* Desde entonces he aprendido que aún los mejores compositores solicitan comentarios, y están constantemente reescribiendo y rehaciendo su material. Ellos tienen un espíritu dócil al aprendizaje.

Aprenda cómo fallar con gracia

Fallar es normal. Nadie tiene éxito siempre. Usted y yo cometemos errores, de modo que tenemos que aprender cómo fallar con gracia. Tenemos que confesar nuestras equivocaciones, no huir de ellas o pasarle la responsabilidad a otro. Nadie espera perfección (excepto tal vez nosotros), de modo que no necesitamos defendernos cada vez que fallamos.

Cuando nos confundimos , traguémonos nuestro orgullo, admitámoslo, aprendamos del mismo y sigamos adelante. Solo el hecho de que fallemos no quiere decir que seamos un fracaso. Y usted y yo nunca conoceremos el éxito a menos que fallemos. Tenemos que aprender a decir: «Sí, yo eché a perder esto. No lo hice con intención. Esto no quiere decir que soy mala persona. Ni significa que Dios me ama menos. Esto no quiere decir que mis amigos van a amarme menos, y no significa que otros miembros del equipo vayan a amarme menos. Esto sencillamente quiere decir que la próxima vez tengo que esforzarme por mejorar».

Verdi compuso quince óperas que fueron un fiasco antes de escribir *Rigoletto*, cuando tenía treinta y ocho años. Desde aquel momento llegó a ser conocido en todo el mundo como uno de los mejores compositores de ópera de Italia. Él no se consideró un fracaso sencillamente por haber fallado. No se dio por vencido. Cuando usted y yo aprendamos a fallar con gracia, podemos aprender de nuestros errores y proseguir hacia delante para llegar a ser mejores artistas. Si su error es debido a falta de preparación, dedíquele más tiempo a esto. Si necesita refrescar alguna técnica, hágalo. Si tiene que repetir algunas lecciones, hágalo. Si tiene algún bloqueo mental con la letra, memorice esas palabras hasta la saciedad... y después de eso memorice algunas más. Si tiene algunos momentos difíciles en el ensayo, supérelos antes del siguiente culto o actuación. Aprenda todo lo que pueda de sus errores.

¿Es fácil trabajar con usted?

El estereotipo con los artistas es que se hace difícil trabajar con nosotros porque no tomamos muy bien las sugerencias. ¿Es esto cierto en el caso de usted? ¿Qué dice la gente: que es fácil o difícil trabajar con usted? Yo he trabajado con músicos difíciles. No es agradable. Cuando hago una sugerencia dicen algo sarcástico como «Yo solo estaba tocando lo que usted escribió», o algo cáustico como «La última vez usted me dijo que lo tocara así». Aun si trato de explicar que he cambiado de idea, a las personas que asumen la defensiva les será difícil ser amables o flexibles.

Uno de mis pianistas favoritos para trabajar con él es un amigo mío llamado Brian Clark. Brian trabaja en el campo de los anuncios y sirve fielmente a nuestra iglesia. Lo que más suelo oír de otros sobre Brian es que es fácil trabajar con él. En todos los años que he trabajado con él esta ha sido mi experiencia también. Brian es un pianista cien veces mejor de lo que yo jamás seré. Sin embargo está siempre abierto a hacer las cosas de otra manera, y escucha amablemente las sugerencias que le hago. No creo que Brian tiene un solo hueso a la defensiva en su cuerpo. Debido a lo exigente de su empleo, no cuenta con tiempo para tocar profesionalmente. Sin embargo, tiene tanto talento —es un profesional consumado— que podría hacerlo si así lo quisiese. No solo es un excelente músico, sino sumamente flexible a los cambios, incluso a los de último minuto. No pierde la compostura cuando alguien que no es músico, como uno de nuestros directores escénicos, hace sugerencias sobre cómo debería tocar *la música de fondo de* una escena. No menosprecia a los cantantes por desear tomarse libertades con la velocidad. Realmente, trabajar con Brian es un sueño.

Cómo ofrecer retroalimentación

Mi esperanza es que todos lleguemos a estar más abiertos a la crítica constructiva, pero, ¿qué pasa con aquellos que realizan la crítica? ¿Pueden aprender cómo hacer mejor crítica? Me refiero a los pastores, los directores de programas, los amigos y esposas que hacen crítica a los artistas. ¿Hay alguna forma de criticar el arte sin destruir a los artistas? Muchos de nosotros evaluamos nuestro culto en la iglesia para mejorar la calidad, y eso es esencial si vamos a crecer en excelencia, pero tenemos que hacerlo de una forma que verdaderamente edifique. La longevidad y el nivel de gozo de nuestros músicos y contribuyentes creativos dependen de cuán bien hagamos esto que llamamos crítica constructiva. Yo he visto a músicos tan sacudidos por una crítica tan mal hecha que deseaban no volver otra vez al escenario. He visto a gente de teatro, danzantes y a otros artistas casi llorando a causa de la crítica hecha sin sensibilidad. He conocido también a compositores que perdieron totalmente su deseo de escribir música a causa de la crítica constante que recibieron, que no fue nada constructiva, sino humillante e hiriente. Nadie, realmente, quiere que esto suceda, y creo que esto es más una cuestión de ignorancia que otra cosa.

Lo que hace constructiva la crítica es la forma en que se transmite. Si no se ofrece en forma amorosa, puede hacer más daño que bien. La verdad debe decirse con amor (Efesios 4:15). La crítica constructiva debe ser veraz. No mienta sobre la calidad de la obra de alguien. Sea honesto.

No diga algo que usted no tiene la intención de decir. Pero diga la verdad con amor. Dígala con ternura y sensibilidad. Dígala de forma que levante al artista. Usted puede criticar constructivamente una actuación o un aspecto del trabajo de una persona sin echar abajo a esa persona como artista. La verdad es el principal ingrediente aquí, y esta necesita desarrollarse con el tiempo. Los artistas necesitan ver que quienes realizan la crítica creen en ellos y tienen en mente lo mejor. La crítica que se hace y se recibe en una atmósfera de amor y verdad es sumamente valiosa y honrosa para Dios. «Manzana de oro con figuras de plata es la palabra dicha como conviene» (Proverbios 25:11).

Yo creo que cada comunidad artística debería tener sus propias reglas básicas para la crítica. Si usted está tratando de construir una comunidad de artistas, estas cosas necesitan sacarse a flote y discutirse abiertamente. Yo tengo unas cuantas sugerencias, y a continuación presento una lista que he compartido con algunos de mis amigos que me hacen crítica.

Ofrezca primero su reacción general

Digamos que yo soy un carpintero de talento y que fabrico un mueble de calidad, tal como una mesa, y que se la traigo a usted para oír su opinión. Digamos que usted cree que es una obra excelente, pero no dice eso al principio. Usted podría incluso pensar que esta es la mejor mesa que jamás ha visto. Podría ser tan evidente que se trate de una obra excelente, que usted asume que yo lo sé, y no dice nada de inmediato porque está demasiado ocupado admirando mi mesa. Entonces usted nota un pequeño defecto en la base de una de las patas de la mesa —nada importante y que ciertamente no afecta la belleza de la mesa—. Quizá incluso se sienta orgulloso de usted mismo por hallar un pequeño defecto que muchas personas no notarían en tan fina obra. Usted dice algo sobre esto, así que las primeras palabras de su boca son una reacción negativa ante un detalle menor. Puesto que yo estoy ansioso de oír su opinión, me fijo inmediatamente en ese pequeño defecto que usted está señalando. Quizá usted piense: *Caramba, qué gran obra*. Pero debido a que lo primero que dijo fue referente al defecto pequeño, este ya no es pequeño para mí. Y llego a la conclusión de que el defecto era tan grande que echó a perder toda la mesa. Recuerde que para el artista que está emocionado ante su obra y busca su opinión, sus primeras palabras representan su reacción *general*. El defecto de la base de la mesa no fue su reacción general, no fue ni siquiera su primera reacción. Su reacción general fue sentir-se muy impresionado con la mesa, pero nunca lo dijo. Si su reacción general es positiva, comuníquelo y vaya después a lo negativo. El artista suele recibir más fácilmente lo negativo si sabe que a usted generalmente le gusta la obra en cuestión. Esto es así cuando se evalúa la experiencia ministerial. ¿Cómo critica usted realmente un culto de adoración? ¿Debería usted criticar la adora-ción? Está bien criticar la banda y a los cantantes, pero el fondo de la cosa es si la adoración tuvo lugar o no. ¿Fue la gente traída a la presencia de Dios? ¿Adoramos nosotros en Espíritu y en verdad? Eso es lo más impor-tante. No pierda de vista el cuadro general. Responda primero cuestio-nes de ese tipo, y pase luego a las formas en que usted puede mejorar la banda y a los cantantes.

Trate de decir algo positivo

Cuando haga una crítica, comience siempre diciendo algo positivo. Aun si su reacción general a una presentación teatral o a una obra es ne-gativa, trate de encontrar algo que decir. Los artistas necesitan estimulo. Hágale una crítica de una forma que muestre su amor y respeto. Trátelos con dignidad. No haga algo sólo para tener algo positivo que decir. Sea honesto.

Yo tengo que practicar lo que predico cuando presido las audiciones en la iglesia. No importa cuán mala sea la audición, la primera cosa de mi boca tiene que ser algo veraz y positivo. Antes de decirle lo que le molestó a usted, dígale al artista que disfrutó su audición. Mencione sus puntos fuertes antes de discutir sus debilidades. Aun si la única cosa positiva que usted puede decir es: «Gracias por dedicar tiempo en su apretada agenda para venir a esta audición» y dígalo con amor y sinceridad. No salte hacia lo negativo sin decir algo positivo.

Reconozca el esfuerzo y el trabajo duro

Exprese gratitud por cualquier esfuerzo extra que se haga. Es desmo-ralizador trabajar especialmente duro y sentir como si nadie lo notara. La mayoría de la gente no tienen idea de cuántas horas ha invertido un artis-ta en una presentación o en un trabajo. Si la presentación no resulta tan buena como les habría gustado a todos, se siente como si todo el duro trabajo fue en vano. Eso puede ser una experiencia muy desconsoladora para un artista. Aun si algo no funcionó o se deshizo completamente, exprese gratitud por todo preparativo o ensayo. Nadie quiere fracasar, y el trabajo en las artes exige mucho esfuerzo. Esté seguro de hacer honor al esfuerzo aun si éste queda corto.

Nehemías no recibió todo el crédito por la reconstrucción de la muralla en Jerusalén. En el capítulo 3 de su narración, menciona por nombre a setenta y cinco personas que laboraron diligentemente en el proyecto. Registró para la posteridad el papel que desempeñaron y describió exactamente lo que hicieron. Un líder sabio siempre reconocerá el esfuerzo y el trabajo duro.

Evite la hipérbole

Evite las declaraciones extremas. Ya sean ellas positivas o negativas, hacen más mal que bien. Por ejemplo: «¡Esa es la mejor composición que jamás hemos tenido!» o «¡Ella es nuestra mejor cantante!» Siento pena por cualquiera que tenga que actuar a continuación de algo o alguien que ha sido coronado como «el mejor que jamás hemos visto». Una vez tocamos una canción en la iglesia y se notó mucho que la banda estaba ocho compases fuera de tiempo. Esa semana, más tarde, alguien me dijo que nuestra pequeña incursión en esos cambios de ritmos le hizo sentir muy incómoda sentada en la congregación. Me dijo que había sido su peor experiencia musicalmente en nuestra iglesia. No hace falta que diga que fue una declaración extrema, y me hizo sentirme muy mal. Yo me responsabilicé de la música que dirigí. Yo hice los arreglos. Yo la ensayé y fui parte de su ejecución. Nadie se confundió a propósito, sin embargo, me sentí responsable por la «peor experiencia» de esa persona con la música en nuestra iglesia. Sugiero que evitemos la hipérbole cuando hagamos un comentario de los artistas. Las declaraciones extremas usualmente provocan reacciones extremas.

Evite las comparaciones negativas

Cuando no nos gusta algo, es tentador enfatizarlo comparándolo con algo que es, en un sentido artístico, evidentemente fuera de moda o mediocre. En la escuela de música donde estudié composición era bastante habitual llamarle a algo «Tchaikovsky recalentado» si a usted no le gustaba. Esto significaba que la música de alguien era anticuada. En el pasado, ciertos nombres de música pop evocaban la misma clase de burla y ridículo, nombres como Barry Manilow o Bee Gees. Necesitamos evitar hacer esa clase de comparaciones negativas, porque pueden resultar muy hirientes para los artistas. Una vez alguien comparó un número musical que yo había arreglado con algo que sonaba como el grupo de cantantes Viva la gente. (Así se llama en español este grupo. Nota de Carolina) No estoy tratando de ofender a aquellos de ustedes a quienes les guste Viva la gente, pero esa persona no lo dijo como un elogio, y con toda honestidad, me sentí rebajado. Usamos comparaciones negativas como esas para destacar un punto, pero hacen más daño que bien. Siempre existe alguna forma mejor de llegar a lo que se quiere decir sin recurrir a comparaciones negativas. Evítelas.

Perdonemos a quienes nos han ofendido

¿Ha sido usted ofendido por la dura crítica de alguien? ¿Ha sido usted alguna vez víctima de alguien cuyas palabras insensibles y negativas sobre usted todavía lo persiguen? Los artistas que están crónicamente a la defensiva suelen guardar amargura y resentimiento hacia personas de su pasado que dijeron cosas en menosprecio de ellos y su obra. Hemos discutido antes que cuando usted ha sido ofendido, lo que hay que hacer desde el punto de vista bíblico es acudir al individuo que lo ofendió y hablar del asunto. Yo sé que no siempre es posible. Quizá el incidente pasó hace mucho tiempo y la persona que lo hirió con sus palabras se ha ido a vivir lejos o usted ha perdido contacto con ella. Quizá la persona haya muerto. Cualesquiera que sean las circunstancias, tarde o temprano usted tiene que perdonarla. Digo esto más por usted que por la persona. Guardar amargura y remordimiento pueden hacerle más daño a usted que esas palabras negativas. Conozco a personas que están atrapados por la amargura porque ellos compitieron por algo que nunca realizaron. Puede haber sucedido hace años, pero aún hiere. Cada vez que piensan en esto se sienten tensos, porque ese recuerdo provoca uno de los más grandes temores que encara cada artista: el temor de no ser suficientemente bueno. No pueden liberarse de la tiranía de esas palabras negativas hasta que extiendan perdón.

Usted no puede controlar lo que la gente va a decir sobre su obra, pero sí controlar su respuesta. Las Escrituras dicen que no importa quién sea, no importa lo que dijo la persona, si tenemos algo contra alguien, hemos de perdonar a esa persona así como Dios nos ha perdonado a nosotros (Colosenses 3:12-13). Si le es difícil perdonar, pídale al Señor que lo ayude. Dígale que usted desea perdonar a la persona que lo hirió con palabras negativas. Pídale al Señor que lo libre de mantener esta opinión negativa que ha tenido sobre usted. Si usted todavía no puede hacer nada en absoluto para decir esa oración, pídale al Señor que trabaje en su vida para llevarlo al punto en que usted pueda decir la oración con toda sinceridad. Perdonar a la persona que lo hirió le puede liberar de esas palabras negativas que lo mantienen atrasado como artista. Este es un paso importante en el proceso de sanar la herida. Deje que el poder del perdón restaure su corazón y su alma.

Estemos abiertos a la verdad

¿Está usted abierto a la verdad con respecto a su talento? Cuando yo comencé como miembro a tiempo completo en Willow Creek, había unos cuantos músicos de quienes con toda honestidad yo no podía afirmar que tenían habilidades musicales. Conversé con algunos de mis colegas para estar seguro de no estar sobrepasando algo, y me enteré de que ellos convenían conmigo. Invité a este grupo de músicos a una nueva audición, porque deseaba darles toda oportunidad de triunfar, pero las audiciones confirmaron una vez más mi opinión de que no tenían lo que se necesita tener en nuestro ministerio musical. De modo que tuvimos algunas conversaciones difíciles. Antes que nada, les agradecí a estos queridos siervos por su ministerio en la iglesia y por el importante papel que habían desempeñado, pero después les dije que no consideraba que tuvieran las habilidades que necesitábamos para la siguiente etapa de la carrera. Lógicamente, esto fue duro de escuchar, y hubo muchas lágrimas de enojo. (Antes de continuar, permítanme reiterar cuán importante es estar sirviendo en un área para la cual usted está bien preparado. Si yo coloco a alguien en una posición en la cual no encaja, estoy privando a esa persona de que experimente plena realización en algún otro lugar en la iglesia, algún otro lugar dentro de su vocación). Varios años más tarde recibí una nota de una de las mujeres que habíamos hecho marcharse. Esto es lo que decía:

Cuando usted me dijo que no tenía la habilidad que necesitaba para cantar en la iglesia, yo lo odié. Llevaba toda mi vida cantando en la iglesia , y nadie me había dicho jamás que no cantaba bien. Sus palabras fueron de las palabras más difíciles que yo había oído jamás, pero me obligaron a encarar la posibilidad de que quizá yo no canto bien realmente. Así que, por primera vez en mi vida, me puse de rodillas y le pedí al Señor que me mostrara qué quería que yo hiciera con mis talentos y habilidades. Él me llevó de vuelta a clase *y* a la consejería. Hoy he abierto mi propio despacho de consejería y todo esto se lo debo a usted. ¡Gracias!

No todas las situaciones como esa tienen un final tan feliz, pero esta hermana tuvo una experiencia que cambió su vida porque su voluntad de estar abierta a la verdad acerca de sí misma le hizo buscar la sabiduría de Dios para su vida. La verdad, no importa cuán duro sea de oír, siempre lo hará a usted libre (Juan 8:32).

Me gustaría compartir con ustedes una historia más personal. La razón es que conozco algo acerca de la actitud defensiva, porque yo he bregado con esto. Estaba en la veintena cuando una persona de mi ministerio me llamó aparte amorosamente y me dijo: «Hermano, todos sentimos que alrededor suyo tenemos que caminar sobe cáscaras de huevo. Usted asume una actitud muy defensiva cuando cualquiera dice algo remotamente negativo». Bueno, al principio me quedé estupefacto. No tenía ni idea de que ellos pensaran eso de mí, y me sentí mal. Pensar que los hermanos estaban absteniéndose de darme consejos, y quizá evitándome, porque yo estaba a la defensiva, realmente me sacudió.

Pasé la siguiente semana reuniéndome con todas las personas con quienes trabajaba muy de cerca en mi ministerio y pidiéndoles disculpas. Me sentí muy apenado de haberlos ahuyentado y no haber escuchado su punto de vista. Les prometí que a partir de ese día iba a estar abierto a cualquiera y a toda la crítica constructiva. Les di libertad de decirme la verdad a mí, y entonces los invité a señalar todo vestigio de actitud defensiva que pudieran ver en mí.

Esa persona que me llamó aparte y señaló mi actitud defensiva es alguien a quien yo le debo mucho. Odio pensar dónde estaría ahora de no haber él arriesgado nuestra amistad y hablado la verdad en amor. Con toda seguridad, no estaría hoy en el ministerio si ese amigo no me hubiera confrontado. Varios años después, cuando como compositor entré en relaciones con una editorial, una mujer del negocio expresó agradecimiento y sorpresa de cuán abierto era yo a la crítica. «Usted irá muy lejos como escritor», dijo. Si ella supiera cómo yo era. Ciertamente yo no puedo atribuirme crédito por algún crecimiento en esta área. Dios es quien ha estado trabajando todos estos años para mantener en vigilancia este espíritu mío defensivo. Alabado sea Él. Mucho de ese crecimiento fue iniciado por mi amigo, que tuvo el valor de confrontarme acerca de mi actitud defensiva. Le estoy agradecido por siempre a este hermano que actuó valientemente con amor para mí.

Actitud defensiva sobre el pecado

Un área final que quisiera discutir es nuestra actitud defensiva acerca del pecado. Si existen áreas de pecado o desobediencia habituales y recurrentes en su vida, espero que esté usted abierto a la verdad cuando sea confrontado por un hermano o una hermana. Vivir en actitud de negar el pecado solo te pone las cosas más difíciles, porque nadie puede ayudarte si no crees que existe un problema o si mientes acerca del mismo.

Dios no se complace cuando vivimos negando lo concerniente al pecado: «Tú dices, Soy inocente, de cierto su ira se apartó de mí. He aquí yo entraré en juicio contigo, porque dijiste: No he pecado» (Jeremías 2:35). Vivir negando puede ser agotador y consumidor. David trató de ocultar su pecado con Betsabé, pero cuando Natán finalmente lo confrontó sobre el asunto, para honra suya David se derrumbó. Probablemente diría algo así: «Sí, no vivo más negándolo. He pecado contra el Señor» (2 Samuel 12:13). Se arrepintió y se puso a bien con Dios, pero escuchen cuán agonizante le resultó tratar de vivir negándolo. «Mientras callé, se envejecieron mis huesos en mi gemir todo el día, porque de día y de noche se agravó sobre mí tu mano; se volvió mi verdor en sequedad de verano» (Salmo 32:3-4).

Una vez pasé dos horas con un hombre que insistía en negar que tuviera un grave problema con la lujuria, hasta que finalmente se quebrantó y confesó hallarse envuelto en pornografía, prostitución y sexo telefónico. Nos tomó dos horas despejar la negativa y la decepción sobre su pecado. Si existe un problema de pecado en su vida, si usted falla, no se esconda. Sáquelo a la luz (Efesios 5:11). Asuma la propiedad de su pecado y experimente el perdón y la curación. Tratar de esconder el pecado es una pérdida de tiempo y energía, porque las Escrituras enseñan que «vuestro pecado os alcanzará» (Números 32:23). Recuerda que hace falta más energía para esconder el pecado que para confesarlo.

Para concluir quisiera preguntarles lo siguiente: ¿Qué se opone en su camino cuando se trata de abrirse a la verdad acerca de sí mismo? Si estar en actitud defensiva es un problema para usted, ¿qué hay detrás del problema? Usualmente orgullo. El orgullo casi impide que Naamán fuese curado (2 Reyes 5:1-14).No pudo curarse hasta que fue capaz de tragarse su orgullo. Este nos mantiene a oscuras acerca de la verdad. No deje usted que el orgullo gobierne su espíritu. Humíllese ante Dios y ante otros, y ponga fin a su actitud defensiva, reciba la crítica constructiva con una mente abierta. Nosotros los artistas necesitamos estar abiertos a la verdad acerca de nosotros mismos si queremos crecer espiritual, racional, emocional y artísticamente.

Preguntas para comentar en grupo

1.   ¿Cuál es la causa de la actitud defensiva en un artista?

2.   ¿Por qué la actitud defensiva es un ángulo muerto para los artistas?

3.   ¿Le viene a la mente alguna persona que acepte bien la crítica o responda a las sugerencias con amabilidad? ¿Qué nota usted sobre la forma en que esta persona maneja esta clase de cosas?

4.   ¿Ha conocido usted en su vida a alguna persona con actitud defensiva? ¿Cómo le afectó a usted?

5.   ¿Se ha sentido usted ofendido alguna vez por alguien y descubrió después que no hubo intención de ofenderlo? ¿Qué aprendió de eso?

6.   ¿Qué deben hacer los artistas si no están de acuerdo con el juicio de alguien sobre su trabajo?

7.   ¿Qué les impide a la mayoría de las personas estar prontos para oír, lentos para hablar y lentos para enojarse?

8.   ¿Por qué sienten los artistas temor de fallar?

9. Como equipo, presenten su propia lista de reglas básicas para la crítica. Colóquela donde todos la vean.

10. ¿Tiene su equipo «un elefante en el cuarto»? ¿Existe algún problema, que sea grande y evidente, tal como la actitud defensiva, pero del que nadie quiere hablar? ¿Cómo puede su equipo entablar una discusión saludable sobre esta clase de tema?

Pasos de acción personal

1. Considere su habilidad para aceptar sugerencias y estar abierto a la crítica constructiva. ¿Se da usted por ofendido fácilmente, rara vez lo piensa dos veces, o está usted en una posición intermedia?

2. Piense acerca de cómo considerarían otros su habilidad para aceptar sugerencias y estar abierto a la crítica constructiva. Pregunte a aquellos cercanos a usted si se sienten cómodos diciéndole a usted la verdad.

3. La próxima vez que usted actúe o cree, pídale a tres personas que den su opinión. Asegúrese de no impedir recibir la crítica de personas que usted sabe podrían ser severos con usted. Recuerde: Usted desea usar esto como una oportunidad para practicar cómo responder con amabilidad a la crítica.

4. Si usted ha recibido alguna crítica constructiva recientemente, tómese tiempo ahora para escribir las lecciones que puede derivar de ella.

5. Si usted piensa que a la gente le resulta difícil trabajar con usted, decida qué puede cambiar para hacerles más fácil a otros el trabajar con usted.)

Abierto a la verdad de mí mismo

Puede ser duro para mí
confrontar lo que está muy adentro,
todas esas debilidades
que desesperadamente niego
pero cuando las enfrento honestamente
me resulta más fácil
abrirme a la verdad de mí mismo
abrirme a la verdad de mí mismo

me podría rodear de lo que me gusta oír
pero necesito amigos que me digan
lo que tengo que saber,
amigos que me hablen directamente
porque saben que estoy tratando durante de
abrirme a la verdad de mí mismo
abrirme a la verdad de mí mismo

Nunca comprendí
cómo podría liberarme la verdad
hasta encontrarme cara a cara
con la verdad sobre mí.

Siempre estaré agradecido
por quienes se preocupan lo bastante
para arriesgar nuestras relaciones
y hablar la verdad en amor
Así, aun si me causa dolor
espero estar siempre
abierto a la verdad de mí mismo
abierto a la verdad de mí mismo

Rory Noland

Como te concentras en el premio
    de bienes mundanales, que cada participación
    se inflama la envidia en la fragua de tus suspiros

Pero si, en verdadero amor por la Más Alta Esfera,
    se elevan sus anhelos, entonces sus corazones
    nunca serán consumidos por tal temor;

porque cuanto más haya de quienes dicen «nuestros» —no «míos»—
    por ese tanto es cada uno más rico, y más brillante
    dentro del claustro arde el Amor Divino.

                              Dante Alighieri, La divina comedia

Seis

Celos y envidia

A Brenda la encanta danzar. Lo lleva haciendo desde que comenzó a caminar, y sabe danzar todos los estilos, desde ballet a claqué, pasando por danza moderna. Durante su carrera estelar recorrió el mundo danzando con varias compañías de danza muy prestigiosas. Ahora se encuentra más o menos retirada, ocupándose de su familia y enseñando en una academia de danza que hay cerca de su casa.

En estos últimos años, Brenda ha desarrollado una pasión por la danza en la iglesia. Siente que Dios le ha dado una visión de cómo se puede usar la danza durante la adoración. Sin embargo ha estado algo frustrada, porque parece que la aceptación de la danza en su iglesia ha sido una batalla creciente. La primera vez que lo propuso, el pastor fue muy precavido. Presentó la idea al consejo de ancianos de la iglesia, y ellos entrevistaron a Brenda varias veces. Tomaron seis meses en decidir que estaba bien, pero establecieron algunas directrices bien estrictas. Querían ver antes del culto todo lo que ella iba a hacer, y deseaban tener un criterio sobre su vestuario. Eso le pareció bien a Brenda. Además, le entusiasmó el hecho de que aceptaran. Pero jamás volvió a oír del asunto, ni de la junta de ancianos ni del pastor. Los cultos de adoración especiales iban y venían. Pasaron la Navidad y la Semana Santa, y ni una palabra de nadie en la iglesia acerca de la danza. Ella no sabía qué pasaba. ¿Había dicho algo que ofendiera a alguien? ¿Había algo acerca de ella que no les gustó? ¿Qué tenían ellos contra la danza?

Entonces ocurrió algo extraño. Brenda estaba sentada en la iglesia cuando el pastor se puso de pie y presentó a una hermosa pareja, Bob y Carol, quienes acababan de comenzar a asistir a la iglesia. Tan pronto como Brenda vio a Carol, su intuición le dijo que Carol era danzante. Tenía razón. El pastor le dijo a la congregación que Bob era dentista y que Carol era una danzante profesional. *Oh, magnífico*, pensó Brenda, *otra danzante en la iglesia*. Entonces el pastor dijo: «Yo sé que nunca hemos incluido la danza como parte de la adoración, pero eso va a cambiar hoy, y Carol va a colaborar en el culto esta mañana con una danza». Y siguió compartiendo versículos de las Escrituras sobre la danza como adoración —versículos que Brenda había reunido en su presentación a los ancianos-. En realidad, ella le oyó decir algunas de las mismas cosas que ella llevaba diciendo casi dos años. Carol danzó y fue hermoso. La congregación quedó profundamente conmovida y le tributó a ella una ovación de pie. Brenda tuvo una extraña mezcla de emociones. Se alegró de que la danza tuviera finalmente acogida en la iglesia, pero estaba un poco celosa por todos los elogios rendidos a esta recién llegada.

Los meses siguientes fueron muy confusos para Brenda. Carol danzaba en la iglesia cada semana. Los miembros de la iglesia no dejaban de hablar de ella. Deseaban que comenzara un ministerio de danza. De hecho, el pastor llamó a Brenda para ver si deseaba formar parte de ese ministerio. Brenda declinó, alegando que se encontraba demasiado ocupada en el hogar y en el trabajo. Mientras tanto, la popularidad de Carol continuaba expandiéndose, y hasta fue invitada a danzar en otras iglesias.

Brenda trató de hablar con su esposo para visitar otras iglesias, pero él no deseaba abandonar su iglesia. Sus hijos tampoco deseaban irse. Ella se sintió estancada. Nunca se presentó a Carol y nunca le habló. En la iglesia Brenda siempre trataba de evadirla. Envidiaba a Carol. Envidiaba su éxito. Envidiaba toda la atención que recibía Carol. Carol y su esposo llegaron a ser buenos amigos del pastor y su esposa. *Ah, esa es la razón*, pensó Brenda. *Ella danza porque es compinche de la esposa del pastor. Todo es política, ¿verdad?*

Brenda comenzó a trabajar en la guardería de modo que podía estar fuera de la iglesia y no ver danzar a Carol. Pero aun en la guardería no podía dejar de pensar en el éxito de Carol. Después del culto, cuando los padres venían a recoger a sus niños, expresaban elogios del servicio y de Carol. «¿No danzas tú también, Brenda?», le peguntaba alguno. «Tú deberías estar allí con Carol».

«Oh, no, estoy demasiado ocupada», respondía Brenda cortésmente. «Además, he dejado de danzar». Esto último no era enteramente cierto, pero seguramente pensaba hacerlo.

En algunas ocasiones la gente le preguntaba a Brenda qué pensaba del nuevo ministerio de danza. En un tono más bien condescendiente señalaba algunas fallas técnicas «que solo notarían las personas que saben algo de danza». Más tarde lamentaba esos comentarios despectivos, pero los ha seguido expresando de vez en cuando.

En lo profundo, Brenda está enojada con la iglesia, con ella misma y con Dios. No sabe qué hacer con todos esos sentimientos amargos. Sabe que no se supone que los cristianos sean envidiosos, de modo que nunca le cuenta a nadie cuánta agitación emocional tiene por dentro. No puede sentirse feliz en cuanto a Carol. No le gusta Carol. Brenda no puede regocijarse con que la iglesia tenga finalmente un vibrante ministerio de danza. Ella continúa retirándose con sus sentimientos y sus ideas y desea poder escapar.

Preguntas para comentar en grupo

1. ¿Que haría usted si usted fuera Brenda?

2. ¿El enojo de Brenda es comprensible para usted?

3. ¿Cree usted que el pastor manejó bien esta situación con Brenda? Si no, ¿cómo debió haberlo hecho?

4. ¿Cree usted que Brenda hizo lo correcto declinando involucrarse en el ministerio del danza bajo el liderazgo de Carol? ¿Por qué si o por qué no?

5. ¿Es Carol culpable de lo que le pasó a Brenda?

6. ¿Qué lecciones podría desear Dios que Brenda aprendiera de esto?

7. ¿Qué lecciones podría desear Dios que el pastor aprendiera de esto?

8. ¿Qué lecciones podría desear Dios que Carol aprendiera de esto?

9. ¿Qué lecciones podría desear Dios que la congregación aprendiera como resultado de todo esto?

10. ¿Hasta qué punto son frecuentes los celos y la envidia entre los artistas de la iglesia? ¿Cree usted que este es un problema grande o pequeño?

No codiciarás

¿Has envidiado alguna vez los talentos de otro artista? ¿Has estado tú celoso del éxito de alguien? Si eres un artista, necesitas aprender a bregar con los celos y la envidia, porque siempre habrá alguien con más talento, con más éxito, más de moda, más atractivo o más prominente en el ministerio que tú.

Las palabras *celos* y *envidia* son virtualmente sinónimas en nuestro lenguaje de cada día. Con frecuencia las usamos alternativamente, pero he leído varias explicaciones que señalan diferencias entre las dos. Una idea es que los celos envuelven un triángulo de relaciones (tal como un esposo, su esposa y otro hombre), mientras que la envidia es solo entre dos personas. Otra teoría es que la envidia tiene lugar por algo que uno desea que alguien tiene, mientras que los celos ocurren cuando uno trata de proteger lo que ya tiene de un rival. Esta última definición se parece más a lo que dicen algunos diccionarios. Según un diccionario, la palabra *celos* tiene un sentido de rivalidad agregado al mismo, como los celos que nuestra amiga Brenda sintió por toda la atención que estaba recibiendo Carol. La palabra *envidia* indica un deseo por algo que alguien tiene, tal como talento y habilidades.[1] Para nuestra discusión voy a unir celos con envidia, puesto que están tan estrechamente relacionados.

Los celos y la envidia son graves pecados ante los ojos de Dios. Son «actos de naturaleza pecaminosa» (Gálatas 5:19-21) y Dios se ofende cuando permitimos que la amargura y el resentimiento echen raíces en nuestros corazones. Se enojó con Miriam por estar celosa de su hermano Moisés y actuó seriamente con ella causándole lepra y separándola del vínculo fraternal por siete días (Números 12:9-15). De modo que no piense que Dios toma esto a la ligera.

Los celos y la envidia llevan suficiente poder explosivo como para socavar la unidad y dividir cualquier grupo. Por esa razón Pablo confrontó a los corintios acerca de los celos que estaban dividiéndolos (1 Corintios 3:3 y 2 Corintios 12:20). El apóstol consideraba el pecado de los celos tan grave como estar de juerga, emborracharse y cometer promiscuidad sexual (Romanos 13:13) Santiago nos dice que donde hay celos «allí hay perturbación y toda obra perversa» (3:16). Desafortunadamente, los celos y la envidia son más comunes entre los artistas en la iglesia de lo que reconocemos. En medio de nuestro servicio conjunto al Señor siempre existe el potencial de los celos y la envidia. En realidad, el primer homicidio fue cometido a causa de los celos entre dos hermanos que estaban tratando de servir a Dios (Génesis 4).

Hay multitud de ejemplos de celos y envidia en la Biblia, tal como entre Isaac e Ismael (Génesis 21) o entre Jacob y Esaú (Génesis 25). Raquel estaba mortalmente celosa de Lea, porque Lea tenía hijos y ella no (Génesis 30:1). Los hermanos de José fueron impulsados por los celos y lo vendieron como esclavo (Génesis 37). Miriam y Aarón estaban celosos de Moisés y su posición con Dios (Números 12). Saúl estaba celoso de David (1 Samuel 18:8). El hermano del Hijo Pródigo estaba celoso de todas las atenciones que su padre tuvo con su hermano descarriado (Lucas 15:25-32). Mateo dice que la razón que tuvieron los líderes religiosos para crucificar a Jesús era la envidia que le tenían (27:18).

Celos y envidia entre los artistas

Todo el que lleve cierto tiempo en el mundo de las artes sabe que los celos y la envidia andan rampantes entre los artistas. Comparamos nuestros talentos con los de otros, nuestro trabajo con los de ellos, nuestra falta de éxito con sus logros. Nos sentimos amenazados por el talento de otros. Cuanto menos seguros estamos, más sospechosos somos de otros artistas. Deseamos saber quién está sentado en la mesa principal, quien es amigo de quien, y quien está recibiendo las ventajas. No queremos quedarnos fuera y no queremos quedarnos atrás, así que arañamos y nos prendemos de lo que consideramos que legalmente es nuestro, ya sea una posición, una función, una comisión o un premio. En resumen, los que tienen y los que no tienen han estado en conflicto desde los albores de los tiempos.

La historia nos dice que la comunidad artística ha luchado con los celos y la envidia durante siglos. La infame rivalidad entre Leonardo da Vinci y Miguel Ángel viene a la mente instantáneamente. En su libro *Reaching Out*, Henri Nouswen escribe muy gráficamente sobre la hostilidad existente tras bastidores:

Recientemente un actor me contó acerca de su mundo profesional, el cual parecía un símbolo de mucho de nuestra situación contemporánea. Mientras ensayaban las escenas más impresionantes de amor, ternura y relaciones íntimas, los actores estaban tan celosos entre sí y tan llenos de aprehensiones acerca de sus oportunidades para »conseguirlo», que la escena de fondo era de odio, crueldad y sospcha mutua. Aquellos que se besan mutuamente en el escenario estaban tentados a agredirse mutuamente detrás del telón, y aquellos que representan ante las luces las emociones de amor más profundas, despliegan las rivalidades más triviales y hostiles tan pronto como se atenúan las luces.[2]

Mi historia favorita, sin embargo, tiene que ver con Giovanni da San Giovanni (1593-1636), pintor italiano del Renacimiento. San Giovanni llegó a Roma para desempeñarse como artista, pero aquellos días había amargas rivalidades entre los artistas de Roma. Giovanni recibió la comisión de pintar un fresco para el Cardenal Bentivoglio y empezó a trabajar de inmediato. Después del primer día de trabajo en su nueva obra de arte, se fue a su casa. Cuando regresó al día siguiente, encontró suciedad y moho sobre la pintura. Giovanni pensó que había algo malo con la pintura que estaba usando, así que trató diferentes mezclas y combinaciones. Pero el resultado era el mismo: cada día que llegaba a su estudio hallaba arruinado el trabajo del día anterior. Esto ocurrió cinco días, hasta que pensó que podría ser la obra de vándalos. Así pues, decidió dormir en su estudio una noche, y por supuesto, cerca de la media noche los perpetradores penetraron tranquilamente en el estudio. Cuando los villanos subían por la escalera hasta el andamio, Giovanni empujó la escalera, lanzándolos al suelo. Resultaron ser dos celosos pintores franceses de la ciudad.

Enojo y desprecio

La mayoría de los cristianos no saben cómo bregar con los celos y la envidia. Yo comencé a enseñar acerca de esto porque vi. en mí mismo y en otros artistas cristianos incapacidad para bregar con los celos y la envidia de modo saludable y con madurez. Sabemos que es incorrecto codiciar; este es uno de los Diez Mandamientos (Éxodo 20:17). Pero en lugar de traer el pecado a la luz y hablar acerca del mismo, tratamos de esconderlo. Esto es embarazoso y mezquino. Declarar sin rodeos y decir «Estoy celoso de Susy» es admitir que Susy es mejor que yo. De modo que no solo aparecen expuestos mis sentimientos de celo y envidia, sino también mi inferioridad.

Los celos y la envidia no siempre son evidentes. A menudo son sutiles. En realidad, muchas veces el problema puede ser difícil de detectar en la superficie, porque yace oculto profundamente en nuestros corazones. En lo más profundo estamos realmente enojados. Estamos enojados porque se nos ha hecho poco caso. Estamos enojados porque alguien tiene algo que nosotros deseamos. Nos sentimos como si nos hubiesen tratado mal. Sabemos que no es cristiano odiar a alguien, de modo que tratamos de bregar con nuestro enemigo, escondiendo eso bajo la alfombra y pretendiendo que no está allí. El problema es que sale a relucir de formas muy diferentes. Se hace visible siempre que nos quejamos en alta voz o ante nosotros mismos. «¿Por qué Fulano tiene que cantar el solo todas las veces en lugar de hacerlo yo?» Algunas veces disfrazamos nuestros celos y envidias de lo que aparenta ser una buena intención, tal como «¿Por qué esa persona tiene que estar al frente todas las veces en lugar de otro, como Bill o Bob?» Eso produce la impresión de que realmente estamos preocupados por Bill o Bob, pero lo que realmente queremos decir es: «¿Por qué esa persona tiene que estar al frente todo el tiempo en lugar de estar yo?» quizá incluso llevemos la cuenta: «Fíjense, esta es la quinta vez en los dos últimos meses que Susy ha tocado la parte principal, y yo solo la he tocado una vez».

También podemos sabotear los ministerios de otros hablando mal de ellos a sus espaldas. Cuando acudimos a esto, estamos en terreno peligroso porque estamos colocándonos contra Dios, que destaca siervos y los ubica en posiciones que él desea que asuman (Salmo 75:7). El Señor no aprueba que desprestigiemos a las personas que él ha ungido para el ministerio (1 Crónicas 16:22). Si no estamos con ellos, estamos en contra de ellos. Lo comprendiera ella o no, los comentarios despectivos de Brenda iban dirigidos a desprestigiar a Carol. Ella también resistió a Carol pasivamente al no darle su apoyo en el nuevo ministerio de la danza.

Si no bregamos con nuestros celos, terminaremos despreciando a la persona que envidiamos. Dallas Willard señala que el desprecio es aún peor que la ira: «En la ira yo deseo hacerte daño. En el desprecio no me importa si estás ofendido o no. O por lo menos así lo digo. Tú no eres digno de consideración de ninguna manera. Podemos sentir odio contra alguien, sin negar sus méritos, pero el desprecio nos pone más fácil herirlo o verlo más desprestigiado».[3]

Lo que quizá comenzara como una pequeña frustración se ha convertido ahora en amargura y odio al máximo. Verdadera-mente «el que provoca la ira causará contienda» (Proverbios 30:33). Al final no nos importa en absoluto lo que le pase a la otra persona. Él o ella ya no nos importan. Cuando esto ocurra, no podemos apoyar al compañero artista, porque en lugar de desear que esa persona triunfe, en el fondo estamos deseando que fracase De modo que no podemos «gozarnos con los que se gozan» (Romanos 12:15) ni hacerlo genuinamente. Dante escribe de alguien cuyo carácter vengativo era tan intenso que no soportaba la idea de que le pasaran cosas buenas a alguien.

Los fuegos de la envidia ardieron tanto en mi sangre
que me ponía lívido si hubiera llegado a ver
a otro hombre regocijarse en su propio bien.[9]

Lidiemos con el monstruo de ojos verdes

Una manera (la incorrecta) de bregar con nuestro odio y frustración es volvernos contra nosotros mismos y devaluar nuestros talentos y habilidades. «Yo no soy tan bueno y así y así», podríamos decir. «Él tiene talento y yo no. Él es un triunfador y yo un perdedor». Puede que tratemos de parecer mejor que otro rebajando a la otra persona o elevándonos nosotros; quizá chismeemos de otro artista o lo calumniemos, o puede que tratemos de manipular la conversación, de modo que la gente note nuestro talento y habilidades en lugar de losl de otras personas. Quizá incluso abriguemos algún odio y resentimiento contra Dios por haber permitido que esa persona esté en el candelero en lugar de nosotros.

Sin embargo, Gálatas 5:26 nos dice que no envidiemos a otros, y 1 Pedro 2:1 nos instruye a que rechacemos toda envidia. ¿Cómo hacer eso? Usted no puede meramente convencerse a usted mismo de dejar de ser envidioso. Los celos y la envidia producen fuertes sentimientos de animosidad que no desaparecen fácilmente. Proverbios 27:4 dice: «Cruel es la ira e impetuoso el furor; mas ¿quien podrá sostenerse delante de la envidia?» No es tarea fácil librar a nuestro corazón de los celos y la envidia, y el Señor desea trabajar en nuestros corazones y hacer que nos amemos unos a otros en lugar de competir entre nosotros. Vamos a mencionar varias formas en que podemos cooperar con él para lograr eso.

Confesarlos como pecado

El primer paso para verse libre de celos y envidia es confesarlos como pecado. Confiese su ira y desprecio como pecado. No lo esconda. No lo justifique. Confiéselo. Santiago 3:14 dice que «si tenéis celos amargos y contención en vuestro corazón, no os jactéis, ni mintáis contra la verdad». Dios conoce cada uno de sus pensamientos y los ha visto todos. No le va a sorprender su confesión. Pídale ayuda para bregar con esos sentimientos de celos y envidia hacia su hermano o hermana.

Algunas personas me preguntan si yo creo que deben reconocer sus sentimientos hacia la persona que es objeto de su celo y envidia. Yo les diría que sí, si creen que la persona puede dominar su vulnerabilidad. Esto realmente puede llegar a acercarlos a ustedes dos. He conocido situaciones en las cuales una persona va a otra y admite tener celos y envidia hacia la primera. Confesar este pecado puede liberarlo a usted del grillete sobre su corazón y puede profundizar el sentido de comunidad que usted comparte con sus compañeros artistas.

Aprecie los talentos que Dios le ha dado

Sea agradecido por todos los talentos que Dios le ha otorgado. 1 Pedro 4:10 dice que cada uno de nosotros ha recibido de Dios un talento o una habilidad especial. *La Biblia al día* traduce Romanos 12:6 de la siguiente forma: «Dios ha concedido a cada persona el don de realizar bien ciertas tareas». ¿Qué le ha dado Dios a usted que hace bien? Sea agradecido por eso. Mientras estamos ocupados envidiando los talentos de alguien, olvidamos lo que Dios nos ha dado. Solo porque otras personas tienen talento y habilidades no significa que usted no las tiene. Deje de verse como uno de los que no tienen. Eso no es verdad. Ante los ojos de Dios no hay quienes no tengan. Conozco a un pianista que estaba desanimado porque sus composiciones no remontaban el vuelo como él deseaba. Decía que no quería ser conocido como «solo un pianista». Es una pena, porque es un excelente pianista, Conozco a personas que darían cualquier cosa por hacer lo que él sabe hacer. Parece que siempre deseáramos ser algo que no somos, y rara vez somos felices siendo lo que somos. Si usted puede hacer algo o crear en alguna medida, usted es capaz de hacer algo que la persona promedio no puede hacer. Compañeros artistas, recuerden siempre que a otras personas les encantaría saber hacer lo que hacen ustedes. No permitan que el Maligno les convenza de que no tienen talento o méritos. Es menos probable que usted envidie a alguien si está contento con lo que Dios le ha dado, de modo que cierre este libro ahora mismo y agradézcale a Dios los talentos —grandes o pequeños— que él le ha dado.

Honor a quien merece honor

En lugar de dar crédito a otro por actuar o crear bien, nos explicamos su éxito refunfuñando que este se debe a que tienen conexiones y nosotros no. Ellos tienen todas las palancas y nosotros somos víctimas del sistema. Quizá incluso los critiquemos por la espalda tratando de arruinar su reputación o de echar a perder su éxito. No le damos ningún crédito al esfuerzo que les ha llevado al éxito. «Ellos no se lo merecen» decimos para nosotros. «No es justo».

Cuando la envidia me seduce, no reconozco el mérito de otros compositores. Me niego a admitir que su trabajo sea mejor que el mío. Debe haber otra razón para su éxito. Seguro que tienen algún contacto con alguien, o a la gente le gustan ellos más que yo, o aun a Dios le gustan más que yo. Son uvas agrias. Y de aquí llegamos al punto más oscuro de la envidia. No es solo que envidiemos lo que tienen otros, sino que no queremos que lo tengan en lugar de nosotros. Estamos resentidos de ellos y de sus bendiciones.

He ganado un gran margen de libertad encarando la realidad de que otros son mejores y escribirán cosas mejores que yo. Hemos de reconocer los talentos de otros y darles crédito por escribir o actuar tan bien si no mejor que nosotros. Si un compañero artista escribe o protagoniza algo bien, quítese el sombrero ante esa persona y diga: «Bien hecho, amigo. Usted merece ser reconocido por su esfuerzo y su éxito».

La verdadera cuestión es la fidelidad

Hubo una vez un mecenas que iba a ausentarse de su pueblo por un tiempo, así que reunió a su pequeña colonia de artistas para una reunión de despedida. A un artista le dio cinco talentos, a otro dos talentos y a otro le confió uno. Después de llevar a su anfitrión al avión, los artistas se separaron y tomaron caminos diferentes (como suelen hacer los artistas). Varios meses después el viejo mecenas regresó, descansado y tostado por el sol. El artista al que le dio cinco talentos lo recibió ansiosamente en el aeropuerto.

—Maestro, tú me confiaste cinco talentos y fíjate, he ganado cinco talentos más, —le dijo entusiasmado.

—Bien hecho, —dijo el patrono—. Estoy muy contento. Fuiste fiel y te daré aún más.

El artista que había recibido dos talentos corrió a la plataforma gritando:

—Maestro, me confiaste dos talentos y mira, he ganado otros dos.

—Bien hecho, —dijo el anciano—. Estoy muy contento. Fuiste fiel y yo te daré aún más.

El artista a quien se le dio un talento estaba esperando junto al lugar de reclamo de los equipajes.

—Maestro, —comenzó tímidamente—, no quiero que te enfades conmigo. Yo soy muy sensible, tú lo sabes, y no manejo muy bien el rechazo, y es tan duro ser artista en este mundo frío y cruel. La verdad es que no fui lo suficientemente bueno como para triunfar, porque tú me diste solo un talento, de modo que no hice nada con él. Lo escondí. Aquí lo tienes, te lo devuelvo.

El artista abrió la mano y fijó la vista en el suelo. El talento estaba tan nuevo y sin desarrollar como el día que lo recibió.

El anciano se quedó en silencio. Entonces respondió con voz apacible.

—Mi querido amigo, has malgastado una fortuna. Yo te di algo que era para usarse. La cuestión no era cuánto te di, sino qué hiciste con lo que tenías.

Estoy seguro que ustedes identifican esta parábola, la de los talentos de Mateo 25. Esta parábola nos recuerda que nuestros talentos y habilidades no son nuestros; le pertenecen a Dios. Sin embargo, hay algo que me molesta acerca de este pasaje. Durante años me pregunté por qué a una persona se le dieron cinco talentos, a otra dos y a otra solo uno. No parece justo, ¿verdad? ¿No debían recibir todos la misma cantidad? Luché con esto hasta que comprendí que nuestro Dios es un Dios justo. Todo lo que hace es correcto y está lleno de sabiduría. En otras palabras: él sabe lo que hace. El hombre de la parábola le confió a cada siervo «de acuerdo con su habilidad» (versículo 15). Romanos 12:6 también parece sugerir que los dones y las habilidades son dados no en igualdad, sino proporcionalmente. No puedo decirles por qué una persona recibe cinco talentos, otra dos y alguno de nosotros solo uno. La vida es así, creo yo. Pero la cuestión verdadera no es quién obtiene qué, sino si voy a ser fiel y obediente con lo que se me ha dado. Dios no me está pidiendo que sea fiel con los talentos de otro. Me pide que sea fiel con lo que él me ha dado.

Acuérdese de que Jesús le dijo a Pedro que apacentara sus ovejas. Para un hombre que había huido y negado a Jesús, ese fue un momento de sanidad en el cual el Señor afirmó que iba a usarlo poderosamente. Sin embargo, yo detecto un poco de celos por parte de Pedro, cuando habla de Juan y dice: «Muy bien, sí, eso es grande. Yo tengo que apacentar las ovejas, pero ¿qué acerca de Juan? ¿Qué tiene que hacer él?» Jesús le responde amorosa pero firmemente, diciéndole «¿Qué te importa a ti. Tú sígueme» (Juan 21:22). En otras palabras: «No te preocupes por otros. Lo único que tienes que hacer es ser fiel con lo que te doy a hacer».

De esa misma forma, algunos maestros escriben libros y tienen resonancia mundial. Otros enseñan clases en la escuela dominical. El uno no es mejor o más importante ante los ojos de Dios. El asunto no es cuán famosos somos tú y yo, o cuán prominentes somos en el ministerio, sino si somos fieles y obedientes con lo que Dios nos ha dado. Este es un asunto de mayordomía. La parábola de los talentos dice que si somos fieles con lo que Dios nos ha dado, él nos dará más.

El peligro de comparar

Compararnos con otros es sumamente peligroso. No se gana nada, y todo se pierde al compararnos con otros. Terminamos pareciéndonos mejores o peores de lo que realmente somos. 1 Corintios 12:15 nos advierte del peligro de las comparaciones, que es la raíz de todos los celos y envidias: «Si el pie dijera, "porque no soy mano no pertenezco al cuerpo", no por esa razón deja de ser parte del cuerpo. Y si el oído dijera, "porque no soy ojo, no pertenezco al cuerpo', no por esa razón deja de ser parte del cuerpo"».

Gordon MacDonald escribe que «el alma no puede sentirse bien cuando uno se compara con otros. El alma muere un poco cada vez que se envuelve en un estilo de vida que compite. Esto da pábulo a las fuerzas destructivas de la rivalidad, la envidia y los celos».[5]

Necesitamos descubrir nuestros talentos aparte de los talentos de otros. Necesitamos descubrir quién Dios nos hizo ser, y celebrar nuestra identidad única. Ser diferentes no quiere decir ser mejores o peores que otros; significa sencillamente que somos diferentes. Significa que tenemos diferentes dones y diferentes llamados. De modo que puedo sentirme seguro acerca de quién quiso Dios que fuera y qué me llamó a hacer. Él no me está pidiendo que sea otro (o alguien más talentoso). Me está pidiendo que sea yo y que deje de compararme con otros. Necesitamos descubrir el papel que Dios tiene para nosotros, y desempeñarlo con entusiasmo. Estaremos más contentos siendo lo que Dios nos ha llamado a ser que tratando de ser otro.

Algunos hombres se acercaron a Juan el Bautista y le preguntaron qué sentía en relación a las grandes multitudes que estaba atrayendo Jesús. Lo cierto era que algunas personas que cierta vez habían seguido a Juan estaban ahora siguiendo a Jesús. ¿Estaba Juan celoso de toda la atención que estaba recibiendo Jesús? No, porque ante todo, Juan sabía que él no era el Mesías. «Yo no soy el Cristo», dijo, «pero he sido enviado delante de él» (Juan 3:28). Juan no se hacía ilusiones acerca de su lugar en el mundo. Estaba en paz con respecto a quién era él y a lo que Dios estaba llamándolo a hacer. Sabía cuál era su papel y lo que no era su papel. Se veía a sí mismo como el amigo del Esposo. Jesús es el esposo. Juan se regocija por el Esposo. Él es genuinamente feliz por él. Está junto al Esposo y no reclama atención para él mismo. Por eso Juan estaba contento de ser lo que Dios le hizo que fuera, y contento de hacer lo que Dios lo llamó a hacer.

Conozco a artistas que están enojados con Dios porque no les ha dado tanto talento como a otros. Resienten el hecho de no tener tanto éxito o ser tan famosos como otros artistas a quienes envidian, por eso culpan a Dios. Sus celos se han convertido en odio dirigido a Dios mismo. Romanos 9:20 dice: «¿Quién eres tú para que alterques con Dios? ¿Dirá el vaso al que lo formó ¿para qué me has hecho así?» Cuando cuestionamos por qué el Señor no nos dio los talentos de otro, debe ser como una bofetada en la cara de Dios. a él le debe agraviar que erróneamente llegamos a la conclusión de que no nos ama tanto como a la persona cuyos talentos codiciamos. El hecho de que Dios haya decidido darles esos talentos a otros no significa que nos ame menos. Significa meramente que desea que desempeñemos otra función en Su reino.

En lugar de desear ser otra persona, ora para que llegues a ser todo el artista que Dios quiere que seas. Santiago denuncia fuertemente los celos y la envidia. Date cuenta de dónde encaja la oración en el cuadro completo: «De dónde vienen las guerras y los pleitos entre vosotros? ¿No es de vuestras pasiones, las cuales combaten en vuestros miembros? Codiciáis y no tenéis; matáis y ardéis de envidia, y no podéis alcanzar; combatís y lucháis, pero no tenéis lo que deseáis, porque no pedís. Pedís y no recibís, porque pedís mal, para gastar en vuestros deleites» (4:1-3)

Existen millones de artistas frustrados que darían cualquier cosa por estar llenos artísticamente. Desafortunadamente, los celos y la envidia se han establecido y han causado toda suerte de conflicto como describe Santiago. Estos artistas o no oran o dejaron de orar a pesar del hecho de que Dios desea darnos el deseo de nuestros corazones (Salmo 37:4). Él quiere que nosotros florezcamos como artistas. De hecho, Santiago dice: «No dejen de pedir. Asegúrense de que sus motivos son correctos y manténganse pidiendo». Yo no sé cuan a menudo he orado diciendo: «Señor, ayúdame a hacer lo necesario para llegar a ser un escritor de canciones mejor o un compositor mejor». Más bien pongo mis energías en la oración que en alimentar sentimientos de celos y envidia, lo que solo trae consigo problemas.

Cambiemos la envidia por adoración

Se cuenta una historia de un director de una banda que estaba organizando músicos para una gran reunión en la ciudad. Salió y consiguió un excelente trío de jazz y les ofreció el pago establecido por el sindicato por una noche de gran jazz. Todo iba bien, sin tropiezos. Su música sonaba estupendamente. Entonces, el líder de la banda decidió que sería bueno incluir unos cuantos trompeteros para el programa final, de modo que fue al teléfono y tuvo la suerte de localizar a unos cuantos de sus amigos disponibles, quienes convinieron en ir a tocar. Cuando terminó la noche, el líder de la banda extendió los cheques y todo el mundo recibió la misma cantidad. Los que tocaron la trompeta recibieron la misma cantidad que el trío que había sido contratado originalmente, y habían tocado la mayor parte de la noche. Como usted puede imaginarse, esto no le pareció bien al trío. Se sintieron visiblemente incómodos. Murmuraron porque «habían soportado el peso del trabajo y el calor de las luces del escenario» y habían recibido en pago la misma suma que quienes fueron contratados para la parte final y solo habían puesto una hora de trabajo. Muy injusto. Pero el director de la banda inquirió: «¿No les pagué a ustedes lo que acordamos? Yo no le he robado en nada. ¿No puedo hacer lo que quiero con mi dinero? ¿O están ustedes envidiosos porque yo soy generoso?

Evidentemente, esta es una adaptación de la parábola de los obreros de la viña, que Jesús enseñó en Mateo 20. La última frase del director de la banda está tomada directamente del versículo 15: «¿O tienes tú envidia porque yo soy bueno?» Cada vez que leo esa frase, comprendo que algunas veces mi concepto de lo que es justo es demasiado limitado para un Dios benigno como el nuestro. Yo deseo que Dios distribuya sus dones y talentos como yo lo haría si fuese Dios. Pero ¡fuera con esa idea! Dios es mucho más generoso de lo que yo jamás sería, porque él es Dios.

Pero mi envidia puede convertirse en adoración. Yo puedo reconocer la soberanía de Dios en su forma de distribuir talentos y habilidades. Yo puedo adorar su bondad por darme más talento del que merezco. Yo puedo adorar al Dador en lugar de la dádiva. Dios nos dio a cada uno de nosotros de acuerdo a su perfecta voluntad (1 Corintios 12:11) En vez de estar celosos de otros artistas, puedo agradecerle a Dios por los dones de estos. Puedo alabarlo no solo por cómo los ha dotado, sino también por lo que me ha dado a mí. Si veo las cosas con esta perspectiva puedo sacar inspiración de los talentos de otros. En lugar de sentirnos amenazados por ellos, podemos decir: «Señor, te alabo porque has dotado a Fulana. Ella es una gran artista. Su compromiso hacia la excelencia me hace desear ser todo lo buen artista que pueda».

El desencanto de David debió haber sido enorme al saber que él no iba a construir el templo. Dios no estaba diciéndole a David que esperara. Le estaba diciendo que no. Esto sí que es ver desvanecerse un sueño. Yo admiro a David porque no se entregó a los celos y la envidia. En lugar de ello, alabó a Dios con gratitud en su corazón. Después de recibir las malas noticias, dijo: «¿Quién soy yo, y qué es mi casa, para que tú me hayas traído hasta aquí?» (2 Samuel 7:18). En lugar de enfocarse en lo que no tenía, se enfocó en lo que tenía.

El autor del Salmo 73 también cambió la envidia por alabanza. En la primera parte del Salmo, contrasta la vida de un incrédulo con la de un creyente. Dice que casi llegó a pensar que los incrédulos estaban mejor.

Comenzó a envidiar su prosperidad, pero se dio cuenta antes de que fuera demasiado tarde (vers. 2-3). El punto de cambio tiene lugar cuando viene al santuario de Dios (v.17). Estar en la presencia de Dios siempre nos da una perspectiva fresca. El salmista comprende que las cosas que él codicia no pueden compararse con el conocimiento de Dios. Ellos no pueden compararse con lo que él tiene en el Señor. En el versículo 25 dice: «¿A quién tengo yo en los cielos sino a ti?» Hace un maravilloso descubrimiento al final, cuando dice: «Pero en cuanto a mí, el acercarme a Dios es el bien; he puesto en Jehová el Señor mi esperanza, para contar todas tus obras». (versículo 28). El convirtió en adoración cualquier envidia que hubiera sentido.

Desarrolle relaciones en lugar de rivalidades

Tendemos a apartarnos de las personas que envidiamos. Nos escondemos de ellas. Las evitamos. Podemos estar enojados o resentidos con ellas. Podemos aun odiarlas. Me atrevería a sugerirles que viren al revés estas tendencias y hagamos lo que podamos por desarrollar relaciones con ellas. Júntate con ellas, Invítalas. Cuanto más las conozcas, menos amenazadoras llegarán a ser. Cuando invertimos tiempo con personas, comenzamos a verlas como socios o amigos. Ora con regularidad por ellas y por su éxito. Antes de que te des cuenta, tu envidia será reemplazada por amor genuino. Esta es la razón por la que 1 Corintios 13:4 dice que el amor no es celoso. Usted no puede seguir teniendo celos de sus colegas artistas si está orando con compasión por ellos y entablando relaciones.

Jonatán tenía muchas razones para estar celoso de David. Si Jonatán tenía alguna aspiración de suceder en el trono a su padre, Saúl, se habría extinguido cuando Dios ungió a David para ser rey. Jonatán sabía que la mano de Dios estaba sobre la vida de David. En lugar de ser adversario de David, Jonatán escogió ser su amigo. Sus almas se entretejieron en una de las más profundas amistades que registra las Escrituras (1 Samuel 18:1).

Desarrollar amistades en vez de rivalidades realmente me ha beneficiado. Las personas cuyos dones se sobreponían a los míos y que tenían más talentos que yo son algunos de mis mejores amigos. Al principio existió la posibilidad de que la envidia llegara a arraigarse en mi espíritu.

Esta alzaría su fea cabeza y me haría arrodillarme, llorando de vergüenza. Entonces tuve la idea, para decirlo crudamente, de que «si no puedes derrotarlos, únete a ellos». Creo que honramos a Dios si tratamos de desarrollar cualquier clase de amistad con aquellos a quienes envidiamos. En lugar de retirarnos constantemente, necesitamos acercarnos a ellos con amor. Dios quiere que trabajemos juntos, no unos contra otros. En lugar de competir entre nosotros, podemos aprender mutuamente mucho. Podemos ser hermanos y hermanas en lugar de competidores.

Ya no estamos amenazados por los talentos de otros

No vernos amenazados por los talentos y habilidades de otros es un signo de carácter. Esto viene de sentirnos seguros en cuanto a quiénes somos como individuos y artistas con identidad única, así como de confiar en la obra de Dios en nuestras vidas. El éxito de un compañero artista no puede robarnos nada. De alguna manera pensamos que perdemos algo cuando alguien está floreciendo y nosotros no. Las bendiciones de Dios nunca se agotan. Hay abundancia para todos nosotros. Cuando alguien recibe un elogio, no están quitándote nada a ti.

Números 11 registra la historia de dos hombres que eran probablemente poderosos delante del pueblo de Israel. Josué se sintió ofendido por la actitud de ellos con respecto a Moisés. Y fue a este y lo que básicamente le dijo en el versículo 28 fue: «Haz algo, Moisés. Refrena a esos tipos». Pero Moisés era un hombre sabio que no se sentía amenazado por los dones de otros. En el versículo siguiente le dice a Josué: «¿Tienes tú celos por mí? Ojalá todo el pueblo de Jehová fuese profeta, y que Jehová pusiese su espíritu sobre ellos». Moisés comprendió que él no tenía el monopolio del don de profecía. Estaba seguro de sus dones y de su llamado. Vio la necesidad de más profetas, y se preocupó más por el reino de Dios que por su propia gloria. Nosotros debemos tener la misma actitud, porque necesitamos más artistas interesados en la obra del Señor. Hay abundante espacio para más artistas en la cristiandad. Cuantos más, mayor felicidad.

Si haces bien las cosas

El versículo que más me ha ayudado a bregar con los sentimientos de celos y envidia viene de Génesis 4. Surge de la historia de dos hermanos, Caín y Abel. Caín era agricultor y Abel, pastor. Ambos le trajeron una ofrenda al Señor, pero Dios rechazó la de Caín. No sabemos exactamente por qué; pero sí sabemos que Dios no estaba tratando de ser sordo. Ni estaba entreteniendo a Caín. Ambos hombres sabían lo que esperaba Dios. Abel hizo bien en traerle a Dios lo mejor que podía, pero Caín no. La Biblia no dice que Dios estaba enojado con Caín. En realidad, Dios estaba dispuesto a darle una segunda oportunidad, pero Caín estaba celoso de su hermano y enojado con Dios.

Dios trató de razonar con Caín, pero él no escuchó. Las palabras de Dios colocaron a Caín (y a nosotros) en un dilema: «Si bien hicieres, ¿no serás enaltecido? Y si no hicieres bien, el pecado está a la puerta; con todo esto, a ti será su deseo, y tú te enseñorearás de él» (Génesis 4:7 RV) La historia sería totalmente diferente si Caín se hubiera detenido allí y replicado: «Señor, tienes razón. Yo quiero actuar bien ante tus ojos. Ayúdame a hacerlo mejor la próxima vez». Pero él no lo hizo así. El siguiente versículo dice que Caín le dijo a su hermano lo que había sucedido. Caín probablemente vagó tristemente, rumiando su ira, refunfuñando sobre cuán injusta es la vida. Estoy seguro de que su versión de la vida le hizo imaginarse a Dios como un ser irrazonable y exigente. Estoy seguro de que hizo el papel de víctima, como todos hacemos en esa clase de situación, y culpó a Dios. En ningún momento se humilló y se arrepintió. En lugar de ello, el celo de Caín lo llevó al crimen. El pecado, realmente, estaba agazapado en su puerta.

Dios incluyó historias como ésta en la Biblia, de modo que podamos aprender de los errores de otros. Cuando estoy tentado por los celos o la envidia, oigo a Dios diciéndome: «No te preocupes de lo que pasa con tu hermano. Si tú haces bien las cosas, serás aceptado». Si algo he aprendido de esta historia es que la respuesta apropiada a Dios en una situación como la de Caín es: «Señor, ayúdame a actuar bien. Ayúdame a actuar mejor con el talento que me diste. Ayúdame a crecer espiritual y artísticamente, de modo que cuando te ofrezca algo, a ti te agrade aceptarlo y usarlo».

Si lo has recibido, no hagas gala del mismo

¿Qué pasa si es usted el objeto de los celos y la envidia de otro? Si cree que ese es el caso, ¿puedo sugerirle que sea sensible con la persona que está luchando con la envidia hacia usted? Yo sé que usted no puede controlar las reacciones de otros, y que sus celos no son culpa suya. Es una reacción escogida por ellos, pero usted puede apartarlos aún más si es insensible. Usted no tiene por qué ser falso ni censurar todo lo que dice, sino solo ser consciente de su lucha. Acuérdese de no desear nunca causarle un tropiezo a un hermano o hermana (1 Corintios 8:13). 1 Pedro 5:3 nos advierte que no usemos indebidamente nuestros dones y trate despóticamente a otros, así, pues, sea cuidadoso de no ostentar sus talentos y habilidades ante otros.

Dios odia el orgullo y la arrogancia. «Dios aborrece los ojos altivos» (Proverbios 5:16-17). Los fariseos eran personas que ostentaban su posición y habilidades. Se ponían de pie en frente de una multitud y oraban en voz alta, diciendo: «Dios, yo te doy gracias porque no soy como otros hombres —ladrones, injustos, adúlteros— ni aun como este publicano; ayuno dos veces a la semana, doy diezmo de todo lo que gano» (Lucas 18:11-12). El humilde y despreciado recaudador de impuestos, por otra parte, estaba en la esquina con la cabeza baja, lejos del centro de atención, y golpeándose el pecho oraba: «Señor, sé propicio a mí, pecador» (versículo 13). Jesús favoreció al cobrador de impuestos antes que al fariseo, y dijo: «Os digo que éste descendió a su casa justificado antes que el otro; porque cualquiera que se enaltece, será humillado; y el que se humilla será enaltecido» (versículo 14).

José era el hijo favorito de su padre. Sus hermanos estaban ya de por sí celosos de José, así, pues, las cosas no mejoraron cuando su padre le dio a este un manto multicolor que había hecho especialmente para él. Las relaciones de José con sus hermanos se agriaron más cuando él les predijo que algún día ellos se inclinarían en sumisión ante él (Génesis 37:6-11). No es de sorprender que no lo quisieran, pues estaba muy engreído. Ellos ya sentían que su padre no se preocupaba por ellos, y que este joven advenedizo no cesaba de decírselo. Yo sé que él no podía evitar ser objeto del favor de su padre, pero me pregunto cuán diferente habrían sido las relaciones de José con sus hermanos si hubiera mostrado más discreción.

Si usted ha sido sumamente bendecido, por favor no se jacte de ello ante otros artistas.

Además, si alguien viene a usted y le confiesa abrigar celos y envidias hacia usted, a esa persona le ayudaría mucho que usted aceptara su confesión con amor y comprensión. Comprenda cuán difícil es confesar el pecado de los celos ante aquel que usted envidia. Si usted avergüenza a la persona por sentir envidia, o asume una actitud defensiva, entonces apartará aún más a esa persona. Si usted también lucha con los celos y la envidia, para la persona será un alivio oír que no está sola. Prométanse orar el uno por el otro. Pregúntele si hay algo que usted está haciendo que cause que la persona tropiece.

Greg Ferguson es un buen amigo mío y, en lo que a mí respecta, puedo decir que Greg tiene talento a nivel mundial. Es uno de los mejores compositores que conozco. Compone lo que le pidan. Sus letras son lógicas y naturales, sus melodías son memorables, y sus armonías son sofisticadas e interesantes. Es, además, uno de los mejores cantantes —y uno de los mejores comunicadores— con los que he trabajado. Es un profesional cantante de comerciales, y se le oye en la televisión y la radio en todo el país y sirve incansablemente y con sacrificio a nuestra iglesia. Si alguien tiene derecho a ostentar su talento, sería Greg. Sin embargo, es una de las personas más amables y humildes que conozco. La gente no espera que alguien con tanto talento sea una persona fina. Él no habla mucho acerca de sus logros profesionales. La mayoría de las personas no se llegan a enterar de cuándo «alcanzan dimensiones nacionales» sus programas radiofónicos. En los ensayos no trata de destacar su importancia, y trata a los otros vocalistas de la iglesia como a sus iguales. Es refrescante saber que alguien tiene méritos pero no se jacta de ellos. Esto me hace recordar que las personas que realmente lo tienen, no necesitan ostentarlo.

En conclusión, los celos y la envidia son emociones muy fuertes. Tienden a dominar y nos conducen a hacer cosas lamentables. En el caso de Caín y Abel, los celos llevaron al homicidio. Por eso Dios dice que debemos domar esa bestia llamada celos y envidia antes que nos domine a nosotros.

Preguntas para comentar en grupo

1. ¿Qué cosas dificultarían que los artistas hablaran sobre cualquier sentimiento de celos y envidia que pudieran tener respecto de otros artistas?

2. ¿Cree que la comunidad cristiana realiza un papel adecuado de bregar con el problema de los celos y la envidia? ¿Por qué sí o no?

3. ¿Ha visto alguna relación dañada o finalizada por los celos y la envidia?

4. ¿Cuándo piensa usted que los celos y la envidia son suficientemente graves para que la persona deba hacer algo acerca de esto?

5. ¿Qué piensa usted que nos impide estar contentos con los talentos que nos han sido dados?

6. ¿De qué formas podría beneficiar a una comunidad de artistas una competencia sana ?

7. ¿Cuándo es mala una competencia para una comunidad artística?

8. ¿Qué pasa cuando nos comparamos con otros?

9. ¿Cómo pueden ser realmente amigos personas con dones y talentos similares?

10. ¿Cómo afecta nuestras relaciones con una persona la oración que hacemos por ella?

Pasos de acción personal

1. Escriba los nombres de cualquier persona de su vida hacia quien usted haya sentido celos y envidia.

2. Confiese su pecado de celos y envidia a Dios, y pídale ayuda para bregar con este pecado.

3. Piense sobre cómo puede transformar celos y envidia en adoración.

4. Describa los resultados negativos de compararse con otros.

5. Escoja a alguien de su vida a quien le pueda rendir cuentas de su forma de manejar los sentimientos de celos y envidia.

Estoy maravillado

Estoy maravillado de todo lo que has hecho por mí
¿Quién soy yo para que me bendigas tanto?
Me quedo absorto ante tus maravillas
Me has tratado con gran generosidad

Derrumbado por todas las veces que he fallado
y los días que he inclinado la cabeza, avergonzado
una y otra vez me arrodillo
y allí veo tu gran compasión por mí.

Estoy maravillado de todo lo que has hecho por mí
¿Quién soy yo para que me bendigas tanto?
Me quedo absorto ante tus maravillas
Me has tratado con gran generosidad

Me has bendecido con más de lo que merezco
Con misericordia y amor en cada vuelta
todo lo que das fluye de quien eres
y te doy gracias, Señor, desde el fondo de mi corazón

Estoy maravillado de todo lo que has hecho por mí
¿Quién soy yo para que me bendigas tanto?
Me quedo absorto ante tus maravillas
Me has tratado con gran generosidad

Rory Noland

Pero cuando el ataque de la melancolía
    sobrevenga del cielo como nube llorosa
que nutre a las flores de inclinadas corolas
    y cubre la colina con sudario de abril,
sacia entonces tu pena en la rosa temprana
    o el arco iris de una ola de sal y de arena,
o en la abundancia de redondas peonías,
    o si muestra tu amada cualquier vivo enojo,
toma su suave mano y deja que delire
    y nútrete hondamente de sus ojos sin par.

Con la Belleza que ha de morir, ella vive,
    y con la Alegría, que se despide siempre
con la mano en los labios; y el Placer doloroso
    que en tanto se liba se convierte en veneno.
Ay, en el mismo templo del Goce la velada
    Melancolía ostenta su trono solo visto
por quien con poderosa lengua revienta la uva
    de la Alegría contra su fino paladar.
Probará la tristeza de su poder el alma
    y expuesta quedará entre sus trofeos.

        John Keats, de la «Oda a la melancolía»
          (traducción de Rafael Lobarte)

Siete

Cómo manejar las emociones

Dan es lo que la mayoría de las personas llaman un verdadero artista. Tiene veinte años, estudia en el Instituto de Arte de Chicago y espera ganarse algún día la vida como artista. En lo que recuerda, siempre ha deseado ser artista. Su medio favorito es el lápiz, y a donde quiera que vaya, lleva consigo una libreta para hacer bosquejos. Siempre está ocupado y sumamente dedicado a su trabajo, algunas veces sin comer ni dormir si tiene en mente un proyecto. Hay quien dice que es un obseso. Él lo llama estar enfocado. Sabe lo que quiere y lo que cuesta llegar allí.

Dan no tiene mucho tiempo para la vida social u otras actividades extracurriculares. Lo único que le roba tiempo además del arte es un grupo semanal de estudios bíblicos. El grupo lleva funcionando más de un año, pero Dan está comenzando a preguntarse si debe continuar en él. La razón principal es que a veces se siente «muy fuera del grupo». Dan es más emocional que la mayoría de las personas y lleva esas emociones a flor de piel. Algunos lo llaman triste, otros lo han calificado de apasionado. Aun hay otros que dicen que Dan es penosamente honesto, de forma exagerada. Como usted se imagina, Dan se siente muy anormal algunas veces, y otras como un mal cristiano.

Tómese por ejemplo la reunión de la pasada semana, en el hogar de Ted y Nancy Jones. Ted y Nancy eran novios en la secundaria. Él jugaba al fútbol en todo el estado, y Nancy era una de las animadoras. Ted le había pedido a cada miembro del grupo que escogiera para la reunión un salmo que describiera bien la situación de sus vidas en esos momentos. Ted está en un seminario estudiando para ser pastor. Él seleccionó el Salmo 1:1 y lo leyó como si fuera a predicar un sermón. «Bienaventurado el varón que no anduvo en consejos de malos, ni estuvo en camino de pecadores, ni en silla de escarnecedores se ha sentado». Acababa de terminar un trabajo trimestral sobre ese pasaje, de modo que estaba fresco en su mente. Nancy fue la siguiente y deseaba celebrar que Dios últimamente los había bendecido financieramente a ella y a Ted. Con todo entusiasmo leyó el Salmo 100:5: «Porque Jehová es bueno, y para siempre es su misericordia, y su verdad por todas las generaciones». Adele Paterson habló a continuación. Ella es secretaria en un despacho de abogados, y Ted y Nancy estaban tratando de emparejarla con Dan. Ella estaba luchando en un nuevo empleo y compartió un pasaje sobre la confianza en Dios, Salmo 37:4-5: «Deléitate asimismo en Jehová, y él te concederá las peticiones de tu corazón». Encomienda a Jehová tu camino, confía en él, y él hará».

Entonces le llegó el turno a Dan. Dan había estado un poco alicaído recientemente. No está seguro de por qué. Le resulta difícil saberlo. Sencillamente no se ha sentido muy entusiasmado por nada durante los últimos días. Podría tener algo que ver con la discusión de la semana pasada con su padre, o con el hecho que el pago del alquiler de su apartamento tiene un atraso de una semana, o quizá está cansado del invierno frío y gris de Chicago que se prolonga demasiado en la primavera.

Sea como sea, cuando llegó su turno tuvo dificultad para organizar sus ideas y habló mayormente con frases incompletas que divagaban. Trató de compartir su lucha para sentirse aceptado por el grupo, pero cuanto más hablaba, más frustrado se sentía por dentro. Tuvo dificultad para poner en palabras exactamente lo que estaba sintiendo. Las palabras siempre le venían más fácilmente después de haber tenido tiempo para pensar en el asunto, como en mitad de la noche cuando estaba pintando o dibujando. Finalmente se detuvo en medio de una frase y leyó el Salmo 88, comenzando con el versículo 13: «Mas yo a ti he clamado, oh Jehová, y de mañana mi oración delante de ti. ¿Por qué, oh Jehová, desechas mi alma. ¿Por qué escondes de mí tu rostro? Yo estoy afligido y menesteroso; desde la juventud he llevado tus terrores, he estado medroso. Sobre mí han pasado tus iras, y me oprimen tus terrores. Me han rodeado como aguas continuamente; a una me han cercado. Has alejado de mi al amigo y al compañero, y a mis conocidos has puesto en tinieblas».

Un silencio cayó sobre el cuarto y un mutismo incómodo se produjo cuando terminó Dan. Entonces Ted preguntó con claridad: «¿Por qué, Dan, con todas las bendiciones que Dios te ha dado? Yo creía que ibas a leer algo alentador, como alguno de los salmos de alabanza, quizá el Salmo 150».

Dan no sabía que decir. Se estaba culpando a sí mismo por compartir tanto como tenía, sin embargo, esta era la punta del iceberg. Nancy trató de romper la tensión con buen humor. «Dan, no seas tan catastrófico y sombrío. Tómate algo y anímate, chico», dijo bromeando. Adele sonrió. Hubo risas espontáneas y risitas en toda la sala, excepto donde estaba sentado Dan. Después de eso ya no recordaba mucho más de la reunión. Trató de participar, pero tenía la mente en otro lugar. La verdad es que ya no estaba oyendo. Se había encerrado en sí mismo y estaba bregando con emociones con las que no sabía qué hacer. Se marchó pronto, poniendo como excusa el hecho de que tenía que levantarse temprano la mañana siguiente.

Dan manejó hasta su casa esa noche sintiendo que le habían interpretado muy mal. Estaba bloqueado por toda suerte de emociones. *Es la última vez que comparto algo personal, pensó. Todos piensan que estoy deprimido siempre. No sé por qué tengo que estar alerta todo el tiempo. ¿No puedo ser honesto acerca de cómo me siento? No sé por qué estoy gastando mi tiempo con este grupo. No encajo con ellos. Ellos parecen mucho más unidos que yo. No luchan. Al menos, no como yo. Probablemente ya no me quieren más en el grupo, pues muy bien. ¿Al fin y al cabo, quién los necesita a ellos? Son tan superficiales… Se lo voy a demostrar. Lo sentirán algún día cuando yo sea un artista consumado … Apuesto a que ahora mismo están sentados hablando de mí. Probablemente van a pedirme que deje el grupo. Estoy seguro de que lo pasarán mucho mejor cuando yo no esté en él. Quizá me pase algo. Y otra cosa: nunca me han preguntado cómo va mi trabajo. Nunca vienen a ninguna de mis presentaciones en la galería o en la escuela. Ni me invitaron a sus reuniones de Navidad el año pasado. Hasta olvidaron mi cumpleaños…*

Preguntas para comentar en grupo

1.   ¿Cómo le habría gustado a usted haber visto reaccionar al grupo ante la honestidad emocional de Dan?

2.   ¿Por qué Dan siente con frecuencia que es un mal cristiano?

3.   ¿Piensa usted que Dan tenía alguna buena razón para sentirse alicaído, o estaba simplemente malhumorado?

4. La otra opción para Dan habría sido suprimir sus sentimientos y compartir algo mucho más seguro. ¿Cree usted que eso sería una buena idea? ¿Por qué sí o por qué no?

5. ¿Cuánto de lo que Dan sentía durante su regreso a casa estaba basado en la realidad?

6. ¿Ha tenido usted alguna experiencia como esta de Dan? ¿Por qué son difíciles estas experiencias?

7. ¿Las personas con temperamento artístico tienden a ser más negativas o malhumoradas?

8. ¿Qué pruebas les esperan a las personas que llevan sus emociones a flor de piel?

9. ¿Cómo reacciona usted ante alguien que es negativo o crítico todo el tiempo?

10. ¿Cómo puede usted saber si está controlado por sus emociones? ¿Cuándo no es sano esto?

Emociones: ¿amigas o enemigas?

Las personas con temperamento artístico tienden a ser más emotivas. Nosotros estamos más en contacto con nuestros sentimientos que la mayoría de la gente. Esto es un privilegio maravilloso. Yo me siento mal con respecto de las personas que están fuera de contacto con sus emociones, pues se pierden algunos de los momentos más significativos de la vida. Ciertas personas son más reservadas porque la manifestación exterior de las emociones fue desalentada a medida que iban creciendo. Otras están demasiado ocupadas para sentir algo. Cualquiera que sea la razón, se las pierden. Las personas con temperamento artístico son muy dichosas de poder experimentar el lado emocional de la vida.

¿Cuál es su opinión acerca de las emociones? ¿Son malas o buenas? Cuando crecía, de alguna manera capté el mensaje de que no era propio de un hombre mostrar emociones. Se suponía que los hombres no lloraban ni eran demasiado exuberantes. Debían ser «estables», es decir sin emociones. Como resultado de eso, suprimí muchos sentimientos. Sin embargo, cuando me hice cristiano, la puerta agrietada se abrió un poco a mis emociones. Parecía como si estas fueran del agrado de Dios. Después de todo, Jesús lloró (Lucas 19:41; Juan 11:35) y Pablo también (Hechos 20:19). Eclesiastés también nos dice que hay «tiempo para llorar y tiempo para reír» (3:4) Entonces, cuando me casé esa puerta agrietada se abrió aún más a medida que mi paciente esposa me estimuló a compartir emocionalmente con ella. En el proceso descubrí emociones que no sabía que tenía. Pero mi mayor emancipación emocional tuvo lugar cuando fui padre. Estar presente en el nacimiento de mis dos hijos fue solo el punto de comienzo de todos los sentimientos intensos que he tenido, y probablemente siempre tendré, por ellos. Como resultado de esta evolución emocional he cambiado con los años. Estoy gozando de más libertad emocional en mi vida de la que he gozado nunca.

Esta libertad emocional puede convertirse rápidamente en esclavitud si no somos cuidadosos. Cuando la gente habla de artistas torturados, se suelen referir a lo propenso que los artistas estamos algunas veces a ser controlados por nuestras emociones. El gran compositor italiano de óperas, Giacomo Puccini, es conocido por haber dicho que él siempre llevaba «un gran saco de melancolía».[1] Recibo con frecuencia llamadas de pastores porque el director de música que ellos piensan contratar me ha puesto de referencia. Una pregunta que recibo con alarmante asiduidad es más o menos esta: «¿Esa persona es melancólica?» Los pastores desean saber si su músico va a poner a todo el mundo deprimido debido que tiene melancolía todo el tiempo. Esta es una preocupación válida. Mi esperanza es que debemos estar libres para ser quienes Dios nos hizo que fuésemos como seres humanos emocionales, pero no constantemente obsesionados por el lado oscuro de nuestras emociones; ser saludablemente emocionales en lugar de ser emocionalmente inestables; ser libres para sentir, pero no esclavos de los sentimientos.

Los desórdenes emocionales de las personas con temperamentos creadores han sido bien documentados y bien divulgados. Amigo, si está usted en plena lucha con sus emociones, se halla en buena compañía. A los veintidós años Miguel Ángel le escribió en una carta a su padre: «No te sorprenda que algunas veces te haya escrito cartas irritables, porque con frecuencia sufro grandes aflicciones de mente y temperamento».[2] Berlioz, Tchaikovsky y Rachmaninoff, todos ellos experimentaron depresiones severas. Robert Schumann y Hugo Wolf eran maníaco-depresivos, Vicente van Gogh fue llevado al suicidio a los treinta y siete años.

El compositor Jimmy Webb dice lo siguiente sobre los frecuentes ataques de depresión del artista:

> El verdadero poeta entiende demasiado bien este extraño cambio de ánimo: está saliendo por la puerta principal hacia el porche una gloriosa mañana de primavera, bajo la serenata del fluido trinar de los pájaros, solo para ver que el día tiene un aspecto sombrío y siniestro y que un lingote de uranio se ha clavado en la boca del estómago, todo ello empeorado por el hecho de que la víctima sabe muy bien que la causa reside en el interior... El esfuerzo que entraña mantener a raya este monstruo crea otras vulnerabilidades: la tentación de auto-medicarse junto con las adicciones que pueden seguir, así como los fracasos profesionales afines, que pueden destruir la fe de una persona en su propio futuro.[3]

He de decir justo aquí al principio que si usted está sufriendo de serios problemas emocionales debería buscar ayuda profesional de un pastor o consejero cristiano. No hay nada malo en obtener ayuda profesional en esta área. Conozco a un hombre cuya esposa tiene todos los síntomas clásicos de una depresión clínica pero que cree que no es cristiano consultar a un consejero u obtener tratamiento médico. En lugar de ello, él la regaña constantemente por su falta de fe y la lleva a la fuerza a un servicio de sanidad tras otro. Mientras tanto, ella se muestra más desanimada cada día y amargada hacia su esposo por no estar atento a sus necesidades. Si ella se fracturara una pierna, él la llevaría al mejor médico que pudiera encontrar. Pero por alguna razón, en su mente la depresión no es para cristianos. La depresión clínica es grave y justifica una atención profesional y médica. Con frecuencia es el resultado de un desequilibrio químico en el cerebro y puede ser tratada médicamente. Si usted lleva mucho tiempo deprimido o si padece una condición emocional seria, por favor, busque ayuda profesional. La realidad es que es correcto hacerlo.

Habiendo dicho eso, permítanme añadir que solo porque usted no necesite ayuda profesional no significa que nunca vaya a bregar con emociones fuera de control. No existen personas sin sentimientos. Puede que los estemos suprimiendo, o puede que no sepamos cómo comunicarlos, pero todos somos emotivos. Algunas personas son evidentemente más emotivas que otras, pero incluso la menos emotiva necesita aprender cómo bregar con estos sentimientos.

¿Es correcto estar triste?

Algunos cristianos no tienen espacio en su teología para emociones negativas como el enojo, el desencanto y la tristeza. Piensan que los cristianos han de tener el ánimo en alto todo el tiempo, y consideran un mal testimonio estar alicaídos. Usted no desearía que sus vecinos no salvos lo vean deprimido, ¿verdad? Estar alicaído no encaja con el cuadro que algunos creyentes tienen de lo que debe ser un verdadero cristiano. Así, pues, reprimimos nuestros sentimientos, pensando que Dios (y los vecinos) no pueden soportar que nos vengamos abajo. Nuestra tendencia es aliviar cualquier dolor o sufrimiento de nuestra vida a todo costo, buscar la solución rápida.

Sin embargo, Jesús dijo: «Bienaventurados los que lloran» (Mateo 5:4). Necesitamos abrazar el dolor y el sufrimiento en lugar de tratar de evitarlo. La vida es una lucha para todos, y los no cristianos están observándonos para ver cómo bregamos con esto. Si nunca nos ven alicaídos o tristes, llegarán a la conclusión de que los cristianos no bregan con sus emociones, que las suprimen. Yo creo que Dios ha demostrado que puede manejar nuestras emociones más oscuras. No hay más que ver a algunos de los profetas del Antiguo Testamento. Elías se sentía tan alicaído que deseaba morir (1 Reyes 19:4). Jeremías estaba tan desalentado que maldijo el día en que nació (Jeremías 20:14-15). Existe incluso todo un libro de la Biblia llamado Lamentaciones. Dios puede bregar con el hecho de que estemos tristes.

David fue un tipo emocional. No suprimió sus sentimientos, ni siquiera los negativos. No le ocultó nada a Dios. Viene muy a cuento el Salmo 88:13-18 (que Dan citó en nuestro escenario inicial). ¿Se sentiría David en nuestra iglesia como en casa? ¿Tenemos un lugar para las personas de poco ánimo (1 Tesalonicenses 5:14), Isaías 35:4) Ustedes saben lo que quiero decir: personas que están pasando por momentos difíciles. Todos los pasamos una que otra vez. ¿Nos allegamos a ellas o exigimos que se restablezcan ellas mismas? ¿Lloramos con quienes lloran (Romanos 12:15) o los enviamos lejos con Los Diez Pasos para llegar a ser un cristiano más feliz y victorioso? ¿Tenemos espacio en nuestros corazones para alguien que es fuerte con las emociones pero que tiene problemas para bregar con ellas? ¿Por qué tememos tanto las emociones auténticas? ¿Por qué es ilegal estar triste? ¿Por qué no podemos escuchar a alguien que está desencantado con Dios? Si la iglesia va a abrazar a personas con temperamentos artísticos, debemos dejar de enterrarlos con sus sentimientos.

Si esperamos que la gente esté todo el tiempo de buen ánimo, no estamos dejando espacio en nuestro pensamiento para lo que San Juan de la Cruz llamó «noche oscura del alma. Esta noche oscura es un raro pero muy legítimo desierto espiritual. Se trata de un período de sequedad, una época muy triste. Richard Foster ve esto como algo que Dios usa por varias razones, una de las cuales es romper en nosotros una fe que está basada mayormente en nuestros sentimientos. Durante esta oscura noche del alma, escribe Foster, nosotros «quizá tengamos un sentido de sequedad, de aislamiento, aun de sentirnos perdidos. Cualquier dependencia exagerada de una vida emocional es eliminada. La idea, que se escucha hoy con frecuencia, de que tales experiencias deben evitarse y de que siempre debemos vivir en paz y comodidad, gozo y celebración solo traiciona el hecho de que muchas experiencias contemporáneas son sentimentalismo superficial. La noche oscura es una de las formas en que Dios nos pone en una quietud, una calma para realizar una transformación interior en el alma».[4]

Algo que tenemos que preguntar antes de proseguir es lo siguiente: ¿Alguna vez se ha gozado estando triste? Hay quien realmente disfruta estando decaído. O dicho más exactamente, disfruta la atención que recibe cuando está decaído. La gente habla más con ellos. Como resultado de eso se sienten más especiales. Es una pena, pero la única vez que se sienten amados es quizá cuando tienen algún problema emocional, de modo que a veces dramatizar exageradamente sus problemas para recibir atención. Algunas personas llegan incluso a ser adictas a la tristeza porque esta las pone en contacto con sus sentimientos y se sienten más avivados cuando tienen algo por lo cual estar tristes. Si esto lo describe a usted, deténgase, por favor. No es saludable para usted ni para sus amigos. Cualquier atención que usted esté recibiendo es forzada y toda comunidad que usted experimente es egocéntrica. Toda la energía que usted esté gastando en manipular a otros para que llenen sus necesidades emocionales estaría mejor invertida en buscar la intimidad con Dios y la verdadera comunidad con otros. Cuando eso ocurre, usted experimentará el gozo del Señor y esto realmente será su fortaleza (Nehemías 8:10).

Cuando las emociones sacan a relucir lo peor de nosotros

Una indicación de que la persona está siendo controlada por sus emociones es la negatividad crónica. Las personas negativas se sienten con frecuencia apartadas de otros, y es triste decirlo, pero suelen estarlo. Tendemos a evitar a la gente negativa. Son caprichosos. Son sempiternos quejosos y agotadores. Las personas negativas son pesimistas muchas veces. Resisten el cambio y se oponen a las ideas nuevas y progresivas. Carecen de entusiasmo y tienen muy poca vida en ellas. Suelen pensar demasiado en sí mismas. Se regodean en su autocompasión. No es muy divertido estar con ellas, no importa cuán talentosas sean. La gente negativa es con frecuencia muy crítica. Proverbios 15:4 dice que «La lengua apacible es árbol de vida; mas la perversidad de ella es quebrantamiento de espíritu» (RV). Quien está constantemente criticando tiende a herir a otros con sus palabras y a triturar los espíritus de otros.

Las personas negativas tienden además a ser cínicas. Siempre asumen lo peor y tienen una visión desolada de la vida. El vaso está siempre medio vacío, nada funciona como es debido, y mañana va a ser otro día despreciable. Su reflejo automático es asumir lo peor. Ellos dan por sentado que los otros no los quieren y tratan de rebajarlos. Dan llegó a la conclusión de que sus amigos no lo querían más en el grupo. Asumió lo peor: no lo quieren, se divierten más sin su presencia, y van a echarlo del grupo a patadas. Todos hemos hecho eso en algún momento. Oímos un lado de la historia y salimos con toda suerte de emociones negativas sin conocer todos los hechos. Escogemos creer lo peor en lugar de creer lo mejor. Yo he experimentado esto como líder de la iglesia. Hay personas que tienen un problema con algo que he hecho que los concierne, y llegan a la conclusión de que no los quiero, de que voy a perjudicarlos o que estoy tratando de echarlos del equipo. Normalmente se sorprenden y se desconciertan al enterarse más tarde que sus suposiciones negativas carecían totalmente de fundamento. Proverbios 12:16 dice que «el necio al punto da a conocer su ira; mas el que no hace caso de la injuria es prudente». En otras palabras, un hombre prudente no llega a una conclusión negativa sin conocer los hechos. Una persona sabia no es fácilmente provocada a la negatividad. Muchas veces nuestras reacciones negativas demuestran ser tontas porque no están basadas en la realidad.

La persona que no controla su enojo también hace lo que yo llamaría intensificar el problema. Cuando algo malo ocurre, nos mantenemos martillando seguidamente sobre el asunto hasta que se convierte en un tema de gran carga emocional. Esto se añade a los recuerdos que hemos acumulado de todas las otras veces que hemos sido ofendidos. Después de un tiempo hemos acumulado una gran suma de amargura, y llevamos esa carga a dondequiera que vayamos. Cuando nuestras emociones son estimuladas -las emociones negativas derivadas de estas cuestiones sin resolver, nuestras «cosas» pueden ser provocadas por el comentario más inocente— comenzamos a acumular aún más negatividad. En cuanto a mí, esto suele comenzar con la frase «Y otra cosa...». Entonces me lanzo hacia algo que ocurrió hace mucho tiempo, que comprendo que aun llevo con rencor. En nuestra escena inicial eso es lo que hace Dan. Acumula la decepción de la noche con algo de sus otras frustraciones: sus amigos no lo apoyan como artista, no lo invitan en Navidad, etc. Como él tiene un esquema negativo en la mente, acumula la última ofensa con las otras y llega a conclusiones que están basadas más en sus sentimientos que en la realidad.

Puesto que la gente que no sabe cómo bregar con sus emociones está impulsada por sus sentimientos, estas personas también tienden a sentirse apartadas de Dios. Basan su relación con Dios en cómo les parece que marchan sus vidas. Si todo marcha bien, Dios debe quererlos. Si algo bueno les ocurre, no quieren celebrarlo mucho, no sea que venga algo malo. Como resultado de ello, terminan con una visión distorsionada de Dios. Les parece que Dios no es realmente lo bastante grande para manejar sus problemas, o que no le importan. Dios solo los ama si se sienten amados. Dios no es alguien con quien puedan tener una relación. Él está allí para hacer su vida feliz o miserable y si no sienten su presencia, llegan a la conclusión de que él no debe estar presente.

Cómo dominar las emociones

En Proverbios 25:28 se lee: «Como ciudad derribada y sin muro es el hombre cuyo espíritu no tiene rienda». La persona que no sabe dominar sus emociones está indefensa contra los sentimientos negativos, De manera similar, Proverbios 16:32 afirma que la persona que controla sus emociones es mejor que quien toma una ciudad. Es más fácil conquistar una ciudad que dominar las emociones negativas. En realidad, creo que dominar nuestras emociones es uno de los retos más difíciles que enfrentamos los que tenemos temperamentos artísticos. A la gente emotiva no le es fácil evitar ser controlada por sus sentimientos. Cuando yo me siento herido, eso suele provocar una cadena de reacciones de emoción que parecen fuera de mi control. Entonces, sin pensarlo, como uno de los perros de Pavlov, digo o hago algo que luego lamento y termino en una confusión mayor. Ojalá hubiera mantenido mis cinco sentidos respecto a mí y no me hubiese dejado llevar por las emociones del momento. Ojalá hubiera usado la cabeza en vez de actuar dejándome llevar por aquellas emociones negativas. No es fácil dominar las emociones.

La buena noticia es que Dios desea ayudarnos a hacerlo. Si estamos dispuestos, él desea darnos un corazón y espíritu nuevos (Ezequiel 36:26). Esto no va a suceder de un día para otro, y no se va a dar sin nada de esfuerzo de nuestra parte. Tenemos que ser proactivos en cuanto a esto. Recuerde que no estoy hablando de suprimir emociones. Esta no es la respuesta. Estoy hablando de dominarlas de modo que no nos dominen. Repito, el objetivo es mostrar nuestras emociones pero sin estar no dominados por ellas.

Proactivos acerca de la verdad

Para las personas negativas es difícil cambiar, pues probablemente han sido así toda la vida. Recuerde que Proverbios dice que es más fácil conquistar una ciudad que dominar las emociones. Por esa razón la persona que tiende a ser negativa debe esforzarse para pensar en «todo lo que es verdadero, todo lo justo, todo lo puro, todo lo amable, todo lo que es de buen nombre» (Filipenses 4:8). Pensar en todo lo que es verdadero es más que pensar solo en esto alguna que otra vez. Significa que debemos hablar vigilantemente la verdad a nosotros mismos y a otros, y que hemos de realizar un esfuerzo concertado de buscar la realidad de la verdad de Dios en toda situación. Un compromiso de hablar la verdad es una señal de carácter. Usted debería orar cada día algo parecido a lo que oró David en el Salmo 51:8: «Señor, hazme oír gozo y alegría y se recrearán los huesos que has abatido».

Nuestros sentimientos siempre han de ser examinados a la luz de la verdad. Dan llegó inmediatamente a la conclusión de que sus amigos no lo querían en el grupo, pero él no lo sabía con seguridad. De modo que, ¿era verdad o estaba viviendo en una realidad falsa creada por su propio pensamiento negativo? La única manera de descubrir si algo es verdad es salir y preguntar. Solo porque usted sienta de cierta manera no significa que algo sea verdad. Quizá usted siente así de veras, pero incluso podría ser una mentira. La próxima vez que usted se vea a sí mismo llegando a una conclusión negativa, pregúntese si la información que lo llevó allí es verdadera. En lugar de asumir lo peor, trate de asumir lo mejor sobre la gente. 1 Corintios 13:7 dice que el amor «todo lo sufre, todo lo cree, todo lo espera, todo lo soporta». El amor cree lo mejor. Tenemos que dejar de formarnos opiniones y sacar conclusiones sin conocer la verdadera historia. La próxima vez que usted se vea asumiendo lo peor, pregúntese: ¿Estoy basando mi reacción en la verdad o en la conjetura? Haga el compromiso de creer lo mejor sobre la gente y sobre cómo interactúa con usted.

Proactivo sobre la adoración a Dios

Para evitar ser controlado por nuestros sentimientos, les sugiero que los canalicemos y los convirtamos en adoración. Necesitamos hacer el compromiso de adorar al Señor regularmente. La adoración es una intensa experiencia emocional. Algunos de ustedes han estado esperando que les diga que nieguen sus emociones en aras de su salud mental. Ustedes esperan que les diga «Vamos a ser buenos cristianitos y no nos envolvamos en emociones». En lugar de eso, yo quisiera invitarlos a soltarse y a experimentar la plenitud de la adoración. Suelte sus emociones en la adoración. Emociónese con Dios.

Mi definición favorita de la adoración viene de Wiliam Temple: «Adorar es someter todo nuestro carácter a Dios. Es avivar la conciencia por medio de su santidad; nutrir la mente con su verdad; purificar la imaginación por su belleza; abrir el corazón a su amor; la rendición de la voluntad a su propósito, y todo esto unido en la adoración, la emoción más desinteresada de que es capaz nuestra naturaleza, y por lo tanto, el mejor remedio contra ese egoísmo que es nuestro pecado original y la fuente de todo verdadero pecado».[5]

Usted podría celebrar una fiesta con cada línea de esa cita y recoger toda suerte de grandes ideas. Hace tiempo que llevo esa cita en mi Biblia y la leo con frecuencia. Cada vez saco alguna ganancia de ella. Temple dice que la adoración es «la emoción más desinteresada de la que es capaz nuestro carácter». Cuando nos conectamos con Dios en adoración sincera, comprendemos que esta vida no es toda acerca de nosotros. Es acerca del Señor. Cuando nos sentimos débiles, una de las mejores cosas que podemos hacer es adorar a Dios. La adoración nos lleva a Su presencia, donde hay gozo profundo y verdadero placer (Salmos 16:11; 21:26). La adoración nos mueve a apartar la vista de nosotros mismos y a enfocarnos y meditar en él (Salmo 77:6).

La adoración no es primaria o exclusivamente una experiencia emocional, sino una parte esencial de la verdadera adoración. Debemos dedicar nuestras mentes y nuestras emociones.

Eso nos debería parecer una buena noticia a aquellos de nosotros que somos intensamente emocionales. Está bien tener sentimientos. Por eso necesitamos pasar tiempo adorando a Dios, no solo en la iglesia, sino también personalmente, allá donde nos encontremos. John Piper explica la función de la verdad y la emoción cuando se refiere a la adoración: «La verdad sin emoción produce una ortodoxia muerta y una iglesia llena (o llena a medias) de admiradores artificiales (como quien escribe tarjetas de aniversario genéricas para ganarse el pan). La emoción sin la verdad produce un frenesí vacío y es un caldo de cultivo para personas superficiales que rehúsan las disciplinas del pensamiento riguroso. Pero la verdadera adoración viene de las personas que son profundamente emotivas y que aman la doctrina sana y profunda. Un afecto fuerte por Dios, enraizado en la verdad, eso es el hueso y la médula de la adoración bíblica».[6]

Cuando su iglesia se reúne para adorar, ¿está usted preparado y dispuesto para involucrarse plenamente con Dios? ¿O está «en algún otro lugar» durante la adoración colectiva, distraído por preocupaciones personales o los eventos del día? ¿Viene listo para ser amado por Dios, o está allí para criticar la música, el drama o el sermón? ¿Se aparta usted con regularidad para adorar en solitario al Señor? ¿Alguna vez medita o lleva la cuenta de Sus atributos? Cuando adoramos, salimos cambiados. Cuando bañamos nuestras emociones en una adoración profunda, se limpian nuestras almas. Por eso, C. S. Lewis llamó a la adoración «la salud interior audible».[7] Yo recomendaría una dieta constante de música de alabanza para ayudar a todos a mantenernos en la senda emocional. En medio de persecuciones y adversidades, Pablo y Silas adoraban desde su celda (Hechos 16:25). Cuando Saúl estaba luchando, tenía a David tocando el arpa para él. 1 Samuel 16:23 dice que la música ministraba a Saúl y lo refrescaba. Realmente, la música de adoración puede refrescarnos y restaurarnos. Puede elevar nuestros espíritus y reconectarnos con Dios. Inténtelo. Escuche música de adoración mientras maneja, cuando esté en casa o en el trabajo. Le garantizo que eso le elevará el espíritu.

Vivir en los Salmos

Eclesiastés 8:1 dice que la palabra de Dios puede asentarse dentro de alguien que esté enojado o triste y hacer que se «ilumine su rostro» (NASB). Yo creo que todo artista debe vivir en los Salmos. Esto ayudará a que su rostro brille con paz y gozo. Muchos de los Salmos fueron escritos por alguien con temperamento artístico. David tenía esa sensibilidad que muchos de nosotros tenemos. Deseaba crear y expresarse, de la misma forma muchos de nosotros. Y caminó tan cerca de Dios que este lo llamó «un hombre conforme a mi corazón» (Hechos 13:22).

Necesitamos vivir en los Salmos porque ellos son de los escritos más emotivos de la Biblia. David es un modelo de libertad emocional. Expresa libremente sus emociones, de un extremo al otro —a veces dentro de un mismo salmo-. En algunos de los Salmos (tal como Salmos 3, 6, 13, 59. 62, 86, 109 y 142) vemos modos extremos de emoción, desde las profundidades de la desesperación hasta el éxtasis de la gloria de Dios. Esto es realidad. Esto nos da un ejemplo a seguir de alguien que es muy parecido a nosotros en muchas maneras. Fíjense en estos ejemplos del libro de Salmos:

«Me he consumido a fuerza de gemir; todas las noches inundo de llanto mi lecho, riego mi cama con lágrimas» (Salmo 6:6).

«Ten misericordia de mí, oh Jehová, porque estoy en angustias» (Salmo 31:9).

«Estoy a punto de caer, y mi dolor está delante de mí continuamente. Por tanto, confesaré mi maldad» (Salmo 38: 17-18). «Enumera mis lágrimas en tu libro» (Salmo 56:8). «Pero yo cantaré de tu poder, y alabaré de mañana tu misericordia» (Salmo 59:16). «Aclamad a Dios con alegría, toda la tierra» (Salmo 66:1). «Cuando Jehová hiciera volver la cautividad de Sión, seremos como los que sueñan. Entonces nuestra boca se llenará de risa, y nuestra lengua de alabanza; entonces dirán entre las naciones: Grandes cosas ha hecho Jehová con éstos. Grandes cosas ha hecho Jehová con nosotros» (Salmo 122: 1-3).

Los artistas debemos vivir en los Salmos porque estos pueden recalibrar nuestro concepto de Dios. Yo soy otra persona después de saturar mi mente con los Salmos, porque salgo con un cuadro más preciso de Dios. Mis problemas puede que no desaparezcan, pero ellos suelen parecer diferentes a la luz de quién es Dios. Necesito una visión precisa de Dios más de lo que necesito resolver mis problemas. Es muy fácil perder de vista cómo Dios es realmente y quién es realmente, y una visión distorsionada de Dios da paso en poco tiempo a una visión distorsionada y negativa de la vida. Como los Salmos son aptos para la adoración, nos ofrecen un concepto preciso de quién es Dios. Nos revelan sus atributos. Cuando usted lee un salmo, trate de encontrar algún atributo de Dios que signifique mucho para usted.

Durante mucho tiempo fui incapaz de identificarme con la palabra magnificar durante la adoración. Me identificaba con términos como bendición, exaltar y ensalzar, pero magnificar me tenía paralizado. ¿Qué quiere decir magnificar al Señor? Entonces me vino a la mente la idea de que cuando tengo problemas los suelo agrandar hasta el punto de que llegan a ser mayores que Dios. Los artistas tenemos la tendencia a agrandar todo en nuestras vidas —nuestros problemas, a nosotros mismos e incluso nuestro arte— hasta hacerlos más grandes que Dios. Ahora, cuando veo la expresión «magnificar al Señor» en los Salmos o lo escucho en la adoración, eso me recuerda quién es Dios. Me afina mi visión de Dios, que se empaña fácilmente. Oigan la visión que tiene David de nuestro Señor:

«Tú eres el Dios de mi salvación; en ti he esperado todo el día» (Salmo 25:5).

«Voz de Jehová con potencia; voz de Jehová con gloria... En su templo todo proclama su gloria» (Salmo 9:4, 9).

«Por la palabra de Jehová fueron hechos los cielos, y todo el ejército de ellos por el aliento de su boca... Tema a Jehová toda la tierra, teman delante de él todos los habitantes del mundo... Bienaventurada la nación cuyo Dios es Jehová» (Salmo 33:6,8,12).

«Cercano está Jehová a los quebrantados de corazón; y salva a los contritos de espíritu» (Salmo 34:18).

«Jehová, hasta los cielos llega tu misericordia, y tu fidelidad alcanza hasta las nubes»(Salmo 36:5).

«Dios, nuestro Dios ha de salvarnos» (Salmo 68:20).

«Oh Dios, ¿quién como tú? (Salmo 71:19).

«Grandes son las obras de Jehová, buscadas de todos los que las quieren» (Salmo 111:2).

«»Jehová cumplirá su propósito en mí» (Salmo 138:8).

Los artistas necesitamos vivir en los Salmos porque no solo son muy emotivos, ni son únicamente retratos fieles de Dios, sino que también nos muestran a seres humanos emocionales y sensibles (como nosotros) luchando con las dificultades de la vida y con la realidad de Dios. El arte en su mejor concepción muestra a personas verdaderas lidiando con cuestiones verdaderas. David no adornó sus sentimientos, ni siquiera los negativos. Los llevó ante un Dios omnisciente y omnipresente. Puso sus frustraciones, sus desencantos y su dolor ante Dios, y salió convertido en un hombre nuevo. Oigan algunos de estos ejemplos:

«Mírame y ten misericordia de mí, porque estoy solo y afligido. Las angustias de mi corazón se han aumentado; sácame de mis congojas» (Salmo 25:16-17).

«Dios hace hablar en familia a los desamparados» (Salmo 68:6).

«En la multitud de mis pensamientos dentro de mí, tus consolaciones alegraban mi alma» (Salmo 94:19).

Enójate, pero no peques

Usted no puede controlar sus sentimientos sobre algo, pero sí su reacción ante ellos. Por eso la Biblia dice: «Airaos, pero no pequéis» (Efesios 4:26). Recuerde que nosotros pecamos porque escogemos pecar. Usted tal vez no pueda evitar airarse, pero sí puede escoger no vengarse ni castigar verbalmente. Quizá le resulte imposible no sentirse negativo, pero puede escoger no atacar a alguien con comentarios críticos. No es que suprimamos nuestros sentimientos; sencillamente no podemos dejar que nos hagan pecar. Hacer lo correcto, aun cuando no nos guste es un síntoma de carácter.

Cuando me convertí en padre, aprendí por experiencia que disciplinar a mis dos hijos por su enojo hizo mucho más mal que bien. Por eso Pablo dice a los padres que no provoquen a ira a sus hijos (Efesios 6:4 RV). En mi enojo dije cosas hirientes que culminaron siendo más pecaminosas que todo lo que mis hijos habían hecho para provocarme. Es mejor decirles que estoy enojado, pero no dejar que el enojo me haga pecar. Para mí es más saludable apartarme momentáneamente y darme tiempo a mí mismo para escoger cómo voy a reaccionar.

No se tome a sí mismo muy en serio

El artista que ha perdido el sentido del humor puede ser la persona más miserable que exista. Algunas veces podemos llegar a ser demasiado serios para nuestro propio bien. El gozo es uno de los frutos del Espíritu. Y la risa es, sin duda, buena para el alma. ¿Se ha preguntado usted alguna vez si Dios tiene sentido de humor? Si es así, deje de preguntárselo. Una visita al zoológico le dirá que Dios tiene sentido del humor y que se debió divertir mucho creando el mundo ¿Ha visto usted alguna vez un ornitorrinco? ¿Qué tal una avestruz o un mandril? ¿Sabía usted que el macho de los caballitos de mar es quien da a luz? ¡No me diga que Dios no tiene sentido del humor!

Jesús usó de mucho humor en sus enseñanzas. Estoy seguro de que los discípulos se rieron tratando de sacar una pizca de aserrín del ojo de un hermano mientras llevaban una tabla en sus propios ojos. Si usted lo piensa, ahí tenemos realmente un cuadro cómico. O el del camello pasando por el ojo de una aguja. Esta ya es una expresión vieja para nosotros, pero estoy seguro de que ellos se rieron de esto durante varios días. ¿Ha visto usted el cuadro de Jesús donde se está riendo? ¿Está usted conforme con eso?, o ¿es su imagen de Jesús de seriedad total todo el tiempo, sin ninguna sonrisa, sin manifestar ningún regocijo? Los cristianos que son demasiado religiosos como para gozar de ninguna diversión o demasiado serios como para disfrutar la vida están perdiéndose mucho. Eclesiastés 7:16 dice: «No seas demasiado justo, ni seas sabio con exceso; ¿por qué habrás de destruirte?». Dicho en otras palabras: No seas de cuello estirado. No seas tan rígido ni te tomes todo con tanta seriedad. Además, teológicamente es más correcto sonreír que estar con el ceño fruncido.

Yo tengo la tendencia a ser demasiado serio. En su eterna visión, Dios me dio una esposa a quien le gusta reír. Sue tiene un gran sentido del humor. Esta es una de las cosas que primero me atrajeron de ella. Me encanta estar con ella, porque se ríe con facilidad. Ella le diría a usted que esa es una de las claves para tener un matrimonio de éxito. Y yo estoy de acuerdo. La risa es importante en nuestra casa. Yo sé de primera mano lo que las Escrituras quieren decir cuando afirman que «un corazón contento es una buena medicina» (Proverbios 17:33)

En mi entorno hay un individuo que lucha por no ser negativo. Yo soy su parte responsable, de modo que a menudo me pregunta: ¿»Cómo ando con mi negatividad?» A mí me gusta preguntarle qué está haciendo últimamente para divertirse, porque hacer cosas que se disfrutan nos ayuda a suprimir una actitud negativa. A propósito, siempre es una buena idea rendirle cuentas a alguien sobre esto.

Cómo bregar con la decepción

Quisiera pasar a algo con lo que todos los artistas han tenido que ver una que otra vez: la decepción. Cualquiera que alguna vez se haya aventurado a triunfar en las artes ha tropezado con este rudo aguafiestas. ¿Cómo se las arregla usted cuando está decepcionado? ¿Deja que el enojo se convierta en amargura? ¿Vuelve su enojo hacia adentro y se convierte en depresivo? ¿Renuncia a la idea de ser artista?

Esto puede venir como un rudo despertar, pero debo decirle a usted que puede que nunca experimente el logro definitivo como un artista en la vida. Odio decirle esto, pero la vida de un artista es sumamente dura y una carrera artística es un riesgo se mire por donde se mire. Quizá usted ambicione una carrera de éxito, pero a lo mejor peor nunca van a descubrir su talento. Algunas personas son lo bastante afortunadas como para ganarse la vida en el ámbito del arte. Otras, no. Usted puede tener aun más talento que aquellos que lo logran, pero quizá nunca tuvo las palancas de ellos. Puede que ellos conocieran a las personas claves, e hicieron las conexiones adecuadas. Usted trabajó duro pero las cosas no salieron bien. Su carrera como artista puede no ser lo que usted haya soñado y esperado. Si este es el caso, ¿cómo va usted a bregar con él?

Yo dediqué mucho tiempo al principio de este libro promocionando las virtudes de usar el talento en la iglesia local. ¿Qué tal si eso llega a ser también una experiencia muy desalentadora? ¿Qué haría usted si sufriera rechazo en la iglesia? ¿Qué tal si la iglesia no lo usa a usted de la manera que usted quisiera? ¿Qué tal si usar sus talentos en su iglesia se convierte en una experiencia que no le llena? ¿Quiere decir eso que usted no debe hacerlo?

¿Qué tal el virtuoso organista que asiste a una iglesia que no tiene órgano de cañones? ¿O un percusionista que va a una iglesia tradicional? ¿O el escritor serio que desea hacer algo más que escribir copias para el boletín de la iglesia? ¿O el artista plástico que desea hacer algo más que gallardetes en Semana Santa? ¿O el actor que desea estar de lleno en un papel importante para la iglesia? ¿Qué pasa con el danzante que está luchando contra la resistencia a la danza que hay en la iglesia? ¿Qué tal si usted es uno de los muchos tocadores de flauta, y la orquesta de la iglesia tiene muy pocos puestos vacantes? ¿Qué tal sin usted compone himnos pero nunca se tocan en la iglesia? Negociar estas tensiones puede ser un verdadero reto. La forma en que breguemos con esta clase de asuntos reflejará nuestra madurez y nuestro carácter.

Yo sé que la iglesia no existe solamente por amor al arte. Esta tiene un llamado más alto, y no es una organización de artes escénicas. Pero como director de música de una iglesia, agonizo en situaciones como las que acabo de describirle. He llegado a comprender que, teniendo en cuenta el amplio rango de estilos que tenemos a nuestra disposición hoy día, todas las iglesias tienen una visión bastante estrecha de los estilos musicales. En otras palabras, ninguna iglesia puede acomodar todos los estilos diferentes de música y arte que existen. El estilo de música que nosotros usamos en Willow Creek es lo que yo llamaría música cristiana contemporánea. Música pop es la marca general dada al estilo que mejor encaja con nuestro público. Aun cuando hay una gran variedad dentro del género —rock, jazz, country, rítmica y blues, etc. — sigue sin acomodarse a todos los tipos diferentes de músicos que se han cruzado en nuestro camino. Por ejemplo, el cantante de ópera genuino y el pianista puramente clásico quizá no se sientan cómodos en nuestro ministerio. ¿Qué puedo hacer yo? Ha de haber muchos músicos frustrados en nuestra congregación. ¿Soy responsable de que se «realice» cada músico de Willow Creek? ¿Es razonable? ¿Es acaso posible?

Cómo encontrar su punto preferido

Todo el que juegue al tenis sabe que cuando uno sirve, el mejor lugar para hacer contacto con la pelota es el punto preferido de la raqueta. Cuando la bola toca ese punto preferido, salta de la raqueta y pasa por encima de la red. Para llevar esa analogía a la iglesia y las artes, sería bueno que todos los artistas pudieran servir en su punto preferido todo el tiempo. Sin embargo, esto no funciona siempre de esa manera. Muchos de nosotros no siempre servimos en nuestro punto preferido como artistas. Nuestros talentos no se acostumbran a su plenitud todo el tiempo.

Mi propia experiencia refleja esta teoría. Yo puedo escribir canciones y hacer arreglos musicales con un limitado grado de éxito, pero lo que probablemente hago mejor va más de acuerdo con las pautas de la composición seria. En cierto momento deseé entrar en el ámbito de la música de fondo de las películas, y aún soy un gran fanático de esa música. Yo escucho todo tipo de música, pero cuando deseo oír algo para mi placer personal, suele ser una pieza clásica de algún fondo musical de cine. Sí, aquí estoy, trabajando en una iglesia donde, como algo establecido, la música pop es el plato principal del menú. No me interprete mal, me encanta la música pop. Me encanta toda la música buena. Pero la música pop no es la única música que yo escucho, y puede no ser la clase de música que yo toco mejor.

Por mucho tiempo puse en duda mi llamado porque no sabía qué hacer con mi frustración como artista. Le pedí al Señor que me sacara de la iglesia a fin de realizarme mejor artísticamente. Eso nunca ocurrió. Con tanta frecuencia como oraba, nunca sentí el visto bueno de Dios para dejar el ministerio.

Entonces ocurrió algo que me hizo comprender que yo estaba exactamente donde Dios me había querido tener todo el tiempo. Un año en
Willow Creek presentamos un musical de Semana Santa llamado *La opción*. Además de contribuir como compositor de canciones, escribí alguna pieza de orquesta para la escena en la cual Jesús es bajado de la cruz, y
para otra escena en la tumba la mañana de resurrección. Era como hacer
un fondo musical para cine al dárseme la libertad de extenderme creativamente. Estaba en mi punto favorito. ¡Al fin! Repetimos *La opción* otros
dos años, y miles de personas lo han visto. Muchos han venido a Cristo
como resultado de ello. Fue la cosa más satisfactoria que jamás he hecho
tanto artísticamente como desde el punto de vista del ministerio. Desde
entonces he vuelto la mirada a aquellos años cuando le argumentaba a
Dios que me permitiera dejar por entero el trabajo en la iglesia, y me ale-
gro de que él no respondiera mi oración, porque comprendo que mi corazón ha estado siempre en el ministerio. Hoy no me cambiaría por el
guionista cinematográfico de más éxito de Hollywood. No cambiaría mi
experiencia con *La opción* por nada del mundo, ni siquiera por un libreto
de cine ganador de un Grammy. Lo que tuve el privilegio de hacer no fue
solo gratificante artísticamente, sino que fue significativo para la eternidad. Me fue permitido hacer algo espiritualmente significativo con mi
arte. Si ocurre solo una vez en mi vida que yo experimente esa clase de
realización artística y espiritual, esa sola vez bien vale la pena.

¿Qué o quién está parado en medio del camino?

¿Qué tal usted? ¿Se siente realizado como artista? ¿Cuál ha sido su experiencia como artista en la iglesia local? ¿Es su iglesia capaz de usarlo en su
punto favorito todo el tiempo, algunas veces, de vez en cuando o nunca
jamás?

Para aplicar esto de forma más personal, permítame plantearle la siguiente pegunta: ¿Qué interrumpe el camino para que usted se realice
como artista en la iglesia? ¿Se trata de una circunstancia que queda más
allá de su dominio?¿Está usted en una iglesia donde las artes no se utilizan al máximo? ¿Es usted un percusionista de rock en una iglesia tradicional? ¿O un bailarín a quien se le ha dicho que su iglesia
probablemente nunca tendrá un ministerio de baile? Si ese es el caso, usted tiene dos opciones para considerar en oración. Una opción es dejar

su iglesia y servir en otra que le permita usar sus talentos artísticos. Si usted escoge esta vía, esté seguro que Dios está definitivamente llamándole a otra iglesia y a dejar su antigua iglesia con estilo y gracia. No queme los puentes si se va. No use su partida como una oportunidad para hacer declaraciones de que nadie lo apreciaba a usted allí. Si Dios está verdaderamente llamándolo a que se vaya, deje que esa sea su razón para salir, y hágalo con clase. Su segunda opción es quedarse. Dios puede tenerlo a usted allí por alguna razón. Quizá su iglesia está en vísperas de algún cambio trascendental en las artes, y él desea usarlo a usted para introducir algún cambio muy necesario. Si ese es el caso, tenga paciencia y sea ferviente en oración. Aunque rodeado de enemigos hostiles, el pueblo de Israel estuvo en vísperas de una gran victoria cuando Josué le dijo: «Santificaos, porque Jehová hará mañana maravillas entre vosotros» (Josué 3:5). Si Dios está en vísperas de hacer maravillas en su iglesia, retirarse no es una opción para usted. Deténgase allí. Su esfuerzo no es en vano en el Señor (1 Corintios 15:58). Usted está despejando el camino no solo para usted mismo sino también para todos los futuros artistas de su iglesia.

¿Qué más está interrumpiendo el camino de su realización como artista en la iglesia? Si no es una circunstancia, ¿es una persona? ¿Hay acaso algún líder que no le llama para actuar o crear tanto como usted quisiera? ¿Le parece que ese líder lo está pasando por alto? ¿Existe quizá un choque de personalidades? Si hay una persona que está interrumpiendo en el camino, le sugiero que se reúnas con ella y le comparta su frustración. Él o ella quizá desconozcan su situación. A lo mejor usted descubre que la razón de esa persona para no utilizarle no tiene nada que ver con usted en absoluto. Quizá no se han presentado oportunidades. Quizá la persona no estaba al tanto de su disponibilidad. Quizá él o ella trató de llamarle pero usted estaba fuera de la ciudad.

Por otra parte, la razón del líder para no usarle podría tener que ver con usted. Puede que algo que usted esté haciendo no concuerde bien con la congregación, o algo respecto a que su talento como actor o comunicador necesita mejorar un poco. Sea abierto a lo que el líder tenga que decir. Usted podría aprender algo muy valioso. Sea humilde. Tenga espíritu de aprendizaje. Recuerde que parte de la buena administración de los talentos que Dios le ha dado significa desarrollar esos talentos al máximo de su capacidad. No deje que el orgullo se interponga en el camino. Trate de ir al fondo del por qué no está siendo usado tanto como quisiera. Durante ciertos paréntesis en mi tarea de compositor, he tenido que tragarme el orgullo y preguntar: «¿Por qué no estamos usando esa canción mía?» Las respuestas honradas que he recibido me han ayudado a crecer como escritor. Dígale a su líder que usted desea servir a su iglesia de la mejor manera posible. Pídale a su líder que le ayude a averiguar cómo hacerlo.

¿Qué tal si Dios está diciéndole: «Espera»?

Supongamos que usted ha hecho todo lo que le he sugerido hasta ahora. Ha orado y está seguro de encontrarse en la iglesia a la que Dios le ha llamado. Ha hablado sobre su frustración y está haciendo todo lo que puede para ser usado por Dios y por la iglesia. Permítame hacerle la pregunta que nadie quiere hacer. ¿Qué tal si Dios está interponiéndose en su camino para que usted no sea usado ahora? Dios es el único que levanta a las personas para servir (Salmo 75:7). Él es el único que finalmente nos ofrece una plataforma. Nada ni nadie puede interponerse en su camino (Hechos 11:17). 1 Pedro 5:6 dice que él nos exalta «cuando fuere tiempo» (RV) ¿Será posible que ahora no sea el tiempo debido para usted? Muchos artistas de todo el mundo han sido echados a perder por su éxito temprano. Alumbraron la noche y se quemaron rápidamente. No estaban listos para la fama y la fortuna. Su rápido éxito demostró ser creativamente rígido a la larga. Si no es en el tiempo de Dios, no es en el tiempo apropiado. Habacuc nos recuerda que lo mejor de Dios siempre vale la pena esperarlo: «Aunque la visión aún tardará por un tiempo, mas se apresura hacia el fin, y no mentirá; aunque tardare, espéralo, porque sin duda vendrá, no tardará» (2:3)

Soy consciente de que quizá esto no sea lo que usted quiere oír, pero ¿será posible que el Señor desee que usted espere? Yo he pasado por numerosos períodos de desencanto y frustración como artista. He visto mis esperanzas desvanecerse muchas veces. He sabido por experiencias de primera mano lo que el autor de Proverbios está describiendo cuando dice: «La esperanza que se demora es tormento del corazón, mas el que teme el mandamiento será recompensado» (13:12). Cada vez que no se puede hacer lo que se anhela hacer como artista, resulta muy frustrante. El corazón se siente enfermo. Muchos de nosotros tenemos sueños elevados, y es duro cuando se hacen pedazos. Por otra parte, cuando nuestros sueños se hacen realidad —cuando hacemos lo que Dios nos ha dotado para hacer— es algo muy renovador.

Esperar no es propio de la naturaleza humana, pero es con frecuencia parte del plan de Dios. Dios les dijo a Josué y al pueblo de Israel que él iba a hacer algo grande en medio de ellos y que ellos conquistarían Jericó (Josué 3:5; 62). Pero esto involucraba un gran plan. Durante seis días iban a marchar alrededor de Jericó una vez al día sin decir una palabra, y después habrían de regresar a casa. Ahora, el primer día, quizá fuera una verdadera sensación estar bien vestidos y marchar alrededor de Jericó, pero estoy seguro de que por el tercer o cuarto día esto se había vuelto bastante rutinario. Estoy seguro de que alguno de ellos debe haber pensado: *¿A qué estamos esperando? Sabemos que Dios está en esto, así pues, ¿por qué tenemos que esperar otro día?* Conociendo los temperamentos artísticos, estoy seguro de que los músicos estaban impacientándose y preguntándose: *Hombre, ¿cuándo me toca soplar el cuerno?* (Ahora sabemos la verdadera razón por la que se les dijo que no podían hablar durante la marcha: fue para evitar que se quejaran). El séptimo día marcharon alrededor de la ciudad siete veces (prolongando lo inevitable aún más tiempo), hasta que Josué dio la orden de soplar las trompetas y gritar. Todos sabemos lo que pasó después. Las murallas se derrumbaron.

Esperar parece ser parte del plan de Dios. ¿Se ha preguntado usted por qué? ¿Por qué Noé y su familia tuvieron que esperar tanto tiempo en aquella apestosa arca? ¿Por qué la nación de Israel tuvo que vagar por cuarenta años en el desierto? ¿Por qué Abraham y Sara tuvieron que esperar hasta ser ancianos para tener un bebé? ¿Por qué tres días completos en la tumba antes de la Resurrección? Después de todo, Dios es Dios. ciertamente, él podría haber hecho que estas cosas sucedieran más pronto. Dios incluso escribió el principio de la espera en las leyes de la naturaleza. Tenemos que soportar el invierno para llegar al verano. Tenemos que preocuparnos durante la estación del crecimiento para llegar a la cosecha. Tenemos que ser pacientes por nueve meses hasta de que nazca el bebé. Las cosas importantes están sucediendo durante el período de espera veámoslas o no, aunque esto no hace más fácil la espera.

El beneficio de esperar

¿Cuáles son los beneficios de esperar? Isaías 40:31 dice que «los que esperan a Jehová tendrán nuevas fuerzas; levantarán alas como las águilas; correrán y no se cansarán; caminarán y no se fatigarán» (RV). La espera produce fuerza para soportar y valor para seguir adelante. Mientras esperamos, Dios le confiere crecimiento espiritual a nuestras vidas. Esa madurez nos prepara para recibir las bendiciones de Dios. Dios actúa en favor de aquellos que esperan por él (Isaías 64:41). El Señor no está tratando de ser un aguafiestas cuando nos dice que esperemos. El crecimiento y la madurez las da él, mientras que esperar es tanto una bendición como lo es aquello que estamos esperando. Mientras esperamos, crecemos en tres áreas:

1. Crecemos en fe

2. Crecemos en paciencia

3. Crecemos en contentamiento

Crecer en fe

Si lo permitimos, esperar nos ayuda a crecer, porque nos reta a confiar en Dios. Como Dios es un Dios perfecto y justo, podemos confiar que el camino que trata con nosotros es para lo mejor. De modo que ¿vamos a confiar en los planes que él tiene para nosotros? ¿Podemos confiar que esos planes son realmente para nuestro bienestar y no para nuestra calamidad, que van a darnos un futuro y una esperanza (Jeremías 29:11)?

A medida que esperamos, Dios también llegará a ser más claro para nosotros. Podemos someternos a su señorío y llegar a aceptar su voluntad como justa. Digo llegar a aceptar porque odio cuando los cristianos dicen: «Esta debe ser la voluntad de Dios», y suena todo muy alegre, y por dentro tienen tanto enojo que podrían hasta escupir. ¿Por qué pensamos que tenemos que poner una cara feliz por todo cuando estamos decepcionados? No estamos engañando a Dios y desde luego tampoco estamos engañando a nuestros amigos. Solo estamos engañándonos a nosotros mismos. Superar las decepciones toma tiempo. Si estamos luchando con la voluntad de Dios, digámoslo abiertamente. Solo entonces comprenderemos que el sentido del tiempo de Dios es para lo mejor.

Solo entonces seremos capaces de decir honestamente: «No como yo quiero, sino como tú deseas (Mateo 26:39). Si usted está luchando con la decepción, ponga en Dios cuanta poca fe pueda reunir. Él es fiel y le dará la fortaleza que necesite (Isaías 41:10). La auténtica sumisión a la voluntad de Dios es un síntoma de carácter. Forma parte de la obra que Dios hace en nuestros corazones en esas épocas en que nos está diciendo que esperemos.

Yo puedo cooperar con el plan de Dios para desarrollar fe en mí acudiendo a él en lugar de escapar de él. Algunos cristianos bregan con la decepción, amenazando con el puño a Dios y apartándose. Otros son más sutiles. Se alejan despacio de él. Dejan de orar, dejan de leer la Palabra y dejan de asistir a la iglesia. Aun si usted está triste o enojado, no piense que Dios no desea darle un abrazo. Él desea que acuda a él aún más. Si está sobrecargado de desencanto, recuerda que él es compasivo cuando somos débiles. Él tiene cuidado de nosotros cuando estamos heridos. «No quebrará la caña cascada, ni apagará el pabilo que humeare» (Isaías 42:3). Si usted está caído, acérquese a Dios y él se acercará a usted (Santiago 4:8).

Crecer en paciencia

Si lo permitimos, esperar también ayuda a crecer en paciencia. La mayoría de los cristianos son suspicaces con respecto a orar por paciencia. Yo he oído a la gente decir: «Si lo haces, Dios te va a mandar toda suerte de cosas horribles para hacerte más paciente». La verdad es que no estoy seguro de que Dios tenga que salirse tanto de su camino para enseñarnos a tener paciencia. La vida ya presenta suficientes oportunidades para aprender a tener paciencia. Una simple visita al supermercado, por ejemplo -manejando hasta allí, luchando contra el tráfico, buscando un sitio para estacionar, tratando de recordar todo lo que se necesita, comprando todo lo que se busca, haciendo cola en las cajas y regresando a casa- es suficiente para poner a prueba la paciencia de cualquiera. No, estoy hablando aquí sobre algo más profundo. Estoy hablando sobre perseverancia. Estoy hablando de alcanzar un momento donde dejemos de desear todo ahora mismo. Estoy hablando de tener paz respecto al sentido del tiempo de Dios. Estoy hablando de estar convencidos de que «a los que aman a Dios todas las cosas les ayudan a bien, esto es, a los que conforme a su propósito son llamados» (Romanos 8:28). La disposición para demorar la gratificación es un síntoma de carácter, y es también algo que Dios lleva a cabo en nosotros cuando nos dice que esperemos. Yo puedo cooperar con el plan de Dios para convertirme en una persona más paciente, afirmando mi confianza en su sentido del tiempo. «Dios no es hombre para que mienta. Él dijo, ¿y no hará?» (Números 23:19). Si Dios revela que va a hacer algo, eso es lo que va a suceder. Él no precipita las cosas, pero no las demora tampoco. Aun cuando no nos parezca justo, su sentido del tiempo es siempre perfecto.

Crecer en contentamiento

Finalmente, esperar nos ayuda a crecer en el área del contentamiento si lo permitimos. Las personas que están contentas tienen paz a pesar de las circunstancias y mantienen su equilibrio a través de los altibajos de la vida. Pablo emergió de las adversidades de la vida y halló contentamiento. De acuerdo con 2 Corintios 11, sufrió prisiones, abuso físico, peligros y hambre. Sin embargo, aprendió a contentarse en todas las cosas (Filipenses 4:11). No es de sorprender que dijera que «gran ganancia es la piedad acompañada de contentamiento (1 Timoteo 6:6). Pablo estaba contento por estar en paz consigo mismo y con Dios.

Las personas que están descontentas se olvidan de cuánto ha hecho Dios por ellas (1 Timoteo 6:7-8). Pablo vio que esto ocurrió en la iglesia de Galacia, y les dijo a sus miembros: «¿Dónde está, pues, esa satisfacción que experimentabais?» (Gálatas 4:15 RV). Habían perdido de vista lo que Dios había sido para ellos y habían sido desagradecidos. El contentamiento ha sido un bien escaso para los seres humanos a lo largo de la historia. La raza humana se evitaría mucho dolor si aprendiéramos cómo sentir contentamiento. A aquellos de nosotros que tenemos una auténtica relación con Jesucristo, el contentamiento nos ayuda a poner lo que deseamos a la luz de lo que tenemos. Vemos que ya no exigimos más que se resuelvan todos nuestros problemas. Ya no necesitamos más hacer todo el tiempo lo que queremos. Estamos contentos si alcanzamos o no lo que deseamos. En realidad, comprendemos que no merecemos lo que ya tenemos, y mucho menos cualquier otra cosa más. Nuestro contentamiento no depende de cosas o circunstancias exteriores. Es la reflexión de un alma que está llena de gratitud. La capacidad de estar contento con lo que se tiene es una señal de carácter (1 Timoteo 6:8, Hebreos 13:5)

¿Es acaso mera coincidencia la mucha frecuencia con que los artistas, especialmente los músicos, son exhortados en la Biblia a adorar con gozo y agradecimiento? A las personas que más luchan por ser negativas y tristes, se les insta a que «canten con júbilo» (Salmo 5:11; 132:0), «alcen la voz con alegría» (1 Crónicas 15:16), «venid a su presencia con regocijo» (Salmo 100:2), y cantémosle con júbilo (Salmo 95:1-2). Debemos amonestarnos unos a otros con salmos, himnos y cantos espirituales, cantando con gratitud en nuestros corazones a Dios (Colosenses 3:16; Efesios 5:19-20). Salmo 87:7 dice que «al tocar música, cantarán 'todas mis fuentes de gozo están en ti'«. (NASB) Santiago dice: «¿Está alguno alegre? Cante alabanzas» (5:13). Tenemos que dirigir a otros en alabanzas llenas de júbilo y agradecimiento (2 Crónicas 20:21; Salmos 42:4 y 43:4). En realidad, el primer coro organizado de la Biblia se formó para dirigir a otros en acción de gracias (1 Crónicas 16:7-36), y al leer Nehemías 12 se tiene la impresión de que lo único que había en el repertorio del coro eran himnos de acción de gracias. No es de sorprender que su júbilo fue tan sonoro que «se oía de lejos» (versículo 43). Jesús desea que estemos llenos de gozo: «Estas cosas os he hablado para que mi gozo esté en vosotros, y vuestro gozo sea cumplido» (Juan 15:11). El gozo es también uno de los frutos del Espíritu que somos exhortados a cultivar (Gálatas 5:22), y Pablo dice que la voluntad de Dios es que estemos siempre gozosos, orando sin cesar y dando gracias en todo (1 Tesalonicenses 5:16-18)

Yo puedo cooperar con los planes de Dios para sentir más contentamiento, siendo agradecido. «Dad gracias por todo», dicen las Escrituras (1 Tesalonicenses 5:18). Yo sé que no es siempre fácil. No seamos hipócritas en esto. Pero aun en aquellas ocasiones en que resulta difícil encontrar algo por lo que dar gracias, comencemos tratando de dar gracias al menos por una cosa por la que podamos estar agradecidos. Somos muy rápidos en olvidar cuánto ha hecho Dios por nosotros. La próxima vez que quien dirija la adoración invite a la congregación a adorar con acción de gracias, cante usted a todo pulmón. Compañeros artistas, no pierdan nunca nuestro sentido de bendición. Seamos proactivos en cuanto a tener una actitud de agradecimiento.

Tenga cuidado al medir el éxito

Usted podría firmar el negocio más importante, hacer un montón de dinero y ser famoso en todo el mundo, y aun así no ser un éxito a los ojos de Dios. Por otra parte, puede que usted nunca tenga éxito como artista y a pesar de eso, tenerlo como persona. Eso es así porque Dios mira al interior. No le impresiona la apariencia externa, sino que mira el corazón (1 Samuel 16:7). De modo cuide su forma de medir el éxito.

Recientemente hablé con un amigo que me compartió su desencanto por el hecho de que nunca había podido vivir de la música. Siempre había soñado ser un músico profesional, pero en lugar de ello tuvo que tomar un empleo en el campo de la computación. Hablamos sobre algunas luchas que estaba experimentando y yo principalmente solo le hice preguntas y le escuché. Al final de nuestra conversación mi amigo me dijo algo que pienso que debe haber complacido a Dios: «¿Sabes? Cuando realmente pienso en esto, sospecho que tengo todas las razones para estar contento. Tengo un buen empleo, una gran esposa, una familia maravillosa y una célula de la iglesia, que está floreciendo y toco la corneta regularmente en la iglesia». Lo que mi amigo es demasiado humilde para decir, pero lo que yo puedo decir por él, es que él es un éxito a los ojos de Dios, aunque nunca lo lograra en la música. Él camina con Cristo y está tratando de crecer en su relación con él. Dios está usándolo poderosamente en la iglesia, donde toca y dirige una célula, y me encantó oír que le proporciona mucho contentamiento formar parte de nuestro ministerio musical.

Para Dios es más importante el carácter que el éxito en el mundo. Usted obtiene más contentamiento siendo la persona que Dios desea que usted sea, que alcanzando éxito a los ojos del mundo. No abrigue un espíritu negativo o crítico. Deje que el Señor trabaje en su corazón y aprenda a manejar sus emociones de forma saludable. Recuerde: la Biblia dice que es más fácil conquistar una ciudad que gobernar sus emociones.

Libre para ser humano

Me gustaría terminar este capítulo con unas palabras de aliento para aquellos artistas que trabajan y aún esperan que Dios use su arte de la forma que ellos anhelan que él lo haga. Esto es de un capítulo titulado «Libre para ser humano», del libro de Franky Shaeffer *Adicto a la mediocridad*:

Y ahora una palabra a mis compañeros artistas y a aquellos empleados o que esperan ser empleados en alguna capacidad profesional en las artes, campos de expresión y comunicaciones, y también a aquellos que, si bien viven en diferentes profesiones, tienen personalmente urgencias e intereses artísticos y creativos (por consiguiente, espero que todo el mundo).

«El mundo tuvo muchos reyes», dijo su contemporáneo Aretino, «pero solo un Miguel Ángel».

No se desalienten. La historia está de su parte. Dios les ha dado talentos. Ustedes son importantes para él y viven en la corte de Dios, no en la corte de los hombres. Ustedes no pueden esperar la aprobación del Sanedrín.

Al expresarse ustedes como artistas y ejercer esos talentos que Dios les ha dado, ustedes lo están alabando. Ya sea «religioso» o «secular» lo que ustedes expresen, como cristianos ustedes están alabándolo. Todo es suyo.

La actitud de la iglesia hacia las artes, la estrecha mentalidad de esta, la demanda de lemas y de justificación, el utilitarismo, los programas, contemplar toda la vida con un sentimiento de culpabilidad, esto no es cristiano, no es bíblico, no es de Dios y es incorrecta. No deje que esto lo reprima, como miembro de esta generación de personas creadoras, de la manera que ha reprimido a muchos otros recientemente. Usted debe seguir adelante.

Recuerde que como persona creativa, lo importante es crear. Quién vea lo que usted realiza, adónde va y qué hace, es secundario; lo primero es ejercitar el talento que Dios le ha dado.

Usted no puede esperar demasiado demasiado pronto. Es la obra de toda una vida lo que cuenta. Esa obra, cuya expresión significa algo y cambia las culturas en que vivimos en términos de llevar fruto. Una obra individual no puede decirlo todo.

Su trabajo variará, un día para expresar algo más bien importante para usted personalmente y quizá menos importante para el mundo que lo rodea, quizá en otra ocasión para lidiar con un tema difícil. No hay método correcto o incorrecto. No hay tema cristiano o no cristiano (salvo en el área del trabajo o la expresión artística que tenga deliberadamente como fin principal, apartar a las personas de la verdad).

Usted es tremendamente libre, usted es el más libre, porque tiene una forma sobre la cual construir su libertad, usted sabe quién es y sabe de dónde viene su talento, y sabe que usted y su talento durarán para siempre. Usted sabe que Dios lo valora; usted conoce la creatividad, que a diferencia de muchas cosas en este mundo caído no vienen de la Caída, sino era algo que existía con Dios antes de que la creara, con él cuando la creó, y que le ha dado al hombre por ser su criatura. Estará allí en los nuevos cielos y en la nueva tierra. Su talento creativo, ejercitado y realizado en esta vida, es algo que usted llevará consigo. A diferencia del dinero, o lemas espirituales, este es eterno.

Producir, producir, producir. Crear, crear, crear. Trabajar, trabajar, trabajar. Esto es lo que debemos hacer como cristianos en las artes, con o sin el apoyo de la iglesia, hemos de ejercer el talento que nos ha dado Dios, hemos de alabarlo con él, de gozarlo, de llevar fruto en la era en que nos ha tocado vivir. Esta es una batalla digna, y más que una batalla es el gozo de una dádiva buena y amable de nuestro Padre celestial, otorgada gratuitamente para ser disfrutada, practicada y atesorada.

Cuando se sienta desanimado como cristiano en las artes, considere la herencia en la cual usted permanece. Báñese en el conocimiento de que durante siglos los cristianos han practicado y han nutrido las artes con lealtad, y que usted ahora lleva adelante esta antorcha. Cobre ánimo con esto, cobre ánimo con la creatividad y la belleza del mundo de Dios que le rodea. Cobre ánimo con la creatividad de otras personas.

Si cualquier grupo de personas está en armonía con Dios, ciertamente es el de los cristianos que gozan, practican o sencillamente aprecian la creatividad.[8]

Cuestionario para comentar en grupo

1. A medida que usted crecía, ¿le fue permitido expresar sus emociones libremente, o le enseñaron a reprimirlas?

2. ¿Por qué cree que a los cristianos les resulta embarazoso tratar con alguien que está alicaído o triste?

3.   ¿Qué haría si sospechara que alguien está tratando de llamar la atención creando su propio alboroto emocional?

4.   ¿Cómo se siente cuando está junto a alguien que critica constantemente?

5.   ¿Cómo puede afectar a la iglesia la negatividad de una persona?

6.   ¿Por qué es importante tratar de vivir con la verdad? ¿Qué clase de cosas nos fuerzan a vivir en la verdad de Dios?

7.   ¿Qué clase de efecto tiene en nosotros, emocionalmente, adorar a Dios?

8.   ¿Qué tiene que ver nuestro concepto de Dios con nuestra visión de la vida?

9.   ¿Está usted de acuerdo en que todo artista debe leer los Salmos regularmente? ¿Por qué sí o por qué no?

10. ¿Cómo afectaría a la iglesia si todos sintiéramos más contentamiento y estuviéramos llenos de gratitud?

Pasos de acción personal

1.   Si usted no se siente feliz con el balance emocional de su vida ahora mismo, decida qué quisiera ver cambiado, y ante quién puede ser responsable de este cambio.

2.   Haga el compromiso de leer un Salmo cada día durante dos semanas y tome nota de lo que lee.

3.   Habacuc 3:17-18 fue escrito desde el punto de vista de alguien involucrado en una profesión agraria. Reescriba el pasaje desde el punto de vista de un artista.

4.   Haga un compromiso de escuchar música religiosa esta semana durante los momentos en que suele ver la televisión.

5.   Escoja algo que puede hacer esta semana y que le obligue a vivir más en la verdad de Dios.

Alaba a Dios en las Alturas

Algún día nuestro dolor ya no existirá
Algún día nuestras lágrimas se desvanecerán
Algún día veremos a nuestro Señor y Salvador cara a cara

Algún día descansaremos de todas nuestras cargas
Algún día veremos su sonrisa
Algún día El nos mirará a los ojos
Y nos dirá bienvenido a casa, hijo mío

Alaba a Dios en las alturas
Todo lo malo se corregirá
Cómo anhelamos el día
En que cada alma herida será sanada
Adorémosle, pues con voz poderosa
Como si estuviéramos ya con él en el Paraíso
Alaba a Dios en las alturas
Alaba a Dios

Algún día caminaremos junto al Padre
Algún día descansaremos a sus pies
Algún día nuestras jornadas terminarán
Seremos completamente libres

Alaba a Dios en las alturas
Todo lo malo se corregirá
Cómo anhelamos el día
En que cada alma herida será sanada
Adorémosle, pues con voz poderosa
Como si estuviéramos ya con él en el Paraíso
Alaba a Dios en las alturas
Alaba a Dios[9]

Rory Noland

Oh, quien ahora viera
al real capitán de esta arruinada banda
andando de vigía en vigía, de tienda en tienda.
que grite «¡Loas y gloria sean para él!»,
pues muévese y visita a su hueste toda,
deseándoles buena noche con modesta sonrisa,
y llamándoles hermanos, amigos y compatriotas.
nadie en su real faz ve señal alguna
del gran ejército que sitio le ha impuesto;
ni se le oye proferir una sola queja
por el cansancio de la noche de vigilia;
sino que anda fresco y solícito siempre,
con semblante alegre y dulce majestad;
que todo pobre diablo, pálido y ansioso antes
de contemplarlo, deriva aliento de su expresión.
Con generosidad universal, como el sol,
a todos regala con su luz liberal,
entibiando el frío temor. Luego, buenos y gentiles,
todos contemplan, sin ninguna indignidad,
un toquecillo de lo que es Enrique, en la noche.

William Shakespeare, Enrique V

Ocho
Artistas destacados

$\mathcal{R}$ick no durmió bien anoche. Se pasó casi toda la noche moviéndose y dando vueltas, y solo durmió unas pocas horas. Las noches han sido así para Rick desde que hace cerca de un año convino en ser director de programación de la iglesia Christ Community. Entonces creyó que Dios lo llamaba definitivamente al ministerio; pero ahora Rick no está tan seguro. Rick comenzó a tocar el piano en la iglesia hace unos tres años, cuando el pianista anterior se fue porque estaba realmente agotado. Rick llegó a ser un sostén importante en el equipo musical. Sabía cantar y tocar bien, y compuso varios coros nuevos, excelentes, de alabanza para la iglesia. Debido a sus grandes dotes musicales, atrajo a algunos talentos muy buenos al ministerio musical. Los miembros de la iglesia apreciaban mucho a Rick y su ministerio. En realidad, muchos recién llegados reconocían que la música fue lo primero que los atrajo a la iglesia. Rick disfrutaba su trabajo en la iglesia mucho más que su empleo con la firma consultora en computadoras que había comenzado con un amigo desde la secundaria. Hacer música era mucho más satisfactorio que reunirse con los clientes. Más tarde, la iglesia habló con Rick sobre un empleo a tiempo completo para dirigir el ministerio de las artes, lo cual significaba que también comenzaría un ministerio de artes escénicas. Rick estaba muy emocionado por la oportunidad de combinar su talento musical y su amor a las artes con el ministerio y hacer algo significativo con su vida. Oró sobre esto y aceptó, aun cuando esto significara una reducción substancial de sus ingresos.

Sin embargo, cuando Rick fue parte del personal a tiempo completo, pronto comprendió que se le había pedido dirigir todo el ministerio, y no estaba seguro de si estaba hecho para liderar. Fue aleccionador descubrir que el ministerio musical de la iglesia era mucho más que dirigir la adoración. Había asimismo responsabilidades no relacionadas con la música que se incluían en su trabajo: reuniones a las que asistir, personas que pastorear, equipos que formar, cultos que organizar y nuevos conflictos cada semana que necesitaban ser resueltos. La iglesia era mucho más entretenida cuando Rick no formaba parte del personal.

Después de un año de ministerio musical en la iglesia, Rick se siente inadecuado como líder. Está desanimado porque el ministerio no marcha en la forma que todo el mundo deseaba. Le parece que no puede cumplir con las exigencias de más elementos en la programación de cada culto. El ministerio de artes escénicas que ha tratado de comenzar no ha despegado aún. Sabe que debería hacer más para guiar a sus músicos. Es consciente de que debería conseguir constantemente nueva música. No es que no desee hacer todas estas cosas, sino que no tiene tiempo para todas. Y no es que no haya tratado tampoco. Por lo general, le dedica sesenta y cinco horas semanales a la iglesia, pero parece que no es suficiente. Así pues, ¿a qué otra conclusión puede llegar sino a que sencillamente no es un buen líder? No está hecho para ese empleo. Sigue disfrutando al tocar el piano en la iglesia, pero a menos que algo cambie drásticamente, siente que no puede dirigir un ministerio.

Para empeorar las cosas, comenzaron a surgir algunos problemas entre Rick y el pastor principal. Últimamente no se han estado llevando muy bien, lo cual es una sacudida para Rick, porque se llevaban de lo mejor antes de que Rick comenzara a trabajar para la iglesia. A Rick lo han llamado a la oficina pastoral varias veces durante el año pasado. Una vez fue porque la música estaba muy alta y «exagerada al extremo». En otra ocasión fue porque Rick se desentendió de un proyecto que el pastor le asignó. Y en otra ocasión el pastor expresó su frustración de que Rick no hubiera comenzado todavía el nuevo ministerio de artes escénicas. En numerosas ocasiones se ha cuestionado si Rick administra bien su tiempo. A Rick le parece que sólo oye del pastor cuando las cosas no marchan bien.

Lo que más le hiere a Rick, sin embargo, es que no tiene el tiempo, la energía o el entusiasmo para ejecutar su música del modo que lo hacía antes. Le molesta no tener ya más tiempo para escribir. Esa realidad lo hiere realmente porque le gusta escribir coros de alabanza. Ser creativo le trae vida a su alma. Le encanta componer y dirigir la alabanza, pero no le gusta trabajar para una iglesia. Esto no es nada de lo que él esperaba. Sueña con renunciar y volver al mundo mercantil. «No estoy hecho para el trabajo en la iglesia», le dice a su esposa. «Quizá debo volver a las computadoras y dirigir la alabanza de forma voluntaria. Actuar voluntariamente es más divertido que dirigir».

Preguntas para comentar en grupo

1. ¿Es verdad que actuar voluntariamente es más divertido que dirigir?

2. Si usted fuera Rick, ¿que haría para desarrollar una relación mejor con el pastor principal?

3, ¿Qué cambios piensa usted que Rick necesita introducir en su empleo para tener más tiempo para componer?

4. ¿Puede ser un buen líder alguien con temperamento artístico? ¿Por qué sí o por qué no?

5. ¿Qué caracteriza a un gran líder, según su opinión?

6. ¿Cómo puede uno aprender a administrar mejor su propio tiempo?

7. ¿Cómo es posible satisfacer todas las exigencias y responsabilidades de un líder en la iglesia en estos tiempos?

8, ¿Qué le parece a usted que se necesita para dirigir un ministerio relacionado con el arte -programación, música, artes escénicas, danza o temas de producción- en la iglesia de hoy?

9. ¿Qué palabras de consejo tendría usted para alguien que acaba de comenzar un trabajo en la iglesia?

10. Si usted fuera líder, ¿con qué batallaría más en esa función?

Tensión entre ser líder o ser artista

Ser líder de un ministerio y ser artista no suelen darse unidos. En realidad, si usted me pregunta, creo que ambas cosas están en pugna. El papel doble de artista-líder crea un constante conflicto. Ambas funciones son sumamente difíciles. Hay muchas personas que son artistas a tiempo completo, y muchas otras que son líderes a tiempo completo, de modo que ¿cómo hacer ambas cosas y hacerlas bien? Además, cada tarea es diferente y exige habilidades diferentes. Muchos de nosotros los artistas somos algo introvertidos por naturaleza, pero usted no puede ser un buen líder y pasar poco tiempo con la gente. Algunos de nosotros nos orientamos un poco más hacia nuestras emociones que hacia nuestro intelecto, pero en la mayoría de los ejemplos de grandes líderes tenemos personas que son de «pensamiento» y no de «sentimiento». Parece aceptado que los artistas sean más de «hemisferio cerebral derecho» y los líderes de «hemisferio cerebral izquierdo». Para complicar las cosas, muchos artistas no se ven a sí mismos como líderes. Los libros y los seminarios sobre liderazgo nunca se refieren al artista que es también un líder. Como resultado de ello, en estos días tenemos una crisis de liderazgo en el departamento de las artes de muchas iglesias. Existe una falta de liderazgo porque los artistas que se hallan en posiciones de liderazgo están experimentando una crisis de identidad debido a este conflicto entre ser artista y ser líder.

Muchos de nosotros aspiramos a ser artistas antes de aspirar a ser líderes. Con toda honestidad les digo que resentí ser líder por largo tiempo porque me parecía que esto me robaba tiempo y energía para hacer música. Me gusta componer música, pero ¿cómo puede alguien hallar tiempo para componer cuando ser líder (especialmente en la iglesia) exige tanto tiempo? Mi empleo ideal sería vivir en las montañas y escribir música todo el tiempo. Vivir en Chicago y trabajar para una iglesia está muy lejos de ello. Muchos de nosotros tenemos un conflicto entre las demandas del liderazgo y nuestro amor por el arte. En realidad, para mí el conflicto era muy serio. Yo no era feliz tratando de hacer ambas cosas, porque sabía que no estaba haciendo ninguna bien. Llegué a resentirme de ser líder y comencé a preguntarme si no habría llegado el momento de escoger entre el ministerio y la música, porque no me parecía poder continuar haciendo ambos. Me encontré preguntándome cuántas canciones más podría haber escrito si no hubiera estado tan sobrecargado con las responsabilidades del liderazgo. Después de batallar con esto por largo tiempo, llegué a la conclusión de que iba a tener que escoger una opción o la otra. O regresaría para ser músico a tiempo completo, o me olvidaría de la música y me dedicaría a dirigir mi ministerio. Aquí estaba yo, bien entrado en mis años adultos y todavía batallando con qué ser cuando creciera. Finalmente le dije al Señor: «Padre, vas a tener que decirme qué escoger, porque es imposible hacer ambas cosas. Yo no puedo ser artista y líder». Sinceramente, había llegado al extremo en que ya no me importaba. Solo deseaba que el Señor me mostrara lo que él quería que yo hiciera.

Cuando nuestro propio talento se pierde

¿Puede usted identificarse con alguna de estas cosas? ¿Ha sentido alguna vez la tensión entre el artista que hay en usted y el líder que hay en usted? ¿Ha puesto alguna vez en duda su llamado? ¿Se ha preguntado si está realmente en el lugar correcto? ¿Alguna vez se ha sentido inquieto? ¿Fantasea quizá con ese empleo soñado?

Alguno de ustedes está haciendo un buen trabajo dirigiendo su ministerio, pero su vocación ha llegado a perderse con tanto trajinar. Algunos de ustedes son cantantes, músicos, compositores, artistas escénicos y plásticos de talento, pero por estar encargado de un ministerio de mucha actividad, ya no cuentan con tiempo para eso. Los músicos sabemos que si usted desea mantenerse en buenas condiciones, musicalmente hablando, tiene que practicar, Pero cuando usted le pregunta a la mayoría de los directores de música si practican alguna vez y se mantienen en buenas condiciones musicales, se ríen y dicen: «¿Quién dispone de tiempo?»

Algunos de nosotros ya no usamos nuestros dones artísticos. Ireneo de Lyon, el santo y teólogo del siglo II, dijo que «la gloria de Dios es el ser humano plenamente vivo». Algunos de nosotros no estamos plenamente vivos porque somos artistas a medias. Por necesidad hemos llegado a ser más líderes y más administradores que artistas. Ya no cantamos. Ya no tocamos. Ya no componemos. Ya no danzamos. Ya no actuamos en el escenario. Ya no dibujamos ni pintamos. O si hacemos estas cosas, no las hacemos en una escala comparable a la que acostumbrábamos a hacer. Cuando muchos de nosotros nos hicimos creyentes, nuestra nueva fe halló expresión en las artes. Para muchos de nosotros este fue el primer eslabón entre nosotros y Dios. Pero ya no. Estamos demasiado ocupados como para eso. Esto es triste. Porque realmente disfrutamos de esas cosas y extrañamos hacerlas. Somos «hechura suya, creados por Cristo Jesús para buenas obras, las cuales Dios preparó de antemano para que anduviésemos en ellas» (Efesios 2:10). Muchos de nosotros fuimos creados para ser artistas. Dios nos puso en el planeta para eso. Si no vamos a ser artistas, no somos capaces de hacer aquellas buenas obras que estábamos destinados a hacer. Si continuamos dejando que esto siga desatendido por mucho tiempo, llegaremos a ser artistas frustrados que se han enojado contra la iglesia por asfixiar nuestro talento. El otro peligro es que llegaremos a ser lo que Juklie Cameron, en su libro *The Artist's Way* llama «artistas a la sombra», personas que dan alas a los talentos de cualquier otro menos al propio. El final es el mismo. Nuestro don se pierde. Hay un artista dentro de nosotros que quiere manifestarse pero que está reprimido.

¿Quién nos faculta?

Hace varios años, cuando la tensión entre ser un artista y ser líder estuvo en su apogeo en mi vida, leí un versículo en Mateo que le habló profundamente a mi alma. En el capítulo 10 Jesús envía a los discípulos a su primera asignación ministerial, y todo el capítulo contiene sus consejos para ellos sobre cómo llevar a cabo su ministerio. El versículo 1 dice: «Llamó a sus doce discípulos y les dio autoridad sobre los espíritu inmundos, para que los echasen fuera y para sanar toda enfermedad y toda dolencia».

Debo admitir que cuando al leer este versículo lo primero que sentí fueron celos de los discípulos. Lo primero que hizo Jesús fue darles autoridad para ministrar. Los autorizó. ¿Se imagina usted a Jesús dándole potestad? ¿Se imagina oír directamente del Salvador lo que él desea que usted haga? Mi corazón empezó a latir verdaderamente rápido mientras leía esto, porque estaba ansioso de sentirme autorizado para hacer todo lo que Dios deseaba que hiciera. ¿Sería posible que Dios me facultara y me diera autoridad para que yo pudiera saber de una vez por todas lo que él quería realmente que yo hiciera? ¿Podría arreglarse definitivamente toda esta cuestión de si yo debía dirigir un ministerio o ser artista? ¿Podría yo saber, sin ninguna duda, dónde quería Dios que yo estuviera? La respuesta es sí. Si Jesús tuvo tanto cuidado de facultar a sus discípulos y hacerles un llamado claro y cierto, puede hacer lo mismo para usted y para mí.

Ser artista y líder

Pasé los días siguientes orando y anotando en mi diario. «Señor, por favor define esto de una vez por todas. ¿Para hacer qué me estas dando autoridad? ¿Para qué cosa me estas facultando? ¿Quieres que componga o quieres que sea líder?», oré y oré, y la respuesta llegó, pero no era la que yo esperaba. Sentí de verdad que el Señor me decía: «Quiero que hagas ambas cosas. Quiero que compongas y que seas líder».

Aun cuando esto no era lo que yo deseaba oír, fue un momento poderoso para mí. Por primera vez sentí realmente que no tenía que escoger entre ser artista y ser líder. El Señor me había llamado a ser ambos. Él quería que yo fuese artista y líder. La cuestión entonces llegó a ser cómo hacer ambas cosas.

Esto es en lo que aún sigo trabajando, pero lo que sé hasta ahora es que el secreto de hacer ambas cosas es que tenemos que dejar de considerarnos mitad artistas y mitad líderes. Somos artistas a tiempo completo y líderes a tiempo completo. Estoy convencido de que el director de música del día de mañana, y todos los futuros líderes de la iglesia en las artes, necesitarán ser ambas cosas a tiempo completo. ¿Qué haces para equilibrar la tensión entre ser artista y ser líder? Lanzándote a hacer ambas cosas.

Sea artista a tiempo completo

1 Timoteo 4:14 dice: «No descuides el don que está en ti». No renuncie a su arte. No descuide su talento. No se preocupe de si tiene suficiente talento. Esa no es la cuestión. Tanto si su don atrae o no a grandes multitudes, no es para que lo descuide. Sea artista a tiempo completo.

Si usted toca algún instrumento, practique. Mantenga la disciplina. Aprenda esos aspectos del jazz que siempre has querido aprender. Saque alguna de esas partituras que acostumbraba a tocar en la escuela y tóquela. Vuelva a tomar unas cuantas clases. Vaya a ver a su músico favorito. Enamórese de la música otra vez. Diviértase. Toque para su propio disfrute.

Si canta, vuelva a esa rutina regular que acostumbraba a tener para entrar en calor y vocalizar. Ponga de nuevo su voz en forma. Reciba algún entrenamiento tomando unas cuantas clases. Asista a algún concierto, ópera o recital de un coro. Aprenda una canción de un estilo que siempre haya deseado cantar. Aprenda una canción que nunca usaría en una iglesia, solo por divertirse. Componga cualquier cosa que desee, solo por el gusto de componer.

Si es escritor, escriba. Anote todas sus ideas en una libreta. No las evalúe. Escríbalas por el puro placer de hacerlo. Escriba lo que quiera, por el simple hecho de escribir. Escriba cuentos cortos. Escriba canciones. Escriba aquella novela que siempre deseó escribir. Siga la musa. Si es usted poeta, invite a unos cuantos amigos a una lectura informal de sus poemas.

Si es danzante, ponga alguna música y dance. No importa que esté en forma o no. Póngase en contacto otra vez con lo que significa danzar. O acuda a un espectáculo de su compañía de ballet favorita la próxima vez que estén en la ciudad.

Si está en el mundo del teatro, lea una buena obra teatral que quizá nunca la considere para la iglesia. Reúna a varios amigos y tengan una lectura dramatizada. Vaya a ver una obra de teatro o una revista musical. Recuerde: usted es líder a tiempo completo y artista a tiempo completo. Esta no es una proposición disyuntiva. Por la gracia de Dios, viva plenamente como artista.

Sea líder a tiempo completo

En estos días necesitamos desesperadamente liderazgo en la programación de ministerios de la iglesia. Yo veo que un montón de artistas se escabullen del liderazgo porque no se consideran ser el tipo adecuado. Tal vez no correspondamos al estereotipo del líder que dirige un negocio o encabeza una compañía. Pero Dios no nos ha llamado a dirigir un negocio. Nos ha llamado a dirigir a artistas. He llegado a la conclusión de que la mejor persona para dirigir artistas es un artista. Algunos de ustedes están zafándose de asumir un liderazgo fuerte porque esperan que venga otro y les diga que está bien que lo hagan. No espere a que el pastor o alguien a quien usted respeta le diga: «Usted es bueno para esto. Hágalo». Sería magnífico que sucediera eso, pero rara vez ocurre. No esperes a que alguien le dé atribuciones. Si usted ha sido llamado a dirigir un ministerio, entonces Jesús le ha dado autoridad para dirigir. Deje de esperar que alguien se lo confirme. Si lleva el título de director de programación, director de música o director de teatro, asuma el cargo. Si se le paga para dirigir un ministerio, por favor, diríjalo. Tome la iniciativa. Lidere con denuedo, sabiendo que Dios le ha colocado exactamente donde quiere que esté usted. Él es quien le llama a dirigir. Dios no nos ha dado un espíritu de timidez, sino de poder, de amor y de disciplina (2 Timoteo 1:7). Siempre debemos rechazar la pasividad. No se puede ser líder y ser pasivo. Casi todos los errores que he cometido en el ministerio, casi todas las malas decisiones que he tomado, fueron el resultado de ser pasivo. Debemos dar un paso adelante y dirigir.

¿Por qué tiene que ser tan difícil?

Una razón que me llevó a la conclusión equivocada de que yo tenía que escoger entre ser artista y ser líder es que estaba tratando de evitar cualquier obstáculo o dificultad en mi vida. Yo quería que la vida fuera fácil; sin conflictos, por favor. Y al no ser así, pensé: *Seguro que Dios no querría que fuera ambas cosas. Es muy difícil.* ¿Por qué razón quiero que la vida sea fácil? ¿Por qué razón quiero que el ministerio sea fácil? ¿Por qué razón quiero que ser artista sea fácil? Algunas veces, cuando las cosas se ponen difíciles, me veo pensando (realmente gimiendo): *¿Qué pasa? Estoy trabajando duro. Dame un respiro, Señor. ¿No puede salir algo bien, aunque sea una vez?* Es como si allá en lo profundo pensara que merezco una vida fácil, pero eso no es realista. Pregúntele a Moisés si ser líder fue alguna vez difícil. Pregúntele a Nehemías si la reconstrucción del muro de Jerusalén fue un reto. Pregúntele a Job si la vida fue alguna vez difícil. Pregúntale a Jeremías si hacer la voluntad de Dios siempre será suave. Pregúntele a Pablo si el ministerio se puso alguna vez peligroso. La vida fácil es sencillamente poco realista, y esa no es la vida que Jesús nos está llamando a vivir. ¿Por qué nos dice Pablo que no nos demos por vencidos (Gálatas 6:9) si se suponía que la vida habría de ser fácil? Jesús nunca dijo que lo sería. En realidad, dijo que sería difícil:

He aquí, yo os envío como a ovejas en medio de lobos; sed pues, prudentes como serpientes y sencillos como palomas. Y guardaos de los hombres, porque os entregarán a los concilios, y en sus sinagogas os azotarán; y aún ante gobernadores y reyes seréis llevados por causa de mí, para testimonio a ellos y a los gentiles. Mas cuando os entreguen, no os preocupéis por cómo o qué hablaréis; porque en aquella hora os será dado lo que habéis de hablar. Porque no sois vosotros los que habláis, sino el Espíritu de vuestro Padre que habla en vosotros. El hermano entregará a la muerte al hermano, y el padre al hijo; y los hijos se levantarán contra los padres, y los harán morir. Y seréis aborrecidos de todos a causa de mi nombre, mas el que persevere hasta el fin, éste será salvo. Cuando os persigan en esta ciudad, huid a la otra; porque de cierto os digo, que no acabaréis de recorrer todas las ciudades de Israel, antes que venga el Hijo del Hombre. (Mateo 10:16-23)

Jesús les dijo a los discípulos que el ministerio iba a ser muy bien recompensado, pero muy difícil. Fue brutalmente sincero con respecto al reto que significaba estar en el ministerio. Les advirtió que esperaran conflictos tan severos que los amigos y familiares podrían volverse contra ellos. Y también que esperaran una oposición tan intensa que sus propias vidas estarían en peligro. Seamos francos: el ministerio es muy difícil. Necesitamos entrar en este con los ojos bien abiertos, porque el ministerio es sumamente desafiante.

¿Son ustedes como yo? ¿Hay alguna porción de ustedes que desea que el ministerio sea fácil, o por lo menos más fácil? A mí me gustaría que el ministerio de la música no fuera tan difícil. También me gustaría que no fuera tan difícil encontrar la música adecuada. Y me gustaría que no fuera tan difícil encontrar músicos y cantantes. A mí me gustaría que no fuera tan difícil trabajar con gente. No importa si usted está en una iglesia grande o pequeña, el ministerio es una tarea difícil. No es una vida fácil y cómoda, no importa cuánto deseemos que lo sea. Es una vida de dificultades, de conflictos, de inconvenientes. En 2 Corintios 4:8-10 Pablo escribe que «estamos atribulados en todo, mas no angustiados; en apuros, mas no desesperados; perseguidos, mas no desamparados; derribados, mas no destruidos; llevando en el cuerpo siempre por todas partes la muerte de Jesús, para que también la vida de Jesús se manifieste en nuestros cuerpos».

Pablo soportó muchas más dificultades en el ministerio que las que yo probablemente vea durante mi vida. Enfrentó peligros y abusos físicos y sobrevivió ataque tras ataque. Su vida fue continuamente amenazada durante su ministerio. Yo lo he pasado fácil comparado con Pablo. Y nunca he estado ante un peligro físico durante el curso de mi ministerio, pero entiendo a qué se refiere Pablo. Muchas veces he batallado con cuestiones del ministerio y me he sentido grandemente presionado y afligido. A veces también me he sentido perplejo. Hay tantas cosas que no entiendo, tantas oraciones que no parecen respondidas, tantas cuestiones que no sé cómo resolver. El ministerio puede dejarnos muy perplejos. Yo me he sentido incluso perseguido. Algunas veces porque estoy en el equipo de líderes y represento autoridad, puedo ser objeto del resentimiento o el odio de alguien. Si alguien tiene un problema con el ministerio de la música, esa persona tiene un problema conmigo. Es difícil que la gente separe ambas cosas. O algunas veces tomo decisiones con las que no todos están de acuerdo, y mi carácter y motivos son cuestionados. Me he sentido también derribado, como dice Pablo. Me he sentido golpeado hasta caer por las personas y atacado por la iglesia. He estado casi a punto de renunciar. He llegado a escribir mi carta de renuncia. De modo que este pasaje no me resulta extraño. Pienso que ya es hora de que encaremos la realidad de que lo que estamos tratando de hacer es difícil. No es fácil construir un ministerio y es sumamente difícil construir un ministerio fructífero. Hay mucho en contra nuestra. Por eso Jesús les advirtió a sus discípulos sobre las dificultades del ministerio. Incluso él sabe cuán difícil es.

En *Cartas a un joven poeta*, Rainer Maria Rilke escribe: «La gente, con ayuda de tantas convenciones, ha resuelto todo de un modo fácil, de la forma más fácil de lo fácil. Pero es evidente que tenemos que abrazar la lucha. Todo ser viviente se conforma a esto. Todo en la naturaleza crece y lucha a su propia manera, estableciendo su propia identidad, insistiendo en ello a toda costa, contra toda resistencia. Estamos seguros de muy poco, pero la necesidad de luchar no nos abandonará. Es bueno estar en soledad, porque estar solo no es fácil. El hecho de que algo sea difícil debe ser una razón adicional para hacerlo».[1]

Astutos como serpientes

Jesús sabe que el ministerio es duro. No nos dice que nos callemos y dejemos de gemir. Tiene consejos y palabras de aliento. En Mateo 10:16 nos dice que seamos «prudentes como serpientes y mansos como palomas». C. S. Lewis lo expresa así: «Él quiere un corazón de niño pero una cabeza de persona madura».[2]

Necesitamos ser astutos como serpientes. En otras palabras, necesitamos usar la cabeza. Si algo anda mal en nuestro ministerio, no podemos abatirnos sintiendo pena por nosotros mismos o culpando a otros. Necesitamos asumir responsabilidad y resolver el problema. No espere que alguien más lo resuelva. Si algo no va bien, piense en un plan mejor. No podemos cruzarnos de brazos, quejarnos y no hacer nada. Pídales ayuda y consejo a otros. No sea tan orgulloso para no escuchar sus sugerencias. Las Escrituras dicen que en la multitud de consejeros está la victoria (Proverbios 24:6). No espere que los problemas se solucionen por sí solos. Está bien resolver problemas y tener estrategias. Está bien tener un plan de batalla. Eso es lo que significa ser astuto como una serpiente.

La clave para reconciliar la tensión entre ser artista y ser líder es la astucia. Una de las cosas que me han ayudado a estar al día con las exigencias de ambas ha sido disponer de algún tiempo de mi agenda para esfuerzos creativos. Willow Creek me permite amablemente no asistir a las reuniones una vez cada tres semanas y trabajar en casa, arreglando o componiendo. Para algunos, eso puede sonar como un paso radical, pero esto ha salvado mi trabajo. Durante dos semanas estoy altamente metido en mis responsabilidades de líder —reuniones, designaciones, ensayos, etc. Pero una vez cada tres semanas soy de nuevo un músico y estoy feliz como una alondra. A menudo trabajo en medio de la noche, impulsado por la libertad de ser creativo y disfrutar cada minuto de esto. Es especialmente difícil ser artístico y creativo en un ambiente rígido de nueve a cinco. Si usted puede introducir alguna flexibilidad en su agenda y liberar algún tiempo para el artista que hay en usted, hágalo de cualquier manera.

Atención a todos los adictos al trabajo

Los líderes también necesitamos ser astutos con respecto al ritmo de vida que establecemos para nosotros mismos. Cuando yo estaba comenzando en el ministerio, leí en alguna parte que el tiempo promedio de un director de música en una iglesia era de dos años. La razón era que se quemaba. No sé cuán cierto sea ese promedio hoy, pero sí veo que muchos líderes de la programación se queman ellos mismos. Observe que digo *se quemaban ellos mismos*. Ellos le dirán que la culpa fue de la iglesia, pero francamente ese no es siempre el caso. Sí, el trabajo de la iglesia es muy duro, pero para empezar, muchos de nosotros somos adictos al trabajo, (admitámoslo o no).

Tengo un amigo que abandonó cierto ministerio porque el ritmo era muy agitado. No era saludable para él y su matrimonio. Se fue a trabajar a otra iglesia de una ciudad pequeña, y pocos años después reconoció que su tendencia a la adicción al trabajo lo había seguido también a la nueva iglesia. Pensó que se había liberado del problema, pero el problema era él. Se supone que nuestras vidas han de ser un testimonio de Cristo. Nuestras vidas deben ser ejemplo de vida abundante. Hemos de vivirlas de tal manera que parezcan atractivas, aun al incrédulo (Hechos 13:7). La vida atormentada de un adicto al trabajo no es una invitación para nadie. ¿Quién desea vivir así? Dios nunca intentó que nos quemásemos en el ministerio. Yo puedo respaldar esa afirmación con la vida de Moisés. En Éxodo 18 encontramos a Moisés trabajando literalmente día y noche (vers. 14). Su suegro, Jetro, le dijo en efecto, «Moisés, lo que estás haciendo no está bien. Desfallecerás del todo» (vers. 17-18). La sugerencia de Jetro fue que Moisés delegara más, repartiera el trabajo entre más personas. Ese es un buen consejo también para nosotros. El ministerio y la adicción al trabajo es una mezcla mortífera. L. Oswald Sanders cuenta la historia de un ministro escocés llamado Robert Murray McCheyne que murió a la temprana edad de veintinueve años. Descuidó su salud y se quemó completamente sirviendo en su ministerio. En su lecho de muerte pronunció estas palabras: «El Señor me dio un caballo para correr y un mensaje que llevar. He matado al caballo y no puedo llevar el mensaje».[3]

Yo tengo tendencia a la adicción al trabajo. Cuando era soltero trabajaba doce horas al día en una iglesia cada día de la semana. Mirando atrás, tengo que reconocer que mucho de mi autoestima tenía que ver con mi empleo. Cuando me casé me di cuenta inmediatamente de que no podía seguir trabajando doce horas al día y mantenerme felizmente casado. Cuando nacieron nuestros hijos comprendí que no deseaba que ellos dos, a los que amaba profundamente, crecieran odiando a la iglesia porque no estaba en casa suficiente tiempo. No quería que terminaran odiando todo lo que yo afirmaba, de modo que llegué a rendirle cuentas de mi horario a mi esposa y a algunos amigos. Elaboré un plan de trabajo semanal de cuarenta y ocho horas y comencé diciéndole a mi esposa cuándo podían esperarme en casa ella y los niños. Hoy trabajo muy duro pero no con exceso, y mi producción es más alta que cuando estaba poniendo setenta horas semanales. La Palabra de Dios dice: «Por demás es que os levantéis de madrugada, y vayáis tarde a reposar» (Salmo 127:2). A mí me encanta mi trabajo y le doy gracias a Dios por darme algo importante que hacer con mi vida. Pero ser adicto al trabajo no impresiona ni honra al Señor.

J. Oswald Sanders dice que «si bien un líder debe atender a la iglesia y la misión, no debe descuidar a su familia, la cual es su primordial y personal responsabilidad».[4] Jesús desea que los líderes seamos astutos incluso con respeto a nuestra agendas. Desea que usemos la cabeza. No se quemen haciendo el trabajo de la iglesia. Eso no glorifica a Dios. Ya sea que trabaje para la iglesia o no, si su agenda está fuera de control, está poniendo en peligro a su familia, a su ministerio, a su testimonio, a su eficacia y a su longevidad.

Inocentes como palomas

Jesús también nos dice que seamos inocentes como palomas. El ministerio es recio por sí mismo, pero algunas veces nuestro propio bagaje —lo mal que hacemos las cosas, nuestros pecados y nuestra falta de carácter— crean aún más conflictos. Todos nosotros traemos algún bagaje a esta labor, pero no le podemos permitir que interrumpa nuestro ministerio. Conozco a un director de música que está muy enojado consigo mismo desde su niñez y parece que no puede desprenderse de dicho enojo. Esta persona es muy impaciente y responde bruscamente a la gente. Pese al constante conflicto de relaciones, niega que exista un problema y rehúsa recibir ayuda. ¿Ve usted algún mal funcionamiento por su parte que pudiera retrasar su ministerio? Si es así, vaya a consejería y haga que se lo quiten de encima. Conozco a un líder de alabanza que se pone en actitud defensiva cuando alguien trae a colación algo remotamente negativo sobre su actuación. ¿Tiene usted malos hábitos que usted necesita suprimir? ¿Sabe cuáles son sus faltas graves? ¿Conoce sus puntos débiles? No permita que socaven su ministerio.

Estímulo y ánimos de Jesús

Antes de que los discípulos salieran a su pequeño viaje misionero, Jesús los alentó, y sus palabras también están dirigidas a nosotros: «No los temáis; porque nada hay encubierto, que no haya de ser manifestado; ni oculto, que no haya de saberse. Lo que os digo en tinieblas, decidlo en la luz; y lo que oís al oído, proclamadlo desde las azoteas, Y no temáis a los que matan el cuerpo, mas el alma no pueden matar; temed más bien a aquel que puede destruir el alma y el cuerpo en el infierno. ¿No se venden dos pajarillos por un cuarto? Con todo, ni uno de ellos cae a tierra sin vuestro Padre. Pues aún vuestros cabellos están todos contados. Así que, no temáis; más valéis vosotros que muchos pajarillos» (Mateo 10:26-31).

Primero que nada, Jesús dice: «No temáis» (vers. 26). ¿Tiene usted miedo ahora? ¿Tiene miedo de los cambios que están teniendo lugar en su ministerio estos días? ¿Tiene miedo de fracasar? ¿Tiene miedo de no ser un buen líder? ¿Tiene miedo de no llegar nunca a ser reconocido como artista en la iglesia? ¿Tiene miedo de no ganar lo suficiente para sostener a una familia o enviar a sus hijos a la universidad? Dios no nos llama al ministerio y luego nos deja solos. Él está con nosotros especialmente cuando tenemos miedo. Él nos revelará lo que desea que hagamos después durante esos meses de crisis.

Segundo, Jesús nos dice que nos mantengamos cerca de él. «Lo que os digo en tinieblas, decidlo en la luz y lo que os digo al oído proclamadlo desde las azoteas» (vers. 27). Ser líder no significa que usted va a hacer lo que quiera con su ministerio. Significa que usted hace lo que Dios quiere con Su ministerio ¿Cómo sabe usted lo que Dios quiere a menos que pase tiempo con él? Manténgase cerca de Jesús aun durante la adversidad, de suerte que pueda oírlo susurrarle al oído. Si usted y yo vamos a trabajar bajo las tensiones de ser artistas y líderes, no va a ser yendo a conferencias, sino oyendo la Palabra de Dios y aplicándola a nuestras vidas. Cuando yo me di cuenta de que el Señor me decía que él deseaba que yo fuera tanto artista como líder, confieso que me desilusioné porque no figuraba cómo se podía hacer esto. Carecía de ideas. Entones sentí que el Señor me decía: «Permanece cerca de mí. Yo te mostraré cómo hacerlo. Yo te ayudaré a concebirlo».

Tercero, acepte el hecho de que usted es precioso para el Señor. «¿No se venden dos pajarillos por un cuarto? Con todo, ni uno de ellos cae a tierra sin vuestro Padre. Pues aun vuestros cabellos están todos contados. Así que no temáis; más valéis vosotros que muchos pajarillos» (vers. 29-31). Compañero líder, usted es precioso ante el Señor. Él le conoce íntimamente, hasta el último cabello de su cabeza. Él sabe lo que siente. Sabe de su desilusión y de cuándo está cansado y agobiado. Conoce las tensiones con que vives y que el ministerio es duro. Todo el trabajo que usted hace para él no pasa inadvertido ni inapreciado. Tenga por cierto que Dios se deleita en usted y está complacido con usted.

Cuando Pablo nos dice a los líderes que estemos «firmes y constantes en la obra del Señor siempre, sabiendo que vuestra obra en el Señor no es en vano (1 Corintios 15:58 RV), no es mera palabrería. Es otro recordatorio de que Dios le ama. ¿Recuerda cómo comienza Pablo ese versículo?: « Así que, *hermanos míos amados...*» Nos está hablando a nosotros. ¿Usted se considera un ser amado? Dios le ama. Más de lo que usted jamás se imaginó.

Estilos de liderazgo que no encajan bien con los artistas

Casi ningún libro que he leído sobre liderazgo aborda el sentido único del temperamento artístico. Si usted dirige un equipo de artistas, tiene que saber qué funciona y qué no funciona con ellos. Con los años he observado a varios grandes líderes que trabajaron bien con artistas y construyeron notables ministerios de programación. Sin embargo, he visto también líderes que no saben lo primero que hay que saber para trabajar con artistas, y asustan a estos. La responsabilidad del liderazgo no debe tomarse nunca a la ligera. Los líderes deben recordar que nosotros respondemos a Dios por la forma en que pastoreamos el redil que él nos ha confiado. Eclesiastés 8:9 dice que «hay tiempo en que el hombre se enseñorea del hombre para mal suyo», de modo, pues, que haríamos bien en hablar de lo que se necesita para dirigir un equipo de artistas. Vamos a comenzar por discutir ciertos estilos de liderazgo que no funcionan bien con los artistas.

El jefe ejecutivo que exige en exceso

Estas son las personalidades tipo A que exigen y controlan en exceso y son insensibles. Su lema es: «A mi manera o te vas». Siguen un método rígido y llevan las riendas de la autoridad muy reciamente. Tienen una opinión sobre todas las cosas y, por supuesto, siempre tienen la razón. Son impacientes, agresivos y muy seguros de sí mismos. Son rudos y ásperos con la gente. No les gusta empantanarse con detalles tales como el sentimiento de la gente. En realidad, no les importan los sentimientos de nadie, siempre que se haga el trabajo. Las personas son medios para llegar al fin. Los tipos »ejecutivos» no son muy alentadores y tienen mucha dificultad para desplegar empatía con los sentimientos de otros. Les encanta enviar informes, y cuando lo hacen creen que están en contacto con todo el mundo. Entornan sus ojos si un alma sensible expresa alguna vez desilusión, y una vez al mes les recuerdan a las tropas que sigan adelante. Les encantan las metas que obligan a las personas a trabajar más duro de lo que jamás han trabajado. No escuchan muy bien. Si usted trata de hablarles de un problema, están más interesados en presentarle sus soluciones, o «pasos de acción», que en escuchar de verdad lo que usted está diciendo. Todo esto está bien en el acelerado mundo de los negocios, donde el director tiene que movilizar una corporación completa en busca de ganancias financieras, pero este estilo de liderazgo no trae consigo lo mejor para un artista. El tipo ejecutivo suele pensar que la persona que dirige a los artistas es demasiado floja con los voluntarios. No consideran que alguien con temperamento artístico sea un líder de buena fe, debido a que él o ella es uno de esos tipos que pretenden ser artistas que realmente no saben cómo dirigir.

Estos líderes insisten en que todo el mundo que trabaja para ellos ponga setenta horas de trabajo cada semana. O insisten en que el equipo de teatro o el coro aumenten al doble su tamaño para la semana siguiente. No les importa cómo lo hace usted o quién sale perjudicado en el proceso, la cosa es hacerlo.

Yo tenía un tipo ejecutivo que me dijo una vez que yo necesitaba ser más efusivo en los ensayos, y que si las cosas no marchaban bien, yo debería gritar y tirar algo para lograr la atención de todo el mundo. En otras palabras, yo tenía que patalear para que la gente me siguiera. No hace falta que diga que si yo trataba así a mis músicos, tendrían que correr para protegerse. Una vez vi en televisión un espectáculo sobre George Solti, y quedé muy impresionado de lo cortés que era con sus músicos. Suspendía la dirección y decía con su rico acento húngaro: «Violines, serían tan amables de hacer esto de esta forma». Y murmuraba una frase, articulando lo que buscaba. Evidentemente, respetaba a sus compañeros artistas. «¿Serían tan amables?» es una expresión que está bien lejos del pataleo. Quizá por eso que Solti fue uno de los mejores directores de orquesta del mundo. Fue líder y también fue artista, de modo que entendía a los artistas.

El entrenador altanero

Los entrenadores altaneros son agresivos. Se interesan únicamente en una cosa: ¡ganar! Ganar es lo único que desean a toda costa. Están concentrados en ganar y no quieren excusas. Tienen una visión de túnel. Su lema es: «sin dolor no hay ganancia», así que infligen mucho dolor porque eso es bueno para usted. Favorecen a la persona que está dispuesta a darle todo, e ignoran todo lo demás. A esos líderes, el «darse usted todo» significa vivir la vida hasta el límite, pero es con frecuencia al borde de la demencia y al margen del colapso. Si usted no está dando el 120 por ciento de todo su tiempo, es que es débil u holgazán. En su equipo no hay lugar para nadie que no pueda desempeñar la función que le toca. Les encanta «separar a los hombres de los muchachos». Ven al artista como un ciudadano de segunda clase, que es débil y necesita ser endurecido. Con otras palabras, no tienen tolerancia para el débil y afligido. Usted siempre debe aparentar estar feliz y positivo cuando ese arrogante entrenador esté presente. Se quedan estáticos si usted gana, pero se muestran inmisericordes si pierde. Son muy rígidos y se adhieren a un estricto código de disciplina. Son fanáticos en la disciplina. Esta es la clave del éxito y la respuesta a todos los problemas de la vida. Si usted experimenta problemas en el matrimonio, en su familia o en su empleo, eso es porque no tiene suficiente disciplina. A estos líderes les encantan las metas que exigen una extraordinaria suma de compromiso. No les importa el individuo, el equipo es todo lo que cuenta. Ahogan la creatividad. Ser uno mismo, tal y como Dios lo hizo, no es un valor alto para el entrenador a menos que esto le ayude al equipo a ganar. Tienen una idea preconcebida de cómo deben ser los integrantes del equipo, y tratan de moldear a todo el mundo con arreglo a ese ideal.

Estos son los líderes que llevan intimidados a los voluntarios y a los trabajadores hacia la sumisión. O los líderes a quienes no les importa la agenda de las personas y las presionan a involucrarse más allá y por encima de lo que es saludable.

El apóstol Pablo no fue agresivo; fue apasionado. Sentía pasión por la gente. Sentía pasión por los perdidos. Sentía pasión por la iglesia, y llegó a afirmar lo siguiente: «lo que sobre mí se agolpa cada día, la preocupación por todas las iglesias. ¿Quién enferma y yo no enfermo? ¿A quién se le hace tropezar y yo no me indigno? (2 Corintios 11:28-29). Pablo también tenía metas, pero la primordial era «el amor nacido de corazón limpio y de buena conciencia, y de fe no fingida» (1 Timoteo 1:5). Pablo, con su pasión, su intensa preocupación, su amor por la gente, y sus metas, se encontraba a enorme distancia del entrenador agresivo y altanero.

El mecenas demasiado protector

Estos son líderes que miman a los artistas. Los echan a perder. Son el extremo opuesto del «ejecutivo» y del entrenador. Consideran a los artistas como personas tan especiales y únicas que los colocan sobre un pedestal y hacen todo lo que pueden por protegerlos. Ven a los artistas como algo especialmente frágil, y no quieren hacer nada que los moleste. Consienten a los artistas. Están dispuestos a caminar sobre cáscaras de huevo a su alrededor, y nunca les dicen nada negativo ni hablan mal de ellos. Acaudillan la causa de los de abajo, así que hacen suya la causa de lo que ellos consideran que es un artista abandonado y mal comprendido y lo convierten en uno de ellos. Se ven a sí mismos como mecenas del arte, rescatando a aquellos artistas que no pueden valerse por sí mismos. Son súper amables y siempre muy dulces. Son los grandes oidores y los grandes empatizantes. Con frecuencia hacen la vista gorda con respecto a las faltas de los acosados artistas que han adoptado. En realidad, a sabiendas pasan por alto las evidentes fallas de carácter y aun el pecado en la vida de los artistas. Dicen continuamente: «No juzguemos», porque simplemente desean que todo el mundo se lleve bien y que se amen los unos a los otros. Suelen tener el don de la misericordia, pero les falta discernimiento. No soñarían en confrontar a un artista sobre cuestiones de carácter. En ese aspecto son consentidores, permitiendo e incluso alentando al artista a proceder por la vida con hábitos pecaminosos poco saludables o fallos de carácter. Siempre pondrían las necesidades del individuo por encima de la causa del equipo, especialmente si tal individuo era un artista.

Un mecenas excesivamente protector es el líder que teme confrontar el pecado o las fallas del carácter en la vida de su cantante clave. Es el director de música que tolera a ese odioso tocador del teclado porque no puede imaginarse un programa musical sin el músico estrella. Es el director de teatro que consciente a la prima dona porque el artista es «tan incomprendido».

El tipo silencioso

Se trata de los líderes que no retroalimentan ni dirigen. Uno nunca sabe cuál es su posición ante ellos ni qué están pensando. Por alguna razón tienen temor de alentar al artista porque no desean que los artistas destaquen mucho. O dan por hecho que los artistas saben que son buenos, de modo que no necesitan más estímulo. Como resultado de ello, nadie sabe en qué posición se encuentra con respecto a ellos. Nadie sabe si está haciendo un buen trabajo. La dificultad es que cuando fallas, el silencio se rompe. O nos echan o nos dicen que estamos haciendo un trabajo terrible. Prefieren trabajar con personas que no les den mucho trabajo, y uno nunca puede acercarse a ellos porque nunca se sabe cómo se sienten con respecto a todo.

Estoy hablando sobre el pastor que contrata a un líder de alabanza, pero no le hace comentario alguno sobre su trabajo. El líder de alabanza piensa que está haciendo un trabajo adecuado, hasta que le despiden dos años más tarde y se entera de que el pastor no había estado satisfecho con él todo ese tiempo. Estoy hablando del director de música que no les dice

nada a sus músicos sobre cómo están tocando. No hay retroalimentación, ni estímulo, ni crítica constructiva. Nuestros voluntarios se merecen algo mejor que eso, necesitaban saber dónde están parados con
respecto a nosotros. No deben mantenerse en suspenso acerca de su
papel ni de cómo nos sentimos sobre ellos.

Relación entre el artista y el líder

En las conferencias y talleres siempre se me pregunta «¿Qué puedo hacer
yo si trabajo para alguien que es exactamente como uno de esos líderes
que usted acaba de describir?» ¿Qué hace usted si trabaja o sirve bajo un
«ejecutivo» muy exigente, un entrenador altanero, un mecenas excesivamente protector, o un tipo silencioso? Si usted sirve en una iglesia, su relación con el líder del ministerio, el pastor o toda persona ante quien
usted sea responsable es vital. Si usted sirve en una situación difícil, su
primer impulso es despedirse y marcharse a otro lugar. Si usted termina
yéndose, asegúrese de irse por una buena razón. Asegúrese de irse porque
Dios realmente así lo quiere. No se vaya a causa de un conflicto de
personalidad. No huya de sus problemas.

Lo más difícil es hablar con la persona con quien usted tiene un conflicto. Pero esto es lo correcto. Esto es lo bíblico que hay que hacer, según
aparece en Mateo 18. Puede que se necesite más de una conversación.
Esto es correcto. El progreso se logra cuando las personas hablan. Algunos de ustedes han estado sirviendo en situaciones difíciles por mucho
tiempo, y se han sentido usados y abusados. ¿No es hora de hablar? ¿No
es hora de que ustedes -amable y humildemente- hablen sobre lo que
realmente pasa en el interior? No lo posponga más. Por su propia conveniencia, por la conveniencia de su ministerio, por la conveniencia de los
otros artistas que vienen después de usted, hable de esto. Para algunos de
ustedes, esto podría ser lo más importante que hagan en todo el año.

Una vez hablé con un joven director de música que trabaja para un
entrenador altanero. Este entrenador es un excelente cristiano, pero le
decía algunas cosas de las más cáusticas y mordaces a este joven, quien se
sentía muy herido y traicionado. Su comunicación requería de un gran
esfuerzo porque estaban en dos ondas totalmente diferentes. El entrenador no era un caso muy halagüeño tampoco, y el joven no tenía idea de si
estaba realizando bien o no su trabajo. El entrenador sabía que tenían un

problema de comunicación. Él mismo también se sentía frustrado con su relación de trabajo. Su estilo de liderazgo funcionaba con todos los demás miembros del equipo, de modo que él pensaba que el problema tenía que ver con el director de música. El director de música sentía lo mismo: *Todos los demás parecen estar de acuerdo con esto; ¿qué hay de malo en mí?* Bueno, yo tengo dos hijos y ambos son personalidades únicas; algunas veces son exactamente opuestos. Tienen diferentes temperamentos, diferentes necesidades, diferentes estilos de aprender y diferentes estilos de comunicación. No puedo darle el mismo trato a cada uno de ellos. Me he dado cuenta de que tengo que abordar a cada uno de mis muchachos de modo diferente. Incluso utilizo una jerga diferente para cada uno. Si usted dirige a personas, debe estudiarlas y aprender a tratar con ellas como individuos con personalidades únicas.

Volviendo a mi amigo el director de música, tuvo el valor de sentarse con el entrenador y sostener una gran conversación. Básicamente, le dijo al entrenador cómo se sentía. Esto no es nada nuevo; solo se necesita tener agallas. El entrenador aprendió mucho de mi amigo ese día, y yo le doy a este líder mucho crédito por escuchar y estar abierto a los sentimientos de otro. Mostró mucho carácter e integridad en la forma en que le respondió a mi amigo. Nunca le había parecido que las cosas que estaba diciendo fueran hirientes, pero cuando se puso en el lugar de mi amigo, comprendió que sí se podían tomar así. También aprendió que el estímulo es sumamente importante para un artista. Aprendió mucho sobre cómo dirigir a artistas porque mi amigo tuvo el valor de comenzar la discusión del tema amorosa y amablemente. No actuó con enojo. En realidad, trató de no emocionarse mientras hablaban, a fin de poder enfocar los temas en lugar de los sentimientos. No dio ultimatums. Le aseguró a su líder que estaba comprometido con su ministerio. No lo acusó de ser un entrenador altanero, ni descargó toda la culpa en él. Procedió con mucha ternura y humildad, hablando sencillamente sobre cómo se sentía, e invitando a su líder a hablar francamente sobre cómo se sentía él. Ambos manejaron con integridad una situación difícil.

Cómo alimentar a los artistas

Anhelo el día que lo mejor de las artes no proceda de las universidades y entidades afines, sino de la iglesia, donde la obra más poderosa procede de artistas llenos del Espíritu, quienes han sido adoptados por la iglesia local. ¿No sería fenomenal que más iglesias locales patrocinaran festivales de arte? ¿No sería genial que más iglesias alentaran la apertura de exposiciones de nuevas obras de arte, como hacen las galerías? ¿Qué tal si las iglesias tuvieran sus propios compositores? ¿O sus propios compositores residentes? ¿O sus propias compañías de danza? ¿Qué tal una iglesia que propicie representaciones teatrales regularmente? ¿O una noche de lectura poética por los mismos autores? ¿Por qué no podría salir de las iglesias locales la futura generación de grandes cineastas?

Aquellos de nosotros que soñamos con una edad de oro para las artes en la iglesia sabemos que tenemos que recorrer un largo camino. En algunas iglesias estamos trabajando contra una visión de las artes muy estrecha, en otras contra una visión estrictamente utilitaria. Como resultado de ello, los artistas han dejado la iglesia porque se sienten inaceptados y mal comprendidos. La iglesia local puede y debe ser un lugar seguro para los artistas. Sin embargo, necesitamos pensar con seriedad en cuanto a cómo ministrarlos. Ellos florecerán y fructificarán si los alimentamos. Amarán la iglesia y producirán abundantemente si la iglesia los acepta. Si la iglesia amara y estimulara a los artistas, veríamos que las artes se manifiestan de forma poderosa.

Pablo tiene un gran pasaje en 1 Tesalonicenses 2, en el cual se vale del papel tradicional de la madre y el padre para mostrar cómo contribuyen a una comunidad saludable. Vamos a usar ese pasaje como trampolín para aprender lo que esto significa para alimentar a los artistas.

Sea amable y sensible

«Fuimos tiernos entre vosotros como la nodriza que cuida con ternura a sus propios hijos» (vers. 7) Lo primero que hay que recordar con respecto a cómo dirigir a los artistas es ser amable y sensible. La amabilidad es uno de los frutos del Espíritu (Gálatas 5: 22-23). Jesús dijo: «Bienaventurados los que son amables, porque ellos heredarán la tierra» (Mateo 5:5). Necesitamos ser sensibles con los artistas, no porque sean frágiles sino porque son vulnerables. Si usted es artista está constantemente en riesgo. Está expuesto a la opinión pública cada vez que actúa o crea. Cuando la gente ve su obra, no hay garantía de que vaya a gustarle. Usted está allí, plenamente expuesto y vulnerable. Así, pues, líderes, sean amables con los artistas. No tienen que mimarlos. No tienen que caminar sobre cáscaras de huevo a su alrededor. Simplemente, trátenlos como lo haría Jesús.

¿Cómo puede ser usted más sensible si esa cualidad no le viene con facilidad? Le ofrezco dos sugerencias. Antes que nada, si usted está tratando de tratar a otros como Cristo, mírelos literalmente como él los mira. Una vez pasé varias semanas leyendo los Evangelios, tratando de descubrir el secreto de Jesús para tratar a las personas. Debe haber sido algo especial lo que tenía Jesús, algo que hizo que María deseara sentarse a sus pies, algo tenía Jesús que hizo que la mujer del pozo olvidara todo lo relativo a su trágica vida y comenzara a testificarles a las mismas personas que la rechazaban, algo tenía Jesús que hizo que un menospreciado cobrador de impuestos y una desamparada prostituta lo siguieran de todo corazón, algo tenía Jesús que aseguró a Jairo que su hija enferma iba a ponerse bien. Yo creo que era su manera de mirar a las personas, algo de sus ojos. Las miraba con amor en los ojos.

Proverbios dice que «la luz de los ojos alegra el corazón (15:30 RV). A las personas les gusta sentirse especiales, y se dan cuenta de lo que usted siente por ellas. Proverbios 16:15 dice, «En la alegría del rostro del rey está la vida, y su benevolencia es como nube de lluvia tardía». En otras palabras, compañeros líderes, sean o no conscientes de esto, lo que ustedes sientan por aquellos que ustedes lideran, se registra en el rostro. Ellos lo verán en los ojos de ustedes. Si quienes están bajo su dirección ven su rostro iluminado cuando ustedes los miran, se sentirán aceptados. Se sentirán atraídos a ustedes porque la expresión de amor y aceptación en sus ojos les da vida. Mirar a una persona con un semblante positivo, con amor en los ojos, es el primer paso para convertirse en una persona más sensible. Trátelo alguna vez. Mire a su esposa o a sus hijos y trate de comunicarle su amor con los ojos. Inténtelo con las personas con quienes trabaja. Deje que su cara resplandezca de amor y aceptación. Inténtelo con los artistas con quienes usted sirve. Verá que lo escuchan mejor. Hallará sus rostros sorprendentemente receptivos. Ellos sentirán que tienen toda su atención, y realmente es así.

Segundo, aprenda a discernir cuándo ser tierno y cuándo ser firme. Es arrogante decir «No estoy hecho para eso» y no tratar de crecer en el área de la sensibilidad. Las Escrituras nos dicen que seamos de tierno corazón entre nosotros y que usemos palabras tiernas cuando la situación lo exija (Proverbios 35:11; Colosenses 3: 12-13, Efesios 4: 32). 1 Tesalonicenses

5:14 (RV) nos dice que «amonestéis a los ociosos, que alentéis a los de poco ánimo». Algunas veces yo aplico eso al revés. Yo aliento a alguien obstinado y revoltoso, y soy fuerte con alguien que es débil y alicaído, alguien que necesita que yo sea tierno. He cometido este error con mi esposa, con mis hijos y con los artistas con quienes trabajo. Es importante saber cuándo ser tierno y cuándo ser firme. Proverbios 25:11 dice: «Manzana de oro con figuras de plata es la palabra dicha como conviene». Esto trae consigo discernimiento y una sensibilidad al Espíritu Santo hablar palabras pertinentes a su debido tiempo, saber qué decir y qué no decir, pero esto es esencial, si usted desea llegar a ser un líder más sensible. Yo me encuentro orando a menudo, algunas veces en medio de una conversación, *Señor, ¿quieres que yo sea amable con esta persona, o firme?*

Uno de los errores más comunes que cometen los líderes con los artistas es ser insensibles ante sus sentimientos. Ridiculizar los sentimientos de las personas o ser olvidadizos respecto a ellos socava la confianza. Proverbios 35:20 equipara a una persona insensible con alguien que trata de cantar canciones alegres a quien está alicaído. En lugar de decirle «No te preocupes, alégrate» o «Vamos, anímate», trate de escuchar. Quiero decir realmente escuchar. Si usted quiere que sus artistas confíen en usted, ponga atención a sus sentimientos. Deje que compartan aún sus sentimientos negativos. Deje que hablen sobre sus debilidades, Deje que le descubran sus heridas. Muéstreles su preocupación. Usted no es solo su amigo por lo que ellos pueden contribuir a su ministerio. Cuando ellos saben que son aceptados por quienes ellos son, con defectos y todo, crecen. Sus sentimientos pueden estar bien lejos de los sentimientos de usted. Eso está bien. No se apresure a ofrecer consejo o soluciones. Escuche únicamente. Sea pronto para oír y tardo para hablar (Santiago 1:19). Sin usted escucha, está confirmando sus sentimientos y ganando su confianza.

Ámelos

Volvamos a 1 Tesalonicenses 2: «Tan grande es nuestro afecto por vosotros, que hubiéramos querido entregaros no solo el evangelio de Dios, sino también nuestras propias vidas; porque habéis llegado a sernos muy queridos» (vers. 8). Pablo fue un líder que no solo amó la iglesia, sino también a las personas de la iglesia. Le eran muy queridas. ¿Saben los artistas que se encuentran bajo su dirección cuánto los ama usted? ¿Se sienten ellos aceptados por usted? Pablo exhorta: «Recibíos los

unos a los otros, como también Cristo nos recibió» (Romanos 15:7 RV)
La mejor manera en que usted puede mostrar su amor por los artistas es
mostrar interés tanto en su talento como en ellos como personas. La mejor manera de mostrar amor a los artistas creadores es preguntarles qué
están creando actualmente. Pídales que le toquen esa canción nueva en la
que están trabajando. Pídales que le lean ese poema nuevo que están escribiendo. Pídales que le muestren ese cuadro que están pintando. Si usted quiere crear una colonia de artistas que sean activos y estén
entusiasmados, propicie un lugar seguro para ellos, amándolos y
tomando un genuino interés en ellos y en su arte. No los ame solo por lo
que puedan aportar a su ministerio. Ámelos por quienes ellos son.

Exhórtelos

Exhortar significa urgir a alguien (1 Tesalonicenses 2:11-12 NASB).
Necesitamos urgir a nuestros artistas a lograr todo lo que puedan para la
gloria de Dios, que cumplan su llamado, que hagan florecer sus dones.
Atienda sus ideas y sus sueños e ínstenlos a seguir adelante. Si no puede
usar algo de lo que hacen, úrjalos a hacerlo fuera de la iglesia, con su ple-
no apoyo y bendición. Úrjalos a vivir a la altura de su potencial como artistas y como embajadores de Cristo. Considérelos como diamantes en
bruto, y haga lo que pueda para que brillen. Exáltelos hacia nuevas alturas. Muéstreles que usted cree en ellos, dándoles oportunidades en las
cuales sus talentos puedan usarse para Dios. Cuando alguien me pide
que escriba algo para un culto particular, me siento halagado inmediatamente, pues pienso: *Caramba, creen que puedo hacer eso.* Es estupendo
sentir que alguien cree en usted como artista.

Estimúlelos

El estímulo es clave (1 Tesalonicenses 2:11-13). Estimule a sus artistas verbalmente. Estimúlelos por escrito. No asuma que saben que algo
que hicieron fue bueno o excepcional. Aun si lo saben, es bueno oírlo.
No retenga lo bueno de aquellos a quienes les es debido (Proverbios
3:27). Llame a sus artistas y comente sus esfuerzos. Hágales saber lo que
usted siente acerca de su trabajo. No tema que ellos se enorgullezcan. No
guarde silencio. No tiene que decirles que son los mejores, sino solo recordarles que tienen dones y que Dios los usa de una forma poderosa.
Los artistas realmente responden al estímulo. Nosotros apreciamos los

esfuerzos extraordinarios que cualquiera hace para expresarnos gratitud. El estímulo es más que la frase petulante de «Buen trabajo». Eso parece superficial después de un rato. Hacerle saber a un cantante, por ejemplo, que la canción que interpretó caló hondo y tocó su corazón, estimularía grandemente a la persona —y señalar qué líneas de la canción tuvieron un significado especial para usted, mostraría que estuvo escuchando de verdad y conectado con el artista de manera significativa-.

Moisés fue un hombre inteligente que sabía dirigir a los artistas. Al fiscalizar la construcción del tabernáculo empleó a un gran número de artistas. Cuando el trabajo hubo terminado, «Moisés inspeccionó el trabajo y vio que había sido hecho exactamente como el Señor había ordenado. Así, pues, Moisés los bendijo» (Éxodo 39:43). Moisés examinó personalmente toda la obra. No envió un informe. Se reunió con los artistas e inspeccionó la obra de sus manos. Luego los bendijo. Y los estimuló. Los honró y celebró la contribución que habían hecho. Repito, el estímulo les ayuda mucho a los artistas.

El modo en que nosotros los líderes respondemos a los fracasos de nuestros artistas determinará cuán segura es para ellos nuestra amistad realmente. Si un artista se queda corto, sea honesto con respecto a sus fallos, pero reafirme el talento y el futuro del artista. Muchos artistas experimentan dudas de sí mismos cuando fallan. Comienzan sintiéndose incompetentes y se peguntan si han perdido el talento. Acérquese a ellos para decirles que un fracaso no significa que ya no van a ser utilizados. Ellos necesitan oírnos decir: «Sigo creyendo en ti. Tú sigues teniendo lo que se necesita para ser un gran artista». Hemos de asegurarles que un fracaso no significa el fin de su ministerio y que Dios los utilizará otra vez. No se aleje. No escuchar nada es mucho peor que oír alguna que otra crítica constructiva. No escuchar nada de nuestra parte simplemente les crea más dudas sobre sí mismos. Recuerde que los artistas tienen mucha imaginación. Si ellos no oyen nada, tienden a imaginarse lo peor. Lo que suele pasar no es que queramos dar a entender que estamos distantes, sino que simplemente nos olvidamos de responder. Otras veces estamos evitando compartir comentarios honestos que quizá sean negativos. De cualquier manera, el silencio no es de oro. Acérquese a ellos cuando fallan, y úrjales a que no se den por vencidos. Anímelos a continuar tratando. Ayúdelos a poner su futuro en perspectiva.

Implóreles

Implorar significa suplicar o encomendar algo (1 Tesalonicenses 2:11). Implica manifestar la verdad y la honestidad ante una persona o situación. Sea veraz con los artistas. No somos tan frágiles como para no poder escuchar la verdad. Conocemos la verdad cuando la oímos. La verdad es importante. Si nuestro arte va a impactar en un mundo que busca la verdad desesperadamente, necesitamos estar abiertos a la verdad todo el tiempo. Estar abierto a la crítica constructiva es parte del proceso de crecimiento para cada artista. Si cultiva un lugar seguro donde los artistas son amados y alentados, se ha ganado el derecho de hablar la verdad. Nunca se prive de dar su opinión honesta sobre el arte de alguien. Pero asegúrese de hablar la verdad en amor. No tiene que ser brutal para ser brutalmente sincero. Deseamos la verdad. Si ésta se expone de un modo amoroso, la sinceridad nos ayudará a ser mejores artistas y a vivir a la altura de nuestro potencial.

Durante la crítica a una de mis composiciones, una dama de una compañía publicitaria, amable pero firmemente, me dijo, «Esta línea lírica no es la mejor de usted. Basándome en lo que he visto que usted hace, creo que puede hacerlo mejor». Me estaba elogiando, pero al mismo tiempo, implorándome que lo hiciera mejor. Y lo expresó de forma tan sensible que me hizo querer venir con una línea mejor, solo para demostrar que yo era tan bueno como ella pensaba. Hizo que expresara lo mejor que hay en mí.

Nosotros los líderes también necesitamos hablar la verdad sobre el pecado y sobre cómo vivir nuestras vidas como artistas cristianos. Implore a sus artistas a vivir vidas de piadosa integridad. No barnice el pecado. No permita que resbale. Hágale frente al pecado, con el objetivo de restaurar al artista díscolo a una relación correcta con Dios y la iglesia (Gálatas 6:1). Hágale frente a las fallas del carácter y ofrezca ayuda en la forma de un grupo de célula o de un discipulado de uno en uno. Hágale frente a la conducta disfuncional y ayúdeles a los artistas a que encuentren un buen consejero cristiano.

La gran paradoja del liderazgo

Necesitamos ser sensibles y amorosos, y exhortar, alentar e implorar. Esto es lo que hace falta para alimentar a los artistas. Sin embargo, la gran paradoja en cuanto a liderar a artistas es que necesitamos a la vez dar y exigir.

Jesús modeló el liderazgo servicial. Fue muy generoso. Tenemos que servir a aquellos a quienes lideremos. Tenemos que amar y estimar a los artistas. Tenemos que pastorearlos. 1 Pedro 5:2 dice: «cuidad el rebaño de Dios que está a su cargo». Proverbios 27:23 dice: «Sé diligente en conocer el estado de tus ovejas, y mira con cuidado por tus rebaños». Recuerde que el ministerio tiene que ver con personas. Dios nos invita a usted y a mí a invertir nuestras vidas en ellas. 1 Corintios 3:11-14 nos alienta a edificar nuestro ministerio sobre aquello que permanecerá para siempre. Usted edifica un ministerio perdurable edificando a las personas. Sería una vergüenza llegar al término de nuestras vidas y encontrar que todo lo que podemos mostrar de nuestro duro trabajo son unos cuantos álbumes de alabanza, grabados por el coro, unas cuantas obras de teatro o unos pocos homenajes por algo que creamos. ¿Qué de las personas? ¿Están mejor los artistas porque sirvieron bajo tu liderazgo? ¿Están mejor espiritualmente por haberse unido a nuestro equipo? No reúna a los artistas meramente, y deje de edificarlos.

¿Cómo invierte usted en las personas? Edificándolos a nivel personal, pasando tiempo con ellos, conociéndolos, almorzando con ellos, fijando citas personales, saliendo de la oficina y uniéndose a ellos, llamándolos por teléfono para saber cómo andan, organizando retiros de artistas, relacionándose con las personas de su ministerio? Esto puede hacerse de uno en uno o en grupos pequeños. Hace falta mucho compromiso para estar metido en cualquier ministerio, mucho ensayo y tiempo de preparación. La gente no va a comprometerse a algo de mucho alcance a menos que se sienta motivada.

Este concepto de invertir la vida en las personas está tan arraigado en mi corazón debido a que no veo mi ministerio en Willow Creek solo para la congregación. Mi ministerio es para los músicos de nuestro equipo. Mi trabajo es tratar de satisfacer sus necesidades. ¿No es eso parte de lo que se supone que hagamos como iglesia: preocuparnos por las personas y tratar de satisfacer sus necesidades? Yo siento carga por los artistas. Anhelo verlos crecer en Cristo y llegar a ser todo lo que puedan ser para él. Como resultado de ello, una parte importante de mi trabajo es prepararlos para las oportunidades significativas del ministerio. Mantendré hasta el día de mi muerte la idea que no hay cosa de mayor emoción en la vida que ser usado por Dios. Si usted encuentra algo mejor, dígamelo. Yo no he encontrado nada más satisfactorio que la emoción de saber que Dios me ha usado a mí y a mis humildes talentos para hacer impacto en otra vida.

Me encanta oír a un cantante salir del escenario y decir: «Caracoles, realmente sentí que Dios estaba usándome durante esa canción. Vi que a un hombre se le saltaban las lágrimas mientras yo cantaba sobre el amor de Dios». Cuando Dios lo usa, usted tiene una experiencia muy gozosa y que compensa todo. Nosotros podemos experimentar eso y proporcionar valiosas experiencias ministeriales a aquellos que están bajo nuestro liderazgo. En realidad, esa es una de las mejores cosas que ofrecer involucrarse con la iglesia. Lograr la grabación de un disco y viajar de ciudad en ciudad puede parecer encantador, pero tiene sus desventajas también. Por un lado, es difícil criar hijos en ese ir y venir. Y estar de paso en una ciudad, dar un concierto y marcharse, no nos permite ver qué pasa después con esos a quienes usted ministró. Por otra parte, si usted ministra al mismo grupo de personas una semana si y otra también (como su congregación local), ve que las vidas cambian con el tiempo. Usted sabe que está marcando una diferencia. Y esto es más fácil también en lo que respecta a su familia.

El valor del servicio ha completado ahora el círculo para mí de una manera maravillosa. Mi hijo de catorce años ayuda con el sonido y la iluminación para uno de nuestros programas de la iglesia para niños de escuela elemental, llamado Tierra prometida. Hace unos meses íbamos manejando a casa después del culto, y le pregunté cómo fue Tierra prometida. Después de describir todo el programa, me dijo. «Salió bien. Realmente sentí que Dios me ha usado este fin de semana». Que un muchacho de su edad conozca el gozo de ser usado por Dios es más de lo que yo podría pedir.

Necesitamos dar, pero también necesitamos exigir. Debido a que los artistas tienden a ser más sensibles, algunas veces dejamos de ser firmes cuando hemos de exigir lo mejor de aquellos a quienes dirigimos. Deseamos que la gente nos quiera, así que no les pedimos mucho. No queremos conflictos, de modo que no tocamos ningún punto candente. Ese es un liderazgo flojo. Eso no les sirve a los artistas ni a la iglesia en absoluto. Además, el liderazgo no es un concurso de popularidad. La mayoría de los artistas quieren estar en situaciones y en ensayos en los cuales se les exija lo mejor de ellos. Muchos de nosotros hemos estado bajo la dirección de directores teatrales dinámicos, directores de música u otros líderes que nos inspiraron. Ellos exigían que viviésemos a la altura de nuestro potencial. Eran exigentes porque amaban y tenían en mente nuestros mejores intereses. No sentíamos halagados porque ponían una meta alta y nos decían que creían en nosotros. Y nos sentíamos realizados tremendamente por haber logrado más de lo que pensábamos que podíamos. De igual manera, está bien que exijamos lo mejor de los artistas, especialmente si están en el contexto de un lugar seguro donde saben que son amados y apreciados. Necesitamos exigir que nuestros artistas sean lo mejor que puedan ser, no para nuestra gloria o la de ellos, sino para la gloria de Dios. Tenemos que exigir que nuestros artistas nos den lo mejor dondequiera que actúen o creen. Esto es también lo que significa buscar la excelencia, que es dolorosamente necesitada hoy en la iglesia.

El secreto de liderar a los artistas es dar y exigir. Esta es la marca de un buen líder. Es una paradoja. Usted no puede tener lo uno sin lo otro. Si usted está dando solamente y no exigiendo en lo más mínimo, no alcanzará excelencia, porque no está invitando a los artistas a hacer lo mejor que pueden para la gloria de Dios. Usted no está dándoles una razón para sentirse bien después en cuanto a lo que han hecho. Si usted está exigiendo y no amando en lo más mínimo, esos artistas heridos huirán rápidamente y buscarán un lugar seguro en otra parte.

Un verdadero líder de artistas

Nosotros tenemos un profundo sentido de comunidad entre los artistas de Willow Creek, y esto se debe al liderazgo de nuestra directora de programación, Nancy Beach. Nancy es una líder muy dotada y tiene una profunda pasión por las artes. Es una buena amiga mía desde hace muchos años. Una de las muchas cosas que he aprendido de Nancy es el valor de la celebración. Ella es nuestra principal animadora. Cuando hacemos algo bien, allí está ella, alentándonos y agradeciéndonos individualmente o como equipo. Algunas veces es una palabra personal. Otras veces es una notita o una llamada telefónica. Su entusiasmo y su gozo son contagiosos. Más de una vez la he oído gritar de regocijo durante un ensayo cuando algo marchaba bien en la escena. Y es magnífica organizando fiestas de celebración. Sabe cómo honrar a los artistas y su trabajo, y lo hace de una forma que le da a Dios toda la gloria.

Otra cosa que he aprendido de Nancy es el valor de su equipo. Ella es una consumada constructora de equipo. He estado en numerosos retiros en los que nos ha dirigido en los más intrigantes ejercicios de formación de equipos, concebidos para profundizar nuestras amistades. También se le ocurre hacer grandes ejercicios de estímulo que nos brindan a cada uno la oportunidad de sentirnos apreciados. La razón de que en el departamento de programación trabajemos tan bien juntos se debe a los esfuerzos que Nancy ha puesto en crear comunidad entre nosotros, los artistas. Además de eso nos ha llevado en viajes memorables para enriquecernos artísticamente. Mi viaje favorito fue cuando el equipo de programación (que era mucho más pequeño en esa época) se metió en la camioneta de la iglesia, pensando que íbamos a algún lugar cercano para un retiro, y Nancy se salió en la autopista en la salida del aeropuerto O' Hare, sacó un juego de sombreros del Ratón Mickey y nos dijo que nos íbamos a Disney World. Nos quedamos estupefactos. Pero tuvimos una estancia muy especial en un ambiente rico en creatividad. También nos ha llevado a Nueva York por un fin de semana para ver algunas presentaciones de Broadway y ampliar nuestra visión artística. Nancy sabe cómo estimular a los artistas y cómo crear comunidad entre ellos. Ella es una líder de artistas genuina.

Cuestionario para comentar en grupo

1. ¿Recuerda usted a su director de coro o de teatro favorito, o a algún líder que lo inspirara a ir más adelante con su talento? ¿Qué fue lo que lo inspiró a usted tanto en este líder?

2   ¿Cuál cree usted que es el ingrediente más importante y necesario para ser un buen líder de artistas?

3. ¿Qué ideas le puede usted sugerir a alguien que trata de equilibrar los desafíos de ser líder y artista?

4. ¿Qué consejo le daría usted a un líder que trabaja sesenta horas o más por semana?

5. ¿Cómo puede ayudar un líder a quienes dirige para que sean los mejores artistas que puedan?

6. ¿Qué puede hacer un líder para ayudar a los artistas que están bajo su liderazgo a crecer espiritualmente?

7. ¿Se le ocurren a usted otros estilos de liderazgo que no funcionen bien con los artistas?

8. ¿Cuál de las cinco reglas para alimentar a los artistas (ser sensible con ellos, amarlos, exhortarlos, alentarlos, implorarles) cree usted que es la más favorable cuando usted se encuentra bajo el liderazgo de alguien?

9. Si usted es líder, ¿qué le gustaría decirles en este momento a quienes usted dirige?

10. Si usted está bajo el liderazgo de alguien, ¿hay algo que usted quisiera decirle a su líder?

Pasos de acción personal

1. Si usted está experimentando alguna tensión entre ser artista y ser líder, encuentre a alguien a quien le pueda hablar de eso.

2. Identifique las áreas de su vida en las que necesita asumir mayor liderazgo.

3. Si usted es líder, trate de volver a arreglar su agenda de modo que disponga de más tiempo con los artistas a quienes dirige. (¿Por qué no comenzar concertando algunas citas para almorzar esta semana?)

4. De las cinco claves para alimentar a los artistas (ser sensible con ellos, amarlos, exhortarlos, alentarlos e implorarles) escoja aquella en la que usted necesite enfocarse mayormente este próximo año.

5. Si usted siente que no tiene una relación saludable con su líder, decida qué puede hacer para mejorarla.

Siempre devoto

Estoy tan cansado de perseguir cosas inservibles
Parece que nunca satisfacen
Tan desilusionado, buscando a tientas algo más
He quedado más vacío que antes

Estoy clamando para ser más íntimo
Para andar más íntimamente con mi Señor
Cualquier cosa que surja en el camino
No vale la pena

No hay otra forma
Quiero vivir mi vida
Pero vivirla
Dedicada al Señor
Pertenecerle
Fiel hasta el final
Siempre devoto
Devoto de mi Señor

Estoy exigiendo que todos mis problemas se resuelvan
Insisto en que Dios satisfaga todas mis necesidades
Tengo que morir a mis hábitos egoístas
Postrarme ante sus pies

No hay otra forma
Quiero vivir mi vida
Pero vivirla
Devoto de mi Señor
Pertenecerle
Fiel hasta el final
Siempre devoto
Devoto de mi Señor[5]

Rory Noland

¡Ah, tentador! ¡Me parece que vienes demasiado tarde !...
¡Tu poder ya no es lo que era! ¡Con la ayuda de Dios
escaparé ahora de ti!

Nathaniel Hawthorne, La letra escarlata

Nueve
El artista y el pecado

rad era el líder de adoración de más talento y mayor éxito que jamás había tenido la Iglesia Comunitaria de Oakville. En los cinco años que Brad había estado allí, llevó el programa de música de prácticamente nada, a uno de los mayores del área. En realidad, Oakville llegó a ser conocida más por su música que por otra cosa. Los músicos allí tenían un nivel de profesionalidad muy alto. Los servicios de adoración de Oakville eran ricos y significativos, y sus músicos grabaron dos CD que circularon ampliamente por todo el país. Los cultos de Navidad y Semana Santa eran los principales eventos de la zona, y a Brad le buscaban como orador popular para los seminarios de adoración y las conferencias musicales de la iglesia. Era un gran líder de adoración y un dinámico visionario; un verdadero buscavidas. También tenía una personalidad atrayente, y la gente de Oakville lo quería mucho. En cinco breves años había logrado éxito, estatus y popularidad.

Precisamente cuando Brad estaba en el ápice de su carrera ministerial, su mundo se vino abajo al saberse que tenía una relación amorosa con una de las mujeres de su ministerio. Esto había comenzado muy inocentemente. Verónica era una excelente cantante, y ella y Brad comenzaron a pasar mucho tiempo ensayando juntos. Pronto comprendieron que allí había una chispa y comenzaron a abanicar las llamas de una apasionada relación. Verónica nunca había conocido a nadie tan alentador y sensible como Brad. Sentía que finalmente había encontrado una verdadera alma gemela. Su esposo no era un apoyo muy importante para ella como persona o como cantante, y comenzó a buscar, y aun crear, oportunidades para pasar tiempo con Brad. Algo similar estaba pasando del lado de la ecuación de Brad. Su matrimonio se había ido deteriorando poco a poco, a medida que se entregaba a su trabajo y su esposa al cuidado de tres pequeñuelos. Al conocer a Verónica, Brad sintió que ella era todo lo que él siempre había deseado, y estaba convencido de que se había casado con la persona equivocada. Sus relaciones con Verónica eran mucho más fáciles que sus relaciones con su esposa. Ellos se llevaban mucho mejor, pensaba.

Brad estaba comenzando a soñar despierto y a fantasear mucho acerca de Verónica y no podía esperar a verla en el ensayo. A menudo ensayaban solos, solamente los dos. Cuando sus ensayos se pasaban del mediodía, esto les daba una excusa para almorzar juntos. Y Brad comenzó a trabajar tarde en la oficina, ensayando con Verónica. Él sabía que la relación era incorrecta. Se decía a sí mismo que tenía que ponerle fin, pero cuando estaba con ella, la atracción física y emocional era tan fuerte que no podía hacerlo. Era consciente de que estaba poniendo en peligro su matrimonio y su carrera, pero recibía cosas de Verónica que no estaba recibiendo en casa. Un compañero del personal confrontó a Brad sobre el mucho tiempo que pasaba con Verónica, pero Brad se puso a la defensiva y negó que algo estuviera ocurriendo. Ocultar la aventura amorosa era algo agotador, pero esta era la única manera de continuar viendo a Verónica y mantener su empleo. Verónica también sabía en lo profundo que esta relación era incorrecta, pero también para ella la atracción era demasiado fuerte . Sabía que estaba arriesgando su propio matrimonio, pero solo si la gente lo sabía. Ella y Brad hablaron de mudarse lejos juntos y comenzar de nuevo.

Esto continuó así durante meses. Su relación los envolvió más y más. Finalmente la esposa de Brad, y posteriormente el esposo de Verónica, se enteraron. Asimismo se enteró toda la iglesia. Brad confesó la relación en frente de toda la iglesia. Fue humillado y quebrantado. Admitió el engaño y llegó a confesarles a unos pocos otras áreas oscuras de su vida, como su adicción a la pornografía. Eso cogió a todos por sorpresa.

Los muchachos en el coro juvenil fueron los más ofendidos. Muchos de ellos sintieron enojo, traición y desilusión. Fue algo espantoso, feo, trágico y muy triste. A Brad se le pidió que renunciara inmediatamente a su empleo y se le recomendó buscar consejería. La iglesia se dividió en grupos, y la gente discutía sobre cómo se manejó la situación. Varias personas llegaron a abandonar la iglesia como resultado de ello. Hubo quienes culparon a la iglesia porque pensaban que Brad había estado sobrecargado de trabajo, así que la iglesia, según pensaban, había sido la causa del lance amoroso. Otros creían que Brad no debía ser despedido y que la iglesia debía volverlo a incorporar amorosamente en la congregación. Y otros más pensaban que debía ser excluido del ministerio para siempre. Mientras, otros estaban resentidos con Verónica y pensaron que a ella es a quien había que echar, en lugar de a Brad. Fue algo muy penoso.

La esposa de Brad se divorció de él y obtuvo la custodia de los niños. El perdió su empleo, su ministerio, a su esposa, a sus hijos y su reputación. Se mudó lejos y nunca se volvió a oír de él, y nunca volvió a ver a Verónica otra vez. No volvió a trabajar en el ministerio musical de ninguna iglesia. Verónica y su esposo también se divorciaron. Ella trató de permanecer en la iglesia, pero la vergüenza que sintió le hizo sumamente incómodo estar allí. Le era difícil ver a los hermanos y hermanas de la iglesia, y especialmente difícil a la esposa e hijos de Brad. Pensó en huir lejos con Brad. Casi lo hizo, pero su relación había comenzado a ponerse amarga después que todo se ventiló. El enojo y el resentimiento comenzaron a cosecharse también en su relación. La chispa que una vez existió entre Brad y Verónica se había convertido en un fuego devastador que había envuelto y devastado sus vidas. Ninguno de ellos volvió a ser el mismo.

Cuestionario para comentar en grupo

1. ¿Qué decisiones erróneas tomó Brad que contribuyeron a su caída?

2. ¿Qué decisiones erróneas tomó Verónica?

3. Además de sus malas decisiones, ¿qué otra cosa contribuyó a esta relación amorosa?

4. Brad incurrió en varias mentiras sobre el pecado. Nombre algunas de ellas.

5. ¿cómo fue engañada Verónica acerca de su pecado?

6. ¿Cuáles fueron las consecuencias de esta relación?

7. ¿Cómo podría haberse evitado dicha relación?

8. ¿Se sentiría usted cómodo enfrentándose a alguien a quien ha visto metido en un pecado? ¿Por qué sí o por qué no?

9. ¿Está usted de acuerdo en la forma en que la iglesia manejó esta situación? En caso negativo, ¿cómo debió haberlo hecho?

10. ¿En qué medida cree usted que prevalece hoy el problema de la pornografía entre hombres cristianos?

Susceptibilidad del artista a pecar

Es muy alta la posibilidad de que la situación de Brad y Verónica le resulte familiar. Puede que usted haya oído o sido testigo -o aun protagonista- de una triste historia como esta. ¿Por qué sucede con tanta frecuencia esta suerte de cosa? ¿Qué causa un fallo así? ¿Cómo sabe usted que lo que le pasó a Brad y a Verónica no le pasaría a usted?

Yo creo que aquellos de nosotros con temperamento artístico somos más susceptibles a pecar que ningún otro grupo de personas. Es como si el pecado estuviera siempre a nuestras puertas (Génesis 4:7). Los dones y talentos del temperamento artístico con frecuencia nos colocan en lo más intenso de las actividades de Dios. Muchos de nosotros estamos en la línea frontal, muy parecida a los músicos que dirigían la nación de Israel a la batalla. Eso nos hace blancos del ataque del Maligno. Como Brad en nuestra escena inicial, muchos de nosotros somos personas públicas porque estamos en una posición de liderazgo y/o nos desempeñamos en el escenario frente a muchas personas. Satán apunta al blanco de cualquiera que tiene un testimonio público para Cristo. Hará todo lo que pueda para echarnos abajo, porque sabe que una caída como la de Brad puede dañar la causa de Cristo (No tiene más que pensar en todos aquellos jóvenes desilusionados del coro juvenil de Brad). Como Brad, muchos de nosotros pasamos mucho tiempo ensayando y actuando con miembros del sexo opuesto. Y Satán trata de usar esa oportunidad para destruir nuestros matrimonios. Recuerde que Satanás siempre ronda como león rugiente, procurando devorar a los artistas que puede (1 Pedro 5:8).

El temperamento artístico nos hace fáciles víctimas de «los deseos de la carne, los deseos de los ojos, y la vanagloria de la vida» (1 Juan 2:16) Muchos de nosotros estamos en contacto con nuestros sentimientos. Cuando nuestros deseos lascivos se combinan con emociones muy intensas es como echar gasolina en un fuego. Muchos de nosotros somos también muy conscientes de nuestros sentidos. Queremos ser estimulados, sobre todo visualmente, lo que nos abre a toda suerte de deseos pecaminosos. Somos personas apasionadas que necesitamos asegurarnos de que nuestras pasiones no queden fuera de control. Debido a que con frecuencia somos objeto de notoriedad, terminamos bregando con toda suerte de orgullo y arrogancia.

Asimismo podemos ser muy egocéntricos, siempre preocupados por nosotros mismos, lo que trae como resultado actitudes egoístas. Como somos sensibles nos sentimos heridos más fácilmente y con más frecuencia. Pienso que esta es la razón de que tantos artistas acarrean tanto odio, amargura y resentimiento. Como ya comentamos antes, nuestra introspección también tiende a hacernos más negativos y críticos.

Nosotros también tenemos imaginaciones vívidas. Es propio de la creatividad dejar que tu mente divague y esté libre, pero una imaginación renegada también puede conducir al pecado. La mayoría de nosotros nos avergonzaríamos si la gente viera nuestros pensamientos proyectados en una pantalla de cine. Jesús relacionó nuestros pensamientos y nuestra conducta (Marcos 5:37-38). Usted no puede tener una vida de fantasía calificada X y una conducta calificada G. Aun si no hacemos jamás una fracción de las cosas de las que fantaseamos, seguimos dañando nuestras almas entreteniéndonos con pensamientos sucios.

Yo no sé cuál es la razón de esto. Solo hago una observación, pero he visto a personas con temperamento artístico batallar más con tendencias obsesivas, compulsivas, escapistas y adictivas. Muchos corren al alcohol para no bregar con el dolor en sus vidas, y hay en nuestras filas un creciente número de hombres que han llegado a ser adictos a la pornografía. Ellos rehúsan buscar ayuda porque no quieren manchar su imagen o porque piensan que pueden manejar esto por sí solos. Así pues, hipócritamente tratan de llevar una doble vida: ser cristianos devotos en público pero vivir con culpabilidad y vergüenza en privado.

Así es. Somos personas más susceptibles al apetito de la carne, al apetito de los ojos, al orgullo, a la arrogancia, a los motivos egoístas, a la amargura, al resentimiento, a un espíritu negativo y crítico, a pensamientos impuros, a conducta compulsiva y adictiva, y a hipocresía y duplicidad. ¡No es en absoluto una gran receta para una vida piadosa! Aquellos de nosotros con temperamentos artísticos peleamos una dura batalla cuando se trata de vivir vidas santas.

La gravedad del pecado

Permítanme afirmar ante todo que tenemos que tomar el pecado seriamente. El pecado es lo que nos separa de Dios. Es la razón de que Jesús viniera a morir en la cruz. Es la causa de que nuestro mundo se halle en tal estado de confusión. Es el motivo de que haya un cielo y un infierno. No podemos ser caballerosos con el pecado. No existen exenciones especiales solo por el hecho de ser artista. 2 Timoteo 2:21 dice que si nos limpiamos de pecado, seremos un «instrumento para honra, santificado, útil al Señor, y dispuesto para toda buena obra. Usted no puede hacerle concesiones al pecado en su vida y esperar que Dios lo use al máximo. No se equivoque en esto. El pecado agravia al Espíritu Santo y apaga el poder de Dios en nuestras vidas. El Señor anhela ser benigno con nosotros (Isaías 30:18). ¿Por qué deseamos poner en peligro sus plenas bendiciones sobre nuestras vidas con desobediencia intencional?

Nos engañamos a nosotros mismos si pensamos que podemos vivir en pecado y seguir adelante con el talento únicamente. Esto es un engaño fatal porque al principio parece verdad. Usted puede ir lejos con el talento solamente. He conocido a unos cuantos artistas que vivían una doble vida y usaban sus talentos con aparente éxito, esto es, hasta que su vida secreta los atrapó. Así, pues, usted puede llegar lejos, pero no puede avanzar mucho. Llegará un momento en que su pecado lo alcanzará (Números 32:23). Además, es mucho más satisfactorio que Dios trabaje por medio de usted a que lo haga alrededor de usted. En su vida ahora mismo, ¿hay algún pecado que pueda impedir que Dios lo use plenamente?

Cuando tomamos el pecado a la ligera también subestimamos el valor de una conciencia limpia (1 Timoteo 1:5, 19: 3-9). Tener una conciencia limpia no significa que seamos perfectos. Significa que sabemos que estamos haciendo todo lo que podemos para obedecer intencionalmente a Cristo. La persona que tiene una conciencia limpia está libre de culpa y de vergüenza; se arrepiente rápidamente cuando se la convence de pecado. En su vida, ahora mismo, ¿hay algún pecado que le impida a usted tener una conciencia limpia?

Evidentemente, el riesgo es grande si usted tiene un ministerio altamente visible, como es el caso de muchos artistas. Pablo trató de evitar el pecado «para que nuestro ministerio no sea vituperado» (2 Corintios 6:3). Hay mucha responsabilidad asociada con la figura pública. Una de esas responsabilidades es bregar con el pecado en nuestra vida. Si usted no lo hace, podría terminar como Brad y Verónica y perder todo lo que tiene. Como vivimos en una sociedad que ha perdido su compás moral, hemos abandonado nuestro sentido de lo bueno y lo malo. He conocido a un gran número de parejas cristianas, por ejemplo, que tratan de justificar el hecho de vivir juntos fuera del matrimonio. Vamos a dejar dicho claramente que es incorrecto que usted conviva maritalmente con su novio o novia. Es incorrecto flirtear con la inmoralidad. También lo es chismear y calumniar. Es incorrecto mimar su orgullo con ideas y conducta arrogantes. No importa cuán talentoso sea usted, no está por encima de las leyes de Dios y tiene que asumir la responsabilidad del pecado que haya en su vida. Si no lo hace, la situación se repetirá, y tarde o temprano saldrá a la luz.

Soy consciente de que estoy hablándole a personas que tienen fuertes tendencias perfeccionistas, por lo cual déjenme decirles que no estoy hablando de ser perfectos. No estoy hablando sobre buenas obras como boleto de entrada al cielo ni sobre la seguridad de que usted será un artista de éxito. Estoy hablando sobre la obediencia como respuesta a lo que Cristo hizo por usted y por mí en la cruz. Estoy hablando sobre vivir con toda intención de obedecer a Dios. Cuando su intención es de completa obediencia a la Palabra de Dios, no desea desobedecer intencionadamente.

En una ocasión hablé esto con una persona de mi ministerio, que se mostró incrédula.

—Usted no espera realmente que todos los integrantes de su ministerio dejen de pecar, ¿verdad? —preguntó.

—Bueno, me gustaría pensar que estamos ganando la mayoría de nuestras batallas espirituales, —le respondí—, y también escogiendo una vida de obediencia porque estamos muertos al pecado y vivos para Cristo.

Él movió la cabeza con incredulidad y dijo:

—¿Se supone que eso ha de ser suficiente para no hacerme pecar? ¿Solo tengo que hacerme un lavado de cerebro y pensar que estoy muerto al pecado? Estoy seguro de que no me siento muy muerto al pecado.

—No, usted no tiene que hacerse un lavado de cerebro, —le aseguré—, porque esto es cierto. Usted acaba de decidir creer de otra manera y lo que usted cree determina su forma de vivir.

Llegué a creer que este hombre estaba peleando una batalla perdida con cierto pecado en su vida. Había hecho lo que hacen muchos cristianos: darse por vencido. Oculto tras la expresión de que nadie es perfecto, había perdido toda esperanza de controlar su apetito pecaminoso. Para él era perfectamente normal que los cristianos tuvieran por lo menos un área de desobediencia intencionada en sus vidas. Su razonamiento era que a veces eso no tiene remedio. Lo había intentado pero se había dado por vencido. Él sabía en su mente que la muerte de Cristo en la cruz lo libraba del poder del pecado, pero no había experimentado este poder en su vida.

Es cierto que nadie es perfecto -nadie «ha llegado» a serlo-, pero esto no debe llevarnos a excusar la desobediencia intencionada en nuestras vidas. «Nadie que es nacido de Dios continuará pecando» (1 Juan 3:9). Todo acto de desobediencia intencionada es un intento de satisfacer nuestras necesidades separados de Dios y distraernos de experimentar una mayor intimidad con él. Soy consciente de que todos estamos en diferentes estaciones de nuestro viaje espiritual, pero cuando se trata del pecado, nunca debemos darnos por vencidos. Si continuamos creciendo en Cristo, el pecado continuará perdiendo su atractivo. Compañeros artistas, no toleremos esta idea de que está bien desobedecer intencionalmente a Dios en una o dos esferas de nuestra vida. La amistad con un Dios santo es imposible sin la obediencia a su Palabra. La fecundidad en el ministerio es imposible sin la completa sumisión a la voluntad de Dios. Tener una fuerte fibra moral es un síntoma de carácter.

Una palabra a quienes están combatiendo alguna adicción

Yo sé que en nuestro mundo caído abundan las adicciones. Nuestros queridos hermanos y hermanas que sufren con una adicción se sienten a menudo indefensos y avergonzados, Sin embargo, Jesús murió para liberarlos a ellos también. No tenemos que vivir encadenados al pecado. Pablo nos instó a que «el pecado no sea vuestro señor (Romanos 6:14; 1 Corintios 6:12). Usted puede, con la ayuda de Dios, ser liberado. Nuestro «Dios es para nosotros un Dios de liberación» (Salmo 68:20) El camino de la recuperación no es fácil. Cualquier adicción es fácil de adquirir, pero es difícil de erradicar. La recuperación comienza reconociendo que se tiene un problema y luego hacer algo. Recuerde que es responsabilidad suya obtener ayuda. No espere hasta tener una caída para hacerlo. Si usted está envuelto ahora mismo en algún pecado secreto o en una adicción que lo mantiene esclavizado, por favor consulte a un terapeuta, a un consejero o a un pastor cristiano. Cornelius Plantinga Jr. Escribe: «Un adicto tiene oportunidad de recuperarse solo si está finalmente dispuesto a decir él mismo la verdad. La única manera de salir de la tragedia del adicto es declarándola. Él tiene que encararla, bregar con ella, confesarla. Con el firme y decidido apoyo de personas importantes para él, tiene que abrirse camino a través de todas las redes de negación y autoengaño que han "protegido su vicio" El adicto tiene que dar un paso difícil, el primero de los famosos doce pasos. Paradójicamente, debe ayudarse a sí mismo, reconociendo que está desamparado. Debe realizar el valiente, difícil y altamente responsable acto de reconocimiento de su desesperanza y total *falta de manejo* de su vida»

Relaciones de rendimiento de cuentas

En mi experiencia trabajando con artistas, yo diría que somos consecuentemente débiles en dos áreas: estableciendo relaciones de rendimiento de cuentas y librando batallas espirituales. La cosa más importante que podemos hacer al bregar con el pecado en nuestras vidas es ser responsables ante alguien, rindiéndole cuentas. Santiago 5:16 dice: «Confesad vuestras ofensas unos a otros y orad unos por oros para que seáis sanados». Confesar el pecado es un buen método de ayudarnos a evitarlo en el futuro. Saber que más tarde tendremos que confesar un acto pecaminoso nos hace menos aptos para llevarlo a cabo. Tanto si usted le rinde cuentas a una persona o un grupo, es un deber absoluto.

Esto nos resulta difícil para quienes tenemos un temperamento artístico. Debido a que muchos de nosotros somos más bien introvertidos, tendemos a apartarnos de las relaciones. Pensamos que podemos manejar la vida a nuestro antojo, pero eso es mentira. Cuando subestimamos nuestra necesidad de relaciones responsables, le damos a Satán una invitación abierta a derrotarnos. Algunos de nosotros que somos más introvertidos tendemos a ser más reservados en cuanto a nuestras ideas, y cuando pecamos, nos retiramos. En lugar de confesar nuestros pecados los unos a los otros con una transparencia vulnerable, lo ocultamos. Exponer nuestro lado oscuro ante otra persona es un gran riesgo. Hay profundos aspectos de confianza aquí. Pensamos: *¿Qué si la gente descubre que estoy luchando en esta área? ¿Qué pensarán de mí? ¿Qué si llegan a enterarse de mi verdadero yo y dejan de quererme?* Por difícil y arriesgado que sea, la alternativa es peor. He visto a artistas caer simplemente por no estar dispuestos a rendirle cuentas a nadie. Cuando he hablado con aquellos que han tenido que descender del ministerio debido al pecado, siempre han lamentado profundamente no haber llamado antes a alguien en busca de ayuda y apoyo. Resulta irónico que ellos temieran tanto ser transparentes, porque cuando cayeron, sus pecados se hicieron del conocimiento público y se avergonzaron. Eran muy orgullosos, muy temerosos, muy obstinados, y pagaron un alto precio. Pablo nos dice que hagamos cualquier cambio que necesitemos para evitar ser descalificados del ministerio (1 Corintios 9:27). En uno de los primeros lugares de la lista de cambios aparece nuestra necesidad de rendirle cuentas a alguien.

Yo puedo hablar por experiencia de primera mano sobre el valor de las relaciones responsables. Sinceramente, no sé si hoy estaría en el ministerio si no tuviera personas con las cuales compartir mis luchas. La Biblia dice que «hierro con hierro se aguza; y así el hombre aguza el rostro de su amigo» (Proverbios 27:17). Esa es la belleza de una relación de rendimiento de cuentas. Nosotros podemos ayudarnos unos a otros y aguzarnos unos a otros. Cuando era un cristiano joven, les rendía cuentas a un pequeño grupo de amigos en cuanto a mis tiempos devocionales. Con la analogía de que el tiempo devocional proporciona alimento para el alma, desarrollamos un pequeño código: «¿Qué desayunaste?», que significaba: «¿Tuviste tu tiempo devocional esta mañana?». Así era como nos saludábamos cada día en el pasillo de la escuela. Yo llegué a ser muy estricto respecto a tener mis devocionales, porque sabía que ese día iba a tropezarme con alguien que me lo preguntaría. Cuando era joven, les rendía cuentas asimismo a un grupo de personas que deseaban ayudarse a bregar con la lujuria. Todos los grupos de hombres de los que he formado parte han tenido que lidiar con este asunto de una forma o de otra. Éramos brutalmente honestos entre nosotros, llamándonos unos a otros cuando necesitábamos ayuda, y orando regularmente unos por otros. Parte de lo que me libró de hacer cosas estúpidas fue saber que había personas en mi vida que me iban a preguntar: «¿Cómo te va esta semana con la lujuria?».

Hoy día tengo aún personas en mi vida a quienes les rindo cuentas porque las posibilidades de caer están latentes en todos nosotros y yo no quiero caer. No se engañe y piense que usted puede hacer esto por sí solo. «El que piensa estar firme, mire que no caiga» (1 Corintios 10:12). Cristianos más fuertes que usted y que yo han caído simplemente porque pensaron que estaban por encima de la necesidad de rendir cuentas. No deje que esto le pase a usted. Busque a una persona o a un grupo de personas ante quienes rendir cuentas. También he visto abusar de estos rendimientos de cuentas. Todo el que esté metido en un grupo de este tipo debe convenir en que cualquier cosa compartida debe permanecer dentro de dicho grupo. Es sumamente inapropiado que algo dicho confidencialmente se transmita a alguien de fuera del grupo. Cuando se viola la confianza de esta manera, es difícil —y algunas veces imposible— reconstruirla de nuevo. Si algo se dice en privado ha de mantenerse en privado. Rendir cuentas tampoco funciona bien si usted no se lo toma en serio. Encuentre a alguien que no sea blando con usted. Usted necesita de amigos que se preocupen lo suficiente como para hablarle a la cara sobre sus fallos graves e incesables. He visto a artistas entrar en relaciones de rendimiento de cuentas sin estar realmente comprometidos a decir la verdad. Comparten lo justo para aparentar que son vulnerables, pero retienen importantes detalles sobre sí mismos. Estos detalles a menudo tienen que ver con ciertos pecados con los que están lidiando. Ya sea que estén evitando la verdad o simplemente mintiendo, el resultado sigue siendo el engaño. Proverbios 28:13 dice que «el que encubre sus pecados no prosperará; mas el que los confiesa y se aparta alcanzará misericordia». No les ocultemos nuestros pecados a aquellos a quienes les rendimos cuentas. Seamos abiertos y sinceros. Todos los artistas a quines he visto caer y descalificarse para el ministerio, o rehusaron rendirle cuentas a alguien o no lo hicieron tomándoselo en serio.

Aprenda a librar batallas espirituales

Otra área en la que los artistas son débiles es la de las batallas espirituales: combatir las tentaciones que nos vienen a la mente. Siempre que tenemos tentaciones se está librando una batalla espiritual en nuestra mente. Usted pensará que personas como nosotros, con toda nuestra creatividad, seríamos capaces de librar batallas espirituales, pero por todas las razones que ya he expuesto, parece que estamos perdiendo la batalla por la mente del artista. Pablo nos dice que renovando nuestras mentes transformaremos nuestras vidas (Romanos 12:2). Si usted quiere llevar una vida santa, esto comienza en la mente. Si usted quiere cambiar sus malos hábitos, comience cambiando su modo de pensar. Si usted quiere superar la tentación o verse libre de la atadura del pecado, tiene que empezar por sus hábitos de pensamiento.

Efesios 6:12 dice que «nuestra lucha no es contra carne ni sangre, sino contra principados, contra potestades, contra los gobernadores de las tinieblas de este siglo y contra huestes espirituales de maldad en las regiones celestes». La palabra *lucha* es significativa, pues subraya la necesidad que tenemos de ser proactivos cuando se trata del pecado. Hemos de resistir la tentación en lugar de dejarnos arrastrar por ella. Librar batallas espirituales es un asunto serio. ¡Es una contienda armada! Se nos indica que usemos armadura (Efesios 6:11,13). Se nos dice que ciñamos las mentes para la acción (1 Pedro 1:13 NASB). Sin embargo, muchos de nosotros pasamos por nuestros días totalmente olvidadizos de esto o sin preparar de antemano las batallas espirituales que nos esperan. Santiago 4:7 nos dice: «Resistid al diablo, y huirá de vosotros», pero ¿cuántos de nosotros realmente lo hacemos? ¿Cuántos de nosotros sabemos *cómo* resistir a Satán? Muchos de nosotros luchamos con los pecados que nos enredan fácilmente (Hebreos 12:1). Estos son los pecados de los que nos resulta difícil librarnos, por los cuales nos mantenemos pidiendo perdón una y otra vez. La buena noticia es que las armas de nuestra batalla son suficientemente poderosas para destruir tales bastiones (2 Corintios 10:4), pero tenemos que saber cómo usarlas. Tenemos que saber como librar batallas espirituales, y después, ponerlo en práctica.

Muchos de los artistas no sabemos cómo enfrentarnos a los malos pensamientos que pululan por nuestras mentes. Mi esposa y yo tenemos un carro con los cambios de velocidad dañados, y esto la vuelve loca cuando voy pensando en algo que no es el carro, y me olvido de los cambios. El carro, pese a su buen funcionamiento, no va a ninguna parte, porque está paralizado en una marcha lenta. Una persona que no sabe como librar una batalla espiritual caerá al final en pecado o se mantendrá paralizada espiritualmente en una marcha lenta.

Otra de las razones de nuestra falta de habilidad para librar batallas espirituales es que simplemente no queremos librarlas. Hemos crecido acostumbrados a esos pecados que nos enredan tan fácilmente. En lugar de escapar o de abstenernos de ellos, nos deleitamos viendo cuán cerca podemos estar del pecado sin llegar a cometerlo. Así, pues, fantaseamos sobre «cómo gratificar los deseos de la naturaleza pecaminosa» (Romanos 13:14). Cuando se trata del mal, actuamos como si mirásemos los escaparates de las tiendas, pero sin comprar, nos gozamos pensando en estas cosas, mientras olvidamos que Jesús estableció una conexión entre nuestra vida de pensamiento y nuestra conducta (Mateo 5:21-32).

Una gran parte de mi vida estuvo infestada con un pensamiento que me habrían capacitado para competir con Pablo por el título de Jefe de Pecadores (1 Timoteo 1:16). Yo no cometía la mayoría de las cosas en que pensaba, pero sabía que tenía una vida de pensamiento que no agradaba a Dios. Por un momento consideré que era la inevitable consecuencia de la fértil imaginación que resulta de ser artista. Estaba tan engañado que temía que limpiando mi vida de pensamientos me haría menos creativo. Mi temor era que si sometía mi vida de pensamiento a Jesucristo, empezaría a pensar de una forma rígida en lugar de hacerlo libremente, que perdería mi margen de creatividad. Qué gran mentira. Descubrí que lo cierto era lo contrario, porque Dios desea expandir nuestra creatividad, no confinarla. El es el Jefe Creador. Vivir la vida a Su manera siempre reporta más libertad, más poder y más creatividad.

Jesús en la batalla espiritual

Veamos cómo libró Jesús la batalla espiritual (fig.1). El texto es de Mateo 4:1-11. Nótese primero que Satán trató de atacar las necesidades físicas de Jesús. Jesús había estado ayunando por cuarenta días y cuarenta noches, y tenía hambre. Lo que Satán en realidad dijo fue: «Ven acá Jesús. Has estado trabajando tan duro, hoy te mereces un alivio. Convierte estas piedras en pan». Satán siempre tratará de hacernos satisfacer nuestras necesidades separados de Dios. Jesús no le dio cabida a la idea que Satán puso en Su cabeza, como hacemos nosotros algunas veces. No fantaseó con comer un banquete en la mesa de Satán. Jesús rápidamente respondió citando las Escrituras.

Satán conoce las Escrituras también y las tergiversa para tentar a Jesús por segunda vez. Llevó a Jesús al pináculo del templo y le dijo que se tirara al suelo. Esto habría sido un gran espectáculo, con una legión de ángeles viniendo al rescate de Jesús. ¡Imagínese cuánta expectación! Qué escena tan espectacular habría sido. Satán deseaba que Jesús usara su poder sobrenatural para ganancia personal. Esa es la misma tentación que encaramos los artistas: usar nuestros talentos y habilidades para glorificarnos. Esta tentación va dirigida a nuestra tendencia humana de ser egocéntricos y de glorificarnos a nosotros mismos. Jesús ni pensó en esta posibilidad, sino que en vez de

ILUSTRACIÓN 1
Jesús librando una batalla espiritual
Mateo 4:1-11

ello respondió a las mentiras de Satán con la verdad de las Escrituras. Satán no se dio por vencido. Su tentación siguiente apela a nuestra tendencia humana a desear fama, fortuna y poder. Llevó a Jesús a la cima de una montaña, le mostró los reinos del mundo y le dijo: «Todo esto te daré a ti si postrado me adorares». Le ofreció a Jesús lo que trata de ofrecernos a los artistas: fama y fortuna si comprometemos nuestras creencias, nuestra moral y nuestras convicciones. Jesús dijo: «Vete Satanás» y renunció al pecado de idolatría una vez más citando las Escrituras.

Nótense tres cosas acerca de cómo manejó Jesús estas tentaciones: (1) Contrarrestó rápidamente. (2) Contrarrestó con la verdad, y (3) renunció al pecado.

Réplica rápida

Jesús contrarrestó el ataque de Satanás inmediatamente. No se permitió fantasear con las ideas que el Maligno le puso en la mente. Ahí es donde a menudo erramos nosotros. Como he dicho antes, los artistas tenemos una imaginación muy fértil y no nos compete entretener algunas de las ideas impías que surgen en el camino. El pecado empieza en la mente. No podemos ser pasivos en cuanto a esto. No debemos dejar que los pensamientos pecaminosos reposen en nuestras mentes, Se nos ha enseñado a «resistir al diablo» (Santiago 4:7). Eso no siempre nos resulta fácil, pues vivimos en una cultura en la cual somos estimulados a ser indulgentes en lugar de a resistir. C. S. Lewis señala que aun las artes son atrapadas en este cuadro mental. «En primer lugar nuestras naturalezas inclinadas al mal, el Diablo que nos tienta y toda la propaganda contemporánea a favor de la lujuria, se combinan para hacernos sentir que los deseos que estamos resistiendo son tan «naturales», tan «sanos» y tan razonables que es casi perverso y anormal resistirlos. Cartel tras cartel, película tras película, novela tras novela, asocian la idea de la indulgencia sexual con la idea de lo sano, lo normal, la juventud, la franqueza y el buen humor. Pero esta asociación es una falsedad».[2]

Pablo nos instruye a «tomar cautivo todo pensamiento y hacerlo obediente a Cristo» (2 Corintios 10:5). Esto quiere decir que cada mala actitud, cada motivo impío y cada pensamiento negativo que no viene de Dios han de ser llevados cautivos a la obediencia de Cristo. Este versículo ha llegado a ser muy querido para mí, y este concepto ha revolucionado mi vida más de lo que probablemente puedo expresar con palabras.

Cuando un pensamiento pecaminoso trata de asentarse en mi mente, el Espíritu Santo me recuerda con frecuencia este versículo. Y entonces oro: *Señor, yo quiero llevar cautivo todo pensamiento a la obediencia de Cristo, y en lugar de hacerle caso a este pensamiento de* (cualquiera que sea el pecado), *te lo traigo a ti.* En el siglo diecisiete, el escritor puritano William Gurnall nos da este consejo sancionado por el tiempo: «Cristiano, es imperativo que comprendas que cuando los pensamientos malvados o sucios empiecen a forzar su entrada en tu mente, no has pecado todavía. Esto es obra del Diablo. Pero si tú, les ofreces una silla y comenzar una amable conversación con ellos, te has convertido en su cómplice. En solo un breve momento le darás a estos pensamientos santuario en tu corazón. Tu decisión —no ceder a una tentación que ya estás entreteniendo— no es suficiente contra Satanás y el anhelo de la carne».[3]

Réplica con la verdad

Jesús resistió el ataque del Malvado con la verdad, y más específicamente con la verdad bíblica. El salmista dice: «En mi corazón he guardado tus dichos, para no pecar contra ti» (Salmo 119:11). Nunca subestimes el poder de la Palabra de Dios para corregir una conducta pecaminosa. Por ejemplo, el Salmo 84:11 dice: «No quitará el bien a los que andan en integridad». En numerosas ocasiones, cuando un pensamiento pecaminoso me invadió la mente, me acordé de este versículo. Y eso me impidió hacer algo que habría lamentado más tarde, porque no quiero perderme ninguna de las bendiciones de Dios para «aquellos que caminan en integridad».

Cuando Satanás pone un pensamiento tentador en nuestras mentes, tenemos que contrarrestarlo con algo poderoso. Nuestro contraataque debe ser o bien algo que decimos en alta voz o a nosotros mismos, o una oración. No siempre tiene que ser la Escritura, pero sí una verdad basada en la Palabra de Dios. En *La búsqueda de la santidad*, Jerry Bridges escribe: «Si realmente deseamos vivir en el ámbito del Espíritu, debemos alimentar continuamente nuestras mentes con la verdad. Es un acto de hipocresía orar por la victoria sobre nuestros pecados y al mismo tiempo ser descuidados en nuestra absorción de la Palabra de Dios».

Esta es una de las razones por las que creo firmemente en memorizar las Escrituras, porque es una forma efectiva de almacenar la Palabra de Dios en nuestros corazones y mentes, de modo que podamos referirnos a ella rápidamente cuando encaramos la tentación. He memorizado algunos versículos que digo al orar y me repito a mí mismo cuando soy tentado, y me han ayudado en gran manera.

Renuncia al pecado

Por muy tentadoras que fueran, Jesús rechazó las ofertas de Satanás por considerarlas pecado. Como nosotros estamos batallando con nuestra antigua naturaleza, algunas veces el pecado puede parecernos bueno. Hay asimismo ciertos pensamientos impíos que han llegado a estar tan entretejidos en nosotros que no cuestionamos más si son buenos o malos. Por eso necesitamos renunciar al pecado dondequiera que el Espíritu Santo lo traiga a la luz. Renunciar al pecado significa simplemente abandonarlo. Lo decimos en alta voz o silenciosamente, a Dios y a nosotros mismos, que el pecado que estamos contemplando es negativo. Nos distanciamos del mismo. Recordamos qué dañino, qué horroroso es. Recordamos que por muy tentador que sea, el pecado pone en peligro nuestro ministerio, nuestras relaciones con otros, y nuestra relación con Dios. El pecado nunca satisface. Siempre nos deja vacíos y destituidos. Cuanto más se diga usted a sí mismo que algo no es bueno para usted, más lo creerá todo su cuerpo, y al final perderá su dominio sobre usted. Satanás trata de hacer que las cosas malas le parezcan buenas a usted y las cosas buenas le parezcan malas. Él es el padre de la mentira (Juan 8: 44), de modo que cuando renunciamos al pecado, le propinamos un fuerte golpe a sus continuos esfuerzos por engañarnos.

Los primeros cristianos comprendían muy bien la importancia de renunciar al pecado: «En una antigua liturgia bautismal cristiana, el candidato es interrogado de esta forma: ';¿Renuncias a Satanás y a todas las fuerzas espirituales de maldad que se rebelan contra Dios? ¿Renuncias a los poderes del mal de este mundo que corrompen y destruyen a las criaturas de Dios? ¿Renuncias a todos los deseos pecaminosos que te separan del amor de Dios?' La propia respuesta a cada pegunta es un resonante ';¡Sí, renuncio!'».[5]

Adán y Eva

Veamos hora cómo tentó Satanás a Adán y Eva (fig. 2). Esta vez el texto es de Génesis 3:1-6. La primera cosa que Satanás dijo a Eva fue: «Pobre mujer. Dios te dijo que no podías comer de ninguno de estos hermosos árboles aquí en el huerto». Eso, por supuesto, era mentira. Dios no dijo que se apartaran de todos los árboles, sino solo de uno. Satanás a menudo trata de hacer que enfoquemos nuestra atención sobre lo que no tenemos como opuesto a todo lo que tenemos.

En su respuesta, Eva redujo al mínimo la importancia del árbol, de forma muy parecida a nuestra forma de minimizar el pecado, haciendo que este no parezca importante. En lugar de llamarlo árbol del conocimiento del bien y del mal, ella dijo algo como «Sí, Dios nos dijo que nos alejáramos de algunos árboles de los del medio del huerto, o moriríamos».

«¡Ustedes no van a morir!», les aseguró Satanás. «¡Ese Dios de ustedes es un aguafiestas! Está suprimiéndoles cosas maravillosas porque no quiere que sean como él. Adelante. No les pasará nada malo. Así es Satanás, ¿no? Él trata de tergiversar nuestro concepto de quien es Dios. Siempre tratará de hacernos creer que Dios no nos ama de veras ni se preocupa por nosotros. Nos dirá que Dios está siendo injusto. También desea que pensemos que nuestro pecado es algo sin importancia, que ciertamente no va a causar ningún daño.

Adán, dicho sea de paso, no se comportó mejor que su mujer. La Biblia no registra ningún diálogo de su parte con Satanás. Parece que Adán no intervino mucho en esto. Accedió voluntaria e impulsivamente. A la vista de esto, ¿cómo evaluaría usted la manera en que Adán y Eva manejaron la tentación? Ante todo, ¿reaccionaron rápidamente? Eva lo hizo al principio, pero de allí en adelante fue cuesta abajo. No fueron persistentes en contrarrestar con la verdad, y nunca llegaron a un punto en que renunciaran al pecado y dijeran: «¡No, esto no está bien!»

Aplicación a situaciones de la vida real

Antes de proseguir con demasiada severidad con Adán y Eva, imaginémonos en algunas situaciones comunes que enfrentamos y fijémonos en cómo actuamos. La ilustración 3 trata de algunas de las ideas que llevan al pecado de la amargura. Obsérvese que el lado derecho está en blanco. No hay réplicas. No hay respuestas. No hay resistencia a la tentación. Desafortunadamente, esta es la forma en que actuamos muchos de nosotros, cuando los pensamientos impíos nos surgen en la mente. Por eso siento tanta urgencia de hablar de esto. al igual que Adán, no entramos en combate. No estamos llevando cautivo ningún pensamiento a la obediencia de Cristo.

ILUSTRACIÓN 2
Satán tentando a Eva
Génesis 3: 1-7

ILUSTRACIÓN 3
Batalla espiritual contra la amargura

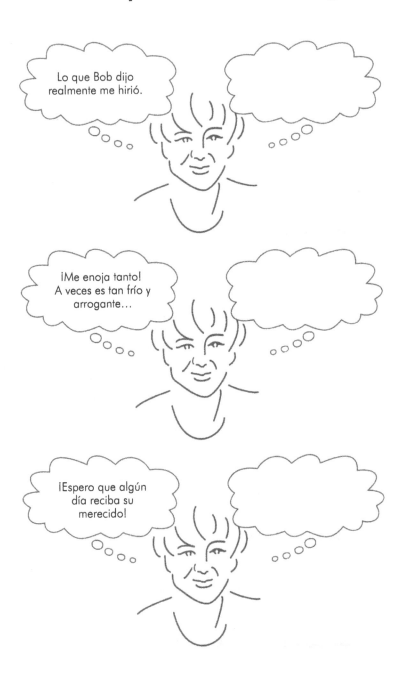

ILUSTRACIÓN 4
Librando la batalla espiritual contra la lujuria

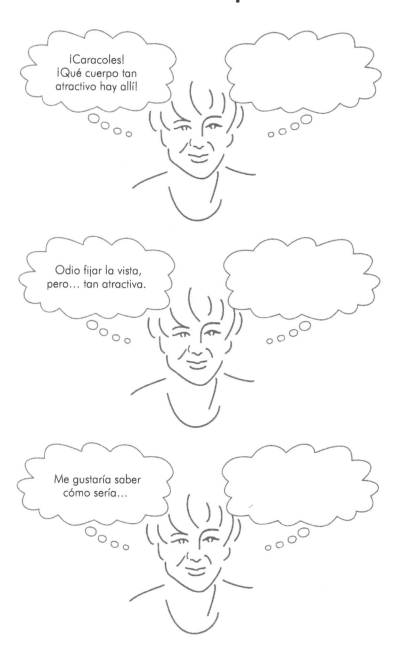

ILUSTRACIÓN 5
Batalla espiritual contra la envidia

ILUSTRACIÓN 6
Batalla espiritual contra la pornografía

Tómese algún tiempo ahora mismo para llenar el lado derecho de la ilustración 3, teniendo en cuenta la necesidad de contrarrestar rápidamente, contrarrestar con la verdad y renunciar al pecado. Usted puede hacer esto en grupo, con algunos artistas amigos, o por su propia cuenta. Haga lo mismo luego con la ilustración 4, que se refiere a la lujuria; la 5, que trata de la envidia, y la 6, que se refiere a algo tristemente común entre hombres artistas en estos días: la pornografía. He hecho un intento de rellenar los blancos de las figuras 7-10, al final del capítulo, pero recuerde que no hay fórmula preestablecida para responder. Cada uno tiene un diferente enfoque de una situación a otra. Lo importante es contrarrestar con rapidez, contrarrestar con la verdad, y renunciar al pecado.

¿Qué pasa si fallo?

Yo fallo todos los días, y me consuelo sabiendo que si confieso mis pecados, Dios es fiel y justo para no solo perdonar mis pecados sino para limpiarme de toda injusticia (1 Juan1:9). Cuando fallamos, no debemos alejarnos de Dios, pensando que ya no nos quiere, que ya no nos ama. Debemos correr a sus brazos amantes. Julián de Norwich dijo: «Nuestro amable Dios no quiere que sus siervos se desesperen porque fallen frecuente y gravemente; porque nuestras caídas no son ningún obstáculo para que él nos ame».[6]

Con frecuencia veo a artistas que parecen sufrir mucho cuando se ven confrontados con su pecaminosidad. Sin embargo, necesitamos estar en guardia contra el emocionalismo sin verdadero arrepentimiento. No hay nada incorrecto con emocionarse, Santiago dice que tenemos toda la razón para lamentarnos y llorar cuando se trata de nuestros pecados (Santiago 4:9). Cuando Isaías se enfrentó cara a cara con un santo Dios y reconoció su condición de pecador, exclamó, «¡Ay de mí, que soy muerto!» (Isaías 6:5). Sin embargo, el emocionalismo sin genuino arrepentimiento desafía la seriedad de nuestro pecado. Necesitamos algo más que rozar la superficie con nuestras emociones; necesitamos dejar que la gravedad de nuestra intencionada desobediencia penetre profundamente en nuestras almas. He visto a artistas mostrar más dolor por verse atrapados en el pecado que por el hecho de haber ofendido al santo Dios. Esta es la diferencia entre sentir vergüenza por un pecado y sentir arrepentimiento verdadero. El verdadero arrepentimiento es algo más que sentirse mal. Involucra un sincero remordimiento por haber agraviado al Espíritu Santo. Involucra asumir responsabilidad por el pecado y renunciar al mismo. Decir una y otra vez «Señor, lo siento, lo siento, lo siento, te prometo que nunca lo vuelvo a hacer» es algo poco profundo comparado con la oración de David después de pecar con Betsabé. Oigamos unos cuantos pasajes:

> Ten piedad de mí, oh Dios
>   Conforme a tu misericordia;
> conforme a la multitud de tus piedades
>   borra mis rebeliones.
> Lávame más y más de mi pecado
>   Y límpiame de mi pecado.
>
> Porque yo reconozco mis rebeliones,
>   Y mi pecado está siempre delante de mí.
> Contra ti, contra ti solo he pecado,
>   Y he hecho lo malo delante de tus ojos;
> Para que seas reconocido justo en tu palabra,
>   Y tenido por puro en tu juicio.
> Crea en mí, oh Dios, un corazón limpio,
>   Y renueva un espíritu recto dentro de mí.
> No me eches de delante de ti,
>   Y no quites de mí tu santo Espíritu.
> Vuélveme el gozo de tu salvación,
>   Y espíritu noble me sustente,
>
> Los sacrificios de Dios son el espíritu quebrantado;
>   Al corazón contrito y humillado no despreciarás tú, oh Dios.
>   (Salmo 51:1-4, 10-12, 17)

Eso es arrepentimiento genuino. No es mera emoción sin sustancia. Uno se da cuenta del remordimiento de David. Uno se da cuenta de su quebrantamiento y su vergüenza.

Nótese que David reconoce su pecado y renuncia a él. Se coloca en sumisión al Señor. Es evidente que su emoción es sincera, y que va acompañada de arrepentimiento verdadero. Pablo también nos muestra que el verdadero arrepentimiento puede ser una experiencia emocional, pero que también supone estar firmemente dispuesto a cambiar nuestras acciones y estar a bien con Dios.

Ahora me gozo, no porque hayáis sido contristados, sino porque fuisteis contristados para arrepentimiento; porque habéis sido contristados según Dios, para que ninguna pérdida padecieseis por nuestra parte. Porque la tristeza que es según Dios produce arrepentimiento para salvación, de que no hay que arrepentirse; pero la tristeza del mundo produce muerte. Porque he aquí, esto mismo de que hayáis sido contristados según Dios, ¡qué solicitud produjo en vosotros, qué defensa, qué indignación, qué temor, qué ardiente efecto, qué celo, y qué vindicación! (2 Corintios 7:9-11)

El arrepentimiento es el cambio de corazón que con la ayuda de Dios produce un cambio en nuestra conducta. Algunas veces conlleva cierta restitución. Necesitamos restituir, recompensar a la persona que hemos ofendido. Eso es lo que pasó con Zaqueo, el recaudador de impuestos. Se arrepintió y quiso devolver lo que había robado: «Zaqueo entonces, puesto en pie, dijo al Señor: He aquí, Señor, la mitad de mis bienes doy a los pobres, y si en algo he defraudado a alguno, se lo devuelvo cuadruplicado» (Lucas 19:8).

Yo espero y oro que ustedes nunca fallen en tal manera que tengan que abandonar el ministerio. He visto que eso pasa con frecuencia, y cada vez es un trago amargo para mí observar a compañeros artistas descalificarse a sí mismos del ministerio debido a algún pecado que los tenía bien agarrados. Si usted alguna vez cae, le recomiendo fuertemente que se someta al proceso de la restitución. Comprométase a ello, no importa cuán duro sea. La iglesia deberá tomar acción disciplinaria con el objetivo en mente de restaurar al individuo a una correcta relación con Dios, restaurando la persona a la hermandad, y con la esperanza de restablecerlo en su ministerio. Sin embargo, la responsabilidad de la restauración recae de lleno sobre los hombros del que ha caído. Así que, cumpla con su responsabilidad de ponerse a bien con Dios. He visto a artistas restaurados a la iglesia y al ministerio, que anteriormente habían caído en drogas, conducta homosexual y adulterio. En todos los casos esto significó mucho trabajo y un largo proceso, pero en cada caso fue sumamente conmovedor celebrar la restauración de un hermano o hermana caídos.

Obediencia

He oído de personas que ministran entre atletas, decir que los atletas son mucho más espirituales cuando se lesionan. Asisten fervientemente a los estudios bíblicos y grupos de oración, porque su quebranto ha puesto en peligro su carrera y están sintiéndose en crisis. Mientras están preocupados e inquietos respecto por si van a regresar o si su carrera se ha terminado, todo de súbito toma un matiz espiritual. Pero cuando su herida sana y vuelven a jugar, casi siempre olvidan todo acerca de Dios. Colocan su talento antes que a Dios. Dios es un medio, no un fin. Obviamente esto es una generalización, pero antes de juzgar con severidad a los atletas, los artistas necesitamos encarar el hecho de que podemos ser igual de culpables de usar el nombre de Dios para mejorar nuestro talento, en lugar de obedecer sus mandamientos porque lo amamos.

¿Por qué obedece usted a Cristo?

Me gustaría enfocarme en una pregunta que afecta a todos los cristianos involucrados en las artes creativas y en actuación escénica. La pregunta es la siguiente: ¿Por qué vive usted una vida piadosa? En otras palabras: ¿Por qué obedece usted a Cristo? ¿Qué lo motiva a usted a obedecerle? ¿Por qué es usted «bueno»? Ahora quiero hacerle otra pregunta: ¿Por qué vive usted *realmente* una vida piadosa? Esta no es una pregunta capciosa. ¿Cuál es la verdadera razón?

Cuando decido firmemente ser totalmente sincero con respecto a por qué obedezco a Cristo, descubro que mis motivos son con frecuencia servirme a mí mismo. Comprendo que hay partes de mí que obedecen porque deseo que Dios me ayude a componer buenas canciones. No estoy diciendo que sea incorrecto obedecer porque deseemos que Dios derrame bendiciones plenas sobre nuestras vidas. Sin embargo, algunos de nuestros artistas consideran la obediencia como un medio hacia un fin. Obedecemos porque no deseamos perder la pata de conejo de la buena suerte en que Dios se ha convertido para ayudarnos a hacer esto como artistas. Cuando esto sucede, todo gira alrededor de nosotros y de nuestro talento, en lugar de girar nosotros alrededor de nuestro Señor. Como resultado de ello, nuestra obediencia es fuerte cuando sentimos que estamos cerca de nuestra meta, pero vacilante cuando sentimos que la meta parece inalcanzable.

Para complicar las cosas aún más, hay una especie de misterio tras bastidores cuando Dios nos usa. Después de un culto o actuación, la gente podría presentarse ante nosotros y decirnos: «Sentí al Espíritu moverse muy poderosamente esta mañana cuando usted estaba en escena», y puede que nosotros no hayamos sentido el Espíritu moverse en absoluto. En cambio, hay veces en que hacemos un gran esfuerzo para concentrarnos y enfocarnos en el Espíritu, y no recibimos ningún comentario para verificar que Dios siquiera se manifestó. Así, pues, ¿por qué debemos obedecer a Cristo si esto no «funciona»? Si usted es escritor, sabe muy bien cuán misterioso es realmente eso que llamamos inspiración. Cuando usted escribe un cuento, un poema o una canción exitosa que Dios usa, siempre trata de volver atrás y re-crear la inspiración que le llevó a eso. Me imagino que a los artistas plásticos les pasa lo mismo. Usted analiza su estado mental, su condición emocional y física, e incluso lo que cenó la noche anterior, con la esperanza de recrear las condiciones que lo llevaron a crear con éxito. Y si la magia no vuelve, usted dice: «Esto funcionó antes, Dios. Hice todo de la misma forma. ¿Por qué no funcionó esta vez? Queremos que nuestra obediencia pague dividendos de acuerdo con nuestros términos, y cuando no lo hace, perdemos nuestra motivación para obedecer. En realidad, si se conociese la verdad, algunos de nosotros desearíamos que Dios bendijera nuestras carreras de cantantes más de lo que deseamos que bendiga a aquellos para quienes estamos cantando. Decimos que deseamos que Dios bendiga nuestro ministerio teatral, pero lo que realmente queremos decir es que Dios nos otorgue el triunfo en la siguiente gran presentación.

Vuelvo a insistir en que no estoy tratando de discutir la idea de que necesitamos permanecer en Cristo si ministramos en su nombre, porque la mayoría de nosotros ciertamente lo hacemos. Y por supuesto, si Dios ha de usarnos al máximo, necesitamos vivir vidas de obediencia y confianza. Estoy simplemente peguntando lo siguiente: ¿Qué es lo está guiando nuestra obediencia? En Juan 14:21 Jesús dice: «El que tiene mis mandamientos y los guarda, ese es el que me ama». Durante mucho tiempo leí ese versículo y pensé: *Voy a obedecer más*. Pero el versículo está realmente diciendo que Jesús está invitándome a amarlo más y a dejar que mi obediencia fluya de ese amor. Existe una relación entre cuánto amamos a Jesús y cuán dispuestos estamos a obedecerlo. Cuando tenemos un problema de pecado, tenemos un problema de amor. Jesús lo expone muy claramente cuando dice: «Si me amáis, guardad mis mandamientos» (Juan 14:15). Ahora, permítaseme volver a mi primera pregunta: ¿Por qué obedece usted a Dios? ¿Es porque ama a Jesús o porque ama el uso de los dones y talentos que le ha dado? Si usted no fuera capaz de servir a Dios con sus dones y talentos, ¿todavía lo amaría? ¿Continuaría haciendo su tiempo devocional y obedeciendo a Cristo si no pudiera escribir, crear o actuar? ¿Está usted enamorado de la actuación, de escribir o de crear para Cristo, más de lo que está enamorado del mismo Cristo? Estas preguntas están en la médula de lo que motiva a los artistas a vivir una vida piadosa.

Disfrutar los dones más que al Dador

Me encanta componer música. Con frecuencia compongo música que sé que no llegaremos a usar en la iglesia porque gozo con el proceso de crear y me siento vivir al máximo cuando compongo. Si no hiciera lo que hago profesionalmente, probablemente compondría como diversión. Sin embargo, ha habido momentos en los que me he preguntado: *¿Estoy enamorado de componer música más de lo que lo estoy de Jesús?*

Hubo un período durante mi ministerio en Willow Creek en el cual durante el curso de dos años no escribí una sola canción. La razón principal fue falta de tiempo. Yo no daba abasto para cumplir con las responsabilidades de mi empleo y no me quedaba tiempo para componer. No era que me faltaran ideas. Yo tenía ideas para componer canciones, pero no tiempo para desarrollarlas. Como resultado de ello, tenía un montón de canciones «a medio cuajar». Me sentía como un atleta incapacitado, contemplando desde afuera cómo otros jugaban el partido que yo deseaba jugar. Este fue un tiempo muy difícil para mí. Me preguntaba si volvería a componer alguna vez. Luchaba en mi relación con Dios, y debo reconocer que hubo momentos en que el reto cotidiano de vivir una vida de obediencia a Cristo se enfrentó con la siguiente pregunta: «¿Por qué? ¿De qué sirve?» Entonces, una noche algo me tocó profundamente durante un culto en la iglesia, y lloré cuando me dirigí a casa. Comprendí que había estado tomando por descontado lo que Jesús hizo por mí en la cruz. Le dije al Señor que si nunca volviera a componer, eso sería algo difícil, pero estaría bien, porque siempre lo amaría. Esto no me resultó fácil de decir, pero yo había estado atravesando un desierto, artísticamente hablando. No habiendo sido capaz de componer durante dos años tenía la vida hirviendo en la base. Llegué al punto de sentir tanta hambre de Dios que finalmente entendí lo que el salmista estaba sintiendo cuando escribió «Como el ciervo brama por las corrientes de las aguas, así clama por ti, oh Dios, el alma mía (Salmo 42:1). Las cosas que yo consideraba indispensables en mi vida (como la música) palidecieron en comparación con el conocimiento de Cristo. Pablo afirma: »Estimo todas las cosas como pérdida por la excelencia del conocimiento de Cristo Jesús, mi Señor, por amor del cual, lo he perdido todo, y lo tengo por basura, para ganar a Cristo (Filipenses 3:8). Sentí como si estuviera verdaderamente postrando mi talento ante el altar, y le dije al Señor que si él me permitía volver a componer, nunca jamás lo tomaría a él por descontado.

Yo pensaba que estaba más enamorado de Jesús que de la música, pero en realidad no era así. Mi pasión por mi trabajo era más grande que mi pasión por Dios. En realidad, la música estaba desviándome de estar plenamente dedicado a Cristo (1 Corintios 7:35). Mi obediencia al Señor estaba motivada más por el amor a la música que por el sincero amor a Jesús. ¿Es correcto enamorarse de la música? ¿Es correcto enamorarse lo que usted hace en el mundo del arte? Por supuesto que sí. Dios nos hizo para ser artistas y nos dio el arte para gozarlo. Sin embargo, si fuera totalmente sincero, la retribución para mí por vivir la vida cristiana era un empleo seguro, una oportunidad de componer música, y una cierta notoriedad entre mis iguales. Ah, «la buena vida», pero Dios nos está llamando para vivir la vida abundante, no «la buena vida». La vida abundante es una vida de sacrificio, de negarse a sí mismo, y de compromiso con el señorío de Jesucristo. La vida llega ser abundante cuando nos rendimos. Yo estaba más enamorado de las bendiciones de Dios que de Dios. Para ser sincero, la música era más importante para mí que mi relación con Cristo.

Esta es una trampa común en que caen muchos artistas. Nos resulta fácil gozar de los dones más que del Dador. Algunas personas aún se acercan al arte con una especie de romanticismo que puede hacer que el mismo arte parezca una religión. Cuando eso ocurre las artes se convierten en la «experiencia espiritual» dominante de nuestras vidas y ocupan el lugar de una relación vital y dinámica con Jesucristo. Si esto ocurre, nos topamos con un problema. El arte nunca debe ocupar el lugar de Dios en nuestras vidas. Esa es la clase de idolatría que Pablo describe: «Pues habiendo conocido a Dios, no le glorificaron como a Dios, ni le dieron gracias, sino que se envanecieron en sus razonamientos, y su necio corazón fue entenebrecido. Profesando ser sabios, se hicieron necios. Y cambiaron la gloria del Dios incorruptible en semejanza de imagen de hombre corruptible, de aves, de cuadrúpedos y de reptiles… ya que cambiaron la verdad de Dios por la mentira, honrando y dando culto a la criaturas antes que al Creador» (Romanos 1: 21-13, 25).

La mayor recompensa

He escuchado muchos sermones sobre los beneficios de la piedad. Estos beneficios sobrepasan las alternativas. Pero, ¿sabe cual es la verdadera recompensa por la obediencia? Se halla en la segunda mitad de Juan 14:21 «El que tiene mis mandamientos, y los guarda, ése es el que me ama; y el que me ama, será amado de mi Padre, y yo le amaré y me manifestaré a él».

La verdadera recompensa por ser obediente es que Dios se nos revelará. «Bienaventurado son los de limpio corazón, porque ellos verán a Dios» (Mateo 5:8). Cuando obedecemos, Dios nos revela más de sí. ¿Por qué desearía nadie cambiar esa clase de intimidad con Dios por los placeres pasajeros del pecado?

¿Qué significa experimentar más de Dios? Eso no es algo muy tangible, ¿verdad? ¿Significa sentir más cerca de Dios? ¿Quiere decir que yo lo siento moverse más en mi vida? ¿Significa algo innegablemente sobrenatural? ¿Oigo voces? ¿Veo señales? Todo esto parece bastante vago y nebuloso porque está describiendo la vida en un plano espiritual. Algún día ese plano espiritual será más real para nosotros que el mundo temporal que vemos, oímos, gustamos, tocamos y olemos (1 Corintios 13:12). Porque ahora caminamos en fe, lo cual es «la certeza de lo que se espera, la convicción de lo que no se ve» (Hebreos 11:1). Experimentar a este lado del cielo tanto de la presencia de Dios como podamos es la recompensa de aquellos que obedecen su Palabra.

Esto nos lleva a otra serie de preguntas perturbadoras: ¿realmente deseo la intimidad con Dios? ¿Deseo de verdad más de él en mi vida? ¿O preferiría el éxito y la consagración como artista? Estas son buenas preguntas para plantearnos constantemente, ya que apuntan a por qué hacemos lo que hacemos.

Jesús nos dice que lo amemos con todo nuestro corazón, nuestra alma y nuestra mente (Mateo 22:37). Añade que este es el mandamiento más grande (vers. 38). Si no amamos a Jesús, todo lo demás queda fuera de lugar. Todas nuestras prioridades, nuestras motivaciones, aun nuestras buenas acciones serán incorrectas. Si tu amor por Jesús no es tan profundo como el amor que él describió, la buena noticia es que puedes pedirle a Dios que haga más profundo tu amor por él. Jesús oró pidiendo que el amor que Dios siente por él esté también en nosotros (Juan 17:26), así que día tras día durante dos años yo hice esa misma oración. Esta fue otra de mis peligrosas oraciones diarias de las que mencioné antes. Le pedí a Dios que profundizara mi amor por Jesús. Le pedí que me ayudara a amar más a Jesús, a amar lo que ama Jesús y a odiar lo que odia Jesús, a amar a otros como Jesús ama a otros. Le pedí a Dios que dejara que mi obediencia brotara de mi amor a Jesús, así como dice Juan 14:21: «El que tiene mis mandamientos y los guarda, ése es el que me ama».

Obediencia guiada por la gracia

Al llegar a este punto fue cuando descubrí la obediencia guiada por la gracia. Existe un poder moral detrás de la salvación, y estoy un poco avergonzado de que me tomara tanto tiempo entender realmente esto, pero cuando al final lo capté, fue como si una gran luz me iluminara la mente. El pasaje de Tito me resultó tan vivo como nunca antes: «Porque la gracia de Dios para salvación se ha manifestado a todos los hombres, enseñándonos que, renunciando a la impiedad y a los deseos mundanos, vivamos en este siglo sobria, justa y piadosamente, aguardando la esperanza bienaventurada y la manifestación gloriosa de nuestro gran Dios y Salvador Jesucristo, quien se dio a sí mismo por nosotros para redimirnos de toda iniquidad, y purificar para sí un pueblo propio, celoso de buenas obras» (Tito 2:11-14).

En la salvación Dios inicia un trabajo notable de transformarnos a la imagen de Cristo. Nos invita a vivir una vida piadosa. Nos redime de toda maldad y purifica nuestros corazones. Nos da poder sobre el pecado, la libertad para no pecar. No tenemos por qué pecar. Estamos libres de pecado (Romanos 6:7). Aun cuando nuestros deseos naturales nos hagan luchar contra la tentación, seguimos estando muertos al pecado (Romanos 6:11). Daniel Willard lo explica así:

Estar muerto al pecado con Cristo no es carecer de deseos naturales, sino contar con una alternativa real al pecado y al sistema mundano del pecado como orientación y motivación de nuestros impulsos naturales. En nuestra nueva vida somos capaces de mantenernos *mas allá* del alcance del pecado al escoger lo que haremos, y en ese sentido somos desvinculados del mismo, estamos muertos a él. Es posible en abstracto que pequemos, pero vemos esto como algo falto de interés o desagradable… Quien no tiene la nueva vida no tiene opción. Pero nosotros tenemos una nueva fuerza que nos ofrece una opción. En este sentido estamos libres *del* pecado, aunque no todavía libres *de* él. Hacer lo bueno y lo correcto nos resulta cada vez más fácil, dulce y sensible a medida que la gracia crece en nosotros (itálicas en el original). [7]

Algunas veces olvidamos eso y cedemos a nuestra antigua naturaleza. Siempre que cedemos ante ella estamos tratando de mantener vivos a un hombre o a una mujer muertos. Dios ha cumplido su parte del trato. Jesús pagó la pena por nuestros pecados. Ahora es responsabilidad nuestra cooperar con la obra del Espíritu en nuestras vidas. «Andad en el Espíritu y no satisfagáis los deseos de la carne» (Gálatas 5:16). Eso quiere decir que debo someterme al señorío de Jesucristo y ceder a la dirección del Espíritu en mi vida. Algunas veces cuando viene una tentación me acuerdo de que estoy muerto a ese pecado. No tengo que dejar que me gobiernen la lujuria, ese deseo malsano, esa idea pecaminosa, o ese pensamiento negativo. Eso fue en el pasado. Ese es el viejo yo. El nuevo yo ha llegado ya (2 Corintios 5:17).

Me he dado cuenta de que cuanto más cerca estoy de Cristo, más deseo obedecerle. Rendirme a Cristo, si bien no es siempre fácil, llega a ser más fácil cuando estoy en hermandad con él. Yo no me concentro en la obediencia; me concentro en intimar con Cristo. Cuando hago eso, nuestra obediencia comienza a fluir voluntariamente de nuestro amor por él. Es un proceso, no ocurre de un día para otro y todavía tenemos que luchar. Habrá muchas pruebas en el camino. Tropezaremos y caeremos y nos levantaremos, pero con el tiempo el pecado empezará a perder mucho de su atractivo. Me he dado cuenta de que cuanto más cerca estoy de Jesús, menos atractivo es el pecado. El pecado simplemente no me parece tan bueno como antes. Esto no quiere decir que yo esté sin pecado, porque no lo estoy. Solo estoy tratando de presentar, deliberadamente, los miembros de mi cuerpo a Dios como instrumentos de justicia, presentándome a mí mismo como alguien que está muerto al pecado y vivo en Cristo (Romanos 6:13). Aun aquellos pecados persistentes y enredadores han comenzado a perder su lustre a la luz de su amor. Son placeres temporales que no pueden compararse con el conocimiento de Cristo (Hebreos 11:25) ¿Y sabe usted qué? Yo no puedo acreditarme nada de eso. Es Dios quien produce en mí «así el querer como el hacer, por su buena voluntad» (Filipenses 2:13). Yo sé muy bien que Dios es quien me ha dado no solo el deseo sino el poder de hacer su voluntad. Eso es obediencia guiada por la gracia. ¡Alabado sea Dios!

Yo espero que usted se una a mí en oración para que Dios profundice nuestro amor por Jesús, que seamos artistas con hambre de Dios y de su justicia. No permita que su obediencia se derive de su obligación. Deje que fluya natural y abundantemente de su amor a Jesús. Que brote de su intimidad con él. Deje que su santidad se arraigue en su relación con él. No use sus dones sin otra motivación que su amor por Aquel que le dio dichos dones. Dios desea usarnos para impactar al mundo para él. Piense lo que Dios podría hacer con un equipo de artistas que lo amaran de todo corazón. ¡Si verdaderamente amamos a Jesús con todo nuestro corazón, nuestra alma y nuestra mente, creo firmemente que podríamos cambiar el mundo!

Cuestionario para comentar en grupo

1. ¿Conviene usted en que las personas con temperamento artístico son más susceptibles a pecar? ¿Por qué sí o por qué no?

2. ¿Ha tenido usted relaciones de rendimiento de cuentas? ¿Tiene usted actualmente alguna?

3. Si usted la ha tenido, fue una buena experiencia para usted? ¿Por qué sí o por qué no?

4. ¿Qué esperaría usted de una relación de rendimiento de cuentas? ¿Con qué clase de personas se sentiría usted cómodo en una relación de este tipo?

5. ¿Cree usted que la mayoría de los artistas bregan adecuadamente con las tentaciones? ¿Por qué sí o por qué no?

6. ¿Cómo puede servir de ayuda la memorización de las Escrituras en la batalla contra la tentación?

7. ¿Cómo puede usted decir cuándo es genuino el arrepentimiento?

8. ¿Ha sabido usted de algún líder de la iglesia caer en pecado? ¿Cómo manejó esto la iglesia? ¿Está usted de acuerdo en cómo lo manejó la iglesia?

9. ¿Qué hace que los artistas se enamoren más de los dones que del Dador?

10. Si algo sucediera (como una herida que le pone punto final a su carrera) y usted no pudiera trabajar más como artista, ¿de qué otra manera podría servir a Dios?

Pasos de acción personal

1. Determine en que áreas Satanás podría concentrarse en un ataque si fuese a tratar de provocar su caída. En otras palabras, identifique las tentaciones en las que usted es más vulnerable.

2. Si usted no le está rindiendo cuentas a nadie ahora mismo, encuentre a alguien con quien poder iniciar tal relación. Prepare una reunión con esa persona y pídale que le pida cuentas respecto a las áreas de pecado potencial identificado en el paso 1.

3. Si usted le rinde cuentas a alguien ahora mismo, evalúe como marcha esa relación. Determine si ustedes dos son totalmente sinceros el uno con el otro respecto a sus luchas. Decida si ustedes dos son demasiado flojos el uno con el otro y no hacen preguntas capciosas o difíciles. Pregúntese si usted personalmente está ocultando de su compañero algún pecado que necesite confesar y para el que necesita el apoyo de la oración.

4. Escoja un área de tentación con la que usted bregue con frecuencia, complete la ilustración 11, poniendo a la izquierda alguno de los pensamientos que le vinieron a la mente, que usted sabe que no son de Dios, y a la derecha algunas respuestas basadas en la verdad. Siéntase libre de fotocopiar la ilustración 11 y haga este ejercicio con di-

ILUSTRACIÓN 7

Posibles respuestas a la amargura

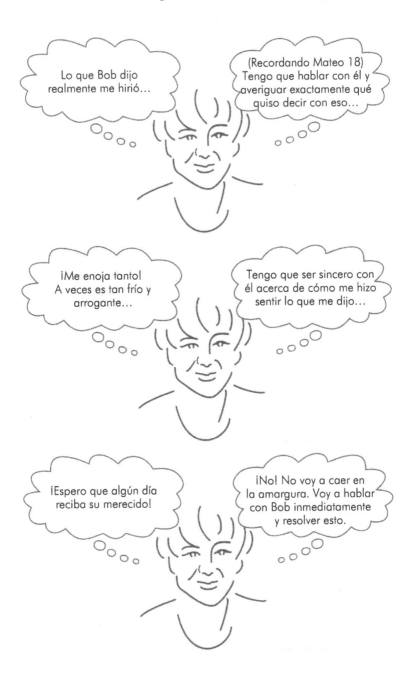

ILUSTRACIÓN 8
Posibles respuestas a la lujuria

ILUSTRACIÓN 9
Posibles respuestas a la envidia

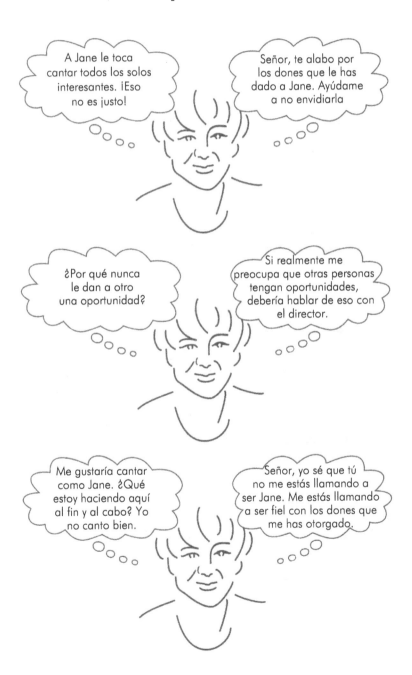

Ilustración 10
Posibles respuestas a la pornografía

Ilustración 10
Posibles respuestas a la pornografía

ferentes juegos de respuestas y con otras áreas de lucha. Acuérdese de contrarrestar rápidamente. Contrarrestar con la verdad y renunciar al pecado.

5. Memorice al menos tres pasajes de las Escrituras para ayudarle a bregar con las tentaciones que usted encara más a menudo.

Detrás de cada fantasía

Engañado otra vez. Lo que yo creía que era un paraíso
resultó ser solo mentiras
He aprendido la lección, ahora leo entre líneas
porque la verdad es a veces difícil de hallar

Detrás de cada fantasía
hay una dura realidad
y lo que me parece bueno
puede no siempre ser lo mejor para mí.
Si soy tentado a seguir adelante
con lo que sé que es incorrecto,
ayúdame a ver la realidad
detrás de cada fantasía

Paz de conciencia para mañana y para hoy,
todo depende de lo que elijamos.
No todo lo que brilla es siempre oro
y todo lo oculto, al final saldrá a la luz

Detrás de cada fantasía
hay una dura realidad
y lo que me parece bueno
puede no siempre ser lo mejor para mí.
Si soy tentado a seguir adelante
con lo que sé que es incorrecto,
ayúdame a ver la realidad
detrás de cada fantasía[8]

Rory Noland

¡Señor, no tú,
soy yo quien está ausente!
Al principio
creer era una joya que guardaba en secreto,
robada sola
en un lugar sagrado;
un rápido mirar, y se fue y volvió,
haciendo círculos.
Desde entonces,
he mencionado tu nombre,
pero ahora
eludo tu presencia.
Me detengo a pensar en ti, y mi mente
al momento
como un tritón se lanza hasta perderse,
me lanzo
entre las sombras, entre rayos que agitan
incesantemente,
el río susurrante y fugaz.
Ni por un segundo
me estaré quieto, sino rondando
por cualquier lugar,
por dondequiera que pueda volver. No tú,
soy yo quien está ausente.
Tú eres la corriente, el pez, la luz,
la sombra palpitante,
tú la presencia inalterable en quien todo
se mueve y cambia. ¿Cómo puedo enfocar
mi oscilante percepción
en el corazón de la fuente,
en el zafiro que yo sé que está allí?

Denise Levertov «Flickering Mind»[1]

Diez

Disciplinas espirituales del artista

arlene es una poetisa aclamada internacionalmente y reconocida como una de las principales escritoras de poesía contemporánea en los Estados Unidos hoy. Alcanzó fama de la noche a la mañana con una colección de poemas titulada *Muerte y vida en el jardín*. Los poemas se hicieron muy populares tanto entre amantes de poesía como entre algunos a quienes no les interesaba. Han pasado casi cinco años desde que *Muerte y vida* entró en la lista de los éxitos de librería del *New York Times*, y desde entonces Marlene ha estado en febril actividad, recogiendo el fruto de su éxito. El círculo de conferencias, los contratos de libros, las ofertas de empleo, las elocuentes presentaciones para el presidente, e incluso las apariciones en televisión la han mantenido sumamente ocupada estos años. Esto es lo que ella siempre soñó, desde que comenzó seriamente a escribir poesía en la secundaria.

Esta noche, sin embargo, cuando Marlene regresó al cuarto de su hotel después de hablar en otra convención literaria, se sintió tan deprimida como jamás en su vida. Ella sabe que algo no anda bien. Hace tiempo que se está viendo devorada por sentimientos de ansiedad y vacío. Sintió un ligero enojo cuando un reportero de un periódico universitario local le preguntó: «¿Qué ha escrito usted desde *Muerte y vida*?» Era una pregunta inocente, y ya se la habían hecho antes, pero esta vez la irritó. Masculló algo de estar trabajando en otra colección de poemas que sería publicada al año siguiente. Eso era una verdad a medias —o una mentira a medias, dependiendo como se mire-. Marlene tiene un plazo fijo para un libro, que se ha pospuesto para el año siguiente, después de haberse

309

pospuesto cinco veces antes, Lo cierto es que no había empezado aún ese libro. El reportero fue cogido por sorpresa por la brusquedad de Marlene y no se atrevió a hacerle más preguntas.

Marlene lleva tiempo diciéndose a sí misma que ya no tiene tiempo de escribir, pero mientras arrastra su cansado cuerpo hasta el hotel esta fría noche de invierno, sabe que eso no es verdad. Ella ha escrito trozos y fragmentos en aviones y en restaurantes de hoteles, pero sabe que eso no es lo mejor de ella. No, no es por falta de tiempo por lo que no está produciendo trabajo del mismo calibre que *Muerte y vida*. Lo que falta es un estilo de vida que la llene más íntimamente, y muy adentro ella lo sabe. Marlene es una cristiana comprometida que acostumbraba a pasar mucho de su mejor tiempo con el Señor.

Aun cuando *Muerte y vida* no sea una obra religiosa, tiene tonos espirituales. Y Marlene sabe que el libro brotó de sus horas de soledad con su Señor y Salvador. Ella sabe muy bien que sus momentos de quietud, como ella los llama, la capacitaron para escuchar a Dios y oír las más profundas verdades de su Palabra. Durante esas horas de soledad oyó el clamor de sus hermanos los seres humanos y fue capaz de escribir intensa y poderosamente sobre eso. Sus tiempos devocionales fueron un lugar donde se sintió segura, experimentó a Dios y lo sintió profundamente. Sus tiempos de quietud la llamarían a vivir una vida profunda y a estar centrada en la Palabra de Dios y Su presencia en su vida. Esa es la clase de vida que estaba viviendo antes de encontrar el éxito. Esa es la riqueza de la que acostumbra a escribir.

Marlene no tiene más tiempos de quietud en su vida estos días. Extraña estar de rodillas cuando los rayos del sol matutino acarician su rostro. Extraña aquel viejo sillón junto a la chimenea, donde leía la Biblia y descubría pasajes tras pasajes que le resultaban totalmente vivos, como si Dios estuviera allí, hablándole directamente. Ella acostumbraba a llevar un diario de lo que Dios estaba haciendo en su vida, y algunas veces perdía la noción del tiempo y escribía durante horas sin fin. Por aquel entonces se conmovía por el Señor y sentía su presencia mucho más fácilmente.

Ahora, sentada en su habitación del hotel, lucha por retener las lágrimas. No está segura de cómo llegó a estar tan lejos de Dios. Ciertamente no fue algo intencional. Al principio estaba tan ocupada que nunca pensó mucho en su necesidad de Dios. Y como Dios parecía estar bendiciéndola, nunca le pasó por la mente que pudiera estar extrañándola y anhelando pasar tiempo con ella. Se sentía mal por no pasar tiempo con el Señor, pero no vio urgencia en hacer algo al respecto. Después de todo, todas las cosas de su vida parecían marchar muy bien. Algunos días razonaba diciéndose a sí misma que la gente no podría saber si ella había hecho su devocional esa mañana, pero seguramente si sabría si ella llegaba tarde a una conferencia. Ahora se siente culpable por descuidar su tiempo de quietud, pero no sabe cómo regresar al estado anterior de su relación con Dios. La vida es mucho más complicada ahora que antes. Hay tantas exigencias y expectativas.

El ruido del teléfono la sobresalta. Se repone y levanta el auricular. Al otro extremo de la línea hay alguien que dirige un programa de radio. Marlene se da cuenta inmediatamente que ha olvidado que había convenido en hacer una entrevista en vivo después de su conferencia de esa noche. Ahora está en el aire, en directo, en una cadena de radio cristiana. Aunque está cansada, Marlene se las arregla para recobrar las energías, hacer la entrevista e incluso responder unas cuantas llamadas de los oyentes. Fuera del aire el disc jockey le da las gracias por su tiempo, expresa admiración por su trabajo y termina diciendo: «Marlene, tú eres una inspiración para todos nosotros. Siempre que leo *Muerte y vida* siento como si estuviera leyendo el diario de alguien que camina cerca de Dios. Me gustaría ser más como tú».

En este momento Marlene se siente como la mayor hipócrita. Cuelga el teléfono y llora hasta dormirse.

Preguntas para comentar en grupo

1. ¿Cuáles fueron algunos de los beneficios que Marlene experimentó cuando pasó tiempo con el Señor?

2. Si los momentos de quietud de Marlene significaban tanto para ella, ¿por qué ya no formaban parte de su rutina regular?

3. La situación inicial implica que Marlene igualaba su éxito con la aprobación de Dios para todo lo que hacía. ¿Ve usted algún peligro en este tipo de razonamiento?

4. ¿Está usted de acuerdo con Marlene en que la gente no puede saber si ella estaba teniendo o no momentos devocionales regularmente?

5. ¿Qué porcentaje de cristianos calcula usted que hacen regularmente sus tiempos devocionales?

6. ¿Qué cree usted que impide que los cristianos pasen tiempo regularmente, con el Señor?

7. ¿Por qué el tema de las disciplinas espirituales produce hoy tanta culpabilidad entre los cristianos?

8. ¿Ir a la iglesia cada semana no es suficiente para los cristianos para ir pasándola?

9. ¿Piensa usted que es importante que los artistas tengan tiempo devocional regularmente? ¿Por qué sí o por qué no?

10. ¿Existen otras disciplinas espirituales que usted cree que son importantes para que las consideren los artistas?

¿Somos realmente tan indisciplinados?

En una ocasión tuve una interesante charla con un consejero profesional que me explicó que su experiencia con personas con temperamentos artísticos había sido que eran sumamente indisciplinados. Nos consideraba espíritus libres, casi siempre confusos, muy desorganizados, siempre impuntuales en las citas e irresponsables en cuanto a las finanzas personales. ¿Es cierto esto? ¿Cree usted que los artistas son personas indisciplinadas?

No estoy seguro de poder confirmarlo. Quiero decir, piénselo. ¿Qué se requiere para llegar a ser un artista consumado? Se requiere duro trabajo. Se requiere práctica. Se requiere —usted lo sabe- disciplina. Piense en todos los ensayos y prácticas que lleva implícita la formación de un artista. Un reciente estudio sobre músicos dio como resultado el cálculo de que «hasta la edad de 21, un alumno talentoso habrá empelado cerca de 10.000 horas de práctica con fines determinados»[2] No hay que negar el hecho de que ser artista exige una suma de disciplina extraordinaria. ¿Por qué algunos padres insisten en que sus hijos tomen clases de piano? Por la disciplina. Hay mucho de preparación mental previa que requiere la formación de un artista. Nosotros no habríamos llegado a donde estamos hoy sin invertir grandes cantidades de tiempo y esfuerzo. El concepto de disciplina está muy difamado en nuestro mundo de comidas rápidas, accesos instantáneos y recompensas inmediatas. La idea errónea respecto a la disciplina es que se trabaja mucho para nada y que no tiene nada de entretenimiento. Pero creo que nosotros en las artes sabemos que no es así, ¿verdad? ¿Quién comprende el valor de la disciplina más que un artista? Para nosotros es solo sentido común. Si usted desea llegar a ser un artista consumado, tiene que tener una buena cantidad de disciplina. En realidad, la disciplina es un medio de vida para nosotros. Sabemos por experiencia de primera mano que la disciplina tiene recompensa. Siempre hay una recompensa para el trabajo fuerte que usted aporta, algunas veces muy gozosa y completamente maravillosa al final. Nunca intentaríamos tocar en un concierto de violín o cantar un aria sin haber practicado disciplinadamente. Nunca trataríamos de actuar en el papel principal de una obra extensa sin memorizar línea por línea. Practicar las escalas, vocalizar, ejercitarse para entrar en calor, y estudiar, son disciplinas que hemos aceptado como parte del proceso para lograr algo en el mundo del arte. Sabemos que todo el tiempo empleado en esta clase de disciplinas nunca es en vano. Puede que algunas veces sea duro, pero si usted disfruta lo que hace, también puede ser entretenido. La disciplina le permite hacer cosas que usted nunca podría hacer antes.

Lo mismo pasa con las disciplinas espirituales. ¿Sabe usted que la disciplina en el mundo del arte redunda en altos dividendos? Pues cuanto más en el caso de las disciplinas espirituales, que redundan extraordinariamente en enormes dividendos tanto para esta vida como para la próxima. Por eso Pablo le dice a Timoteo lo siguiente: «Ejercítate para la piedad; porque el ejercicio corporal para poco es provechoso, pero la piedad para todo aprovecha, pues tiene promesa de esta vida presente, y de la venidera» (1 Timoteo 4: 7-8).

Las disciplinas espirituales aportan beneficios no solo para el futuro, sino que también pueden beneficiarnos ahora mismo. La soledad, la lectura de la Biblia, la oración, el ayuno, la memorización de las Escrituras, todo eso tiene beneficios duraderos y de largo alcance. Sin disciplina usted no crecerá espiritualmente, ni será lo que Dios quiere que sea, ni experimentará todo lo que Dios quiere que experimente: «No sabéis que los que corren en el estadio, todos a la verdad corren, pero uno solo se lleva el premio? Corred de tal manera que lo obtengáis. Todo aquel que lucha, de todo se abstiene; ellos, a la verdad, para recibir una corona corruptible, pero nosotros, una incorruptible. Así que, yo de esta manera corro, no como a la ventura; de esta manera peleo, no como quien golpea el aire, sino que golpeo mi cuerpo, y lo pongo en servidumbre, no sea que habiendo sido heraldo para otros, yo mismo venga a ser eliminado» (1 Corintios 9:24-27).

Aun cuando la mayoría de los artistas entienden el valor de la disciplina, no puedo negar totalmente las observaciones de mi amigo sobre nuestra falta de ella. Así como somos disciplinados en cuanto a nuestros talentos, podemos ser igualmente indisciplinados en otras áreas. Aun cuando entendemos el valor de la disciplina, no la aplicamos como debemos hacerlo en ámbitos que no sean el mundo del arte. He llegado a la conclusión de que los artistas ejercemos una disciplina selectiva; somos disciplinados con respecto a las cosas que deseamos. Gastamos tiempo y energía en las cosas que más nos importan. De igual modo, debemos hacer de las disciplinas espirituales una parte regular de nuestras vidas.

Mi ministerio es resultado de mi relación con Cristo

A principios de nuestro ministerio aquí en Willow Creek, Bill Hybels nos enseñó un principio que penetró profundamente en mi alma y aún me cautiva. El principio es éste: Mi ministerio es resultado de mi relación con Cristo. En Juan 15: 4-5 Jesús lo enuncia así: «Permaneced en mí, y yo en vosotros. Como el pámpano no puede llevar fruto por sí mismo, si no permanece en la vid, así tampoco vosotros, si no permanecéis en mí. Yo soy la vid, vosotros los pámpanos; el que permanece en mí, y yo en él, éste lleva mucho fruto; porque apartados de mí nada podéis hacer».

Permanecer en Cristo significa que tenemos una relación correcta con él, que estamos creciendo en él, que nuestras vidas reflejan su amor y que nuestros corazones están llenos de su Palabra. El ministerio que brota de una relación como esa es un ministerio dinámico. Nótese que en Colosenses 3:16 el ministerio de las artes viene *después* de que estamos llenos de la Palabra de Dios. «Deje que la palabra de Cristo more en abundancia en vosotros, enseñándoos y exhortándoos unos a otros en toda sabiduría, cantando con gracia en vuestros corazones al Señor con salmos e himnos y cánticos espirituales».

Nos falta algo si pensamos que todo lo que tenemos que hacer para realizar un ministerio efectivo para Cristo es ser un gran escritor o actor y aprovechar unas cuantas oportunidades. Hay mucho más que eso. Hay una correlación entre conocer a Dios y llevar fruto. El ministerio es muy poderoso cuando fluye naturalmente de una vida que se emplea en amistad con el Padre. Uno se da cuenta de si alguien pasa o no tiempo con Dios. Su ministerio lleva fruto de una forma profundamente espiritual y poderosa. Cuanto más envejezco, menos me impresionan lo deslumbrante y llamativo, y más me acerco a los hombres y mujeres que pasan tiempo con Dios. Se trata de personas cuyo ministerio es realmente el producto de su relación con Cristo. Cuando ellos crean o actúan, es evidente que caminan cerca de Dios. Tienen compañerismo con Dios y eso se nota. Dios se revela a ellos y ellos ministran poderosamente en el Espíritu. Antes de que los discípulos salieran a cumplir su ministerio, pasaron tiempo con Jesús (Mateo 10:5-42) La iglesia comenzó como un producto de su relación con Cristo.

Colosenses 1:10 nos dice: «para que andéis como es digno del Señor, agradándole en todo, llevando fruto en toda buena obra, y creciendo en el conocimiento de Dios». Cuando caminamos cerca del Señor, llevaremos fruto en todas las áreas de nuestras vidas, no solo en el área de las artes. Desde que Bill Hybels comenzó a enseñar este principio en los primeros tiempos de Willow Creek, los he aplicado a otras áreas de mi vida también. Por ejemplo, mi paternidad es el producto de mi relación con Cristo. Yo no puedo esforzarme en ser un padre comprometido y amoroso sin un compañerismo regular con mi compasivo y amable Padre celestial. Mi matrimonio es el producto de mi relación con Cristo. Yo no puedo amar a mi esposa como Cristo amó a la iglesia a menos que esté en contacto diario con Jesús. El mundo de mis relaciones es resultado de mi relación con Cristo. Mi liderazgo en el ministerio que me ha sido dado es resultado de mi relación con Cristo. Estoy siendo pulido y moldeado por el tiempo que empleo a los pies de Jesús.

Es peligroso que un artista haga la obra que Dios le asignó si está separado de El. George Frideric Handel fue un hombre profundamente espiritual que caminó con Cristo. Cuando escribió el glorioso coro «Aleluya» rompió a llorar y exclamó: «Me pareció ver todo el cielo delante de mí y al mismo Gran Dios».[3] Pero hoy, salvo muy raros casos, cuando se ejecuta dicho coro nos fijamos en los que cantan, en los solistas, en la orquesta, los directores, en los instrumentos, en el compás, en la grabación, la acústica, en todo menos en Dios mismo. De alguna manera hemos maniobrado para sacar a Dios del coro «Aleluya». Este se ha convertido en música religiosa sin Dios. Aquí deseo hacer una advertencia urgente: los artistas cristianos podemos caer exactamente en la misma trampa: »hacer música religiosa sin Dios, o hacer arte cristiano sin estar íntimamente conectados con Cristo.

Cómo cuidar esa relación

Si mi ministerio es el producto de mi relación con Cristo, necesito cuidar esa relación. La mejor manera que he hallado de hacerlo es practicar regularmente un tiempo de quietud. Con ello me estoy refiriendo a apartar cierto tiempo para la lectura de la Biblia y la oración. Lo que yo llamo tiempo de quietud otros lo llaman tiempo devocional. Y otros quizá se refieran a él como su cita diaria con Dios. No importa cómo lo llamemos; lo que importa es que conectemos con Dios de una forma regular. Nuestra más alta prioridad no debería ser nuestro arte, sino nuestra relación con Jesús. Porque, ¿de qué le valdría a un artista tener al mundo en sus manos y perder su alma porque no estaba viviendo en una relación con Dios (Lucas 9:25)?

Un tiempo regular de quietud nos permite a usted y a mí experimentar a Dios de una forma personal. El Dios del universo desea pasar tiempo con nosotros (1 Corintios 1:9). 1 Juan 1:3 dice que «nuestra comunión verdaderamente es con el Padre, y con su Hijo Jesucristo». «Comunión» quiere decir tener una experiencia íntima. Si usted desea leer un pasaje de las Escrituras que describa de forma viva cuán íntimamente desea Dios estar con nosotros, lea 2 Corintios 6:16-18. Aquí aprendemos que Dios desea morar en nosotros y caminar entre nosotros. Desea que seamos su pueblo. Nos da la bienvenida a su presencia. Quiere ser un Padre para nosotros y desea que seamos hijos e hijas para él. ¿Sabía usted que a Dios era tan sociable? Él quiere pasar tiempo con nosotros, no solamente una vez al día, sino todo nuestro día. Él es quien nos atrae hacia sí mismo. Él es quien nos dice que apaguemos la radio del auto y hablemos con él. Cuando la cabeza de usted descansa en la almohada, él es quien le dice: «Háblame, hijo mío». Él es quien dice: «Ven a mí. Ya estés feliz, triste, enojado, confundido, solitario, desanimado, no importa. Ven a mí».

Todo tiempo empleado en la presencia de Dios refrescará nuestro corazón y renovará nuestra alma (Hechos 3:19). Por eso el salmista dice: «En cuanto a mí, el acercarme a Dios es el bien (Salmo 73:28). Cuando pasamos tiempo individual con el Señor, nos colocamos en posición de oír algo personal suyo, algo que tiene significado solo para nosotros. Lo que me compele más a pasar tiempo con el Señor es que él quizá me diga algo a mí personalmente. Después de todo, «él es galardonador de todos los que le buscan» (Hebreos 11:6); véase también Deuteronomio 4:29). Hay tantos libros valiosos disponibles hoy sobre cómo lograr intimidad con Cristo, y sin embargo, tan pocos la experimentan para sí mismos. Leer sobre la soledad nunca es lo mismo que pasar por ella.

Un momento de quietud puede ser un vehículo para ayudar a conocer mejor a Cristo. ¿Hasta qué punto es importante eso? Pablo dice que conocer a Cristo es más importante que cualquier otra cosa: «Estimo todas las cosas como pérdida por la excelencia del conocimiento de Cristo Jesús, mi Señor, por amor del cual lo he perdido todo, y lo tengo por basura para ganar a Cristo» (Filipenses 3:8). David reitera que la cosa más importante que podemos hacer en la vida es acercarnos a Dios: «Una cosa he demandado a Jehová, ésta buscaré; que esté yo en la casa de Jehová todos los días de mi vida, para contemplar la hermosura de Jehová, y para inquirir en su templo» (Salmo 27:4).

Conocer a Dios es aún más importante que ser artista. Aquí tenemos lo que podría ser una versión en clave de artista de Jeremías 9:23-24: «No se alabe el músico en su música, ni en su actuación se alabe el actor, ni el artista se alabe en su arte, ni el danzante en su danza, y no se alaben los escritores en sus escritos, mas alábese en esto el que se hubiere de alabar: *en entenderme y conocerme* que yo soy Jehová, que hago misericordia, juicio y justicia en la tierra, porque estas cosas quiero, dice Jehová».

Me gusta lo que afirma J. I. Packer dice en su libro *Knowing God* [Conocer a Dios]: «¿Para qué hemos sido hechos? Para conocer a Dios. ¿Qué meta deberíamos establecer en la vida? Conocer a Dios. ¿Qué es la 'vida eterna' que nos da Jesús?: Conocimiento de Dios. «Esta es la vida eterna, que te conozcan a ti, el único Dios verdadero, y a Jesucristo, a quien tú has enviado' (Juan 17:3). ¿Cuál es la mejor cosa de la vida, la que trae más gozo, delicia y contentamiento, que cualquier otra? El conocimiento de Dios».[4]

Felipe fue el discípulo que le dijo a Jesús «Señor muéstranos al Padre y nos basta» (Juan 14:8). Jesús parece un poco frustrado con Felipe cuando le responde. «¿Tanto tiempo hace que estoy con vosotros, y no me has conocido, Felipe? El que me ha visto a mí ha visto al Padre. ¿Cómo, pues, dices tú: Muéstranos al Padre? (vers. 9). Ya hacía bastante tiempo

318 El corazón de un artista

que Felipe era uno de los discípulos, y aún no conocía a Jesús. Muchos de nosotros somos iguales a él. Somos religiosos, estamos metidos en muchas actividades de la iglesia, pero aún no conocemos a Cristo. Recuerde que el cristianismo no es una religión. Es una relación.

Amistad con Dios

Jesús nos llama amigos (Juan 15:14-15). Nos llama hermanos o hermanas (Hebreos 2:11-12). Los amigos pasan tiempo juntos. Aprenden ideas unos de otros. ¿Cómo podemos conocer los pensamientos de Dios a menos que pasemos tiempo con él (1 Corintios 2:10-16)? Los amigos aprenden a disfrutar la compañía mutua. Crecen en sus relaciones. Estamos hablando sobre un Dios que se acerca a nosotros cuando nos acercamos a él (Santiago 4:8). El Señor no está lejano y apartado. «¿Soy yo Dios de cerca solamente, dice Jehová, y no Dios desde muy lejos? (Jeremías 23:23). Es alguien a quien puedo acudir en busca de consejo. Es alguien con quien puedo alegrarme. Él es alguien con quien puedo incluso divertirme. Es alguien a quien puedo acudir cuando estoy triste y solo, y es alguien con quien puedo llorar. En su libro *Sorprendido por la voz de Dios*, Jack Deere capta el significado de nuestra amistad con Cristo muy elocuentemente:

> Dios viene a nosotros así porque desea una relación. Pero algunas veces nosotros solo queremos resultados. Él quiere hablar. Pero nosotros solo queremos que nos arregle las cosas. No es que esté contra los resultados o le pese arreglar las cosas. Realmente se goza sirviéndonos. Pero quiere ser más que un siervo. Quiere ser un amigo. Así que, me temo algunas veces que nosotros solo aqueremos un siervo.
>
> Las verdaderas amistades no pueden ser forzadas. Deben ser escogidas, y después continuadas y limpiadas de motivos ulteriores. Los amigos comparten secretos, y la comprensión entre unos y otros crece, además de la confianza y el aprecio. Si la amistad se profundiza, un día te levantas y comprendes que amas a tu amigo por lo que es, no por lo que pueda hacer por ti. En realidad, ellos no necesitan hacer nada por ti. Simplemente estar con tu amigo es el mayor gozo. Sin embargo, lo cierto es que no hay nada que tú no harías por tu amigo, y nada que tu amigo no haría por ti…
>
> En tanto estemos interesados en nuestro amigo primordialmente por lo que pueda hacer por nosotros, nunca tendremos una verdadera

amistad. Las relaciones pueden comenzar de esta forma y después convertirse en amistades verdaderas, pero si no despojamos la relación de nuestro deseo de aprovecharnos el uno del otro, nunca tendremos una verdadera amistad. Y sin embargo, nuestros verdaderos amigos son quienes harán lo máximo por nosotros...

Uno de los grandes errores de la iglesia es ofrecer a Jesús al pueblo únicamente sobre las mismas premisas que un vendedor les ofrece un producto a los consumidores. Vengan a Jesús: él los salvará del infierno, arreglará su matrimonio, sacará a sus hijos de la droga, curará sus enfermedades, eliminará su depresión, los hará poderosos en palabra y en espíritu, les dará un buen empleo y una buena casa. Jesús ciertamente salva del infierno, también puede hacer todas las demás cosas.

No es erróneo venir a Jesús inicialmente por lo que él pueda hacer por nosotros. El problema está en que muchos de nosotros nunca vamos más allá de esa etapa. ¿Qué tal si él no arregla nuestro matrimonio o saca a nuestros hijos de la droga? ¿Qué tal si nos deja caer en la bancarrota? Si nuestro interés primordial en cuanto a Jesús gira en torno a lo que puede hacer por nosotros, entonces, cuando «falla» en satisfacer lo suficiente nuestras necesidades, lo abandonamos o nos amargamos. Muchos de nosotros en la iglesia parece que no podemos superar la etapa de desear a Jesús por lo que él puede hacer por nosotros. Estamos tan deslumbrados por su capacidad de proveer para nosotros que no podemos ver la hermosura de su Persona. Él es infinitamente maravilloso en sí mismo, digno de ser amado y adorado aun si nunca hace una sola cosa por nosotros...

Dios hace que sea fácil rechazarlo porque desea que lo escojamos por él mismo solamente. Este es quizá uno de los mayores misterios del universo, que el Hijo de Dios quiere una amistad con nosotros. Él no nos va a forzar. Nosotros debemos escogerlo como amigo y después de eso seguirlo por el resto de nuestras vidas si deseamos que esa amistad crezca.[5]

La línea de mi vida personal

He llegado a la conclusión de que mi tiempo de quietud es la cita más importante de mi día. De mis momentos de soledad con el Señor ha surgido dirección para mi vida, visión para mi ministerio, Escrituras para ayudarme en la tentación, incluso ideas para canciones. He llegado a comprender que no podría vivir sin la Palabra de Dios. Esto no ha sido excesivamente dramático. Yo no sé donde estaría si no fuera por esos momentos con el Señor. Moisés dijo que la Palabras de Dios «no es cosa vana; es vuestra vida» (Deuteronomio 32:47). Mi tiempo de quietud es mi vida. Por esta razón considero que tener un tiempo de quietud regular es un prerrequisito para todo artista envuelto en el ministerio.

Yo estoy en una posición en mi vida en que necesito al Señor diariamente, y sobre todo su guía y dirección. En su libro *Mi experiencia con Dios*, Henry T. Blackaby y Claude V. King nos animan a pasar tiempo con el Señor y descubrir lo que está haciendo en nosotros y en nuestro entorno, y después ajustar nuestras vidas a ser parte de eso:

> Ahora mismo Dios está trabajando alrededor de ti y en tu vida…El Espíritu Santo y la Palabra de Dios te instruirán y te ayudarán a saber cuándo y dónde está trabajando Dios. Una vez sepas dónde está trabajando él, puedes ajustar tu vida para juntarte con él allí donde esté trabajando.
>
> Una vez te juntes con Dios en lo que él está haciendo, lo verás realizar su actividad mediante tu vida. Cuando entres en esa clase de relación íntima y de amor con Dios conocerás y harás su voluntad y lo conocerás de un modo nuevo, como nunca antes. Solo Dios puede traerte a esta clase de relación, pero él está listo para hacerlo así.[6]

No me avergüenza decir que necesito al Señor en mi vida estos días, probablemente más que nunca. Necesito su sabiduría y fortaleza. Necesito hablar con él y escuchar su voz. Apartado de él, sé que no puedo hacer nada (Juan 15:5). No se me ocurriría tratar de vivir sin pasar tiempo con el Señor. No entiendo cómo los no cristianos pueden vivir sin Cristo, pero me resulta inconcebible qué los cristianos traten de vivir sin él. No comprendo por qué hacemos un compromiso de seguir a Jesús pero luego no pasamos tiempo con él. Estoy tan persuadido de ello que si estuviera en mi lecho de muerte, mis últimas palabras de consejo a alguien que escuchara, serían: «Pase tiempo con el Señor». Ese es el mayor privilegio de toda la vida.

Donde se forma nuestro carácter

Mi tiempo de quietud también ha sido mi vehículo para el crecimiento de mi propio carácter. Una razón para eso es que tendemos a llegar a ser como las personas con quienes pasamos la vida. Si usted pasa tiempo con el Señor, obtendrá una nueva serie de ideas y prioridades.

Filipenses 1:6 dice que «el que comenzó en vosotros la buena obra, la perfeccionará hasta el día de Jesucristo». El crecimiento de nuestro carácter es un proceso que Dios inició, y desea ser parte del mismo. Recuerdo perfectamente cuando era joven decirle a John Allen, mi mentor espiritual a quien mencioné en el capítulo 2, que de verdad deseaba crecer en carácter piadoso. Su respuesta fue: «Magnífico. Oraré para que Dios te envíe toda una serie de problemas para hacerte crecer». Y recuerdo que pensé: «Recórcholis, John, muchas gracias». Desde entonces he aprendido que si bien no todo problema que se me presente me lo está mandando Dios para tratar de construir mi carácter, y que desde luego él no está tratando de fastidiarme, sí es cierto que Dios puede usar muchos de los problemas que confronto para construir mi carácter. Como yo sabía que «el Señor disciplina a aquellos que ama» (Hebreos 12»6), mi hora de quietud vino a ser para mí ese refugio que necesitaba desesperadamente cuando atravesaba dificultades, un lugar seguro donde podía experimentar la renovación proveniente de un Dios que me ama, un lugar donde yo pedirle contrito: «Señor, ¿qué deseas que yo aprenda de este problema?

Mucho del crecimiento de mi carácter se ha dado en el contexto de una relación creciente con el Señor. Me di cuenta de que tenía problemas con el perfeccionismo, por ejemplo, y me sentí compelido a buscar la guía y la sabiduría de Dios para bregar con él. Algunas veces parece una operación quirúrgica. El Espíritu Santo señala el cáncer que amenaza mi vida espiritual y dice: «Esto tiene que irse». Algunas veces es como una terapia, como si yo estuviera hablando con un amigo sobre mi problema. Dios era y siempre ha sido un lugar seguro para mí. Me aceptó, con verrugas y todo. Descubrí que podía contarle todo y que siempre me escuchaba. Derramaba mi corazón sobre él con respecto a una desilusión que estaba experimentando y le preguntaba: «Dios, ¿cómo quieres que responda a esto?» Muy a menudo me ha llevado a algo de su Palabra que se refería directamente a mi problema, a veces eso ministraba profundamente mi alma.

En el proceso amorosamente señalaba fallos de mi carácter que estaban contribuyendo al problema. No sé cuántas veces he dicho: «Dios, yo soy débil en esta área. Ayúdame a crecer». Las Escrituras dicen que «crezcamos en todo en aquel que es la cabeza, esto es, Cristo» (Efesios 4:15). ¿Qué mejor lugar para eso que en la intimidad de la relación con quien nos hizo y nos conoce mejor que nosotros mismos? La Biblia contiene lo que necesitamos para construir nuestro carácter. Hebreos 4:12 afirma: «Porque la palabra de Dios es viva y eficaz y más cortante que toda espada de dos filos; y penetra hasta partir el alma y el espíritu, las coyunturas y los tuétanos, y discierne los pensamientos y las intenciones del corazón».

Cuando a la Palabra de Dios se le permite penetrar en nuestros pensamientos, puede cambiar nuestra conducta. La Palabra de Dios puede llegar a la raíz de nuestros problemas si se lo permitimos. Ahí es donde se forjan el carácter y la integridad: en lo profundo del corazón de quienes realmente somos. ¿Cómo podríamos asimilar el carácter de Cristo dentro de todo nuestro ser sin saturarnos de la Palabra de Dios? Porque cuando nosotros contemplamos a Cristo como revelado en la Palabra de de Dios, nos estamos transformando a su imagen (2 Corintios 3:18). No estoy hablando de ningún programa de autoayuda. Estoy hablando sobre la genuina transformación espiritual que solo puede ocurrir en el contexto de una relación amorosa, creciente, vital e íntimamente personal con el Señor.

Estudio bíblico y oración

No es mi intención cubrir todas las disciplinas espirituales, sino solo las que han sido específicamente significativas para mí. Toda disciplina espiritual reporta beneficios para esta vida y para la venidera, pero las dos disciplinas más fundamentales son el estudio de la Biblia y la oración. Estas son las dos que todos los creyentes deben dominar antes de ir a cualquier otra, y las dos a las que la iglesia del siglo I se dedicó de forma especial (Hechos 6:4).

El artista como vocero de Dios

Participar en cualquier ministerio relacionado con las artes usualmente requiere la expresión pública de los talentos de usted. De ahí que con frecuencia se encuentre en la posición de ser el vocero de Dios. A menudo nos encontramos en el mismo lugar que Jeremías: «He puesto mis palabras en tu boca (Jeremías 1:9). Espero que no se tome esto a la ligera. Espero que nunca sea demasiado fácil hacer música, arte o teatro cristianos. Espero que el peso de esa responsabilidad sea bien claro para todos nosotros. Si usted está ministrando en el nombre de Jesús, necesita estar en la Palabra para poder comunicar efectivamente Sus ideas. No importa que usted sea solista o que cante en la última fila del coro, que su papel sea el principal o uno pequeño, que sus obras de arte estén colgadas en el santuario o en algún pasillo oscuro. Si somos portavoces de Dios tenemos que conocer sus ideas. ¿Cómo podemos conocerlas si no empleamos tiempo en Su Palabra? En 2 Timoteo 3:16-17 dice leemos: «Toda la Escritura es inspirada por Dios, y útil para enseñar, para redargüir, para corregir, para instruir en justicia, a fin de que el hombre de Dios sea perfecto, enteramente preparado para toda buena obra». Cuando profundizamos en la Palabra de Dios, crecemos espiritualmente y él nos equipa para hacer lo que nos llama a hacer. Necesitamos considerar la disciplina del momento devocional como parte de nuestro adiestramiento para ministrar como voceros de Dios.

Necesitamos estudiar la Palabra de Dios de la misma manera que estudiamos nuestro oficio. Necesitamos ser capaces de discernir la verdad bíblica. No podemos usar vana elocuencia ante la herejía. Necesitamos estar seguros de que cantamos, escribimos y escenificamos la verdad de Dios. Cuando yo me encuentro con la letra de una canción que contradice las Escrituras, ello me dice que el autor o no conoce la Biblia o la está ignorando a propósito. Necesitamos estar en la Palabra, de modo que podamos discernir qué es bíblico y qué no es.

Todo artista necesita «hacer lo mejor para presentarse a Dios aprobado, un obrero que no tiene de qué avergonzarse y que usa bien la palabra de verdad (2 de Timoteo 2:15) ¿Qué tal si alguien viene a ti después de haber visto tu actuación en escena y tiene un problema y te pregunta qué dice la Biblia sobre eso? En esos momentos necesitamos estar capacitados para manejar la Palabra de Dios con precisión. No hace falta que seamos teólogos. La mayoría de la gente no quiere saber teología. Lo único que quiere saber es lo que dice la Biblia sobre su problema en particular. Si usted está en el escenario, ellos presumen que usted lo sabe. Pedro nos dice que «siempre estemos preparados para responder a todo el que demande razón de la esperanza que hay en vosotros» (1 Pedro 3:15). ¿Podría usted llevar a Cristo a alguien usando la Palabra de Dios? Hay una responsabilidad que viene aparejada con ser el vocero de Dios. Necesitamos conocer Su Palabra y ser capaces de usarla correctamente.

Oración conversacional

Me he dado cuenta de que la oración es uno de los aspectos más íntimos de mi relación con Dios. Puesto que he sido adoptado dentro de la familia de Dios, puedo hablarle como un hijo le habla a su padre (Juan 1:12; Romanos 8:15). Puedo venir atrevidamente, y por supuesto reverentemente, ante la presencia del todopoderoso Dios y hablar con Él como un amigo (Efesios 3:12). Puedo sostener una conversación de la misma manera que lo hicieron David, Josué o la mujer del pozo. No tiene que haber nada de especial en esto. Yo puedo decirle a Dios todo y cualquier cosa.

Conozco a muchas personas que se han beneficiado del uso del acróstico ACAS (adoración, confesión, acción de gracias y súplica) como guía para su vida de oración. He encontrado que cuando tenía algo escrito bajo cualquiera de esos encabezamientos, siempre generaba suficiente material para una conversación de libre fluidez con el Señor.

Pienso que es interesante que cuando los discípulos le pidieron a Jesús que los enseñara a orar, él no les diera ninguna fórmula. No les dijo: «Hagan esto, luego aquello y después esto», sino que simple y llanamente oró. Lo único que hizo fue hablarle a Su Padre celestial. Esa es la belleza de la oración conversacional. Es una oración estimulante con Aquel que nos creó. Y no está limitada al tiempo de devocional que apartamos una vez al día. Podemos orar en cualquier momento, en cualquier lugar, en el curso del día.

El poder de la oración

Creo en el poder de la oración para cambiar las cosas y/o cambiarme a mí. En Juan 16:24 Jesús dice: «Hasta ahora nada habéis pedido en mi nombre; pedid y recibiréis, para que vuestro gozo sea cumplido». Recuerde que él puede. Si permanecemos en él, cualquier cosa que pidamos nos será concedida (Juan 15:7).

Cuando di comienzo a mi ministerio trabajé en una iglesia nueva en la costa oeste, y necesitábamos desesperadamente músicos para servir en dicho ministerio. Yo oraba diariamente para que Dios nos enviara músicos de calidad. Después de todo, él es el dueño del ganado y de millares de animales en los collados (Salmo 50:10), de suerte que pensé que él podía traernos los músicos que necesitábamos. Una dama de la iglesia vino a mí después del servicio y me dijo que su hermano estaba mudándose de Nueva York y que tocaba la trompeta. Yo no me lo tomé en serio. Nunca sé dónde me estoy metiendo en tales circunstancias, y además, todo el mundo piensa que su hermano o hermana o hijo o hija es el mejor ¿verdad? Dos semanas más tarde ella me habló después del culto y me dijo que su hermano acababa de llegar y le gustaría que yo lo oyera, a lo cual accedí.

Lo que oí en aquella audición fue al mejor trompetista que había escuchado jamás. Tenía un gran tono. Sabía tocar pop y música clásica. Podía improvisar y había tocado profesionalmente con mucha gente de fama. El problema consistía en que estaba muy lejos de Dios. No sabía nada del Señor. A la mañana siguiente, cuando oraba, dije: «Señor, quizá necesito ser más específico. He estado orando por más músicos, y tú me enviaste este trompetista pagano». Entonces sentí que Dios me decía: «Si, lo sé. Yo te lo traje desde Nueva York para que me encontrara. ¿Vas a invertir tiempo en él o no?»

Bueno, esto me colocó en mi lugar, así, pues, durante varios meses hice cuanto pude por seguirle la corriente a este tipo. Una vez tuve que visitarlo en la cárcel porque tuvo un problema estando borracho y fue arrestado por alterar el orden público. Su lenguaje y su conducta me avergonzaban al principio, pero después de cierto tiempo desarrollé simpatía por este sujeto, y mi corazón empezó a dolerme porque conociera a Cristo. Al final, mi amigo aceptó a Cristo y ahora tiene un maravilloso ministerio musical en la zona suroeste del país.

Esa temprana experiencia me demostró que la oración es poderosa. Dios puede mover literalmente a las personas de todo el país si quiere que se involucren con un grupo determinado de creyentes. Esto también me enseñó el valor de escuchar. Si no hubiera estado de rodillas, jamás le habría oído a Dios decirme que nos había traído a este músico descarriado para que pudiéramos llevarlo a Cristo. Pero no puedo congratularme a mí mismo por eso porque mis oraciones eran en mi propio beneficio. Lo que había comenzado deseando había sido que Dios aportara músicos a este programa musical que estaba organizando yo. La hermana de mi amigo había estado orando para que él encontrara a Cristo. Detesto pensar dónde estaría ahora mi amigo —dónde estarían tantos otros— si no hubiera personas orando fielmente por ellos.

Para aquellos que empiezan

Si usted acaba de comenzar a establecer un tiempo de quietud regular, le sugiero que escoja un momento de su horario en el que suela estar libre. No importa que sea por la mañana o por la noche, o entre ambas. Ningún tiempo del día es más espiritual que otro. Pero escoja un momento del día en que usted pueda pensar con claridad. Además, busque una hora en que halla el menor número posible de distracciones. Un tiempo de quietud se logra mejor en reposo.

Procure que el lapso de tiempo sea asimismo razonable. Una hora es una meta muy amplia al comienzo. Usted se sentirá desanimado tratando de llenar el tiempo. Empiece con diez minutos, luego amplíelo a quince, después a veinte y siga ampliándolo a medida que crezca en esta disciplina.

Una vez haya establecido un tiempo, busque un lugar. Podría ser un cuarto, o una silla o un sofá, algo que sea cómodo y privado. Para mí en el verano es una silla de mimbre en el patio trasero y en el invierno, un sillón junto a la chimenea. Estos son lugares que me invitan una y otra vez al compañerismo con mi Salvador.

Créalo o no, establecer hora y lugar es la mitad de la batalla. Ahora usted está listo para profundizar. Comience pidiéndole a Dios que se revele a usted a través de Su Palabra. Después de eso lea algo del Nuevo Testamento. Yo le sugeriría uno de los Evangelios, como Juan. Lea pequeñas secciones cada vez. Lea despacio. Recuerde que esto no es un concurso para ver cuánto puede leer de una sentada. Tampoco es una tarea diaria para terminarla tan pronto como pueda. Se trata de un tiempo a solas entre usted y el Señor. Mientras lee, pregúntese: «¿Qué me dice esto sobre cómo es Dios? No hay nada del otro mundo en cuanto a esto. Siéntase libre de subrayar versículos que le resulten importantes. Algunas personas gustan de llevar un diario donde escriben lo que aprenden de la Biblia. Si usted desea hacerlo y funciona para usted, hágalo. Si no funciona, no lo haga. Si tropieza con algo que no entiende, márquelo y siga. No deje que esto lo desanime o lo empantane. Hay ciertos pasajes de la Biblia que son tan profundos que aun los teólogos bregan con ellos.

Además, usted puede preguntarle a su pastor o a su mentor espiritual más tarde sobre el pasaje problemático.

Después de haber pasado tiempo leyendo la Biblia, dedique unos minutos para orar. Puede empezar orando sobre lo que acaba de leer. Pregúntele al Señor: »¿Cómo puedo aplicar esto a mi vida?» También le sugiero tener una lista de oración. He llegado a la conclusión de que mi mente divaga menos si tengo una lista frente a mí mientras oro. Usted puede usar una lista diferente para cada día de la semana, o puede usar la misma lista cada día, según le convenga. Quizá le guste llevar un diario de oración para poder seguir cómo y cuando contesta Dios sus oraciones. Ore por personas o cosas por las que está realmente interesado, por las que siente pasión. Además, haga oraciones sencillas. Recuerde que está hablando con Dios y que él está allí oyendo porque desea estar allí. Si es incómodo al principio, pronto lo superará. La oración es algo que se aprende practicándola. J. Oswald Sanders dice que «dominar el arte de la oración, como cualquier otro arte, toma tiempo, y la suma de tiempo que separamos para esto será la verdadera medida de nuestro concepto sobre su importancia. Siempre nos ingeniamos para hallar tiempo para lo que estimamos de mayor importancia».[7]

Usted no necesita leer otro libro sobre la oración, lo que necesita es orar. Tampoco necesita ser un experto. Cuanto más ore, más lo será.

La variedad le da sabor a la vida

Las personas artísticas se aburren fácilmente, pero hay maneras de mantener la disciplina espiritual para que no se convierta en ritual o mundana. Si esto es realmente una relación, debemos preguntarnos con frecuencia, «¿Qué puedo hacer para darles vida a mis momentos con el Señor?» El salmista dice que estar en la presencia de Dios trae gozo (Salmo 16:11), así que el tiempo con el Señor no tiene que ser fatigoso. No sea tan rígido con su rutina como para no mezclar las cosas de vez en cuando y tener esparcimiento. Sea flexible. Algunas veces yo comienzo con una oración en lugar de terminar con oración, solo para evitar que se entronice el aburrimiento. Algunas veces paso todo el tiempo en oración o en la Palabra. Unas cuantas veces le he oído al Señor decirme: «Quiero que esta mañana me alabes», así, pues, eché mano a la guitarra y pasé todo el tiempo alabándole. Un verano mi hora de quietud había llegado a ser muy trillada, así, pues, descansé un mes y caminé alrededor de un lago cercano cada mañana temprano. Me divertí mucho. Cuando observaba la belleza del amanecer y la gloria de la creación de Dios, era fácil disfrutar Su presencia a medida que caminaba alrededor del lago. Después de un mes de eso, volví a mi rutina usual con renovado vigor. Otra posibilidad es hacer un estudio temático de la Biblia. O escribirle cartas a Dios. O escribir su propio salmo. Conozco a algunas personas que usan comentarios bíblicos o guías devocionales para animar las cosas. Muchas veces he revisado uno de esos libros de estudios bíblicos con espacios en blanco para llenar. A donde quiero llegar con esto es: no permita que el tiempo de quietud se convierta en un ritual sin sentido y sin emoción. Haga de él algo gozoso para usted y para el Señor.

No todos los tiempos de quietud serán gloriosos. Algunos días usted sentirá como si los cielos se abrieran y Dios lo visitara de forma poderosa. Otras veces será una rutina. Sin embargo, aunque le parezca que no saca nada de ello, siempre se sentirá mejor por haber estado en presencia de Jesús. Descanse seguro de que ningún tiempo empleado en comunión con Dios es tiempo perdido.

Si usted ha sido fiel con su tiempo de quietud por un extenso período de tiempo y comienza a hacerse un poco viciado, anímese en saber que eso le pasa a todo el mundo. Es algo normal. Todos nosotros pasamos por períodos como ese. Toda relación, ya sea de amistad, matrimonio o lazos familiares, necesita un concertado esfuerzo para mantener las cosas frescas, o de lo contrario se hará aburrida. Si usted está pasando por un paréntesis árido, no importa lo que haga, no se dé por vencido. Aunque parezca que no está adelantando, sus raíces siguen plantadas en la Palabra. La parte de un árbol que nunca vemos crecer son las raíces, pero el árbol no será saludable si las raíces no están firmemente plantadas en el suelo. Además, usted podría estar absorbiendo alguna verdad espiritual que necesitará en un futuro. Oseas nos dice: «proseguiremos a conocer a Jehová; como el alba está dispuesta su salida, y vendrá a nosotros como la lluvia, como la lluvia tardía y temprana a la tierra» (6:3). Yo he pasado por sequías espirituales en las cuales no he obtenido mucho de mis momentos de quietud. Eso no debería ser una razón para detenerme. Como dice Oseas, la presencia de Dios llegará a hacerse sentir, y ese paréntesis seco se verá empapado como si una lluvia de primavera hubiese acabado de inundar su alma. Mantenga el rumbo y sea fiel a su compromiso de amistad con el Padre.

¿Demasiado ocupado?

La razón principal por la que los cristianos no tienen un tiempo regular de quietud es que están muy ocupados. Un día que Martín Lutero se vio frente a la perspectiva de otro día de mucho quehacer dijo: «Estoy demasiado ocupado para no orar». Así pasa con nosotros. Cuanto más ocupados estemos, más razones tenemos para pasar tiempo con Dios. Cuanto más ocupado estaba Jesús, más tiempo empleaba en la oración. En medio de una apretada agenda, se retiraba con frecuencia a orar, algunas veces pasando largas horas por la noche de rodillas (Mateo 14:23; 26:36; Lucas 4:42; 5:16; 6:12) Escuche a Henri Nouwen citar e interpretar Marcos 1:35:

«Levantándose muy de mañana, siendo aún muy oscuro, salió y se fue a un lugar desierto, y allí oraba». En medio de párrafos cargados de acción —sanando a personas que sufren, echando fuera demonios, respondiendo a discípulos impacientes, viajando de pueblo en pueblo y predicando de sinagoga en sinagoga, encontramos estas palabras tranquilas: «Levantándose muy de mañana, siendo aún muy oscuro, salió y se fue a un lugar desierto, y allí oraba». En medio de incesantes actividades escuchamos un descansado respiro. Entre horas de movimiento encontramos un momento de quieta tranquilidad. En el corazón de muchas ocupaciones hay palabras de reposo. En medio de la acción hay contemplación. Y después de mucha compañía hay soledad. Cuanto más leo estas expresiones de silencio encerradas entre las sonoras palabras de acción, más tengo la sensación de que el secreto del ministerio de Jesús está escondido en ese lugar solitario a donde iba a orar temprano por la mañana, mucho antes del alba.

En ese lugar solitario Jesús encuentra el valor para seguir la voluntad de Dios y no la suya; para hablar las palabras de Dios y no las suyas; para hacer la obra de Dios y no la propia suya. Él nos recuerda constantemente: «No puedo hacer nada por mí mismo, porque no busco mi voluntad, sino la voluntad del que me envió» (Juan 5:30) Y otra vez, «Las palabras que yo os hablo no las hablo por mi propia cuenta, sino que el Padre que mora en mí, él hace las obras» (Juan 14:10). En el lugar aislado es donde Jesús entra en intimidad con el Padre, donde nace su ministerio».[8]

Todos conocemos la historia de Marta y María (Lucas 10:38-42) y de cómo Marta estaba tan afanada en sus deberes como anfitriona que no pudo disfrutar del compañerismo con Jesús. En realidad, Dios estaba allí mismo, frente a ella, pero lo único que ella veía eran las cosas apuntadas en su lista. Por estar tan atareada, se enojó con María y le reprochó a Jesús por no reprenderla: «Señor, ¿no tienes cuidado que mi hermana me deja a mí todo el trabajo? ¡Dile que me ayude!» (vers. 40) ¿No es verdad que si usted está tratando de servir al Señor y no está cerca de él, se va a resentir más de otros y va a estar más inclinado al enojo? Usted no puede servir al Señor con gozo si no pasa tiempo con él.

María, por otra parte, escogió «lo que es mejor» (vers, 42). Si hubiese sido una holgazana, Jesús seguramente la habría reprendido. Pero no lo era. Simplemente había escogido el compañerismo con Dios por encima de los quehaceres. En realidad, en toda la Biblia siempre que vemos a María está a los pies de Jesús (Juan 11:32; 12:3). Tenía una amistad con Cristo debido a que hizo de la intimidad con el Salvador una prioridad sobre sus tareas. Parece que nunca estaba demasiado ocupada para Jesús.

Volviendo a Marta. Siempre parece quedarse con la peor parte cuando se enseña esta historia, ¿verdad? ¿Acaso no era ella una sierva buena y fiel? Tenía la casa llena de pescadores hambrientos. ¿Qué más se supone que hiciera? Pregunto eso porque todos nos enfrentamos a esa cuestión con bastante frecuencia. ¿Qué se supone que ha de hacer usted cuando las causas nobles le impiden pasar tiempo con Dios? En el caso de Marta, ella hizo una cosa buena, pero no la mejor. Yo me figuro que tenía dos opciones válidas. Una era haber esperado para servir el almuerzo. Eso habría molestado a los discípulos si tenían que esperar una hora o dos para comer. De haber actuado así podría haberse sentado a los pies de Jesús, haber sido llenada espiritualmente, y después servir los alimentos. Además, Jesús había demostrado que podía alimentar a un pequeño ejército. Si la situación se hacía desesperada, siempre podría inventar algo para que comieran todos. La otra opción habría sido que Marta preparara la comida para todos y después de eso pasar tiempo con el Señor, y haber recogido al final si tenía que hacerlo. De cualquier modo habría podido pasar tiempo con él, y cualquier opción le habría evitado enojarse con María y con Jesús.

Yo sé que no es fácil hallar tiempo para pasarlo con el Señor. Nuestros horarios están ya tan cargados, pero yo he encontrado que hacer de mi tiempo de quietud una prioridad realmente ha aumentado mi capacidad de tener las cosas hechas. Tampoco sé cómo explicar eso, pero el Señor parece redimir el tiempo dedicado a él. No es porque las tensiones se aquieten, estoy seguro. La «tiranía de lo urgente» siempre estará pegándonos en la cara. Pero quizá terminemos trabajando más eficientemente debido a que al estar en Su presencia ganaremos una paz que sobrepasa todo entendimiento (Filipenses 4:7). Quizá nuestra alma está en un lugar mejor para encarar las fuertes exigencias de la vida debido a que hemos pasado tiempo a los pies de Jesús.

Algunos de ustedes ya están convencidos de la importancia de tener un momento de quietud regularmente, pero todavía no lo han hecho. Yo les respondo lo siguiente: ¡Asuman la responsabilidad ahora! No esperen a que alguien venga y lo haga por ustedes. No esperen a que alguien les diga cómo ubicarlo dentro de su horario. Asuman el control de su vida y encuentren la manera de programar un tiempo de quietud con el Señor.

Memorizar las Escrituras

Otra disciplina espiritual que les recomiendo de todo corazón a los artistas, es memorizar las Escrituras. Yo creo que memorizar las Escrituras es un paso que ayuda en el camino hacia la madurez espiritual del pensamiento. 1 Corintios 14:20 dice: «Hermanos, no seáis niños en el modo de pensar… sino pensad como adultos». Cuando era un cristiano muy joven comprendí pronto que los caminos de Dios estaban muy lejos de mi manera natural y errónea de pensar. «Mis pensamientos no son vuestros pensamientos, ni vuestros caminos mis caminos, dijo Jehová» (Isaías 55:8). Verdaderamente, pensar como debería hacerlo un seguidor de Cristo no me llegó de forma espontánea. Me acuerdo de que estando tan descorazonado, me quejaba en voz alta: «Nunca voy a crecer espiritualmente. No puedo pensar como un cristiano, así que mucho menos actuar como tal».

Entonces conocí a un hombre mayor que yo que sabía de memoria gran cantidad de pasajes de las Escrituras. Cuando le pedía su opinión o consejo, repetía algunos pasajes que se referían directamente a la situación. No estaba luciéndose tampoco. Era uno de los hombres más humildes que he conocido. Me quedé pensando: *¿No sería estupendo saberse de memoria tantos versículos, de modo que pudiera citar constantemente un* *pasaje cuando lo necesitara?* En ese momento y allí mismo decidí memorizar algo de las Escrituras. Necesito tener la Palabra de Dios disponible rápidamente cuando me enfrente a los desafíos diarios de la vida.

Necesito tener mi mente renovada (Romanos 12:2) y sabía que la memorización de las Escrituras me ayudaría. Efectivamente, la Palabra de Dios ha sido el principal agente de cambio en mi vida. He memorizado ciertos versículos que han cambiado literalmente mi modo de pensar. Concuerdo de todo corazón con Dallas Willard cuando dice: «Como pastor, maestro y consejero he visto repetidamente la transformación de la vida interior y exterior que se deriva simplemente de la memorización y meditación de las Escrituras. Personalmente, nunca pastorearía una iglesia o dirigiría un programa de educación cristiana que no incluyera un programa continuo de memorización de pasajes escogidos de las Escrituras para personas de todas las edades».

Ganamos en discernimiento cada vez que atesoramos la Palabra de Dios en nuestros corazones (Salmo 119:11). Ya no tenía que esforzarme tanto en la meditación de la Palabra de Dios, porque eso comenzaba a suceder de forma natural (casi accidentalmente) a medida que me encontraba pensando inconscientemente en algún versículo que estaba memorizando (Salmo 1:2). Con mucha frecuencia veo algo en un versículo que he memorizado, que nunca había notado antes. Esta es la riqueza de la Palabra de Dios.

Yo comencé a memorizar las Escrituras no porque lo deseara, sino porque tenía que hacerlo. Comencé con el Sistema de Memoria Temática del programa Navigator, una serie de folletos que contienen tareas para memorizar las Escrituras. Más adelante decidí presentarme con mis propios versículos para memorizar, aquellos que me resultaban especialmente significativos. Así, pues, memoricé versículos para ayudarme en la adoración, versículos para ayudarme durante momentos de tentación, versículos para asistirme a realizar mi ministerio, y versículos para acordarme de mi compromiso y mis prioridades. Los transcribí en pequeñas tarjetas y los memorizaba mientras me dirigía al trabajo cada día. Todavía los repaso cada mañana cuando tomo mi desayuno y mi almuerzo. Memorizar las Escrituras implica algún trabajo, así que esté seguro de memorizar versículos que le apasionen.

La oración peligrosa de cada día

Otra disciplina espiritual, a la que me he referido ya, es la que cariñosamente llamo mi peligrosa oración diaria. Se trata de una breve oración de una sola línea, que suele estar basada en un versículo de las Escrituras, que me gusta para orar diariamente (normalmente en el desayuno) durante un año más o menos. Es peligrosa porque trato de escoger un versículo que amenace mi status quo, un versículo que puede revolucionar mi vida y sacudirme de mi complacencia espiritual. En otras palabras, si yo realmente viviera lo que está diciendo un determinado versículo, sería una persona de nueva hechura. He aquí algunos ejemplos de mis oraciones peligrosas:

«Señor, ayúdame a morir a mí mismo» (de Juan 12:24).

«Señor, te presento mi cuerpo y los miembros de mi cuerpo como instrumentos de justicia» (de Romanos 6:13).

«Señor, ayúdame a amar a Jesús del mismo modo que tú lo amas» (de Juan 17:26).

«Padre, concédeme la clase de obediencia que fluye de mi amor por Jesús» (de Juan 14:21).

«Señor, ayúdame a poner las necesidades de otros por delante de las mías» (de Filipenses 2:3-34).

«Señor, guíame por tu camino (de Salmos 139: 23-24).

«Señor, ayúdame a hacer todo lo que hoy hago para tu gloria» (de Colosenses 3:23).

«Dame fuerza para hacer todo lo que Tú quieres que yo haga» (de Filipenses 4:13).

Usted quizá se pregunte: «¿No resulta monótono hacer la misma oración una y otra vez?» No, no lo es. Primero, me aseguro de que mi peligrosa oración es algo que siento apasionadamente. Segundo, el versículo podría seguir siendo el mismo, pero mi diaria oración lo cambia según se necesite. No estoy orando lo mismo una y otra vez. Ese versículo determinado se aplica a mi vida de formas muy diferentes. Por ejemplo, mientras escribo esto, mi oración diaria en curso es: «Señor, extiende tu mano y trabaja entre nosotros» (de Hechos 4:30). He venido orando esto para mi familia («Señor, extiende la mano y trabaja en las vidas de mis dos hijos») y por las vidas de algunas personas por las que estoy orando («Señor, extiende la mano y reconcilia a ese matrimonio… sana esa enfermedad… salva a ese hermano perdido…»). La oración toma diferentes formas a medida que la aplico a diferentes necesidades. El hecho de que haya orado algo durante un año no significa que haya «llegado» y conquistado mis fallos de carácter para siempre. En realidad, ocurre todo lo contrario. Cuanto más crezco, más lejos veo que tengo que llegar. En el proceso, sin embargo, me muevo una pulgada más cerca de la imagen de Cristo de lo que estaba antes.

Evite el legalismo

Nada produce más sentimiento de culpa en los cristianos que cuando alguien comienza a hablar sobre las disciplinas espirituales. Debido a que tendemos a ser más sensibles, aquellos de nosotros con temperamento artístico ya están dándole vueltas a nuestra justa parte de culpa. Pero existe una gran diferencia entre culpabilidad y convicción.

La culpabilidad es un sentimiento. Hablamos sobre *sentimiento* de culpa. Por esta razón la culpabilidad no ha sido nunca una motivación saludable para seguir ninguna de las disciplinas espirituales. Cuando el sentimiento se apaga, no queda incentivo para el cambio. La culpabilidad es obra del Maligno. Él nos acusa delante de Dios día y noche (Apocalipsis 12:10). Recuerde que «ya no hay condenación para los que están en Cristo Jesús» (Romanos 8:1). Algunas personas temen hablar sobre las disciplinas espirituales porque siempre terminan sintiéndose inferiores en lo que a ellas respecta. Así no es como Dios trabaja. No nos amedrenta para que pasemos tiempo con él. Si usted comienza a dudar de su salvación por llevar una época sin tener tiempos devocionales, esto suena más a culpabilidad que cualquier otra cosa. Es erróneo llegar a la conclusión de que Dios ya no nos ama debido a eso. Toda disciplina espiritual derivada de un sentimiento de culpa será abandonada rápidamente cuando dichos sentimientos de culpa se apaguen.

La convicción, por otra parte, es más sutil debido a que es obra del Espíritu Santo (Juan 126:7-8). Es esa voz pequeña que a veces va acompañada de una emoción profunda, especialmente de lágrimas, pero tiene un impacto más duradero que la emoción. Tener momentos de quietud o memorizar las Escrituras no es algo que usted tenga que hacer. Es algo que desea hacer. Usted siente a Dios invitándolo a una amistad más profunda con él y usted responde. Las personas que tienen una visión sana de las disciplinas espirituales no se sienten confusas si llevan varios días sin hacer devocionales. Se sentirán mal por eso debido a que realmente dejan de reunirse con el Señor, pero se sienten atraídos a Dios en lugar de apartarse de él. Un modo de discernir si usted está siguiendo una disciplina espiritual derivada de culpabilidad o de convicción es preguntarse a sí mismo: «¿Estoy siguiendo esta disciplina porque siento que Dios pueda estar enojado conmigo si no la sigo, o la estoy siguiendo porque allá en lo hondo me lleva más cerca de Cristo?».

Evite el legalismo en lo que tenga que ver con las disciplinas espirituales. Tener su momento de quietud por las mañanas no lo hace a usted más espiritual que alguien que lo tiene por las noches. No use las disciplinas espirituales para medir su espiritualidad o la de otra persona. Y no siga estas disciplinas por culpabilidad u obligación. Si usted ha sido fiel con sus momentos de quietud, no se va a acabar el mundo si usted omite uno que otro. Alguno de ustedes quizá se encuentre en una época de la vida en que las disciplinas espirituales van a ser especialmente difíciles. Si usted no puede cumplir en absoluto con su cita habitual con el Señor, trate de encontrar otro espacio de tiempo en algún otro momento durante el día, aun si esto significa apagar la radio del automóvil y hablar con él mientras maneja al trabajo. También sé que para una madre joven con niños y bebés es realmente difícil encontrar un tiempo a solas con Dios. El Señor lo entiende. Él tuvo una madre una vez. Haga lo que pueda por pasar tiempo con él, pero sea razonable en este asunto. No se desanime y se separe de Dios. Él sabe que sus limitaciones de tiempo solo durarán una temporada.

El mayor de estos sigue siendo el amor

Cuando era pastor de jóvenes le oí a uno de nuestros estudiantes decir algo que me inquietó profundamente hasta el día de hoy. El muchacho dijo: «Yo no sé por qué mi padre lee la Biblia. Seguramente, eso no lo hace una persona más amable». El padre en cuestión era uno de los pilares de la iglesia, y alguien conocido por su disciplina espiritual. Sin embargo, todo lo que su hijo veía era un hombre profundamente religioso y espiritualmente disciplinado, que era tan frío como el hielo e incluso cruel a veces. Me gustaría poder decir que esta es una experiencia aislada, pero no es así. He visto que esto ocurre de vez en cuando, y para mí esto es lo último en hipocresía. ¿Cómo puedo leer la Biblia y carecer de amor? ¿Por qué los cristianos de los Estados Unidos son considerados santurrones y juzgadores en lugar de amorosos? ¿Cómo puedo salir de un tiempo de quietud con el Señor y en un plazo de diez minutos abofetear a mi esposa e hijos?

En Juan 5:39-47 Jesús denuncia a los fariseos por estar disciplinados en las Escrituras pero carecer del amor de Dios en sus corazones. Ellos conocían las Escrituras de arriba abajo, y sin embargo nunca vieron a Jesús en ellas. Se sabían muchas Escrituras de memoria, y sin embargo erraban el sentido por completo. No permita que esto le pase a usted. Cuando lea la Biblia, piense cómo puede aplicarla a su vida. Esdras fue un personaje bíblico que preparó su corazón no solo para estudiar la Palabra de Dios sino para aplicarla a su vida (Esdras 7:10). La transformación espiritual no tiene lugar llenándonos la cabeza de toda suerte de conocimientos, sino cuando aplicamos a nuestras vidas lo que leemos. Lea la Palabra de Dios con toda intención de hacer lo que dice, y ella cambiará su conducta.

La verdadera marca distintiva de un cristiano no es cuán disciplinado es, sino cuán amoroso. John Ortberg, uno de nuestros maestros pastores aquí en Willow Creek, dice que «si no nos caracterizamos por tener cada vez más amor y gozo, inevitablemente buscaremos medios substitutos para distinguirnos de aquellos que no son cristianos. A la gente religiosa le resulta casi imposible escapar de este modelo tan arraigado: Si no llegamos a cambiar de adentro a afuera ... nos sentiremos tentados a buscar métodos externos para satisfacer nuestra necesidad de sentir que somos diferentes de aquellos que están fuera de la fe. Si no podemos ser transformados, nos prepararemos para ser informados o conformados».[10]

Si pasar tiempo con Dios no lo hace a usted una persona más amorosa, usted no está pasando tiempo con el Dios de la Biblia. La meta del ministerio de Pablo era «amor, que nace de un corazón puro» (1 Timoteo 1:5). Jesús les dijo lo siguiente a sus discípulos: «Un mandamiento nuevo os doy: que os améis unos a otros; como yo os he amado, que también os améis unos a otros. En esto conocerán todos que sois mis discípulos, si tuviereis amor los unos con los otros (Juan 13: 34-35). Este no era realmente un mandamiento nuevo para ellos, más de lo que es para nosotros. Ya habían oído antes todo eso, y nosotros también. Ese es el problema. Hemos oído esto mucho, pero oírlo no nos ha hecho gente más amorosa. Lo que es verdad para toda la raza humana lo es asimismo para los artistas: si tenemos mucho talento, si somos artistas de éxito, y si leemos la Biblia cada día, pero no tenemos amor, hemos llegado a ser como metal que resuena y címbalo que retiñe (1 Corintios 13:1-4). Dallas Willard, comentando el famoso capítulo del amor de 1 Corintios, nos recuerda que seguir un montón de reglas no nos hace más amorosos, pero si vivimos en amor, seremos más pacientes y atentos y libres de celos:

> Pablo está diciendo claramente —observe sus palabras— que es el amor el que hace estas cosas, no nosotros, y que lo que nosotros hacemos es «buscar el amor» (1 Corintios 14:1). Una vez «captamos» el amor, nos daremos cuenta de que al fin y al cabo sí estamos practicando estas cosas. Estas cosas, estas acciones y conductas piadosas, son resultado de vivir en amor. Hemos llegado a ser la clase de persona que es paciente, amable, libre de celos, etc.… Es realmente muy difícil si usted no ha sido substancialmente transformado en lo profundo de su ser, en la intimidad de sus pensamientos, sentimientos, certidumbres y disposiciones, de tal manera que usted está saturado de amor. Una vez que esto ocurre, ya no es tan difícil. Lo que es difícil es actuar igual que usted actuaba antes.
>
> Cuando Jesús estaba colgado en la cruz y oró diciendo «Padre, perdónalos porque no saben lo que hacen», no le resultó difícil. Lo que habría sido difícil para él habría sido maldecir a sus enemigos y vomitar vilezas y males contra cualquiera, contra Dios y el mundo, como hicieron aquellos que fueron crucificados con él, por lo menos durante un rato. Él nos llama hacia él para darse a nosotros. Él no nos llama a hacer lo que él hizo, sino a ser lo que él era, alguien saturado de amor. Entonces, hacer lo que él hizo y dijo, llega a ser la expresión natural de quienes somos en él.[11]

Buscar el amor y vivir en él. Si usted está practicando su momento de quietud y uno de los niños viene y lo interrumpe, no reaccione enojado contra su hijo. Acuérdese de su amor por ese niño. Viva en ese amor, escuche lo que él o ella tiene que decirle, y regrese después a su momento de quietud. Si está en medio de su momento de quietud y recuerda que un hermano o hermana tiene algo contra usted, deje lo que está haciendo y escriba, llame o reúnase con la persona y arregle las cosas (Mateo 5:23-24).

Amar es más importante que el ritual o la disciplina. No necesitamos un montón de reglas legalistas para vivir con arreglo a ellas. Necesitamos buscar el amor. «No debáis a nadie nada, sino el amaros unos a otros; porque el que ama al prójimo, ha cumplido la ley» (Romanos 13:8). No caiga en la trampa de llegar a ser más disciplinado y menos amoroso. «No amemos de palabra ni de lengua, sino de hecho y en verdad» (1 Juan 3:19). Su momento de quietud debería ser un tiempo en que usted vive en el amor de Dios. Empápese en toda la paz, gozo y amor que siempre acompañan su presencia; tome de ellos tanto como pueda. Siéntese en la soledad de su amor incondicional. Habite en él. Permita que este lo lave. Deje que transforme su corazón. Y después, a lo largo del día, vuelva con frecuencia a aquel lugar. Ahora permanecen la fe, la esperanza y el amor, pero el mayor de éstos es, y siempre será, el amor (1 Corintios 13:13). «Todas vuestras cosas sean hechas con amor» (1 Corintios 16:14).

Preguntas para comentar en grupo

1. ¿Qué clase de actividades son vitales para que crezca cualquier relación entre dos personas?

2. ¿Qué clase de actividades son vitales para que crezca nuestra relación con Dios?

3. ¿Qué retos encara la gente al establecer un tiempo devocional regular con el Señor?

4. ¿Cree usted que llevar un diario es una buena idea? ¿Por qué sí o por qué no?

5. ¿Cree usted que usar una lista de oración es una buena idea? ¿Por qué si o por qué no?

6. ¿Tiene usted alguna otra sugerencia para aquellos que empiezan a establecer la rutina de un momento de quietud regular?

7. ¿Tiene usted cualquier otra sugerencia para aquellos cuyos momentos de quietud han llegado a ser secos y aburridos?

8. Ahora mismo, ¿donde está usted espiritualmente? ¿Se siente conectado con Dios o alejado? ¿Qué puede hacer para conectarse otra vez?

9. ¿Qué clase de cosas le hacen sentirse cerca de Dios? (leer la Biblia, caminar durante la puesta del sol, escuchar discos o música religiosa, ir a la iglesia, etc.) ¿Cuán a menudo son parte de su rutina regular?

10. ¿Cómo podemos librarnos de llegar a ser legalistas acerca de las disciplinas espirituales?

Pasos de acción personales

1. Identifique en cuál de las disciplinas espirituales le gustaría crecer más personalmente el próximo año.

2. En la iglesia primitiva los líderes estaban tan dedicados a la oración y a la Palabra de Dios que hacían lo imposible por proteger estas dos disciplinas como partes regulares de su horario. En Hechos 6 llegaron a cambiar toda la estructura de servicio de la iglesia para asegurarles a los líderes más tiempo para la oración y la Palabra de Dios. Determine si existe algún cambio radical que usted necesite hacer para tener más tiempo para estar en comunión con Dios.

3. Decida qué versículos de las Escrituras quisiera memorizar y tener en la punta de la lengua. Escoja alguien a quien rendirle cuentas respecto a la memorización de las Escrituras.

4. Si usted está dispuesto a aceptar el riesgo, escriba una oración de una línea, basada en un versículo de las Escrituras que a usted le gustaría orar intensamente cada día el próximo año. Escoja alguien ante quien rendirle cuentas con respecto a su peligrosa oración diaria.

5. Encuentre maneras de mostrar amor tangiblemente a las varias personas que usted va a ver hoy.

De rodillas

Cuando me rodean tantas voces
Gritando de atención todas a la vez
Me hacen anhelar tiempo con mi Señor
Y esa vieja silla junto a la ventana a donde voy
Para estar con él a solas.

De rodillas
Es donde quiero estar
Cuando esta vida me agobie
Puedo volcar mi corazón
Y elevar mi alma a Aquel que me ama
De rodillas

Solo el Señor y yo en un lugar tranquilo
Esa es siempre la mejor manera de empezar el día
Así, cuando la vida se mueve tan rápido que no puedo tomar
   aliento
Esa cita tiende a ser la primera en irse
Y es la que necesito más

De rodillas
Es donde quiero estar
Cuando esta vida me agobie
Puedo volcar mi corazón
Y elevar mi alma a Aquel que me ama
De rodillas[12]

Rory Noland

Notas

Introducción: Esos «tipos que pretenden ser artistas»

1. Rudolg and Margot Wittkower, *Born under Saturn*, W.W. Norton & Company, New York, London, 1963, p. 102.
2. Ibid.
3. Ibid.
4. Ibid.
5. Ibid.
6. Ken Gire, *Windows of the Soul*, Zondervan, Grand Rapis, 1996, p. 20.
7. Frank E. Gaebelein, *The Christian, the Arts, and Truth*, Multnomah, Portland, Oregon, 1985, p. 124.
8. Francis A. Schaeffer, *Art and the Bible*, InterVarsity, Downers Grove, Illinois, 1973, p. 12.
9. Patrick Kavanaugh, *The Spiritual Lives of Great Composers*, Sparrow, Nashville, 1992, p. 6.
10. Charlie Peacock, «The Nine Pursuits of the True Artist» un extracto del sitio en el World Wide Web de Arthouse en www.arthouse.org.
11. Leland Ryken, *The Liberated Imagination*, Harold Shaw, Wheaton, Illinois, 1989, p. 51.
12. John Fischer, *What on Earth Are We Doing?*, Servant, Ann Arbor, Michigan, 1989, p. 122.
13. Kent Nerburn, *Letters to My Son*, New World Library, San Rafael, California, 1994, p. 139.

Capítulo uno: Carácter probado

1. John Wooden, *They Call Me Coach*, Word, Waco, Texas, 1972, p. 64.
2. David Jeremiah, *Turning Toward Integrity*, Victor, Colorado Springs, 1993, p. 7
3. Rory Noland, «He is Able», música por Rory Noland y Greg Ferguson, Maranatha Praise, San Juan Capistrano, California, 1989.

Capítulo dos: Servidumbre o estrellato

1. C. S. Lewis, *The Screwtape Letters*, Bantam, New York, 1982, p. 41.
2. Patrick Kavanaugh, *Spiritual Moments with the Great Composers*, Zondervan, Grand Rapis, 1995, p. 80.

3. C. S. Lewis, *Mere Christianity*, Touchstone, Simon & Schuster, New York, 1996, p. 110.
4. Richard Foster, *Celebration of Discipline*, Harper, San Francisco, 1978, p. 130.
5. C. H. Spurgeon, *The Treasury of David*, vol. 2, MacDonald, n.d., McLean, Virginia, pp. 144-145.
6. Thomas à Kempis, *The Imitation of Christ*, ed. Paul M. Bechtel, Moody Press, Chicago, 1980, p. 180.
7. Frederick Buechner, *Wishful Thinking, A Theological ABC*, Harper & Row, San Francisco, 1973, p. 95
8. Philip Yancey, *Open Windows*, Crossway, Westchester, Illinois, 1982, p. 211
9. Greg Ferguson, «Audience of One» Ever Devoted Music, South Barrington, Illinois, y Maranatha! Music, San Juan Capistrano, California, 1991.

Capítulo tres: El artista en comunidad

1. Anthony E. Kemp, *The Musical Temperament*, Oxford University Press, Oxford, New York, Tokyo, 1996, p. 66.
2. Howard Gardner, *Creating Minds*, BasicBooks, New York, 1993, pp. 195-196.
3. Pat Riley, *The Winner Within*, G. P. Putnam's Sons, New York, 1993, p. 21.
4. John Wooden, *They Call Me Coach*, Word, Waco, Texas, 1972, p. 101.
5. Rory Noland, «Holy Spirit Take Control» Ever Devoted Music, South Barrington, Illinois, 1984.

Capítulo cuatro: Excelencia o perfeccionismo

1. Brennan Manning, *Abba's Child*, NavPress, Colorado Springs, 1994, pp. 22-23
2. Manning, *Abba's Child*, p. 19
3. Franky Schaeffer, *Addicted to Mediocrity*, Crossway, Westchester, Illinois, 1981 p. 62.
4. Schaeffer, *Addicted to Mediocrity*, 45-46.
5. George Solti, *Memoirs*, Alfred A. Knopf, New York, p. 204.
6. Francis A. Schaeffer, *Art and the Bible*, InterVarsity, Downers Grove, Illinois, 1973, p. 14.
7. Peggy Noonan, *Simply Speaking*, Harper Collins, New York, 1998, p. 8.

8. «Marvelous Mark Morris» *BBC Music Magazine*, edición especial, *Ballet from Ritual to Romance*, 1996, p 64.

9. Rory Noland, «Let the Lord Love You» Ever Devoted Music, South Barrington, Illinois, y Maranatha! Music, San Juan Capistrano. California, 1989.

Capítulo cinco: Cómo bregar con la crítica

1. Neil T. Anderson, *Victory over the Darkness*, Regal, Ventura, California, 1990, p. 215.

2. Rory Noland, «Open to the Truth About Myself», Ever Devoted Music, South Barrington, Illinois, 1992.

Capítulo seis: Celos y envidia

1. *Webster's New Twentieth Century Dictionary*, sin abreviar, 2da edición, World, Cleveland, New York, 1964.

2. Henri Nouwen, *Reaching Out,* Doubleday, New York, 1975, p. 70.

3. Dallas Willard, *The Divine Conspiracy*, HarperCollins, áSan Franciso, 1998, p. 151.

4. Dante Alighieri, *Divine Comedy: Purgatorio*, traducido por John Ciardi, Random House, New York, 1996, canto 14, p. 148.

5. Gordon MacDonald, *The Life God Blesss*, Nelson, Nashville, 1994, p. 143

6. Rory Noland, «I'm Amazed», Maranatha Praise, San Juan Capistrano. California, 1991.

Capítulo siete: Cómo manejar las emociones

1. Jane Stuar Smith y Betty Carlson, *The Gift of Music*, Crossway, Wheaton, Illinois, 1995, p. 164.

2. Rudolf y Margot Wittkower, *Born under Saturn*, W. W. Norton, New York, London, 1963, p. 74

3. Jimmy Webb, *Tunesmith*, Hyperion, New York, 1998, 370.

4. Richard Foster, *Celebration of Discipline,* Harper, San Francisco, 1978, p. 102.

5. William Temple, *Readings in St. John's Gospel*, vol. 1, MacMillan, Londres, p. 68.

6. John Piper, *Desiring God*, Multnomah, Sisters, Oregon, 1986, p. 76

7. C. S. Lewis, *Reflections on the Psalms*, Harcourt Brace, San Diego, New York, Londres, 1958, p. 94.

8. Franky Schaeffer, *Addicted to Mediocrity*, Crossway, Westchester, Illinois, 1981, pp. 59-62.

9. Rory Noland, «Praise God on High», Ever Devoted Music, South Barrington, Illinois, 1998.

Capítulo ocho: Artistas destacados

1. Rainer Maria Rilke, *Letters to a Young Poet*, New World Library, San Rafael, California, 1992, pp. 64-65.

2. C. S. Lewis, *Mere Christianity*, Touchstone, Simon & Schuster, New York, 1996, p. 75.

3. J. Oswald Sanders, *Spiritual Discipleship*, Moody Press, Chicago, 1990, p. 110

4. J. Oswald Sanders, *Spiritual Leadership*, Moody Press, Chicago, 1967, p. 44.

5. Rory Noland, «Ever Devoted», Ever Devoted Music, South Barrington, Illinois, 1988.

Capítulo nueve: El artista y el pecado

1. Cornelius Plantinga Jr., *Not the Way It's Supposed to Be*, Eerdmans, Grand Rapids, 1995, p. 135.

2. C. S. Lewis, *Mere Christianity*, Touchstone, Simon & Schuster, New York, 1996, p. 92.

3. William Gurnall, *The Christian in Complete Armor*, abreviado por Ruthanne Garlock y otro, Banner of Trust, Edinburgh, England, 1986, p. 197.

4. Jerry Bridges, *The Pursuit of Holiness*, NavPress, Colorado Springs, 1978, p. 78.

5. Ruth Goring, *The Crative Heart of God*, Harold Shaw, Wheaton, Illinois, 1997, p. 55.

6. Brennan Manning, *Abba's Child*, NavPress, Colorado Springs, 1994, p. 17.

7. Dallas Willard, *Spirit of the Disciples*, HarperCollins, San Francisco, 1988, p. 115.

8. Rory Noland, «Behind Every Fantasy», Ever Devoted Music, South Barrington, Illinois, Maranatha! Music, San Juan Capistrano, California, 1991.

Capítulo diez: Disciplinas espirituales del artista

1. Denise Levertonv, «Flickering Mind», *A Door in the Hive*, New Directions, New York, , 1989.
2. Anthony E. Kemp, *The Musical Temperament*, Oxford University Press, Oxford, New York, Tokyo, 1996, p. 25.
3. David Ewen, *The Complete Book of Classical Music*, Prentice Hall, Englewood Cliffs, New Jersey., 1965, p. 142.
4. J. I. Packer, *Knowing God*, InterVarsity Press, Downers Grove, Illinois, 1973, p. 29.
5. Jack Deere, *Surprised by the Voice of God*, Zondervan, Grand Rapids, 1996, p. 29.
6. Henry T. Blackaby y Claude V. King, *Experiencing God*, Broadman & Holman, Nashville, 1994, p. 45.
7. J. Oswald Sanders, *Spiritual Leadership*, Moody Press, Chicago, 1967, p. 123.
8. Henri Nouwen, *Out of SOlitudee*, Ave Maria Press, Notre Dame, Indiana, 1995, pp. 13-14.
9. Dallas Willard, *Spirit of the Disciples*, HarperCollins, San Francisco, 1988, p 150
10. John Ortberg, *The Life You've Always Wanted*, Zondervan, Grand Rapids, 1997, pp. 33-34.
11. Dallas Willard, *The Divine Conspiracy*, HarperCollins, San Franciso, 1998, p. 183.
12. Rory Noland, «On My Knees» Ever Devoted Music, South Barrington, Illinois, y Maranatha! Music, San Juan Capistrano, California, 1991.

DISFRUTE DE OTRAS PUBLICACIONES DE EDITORIAL VIDA

Desde 1946, Editorial Vida es fiel amiga del pueblo hispano a través de la mejor literatura evangélica. Editorial Vida publica libros prácticos y de sólidas doctrinas que enriquecen el caudal de conocimiento de sus lectores.

Nuestras Biblias de Estudio poseen características que ayudan al lector a crecer en el conocimiento de las Sagradas Escrituras y a comprenderlas mejor. Vida Nueva es el más completo y actualizado plan de estudio de Escuela Dominical y el mejor recurso educativo en español. Además, nuestra serie de grabaciones de alabanzas y adoración, Vida Music renueva su espíritu y llena su alma de gratitud a Dios.

En las siguientes páginas se describen otras excelentes publicaciones producidas especialmente para usted. Adquiera productos de Editorial Vida en su librería cristiana más cercana.

UNA VIDA CON PROPÓSITO

Rick Warren, reconocido autor de *Una Iglesia conPropósito*, plantea ahora un nuevo reto al creyente que quiere alcanzar una vida victoriosa. La obra enfoca la edificación del individuo como parte integral del proceso formador del cuerpo de Cristo. Cada ser humano tiene algo que le inspira, motiva o impulsa a actuar através de su existencia. Y eso es lo que usted podrá descubrir cuando lea las páginas deUna vida conpropósito.

Si quieres caminar sobre las aguas, tienes que salir de la barca

Cristo caminó sobre las aguas con éxito. Si quieres hacerlo solo hay un requisito: *Si quieres caminar sobrelas aguas, tienes que salir de la barca.* Hoy Jesús te extiende una invitación a enfrentar tus temores, descubrir el llamado de Dios para tu vida y experimentar su poder.

0-8297-3536-4

Nos agradaría recibir noticias suyas.
Por favor, envíe sus comentarios sobre este libro
a la dirección que aparece a continuación.
Muchas gracias.

Editorial Vida
Vida@zondervan.com
www.editorialvida.com